基于旅游资源评价的
导游词创作研究

江　舸 著

RESEARCH ON THE CREATION
of Guide Commentary Based on Tourism Resource Evaluation

中国旅游出版社

FOREWORD

前言

旅游活动是一种受旅游资源吸引而产生的综合性审美活动，导游语言是对旅游资源进行解读、审美和宣传的艺术。因而，导游词创作不能仅仅停留在反映一时一地的景物之美妙上，更要通过所描写的旅游资源把游客的思想引入更广阔、更深邃的天地中去，创造一种或幽深或淡雅的意境。使游客在游山玩水时，既能发现山水风物的外在美，又能发现名胜古迹的内在美，使心灵净化和升华，在超脱的胸襟里体味宇宙的奥秘。

优秀导游词本身也能成为资源的一部分，就好像园林中的匾额、楹联和刻石，是在调动全部的感觉器官洞悉景观真谛之后的画龙点睛之笔，是提升旅游资源艺术品位的必然途径。但是，一篇好的导游词并非是作者凭空想象出来的，也不是靠生花妙笔创造出来的，而一定是在作者深度了解分析旅游资源的背景下，通过身临其境的反复体察总结提炼而得。

近20年来，有关导游词创作的研究层出不穷，尽管在创作理论和应用实践上都有了很大的发展，也诞生了一批优秀的导游词。然而，却缺乏从创作的源头理性分析的研究，同时关于导游词创作的教材和读本较多，但缺乏一本反映导游词创作研究的专著。在这种形势下，这本《基于旅游资源评价的导游词创作研究》诞生了。本书站在一个过去无人涉及的角度，以旅游资源评价为基础，在其之上进行导游词创作理论、路径、技巧等方面的研究。但由于导游词创作研究是不断发展变化的，也许今后还会有学者站在另外的角度进行研究，从这个意义上讲，本专著希望能在导游词创作研究领域起到“抛砖引玉”的作用。

本书分为七章，第一章绪论部分主要阐述了研究背景、国内外研究现状、研究内容、研究方法和技术路线以及研究意义。

第二章旅游资源分类与评价主要通过分析目前旅游资源常见评价方法，结合导游词创作的目的和要求，参考现行《旅游资源分类、调查与评价》标准，定性与定量分析相结合，确定以导游词创作为目的的旅游资源要素评价原则，并设置评价因子。

第三章导游词创作理论研究从导游词的概念、特点及研究理论入手，阐述导游词创作的基本原则，并从游客需求和专家意见两个角度分析导游词内容评价指标建构体系，为之后的导游词创作研究奠定基础。

第四章基于旅游资源评价的导游词创作路径主要从立意、构思、选材、结构四个步骤进行分析研究，列举案例进行旅游资源评价为基础的导游词内容架构研究。

第五章基于旅游资源评价的导游词创作技巧运用研究主要从三个方面进行研究。首先导游词创作是一个创意写作的过程，如何体现创新创意是导游词内涵提升的突破口，基于旅游资源评价的叙事技巧运用可以让导游词结构更清晰，内容更新颖。其次是运用思维导图提升创作力，以案例解析思维导图在导游词创作中的运用方法和效果。最后是合理运用各种导游技巧进行导游词创作。

第六章导游词创作案例研究以现行《旅游资源分类、调查与评价》标准为参考，将研究内容按资源类型分八个部分进行推进。本部分列举的案例有部分属于教育部主办的全国高职院校技能大赛获奖作品，从比赛用导游词的角度补充了导游词创作研究的广度。

第七章结论与建议部分对本研究内容进行了总结，并对未来的研究方向提出了建议。

导游词创作是导游技能中的基础技能，是职业类院校培养导游人才的主要内容，是导游职业可持续发展依靠的基本能力。在本书的编写过程中，得到了成都职业技术学院赖斌、舒莉、余昕、李凌峰、张雯洁、陈巍、何佳、王旭波、张思寻，以及眉山职业技术学院杨佳根老师的帮助，在此对各位老师的辛勤劳动表示感谢。

由于作者的水平有限，在书中难免有疏漏的地方，还请读者谅解和包涵。作为旅游教育从业人员来说，未来的导游人才培养道路还很漫长，导游词创作的研究也会是一个持续的过程；本书反映的内容只是在一个较短时间内的探索和尝试，今后的发展思路还会顺应市场的变化而改变。

作者

2018 年 7 月

CONTENTS

目录

第一章

绪 论

旅游是人类社会经济发展到一定阶段的产物，到19世纪，产业革命加快了社会经济的发展，旅游业应运而生。第二次世界大战之后，世界经济快速发展，促进了大众旅游时代的来临，现代旅游业随之蓬勃发展。中国目前已经成为世界最大的国内旅游市场，全球排名第一的出境旅游市场和第一大出境旅游消费国。旅游业的快速发展也刺激了相关领域的各项研究工作不断拓宽和深入开展。

旅游资源评价是以合理开发利用及保护旅游资源，取得最优的社会、经济、生态效益为目的，对某一项或某一地域内旅游资源价值及开发利用进行可行性评估。科学地评价旅游资源是合理规划和开发旅游的前提，同时也是旅游地建设和旅游业发展的重要环节，评价结果对引导游客消费行为会产生重要影响，并且对旅游资源的可持续发展具有重要的意义。

导游词创作质量的高低，反映了一个地区旅游资源的质量及评价，对于树立一个旅游地的形象至关重要。导游词包括了规范服务性用语和景点讲解词两大部分，但最核心也是最关键的部分是景点讲解词，也是导游讲解涉及最多的部分，所以本书的导游词创作即是针对这一部分提出的。

一、研究背景

全球经济的持续发展使世界产业结构发生了根本性的变化，以服务业为核心的第三产业将成为世界经济的主题，其中旅游业是当今世界发展最快、前景最广阔的产业之一。旅游业是覆盖面很宽泛的产业，只要能为国内外游客提供服务的一系列相关行业都属于旅游业的范围，除了传统的食、住、行、游、购、娱六大要素之外，近年来又产生了商、养、学、闲、情、奇新六大要素，涉及的子产业包括旅行社、旅游饭店、旅游交通、旅游景区、基础设施、通信业、零售业等领域。

从旅游市场分化来看，旅游业主要覆盖国内、入境、出境三大业务板块。三大市场不断发生变化，游客消费特点也在发生改变，中国已进入观光游和休闲游共同发展的时期。旅游消费阶梯性增长导致旅游市场呈现多层次协同发展的新格局。从游客数量的角度来看，高、中、低端市场潜在游客数量逐层增长，呈正金字塔形分布；从消费能力的角度来看，高、中、低端市场旅游消费支出逐层递减，呈倒金字塔形分布。高、中、低端旅游市场分化发展的同时，各市场内部的旅游也在悄然变革，传统业态在升级，一些新兴业态，如邮轮旅游、免税行、自由行、旅游文化演艺等开始崭露头角。通过旅游数据分析我们大体了解到，传统旅游服务业发展水平回升速度缓慢，受投资创业和互联网创新的驱动，面向大众市场的旅游服务保持着相对繁荣的发展态势。

世界经济论坛发布的《2017 年旅游业竞争力报告》称：旅游业的亚洲世纪已经到来，中国在全球旅游业竞争力排行榜上的排名持续提升，文化资源指标更是名列全球首位。在全球旅游业竞争力排行榜上，中国排名上升 2 位至第 15 位。根据报告，2016 年亚洲地区入境国际游客超过 3 亿人次，入境人数全球增长最快。其中，到访中国的国际游客约 5700 万人次，占地区总数的 20% 以上。出境游方面，中国约有 5% 的人口持有护照，每年出境游人数远超过 1 亿人次，成为地区最大的客源市场（表 1–1）。

在具体指标表现上，中国的文化资源和自然景观排名全球领先，文化资源排名全球第 1 位，自然景观排名全球第 5 位。随着国家对旅游业发展的重视程度不断提高，中国旅游业在国际开放程度（上升 24 位）、信息通信程度（上升 8 位）、旅游基础设施水平（上升 9 位）和游客服务水平（上升 10 位）等方面均有明显提升。

表 1-1 全球文化旅游资源富集度最高经济体

Travel & Tourism Competitiveness Report 2017

经济体（Economy）	排名（Ranking）	分数（Score）
中国	1	6.94
西班牙	2	6.85
法国	3	6.75
日本	4	6.53
意大利	5	6.46
德国	6	6.28
英国	7	5.96
巴西	8	5.75
印度	9	5.28
墨西哥	10	5.26

数据来源：World Economic Forum 2017，Travel & Tourism Competitiveness Report

近年来，中国旅游业竞争力增长很快并且潜力巨大，中国继续推行有利于环境与就业的旅游政策将有助于社会与经济取得更加长足的进步，要进一步提升旅游业的国际竞争力，应在优化营商环境、保障旅游安全、维护环境可持续发展以及保护特有自然资源等方面加大投入。

二、国内外研究现状

（一）国外研究现状

国外的各项旅游研究的历史比我国开始得早，已取得了部分研究成果，也相对更成熟一些，主要集中在旅游资源管理、游客对旅游资源的影响及其控制、游客动机和满意度等方面。不过，国外关于旅游资源导游词的研究成果较少。

国外对旅游资源的讲解研究主要集中于讲解的功能、类型、讲解内容等方面。

1. 导游讲解的功能

导游讲解是旅游服务系统中的核心要素，在游客的旅游体验中扮演着重要的角色。Kersic Svetel M. 认为，导游讲解是增强游客旅游体验最重要的一项服务。Hamilton-Smith，McBeath Vavryn 强调了这一观点，认为讲解作为一项重要的旅游服务，对每位游客都至关重要，旅游地的每一次旅程都不能缺少导游的带领。Doorne 的研究也表明，讲解服务的优劣是影响游客满意度的重要变量之一。旅游地的导游讲解对旅游地的经营管理和可持续发展具有重要作用。导游讲解可以作为一种非正式的教育和管理工具，将娱乐和学习结合起来，教育、引导游客，使游客的行为发生改变，从而实现管理者的管理目标，更好地促进旅游地的保护。导游讲解还具有经济功能和社会功能，导游作为一项职业可以向社会提供就业岗位，讲解作为一种有偿服务可以为目的地增加经济收入。

2. 向导式导游讲解

向导式导游讲解是指具有能动性的专门人员向游客进行主动的、动态的信息服务，国外向导式讲解的研究主要是针对导游的研究。导游是与游客接触最密切的解说媒介，承担为游客引路，提醒游客注意安全和保护旅游地环境，向游客讲解旅游地各种知识等职责。导游需要具备较高的素质，Penny Davidson 和 Rosemary Black 将其归纳为 9 个方面的素养：让游客享受（Visitor enjoyment）、将游客和所介绍的景物联系在一起（Relevance to the audience and site）、讲解脉络清晰（Organized）、讲解主题明确（Key theme）、良好的团队管埋能力（Group management）、让游客觉得有安全感（Protecion）、同游客进行双向交流（Two-way communication）、知识系统全面（Holistic approach）、增进游客的情感（Emotion）。由于导游工作的专业性强，所以需要加强培训。Jennifer 以 Wisconsin 的导游为研究对象，设计出新导游培训的认证评估程序，以此确保导游培训的标准化和一致性；Ksenija Dvorscak 通过对游客的问卷调查，发现游客对导游在讲解技巧、对客态度以及沟通能力上的期望值最高，而现实旅游过程中导游在这几方面的能力差异比较大，所以他提出了师徒制培训导游的方法，由高级别导游逐级对低级别导游和新导游进行培训。

3. 自导式旅游地解说

国外部分研究者还对导游讲解外的其他旅游地解说媒介进行了研究，Carter J 认为除了导游外，还应设立游客中心、旅游地旅游印刷物、电子出版物、视频、纪念品等，以丰富旅游地的旅游解说方式。Dan Cove 从游客角度出发，认为旅游地旅游解说应注重解说系统的多功能性，辅助以先进的技术设备为游客提供多元的服务和情感上的刺激。McNeil 等人认为，GIS 系统可以作为一种新型的解说设备应用于旅游活动中，使虚拟旅行成为现实，不仅可以让游客更好地了解资源之间的空间关系，对旅游资源有更直观的认识；同时，导游还可以利用 GIS 向游客介绍旅游地中生态环境脆弱地带的旅游资源，以及在旅游过程中由于时间限制无法向游客详细解说的部分。Heidi Bailey 等人认为，将电子地图运用于旅游地解说中，可以使游客对于旅游地的空间知识有更清晰的认识，具有巨大的潜力。

4. 讲解内容

有学者认为成功的导游讲解不是单一地将既定的主题和内容强加给游客，而应让游客有机会进行思考和探索，讲解内容传递的信息和主旨要多样化，使讲解内容兼具科学性和趣味性；导游讲解的内容应以旅游资源的科学性为基础，包括旅游地的形成、地质演变过程、人类的影响、文化环境的形成、历史背景等科学知识。

5. 导游词

国外对导游词的专项研究极少，只有少部分研究者提出了导游词翻译的一些观点。Erik Castello 曾以语料库为基础，从系统功能语法的角度，致力于翻译语言的雕琢，研究了在导游词翻译中某些词汇的使用频率、语法技巧及导游词翻译文本所应具有的某些特点，例如，导游词翻译文本应具有多样性及口语化的特点。Carolyn Sumberg 就导游词翻译的语言特点也进行了研究，指出导游词翻译的手段要服务于导游词的交际效果。

（二）国内研究现状

与旅游业发展一样，国内旅游学科研究也持续跟进着，从旅游发展的宏观战略，到旅游地“资源—产品—市场”链各个环节的微观研究也紧跟国际潮流，取得了一系列的重要成果。但旅游学科发展的历史在我们国家并不长，起步也较晚，各方面体系尚不够完善，一些理论和方法基本由国外引进，不能完全适应我国旅游业发展的需求。有些研究还存在不足或者空白的情况，如本研究项目目前国内尚无人涉及，知网搜索关键词语为 0 条记录。虽然对导游词创作的研究已经比较普遍，但几乎所有的研究都集中在创作技巧手法这一角度进行，没有关注导游词创作的客体——旅游资源本身。本研究从地理学角度出发，基于旅游资源评价的基础，结合导游词创作技巧方法，深入研究在资源深度分析的基础上如何创作优秀的导游词，通过导游词的推广再加强对旅游资源评价的大众认知。

旅游业的各项地理学研究都不可避免地涉及旅游资源本身，开发旅游资源、发展旅游资源、推广旅游资源都必须以科学发展观为指导。长期以来人们对于旅游资源对应的导游词创作研究都是在假定创作者已经非常熟悉资源背景的条件下进行，所以研究创作技巧方法的居多，而涉足旅游资源评价的则没有。但事实上每一种旅游资源都有其评价背景，如果能首先立足于资源的评价，在分析各项评价因子的基础上，再进行有关旅游资源特色的归纳，从而实施有血有肉的导游词创作，这种途径创作的导游词才可能契合旅游资源的特色，也更能促进旅游资源的开发和推广。

1. 导游词的翻译研究

由于东西方文化具有较大差异，在翻译导游词时要特别注意文化因素的处理。大部分研究者主张导游词的翻译要以文化传播为基础，李胜江指出可以用翻译、增译、类比、缩译等方法来处理导游词中文化冲突的问题；蒙丽芳提出导游解说词翻译中文化处理的策略可以运用变译、归化、异化和释义等方法；王丽萍指出译者在翻译一些具有中国文化特色的词汇（即文化负载词）时，应根据不同的种类采取不同的翻译策略；其他研究者还将目的论、关联理论、语言经济原则等理论和方法运用到导游词的翻译研究中。

2. 导游词的创作研究

导游词创作是导游素质的体现，也是旅游地内涵的表现。在创作方法上，麻名佳认为导游词需要不断创新，通过突出导游词的针对性、提升导游词的文化品位、巧妙运用类比法、化艰涩为通俗、增加导游词时代特色等途径来创作导游词；余一明提出运用“三次过滤法则”来创作导游词。范海退、何建敏通过分析顺应理论及英语导游词的创作特点，提出在创作英语导游词时需要顺应不同的游客、交际的物理语境、社交语境以及游客的心理语境。部分研究者以具体的景区和城市为例，研究其导游词的创作和创新方法，余一明对番禺莲花山的导游词进行了系列研究；刘娟对武汉城市的旅游导游词创新进行了研究；盛夏以长江三峡为例研究其英文导游词的撰写；银元、李晓琴对地质公园导游词创作进行了研究。还有研究者就特定使用环境中导游词的创作进行了研究，徐慧慧就全国职业院校技能大赛导游服务赛项为背景提出了比赛型导游词的创作研究。

3. 导游词的课程教学研究

导游词讲解和创作是许多中高职院校导游专业新设的课程，是导游技能教学的重点，部分从事中高职导游专业教学的教师提出了改进课堂教学，提高学生导游词创作能力的策略，也出现了一批以导游词创作为教学目标的教材研究。

4. 导游词的其他研究

薛朝凤对导游解说词的定义及其本质特征进行了界定，并从语音、语法、词汇、修辞手段等方面分析了导游解说词的语言修养。冷启霞指出导游解说词具有按原则性说、照资料上说、捡重点说三个特点，认为理想的导游解说词，应该是在规范化的基础上具有极大创造性、灵活性和生动性，运用文学化的语言、艺术化的手法，把景点的来龙去脉介绍得清清楚楚，描绘得栩栩如生，让游客听后有痛快淋漓之感。

三、研究内容

以旅游资源评价的理论研究为基础，从导游词创作理论、旅游地旅游资源分类与评价、导游词创作路径、导游词创作技巧和方法、导游词创作案例研究五个方面展开。

（一）导游词创作理论研究

通过优秀导游实地带团讲解案例和国内各级导游简介比赛、通过各级别导游讲解比赛对导游词的评分标准，研究导游词的评价标准。通过问卷调查法，在有代表性的景区向游客发放问卷，对问卷结果进行统计，分析游客对导游词的内容需求和撰写要求。运用专家分析和问卷调查的方法，研究提出导游词评价的指标体系和方法。

（二）旅游地旅游资源分类与评价研究

在全面研究旅游资源分类与评价方法的基础上，打破常规研究模式，全面综述性归类研究旅游资源的分类与评价方法。对旅游资源分类，按照抽象的宏观分类、具象的属性分类和国家的标准分类，进行归类综述分析，以明晰分类的范围、对象及其实用性。对旅游资源评价按照单项旅游资源类型评价方法、旅游资源综合价值评价方法和旅游资源综合开发价值评价方法，进行归类综述分析，以明晰不同评价方法使用的针对性。以旅游资源评价研究为基础，参考国家标准《旅游资源分类、调查与评价》进行分类及评价分析。通过检索相关数据库，搜集国内外研究旅游资源评价的文献，分析当前我国旅游资源评价的研究现状。

（三）导游词创作路径研究

在全面了解国内有关导游词创作各项研究的基础上，以旅游资源评价为基础，研究导游词创作的基本路径。导游词从功能上来讲是旅游服务的重要组成部分，必须符合导游工作岗位的技术规范和要求，但又能艺术化地反映工作实际。好的导游讲解既能“悦耳悦目”，又能“悦心悦意”，还能达到“悦神悦志”，所以在创作上首先要有明确的点位和讲解主题，这是实现创作的第一步，并为后面的创作提供展开的依据。接下来就需要定框架找内容，为导游词搭建一个有机的逻辑框架，并在深度挖掘素材的基础上进行创新性的内容构架。第三步就要考虑内容构架过程中的技巧使用和亮点挖掘，这是导游词能生动表达的原动力。当然要实现导游讲解的现场感、交流感和语言的舒适流畅，还需要进行导游词语句的理顺，经过反复地推敲之后确定具有口语特点的导游词。运用内容分析法、统计分析法研究当前我国导游词在内容框架、知识内容方面编写的特点。

（四）导游词创作技巧和方法研究

技巧和方法的使用，是导游词能成为有机整体的关键因素。在导游词创作的过程中，要处理好讲解主体（导游）、讲解客体（旅游资源）、讲解对象（游客）这三者之间的互动关系，在一个立体情境中导游展开创作，充分而合理地运用各种导游讲解技巧和方法，比如类比法、问答法、应用法、虚实结合法、突出重点法、画龙点睛法、触景生情法等。技巧方法的概念好掌握，但在实际创作题材中的运用就不是一件很轻松的事了。这部分的研究在基于旅游资源评价的基础上，列举大量案例进行分析，说明技巧方法的使用在增强导游词生动性和说明性方面的关键作用。在技巧方法的创新上也做出了一定研究，作为最能反映导游讲解艺术的最高成果和最高成就的要素，导游讲解技巧的创新和应用研究是导游词创作研究中最具挑战但也最能产生突破性成果的部分。

（五）导游词创作案例研究

本部分的研究通过大量的导游带团一线和导游行业比赛的优秀导游词创作案例进行比对分析，案例涉及的主题覆盖旅游资源分类的各种类型，同时提出对不同类型旅游资源导游词创作的方法区别。

四、研究方法和技术路线

（一）研究方法

主要采取文献资料法、归类分析法、案例分析法、问卷调查法、实地考察法，统计分析法等多种研究方法。

1. 文献资料调查与分析

利用省市图书馆及其数据库，进行文献资料检索，获得与本研究相关的专业书籍和论文资料。同时利用知网、万方、维普等中文数据库，Ebsco Host、Haworth Press Journals、Elsevier Science Direct、Ingentaconnect、Pro Quest 和 Sage Premier 等外文数据库，百度和谷歌等中英文搜索引擎，搜集国内外有关导游词研究的文献，对其他论文引用过的文献资料，逐一查找到原文，进行研究分析。参阅文献资料中，有专业书籍百余本，相关论文的报刊和电子文献近 1000 份。文献资料年限主要集中在 2000 年 1 月至 2017 年 12 月，部分资料涉及年限要早一些。直接引用内容的参考文献 95 份。

在浩如烟海的文献资料中，根据论文的总体结构和框架思路需要，进行归类梳理，就同一类型的研究成果进行归类和对比分析，研究其主要成果和不足。比较充足的文献资料和前沿的研究成果，为研究论点的提出和论据的佐证提供了基础。在对参考文献的归纳和总结基础上，确立研究主题并提出理论框架。

2. 数据基础与分析方法

采用的主要数据来自公开发表或发布的专业书籍、科研论文、年鉴信息、规划文本及网站信息。如旅游地评价实证研究中涉及中国优质旅游资源各要素赋存数量的资料，首先界定评价要素类型，在网络上实名搜索，获得具体数据，进行整理分析。部分旅游和经济等相关数据来自《中国统计年鉴》《中国旅游年鉴》等已公布的权威资料。资料年限截至 2017 年年底，上限则始自所需资料起始年份。如首批全国文物保护单位的数量资料，始自 1961 年等。

对旅游资源综合价值的省际对比评价要素体系和具体评价赋值标准，采取德尔菲法进行专家咨询，参考专家确定的赋分标准，获得第一手问卷数据资料。

研究采用定性描述与定量分析相结合。主要采用 Excel 软件对数据进行统计和分析。运用统计分析软件 SPSS 19.0，对数据进行回归分析和相关分析，对每个结果进行显著性检验，利用 Excel 2010 程序进行有关统计排序的秩相关性分析。对定量计算的结果再进行定性分析。柱状图、切块图以 Excel 软件绘制，其他图件应用 Photoshop 软件制作。

3. 案例分析法

本书列举了 160 个带团一线和导游比赛案例，均为近几年收集整理的真实案例，由于作者长期从事一线导游带团工作和导游人才培养教育工作，亲自指导一线导游工作人员和院校学生参加导游讲解类比赛，所以积累了大量导游词创作优秀案例。通过分析导游词案例，为导游词创作研究理论体系构建提供了佐证材料。

4. 实地考察与专家咨询法

本著作虽然以理论研究为重点，但实地考察与专家咨询为理论研究框架思路的形成提供了工作基础。旅游资源分类、旅游资源评价、导游词游客需求分析、导游词创作路径研究、导游词创作技巧和方法等创新思路的形成，都以实地考察和专家咨询工作为基础。

（二）研究技术路线

本研究采取从宏观到微观（图 1–1），从理论研究到实证分析，从旅游资源评价到导游词创作研究的思路展开。在基于旅游资源评价的基础上，从导游词创作理论研究环节开始，从建立导游词评价体系和指标，到导游词创作路径研究，到导游词创作技巧手法研究，再到导游词创作案例研究进行印证，从研究的技术路线来

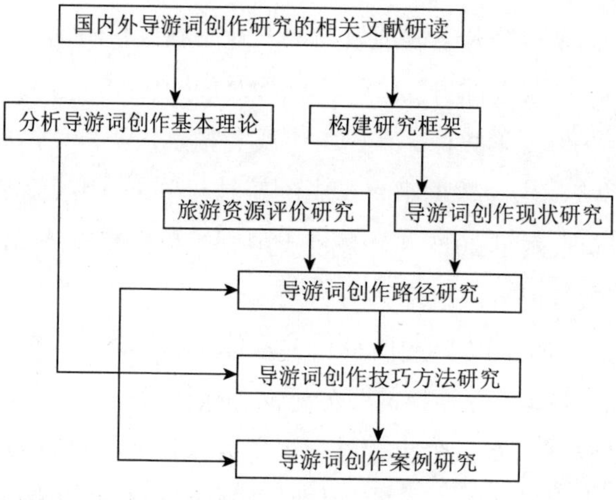

图 1–1　研究技术路线

说，形成了一个闭合的研究思路，各研究环节之间相互影响、相互佐证，以提升最终研究成果的说服力，保证研究的有效性。

五、研究意义

（一）理论意义

第一，旅游产业的健康发展需要科学的理论指导。本项研究从理论上比较全面、系统地构建了导游词创作理论框架。立足于旅游资源评价基础，明确了旅游资源分类及评价对导游词创作的重要意义，解决了一直以来存在的问题，即导游词创作研究基本脱离资源评价而“沙上建塔”的问题。架构了导游词创作的路径，解构了导游词创作过程中主要创新创意方法技巧的运用，通过大量的真实案例分析，巩固和深化了导游词创作研究成果。这些初步探索为旅游学科的系统结构综合研究提供了有益的参考。

第二，对旅游资源分类与评价的综述研究，有助于从理论上对极其繁杂的研究方法，分门别类整理出比较合理的类型划分，明晰国内外对旅游资源分类与评价的研究进展，对主要方法进行优缺点分析，为进一步研究打下基础。对“国标”《旅游资源分类、调查与评价》的诊断式研究，从理论上进行全面分析，厘清模糊概念，解决在旅游资源分类中存在的主要问题和具体评价实践中的局限性，提出旅游资源评价在导游词创作中的关联影响，分析资源评价对导游词创作路径形成的作用。通过此研究对后期在该领域的研究提供了可借鉴的研究思路。

第三，基于旅游资源评价的导游词创作的研究，可以改变过去导游词“千人一面、千人一腔”的局面。从理论层面为丰富导游词创作的路径和方法提供可借鉴的依据，可以促进社会主义新时期旅游从业人员的综合素质养成，突破导游人员服务能力提升的瓶颈环节，提高导游人员的创新能力。

第四，研究提出了创新创意理论在导游词创作领域的影响，运用创意写作技巧铺陈导游词叙事方法，使用思维导图发现导游词创作核心内容，通过多种导游词创作技巧呈现生动有趣的导游讲解。创新思维在导游词创作上的运用，本身也是导游词创作理论的创新。

（二）现实意义

第一，旅游观光活动需要导游词的引导，缺乏导游词的旅游观光，犹如盲人摸象。但并非有一篇现成的导游词就可以一劳永逸，要想把景点导好，成为一名优秀导游员，就要在导游词上下功夫，不仅要会背导游词，还能自己动笔写导游词，对原有的导游词创新。我国现行导游员等级考试规则规定，中级导游员报考高级导游员的考试内容之一就是导游词创作。所以，为了更好地提高自身素质及讲解质量，导游人员应该学习思考创新导游词的途径和方法，中国几千年厚重的历史文化积淀，亟待大批优秀导游词出现，以飨旅游观光者，同时，也是国家在“十三五”发展期间通过创新驱动促进人才培养的有效例证。

第二，对旅游资源分类与评价方法的分析研究，可应用于旅游地有针对性地分析界定其旅游地类型，根据需要选择评价方法，研究其单项类型评价和综合价值评价，指导具体的工作实践。对“国标”《旅游资源分类、调查与评价》的评价研究，目的是运用科学、合理、系统、完善的国家标准进行资源分析和评价，对指导各地普查并评价旅游资源，创作有内涵、有深度的导游词，并能真实反映各旅游地资源状况，具有非常重要的现实意义。

第三，中国的文化资源和自然景观排名全球领先，是全球文化旅游资源富集度最高的经济体。旅游业的朝阳属性及拉动国民经济总体发展的带动性战略作用，日益显示出旅游业在区域、国家和国际范围内经济发展的作用与地位。旅游资源具有地域性的同时又具有全球性；具有民族性的同时又具有国际性。旅游资源的一个重要组成部分——导游词必然面对全球日益增多的文化交际的挑战。导游词，不论是作为旅游资源本身的一部分，或是旅游资源商品的外包装，或是旅游资源的广告形象设计，在整个旅游资源融入国际市场经济一体化的过程中，都占有重要的地位。

第四，虽然各地旅游资源景点的导游词经历了任意、规范以及与国际接轨的三个发展阶段，并取得了巨大的成绩，但总体来说，导游词创作缺乏系统的基础理论研究；缺乏旅游资源评价在导游词设计中自觉的“资源意识”；也缺乏导游词创作的计算机技术支持平台、统一管理机制和评价体系，导致在国内旅游资源这种特殊的商品走向世界时，造成高质量旅游资源消费品因低劣的语言外包装设计形象而贱卖这一日趋严重的问题。本研究成果有利于提升区域文化品位、推介地方旅游资源、树立旅游资源形象、完善旅游资源商品定位、促进旅游资源利用发展的作用。

第二章

旅游资源分类与评价

资源在自然界和人类社会中是客观存在的，如自然界中的矿产资源、水力资源、森林资源、土地资源等，人类社会中的人力资源、技术资源、资本资源等，人们发现和认识如此众多的资源存在一个过程。随着经济的发展和科学技术的进步，越来越多的人发现和认识各种各样的资源，资源的使用价值也随着科学技术的进步和人们知识的积累而不断被再发现和再认识。一般来说，各种各样的资源总是通过人们的开发和利用，才能被更全面地发现和认识。

旅游资源是随着旅游业兴起而出现的新概念。至于什么是旅游资源，它的科学含义是什么，目前学术界有许多不同的认识、看法和表述，本书也有专门的论述。在这里我们只介绍目前学术界对“旅游资源”一词众多的不同认识、看法和表述的几个共同点，以便了解这一概念的本质特征。

首先，旅游资源是自然界和人类社会中客观存在并被认为可以作为开展旅游活动的事物。旅游资源的出现是与人们的旅游活动紧密相连的，当社会发展的程度还不能满足人们进行旅游活动时，不会有旅游资源这个概念，当社会发展到一定程度，社会上拥有较多渴望旅游的人群时，人们就开始把游客所喜爱的、能吸引他们兴趣和思绪等的对象物，称为“旅游资源”。例如自然界原有的山、水、湖泊、森林等，在人们以旅游角度去接触它们之前，它们就只是被当作自然的山、水、湖泊、森林，而不会有一个旅游资源的称谓。随着旅游活动作为社会的一种消费活动在人们生活中出现和扩展，游客数量增加，活动范围扩大，人们就会把更多的自然界和社会上的东西包括到旅游对象物中去，从而旅游资源的概念便产生了，包含的内容也扩大了。总之，自然界原已存在的山、水、湖泊、森林等，以及社会上已存在的事物，如一座寺院、一座桥梁、一座宫殿等，在旅游活动开展之前，它们只是单纯的山、水、湖泊、森林、寺院、桥梁、宫殿等，但在旅游活动开展起来后，它们成为众多游客游览观光的对象物和吸引物时，它们就具有了两重身份，它们既是山、水、湖泊、森林、寺院、桥梁、宫殿，又是旅游资源。由此可见，山、水、湖泊、森林、寺院、桥梁、宫殿等自然界和社会中客观存在的东西，并非天然或从来就是旅游资源，而是在一定的社会经济条件下，才具有旅游资源的属性。

其次，旅游资源对游客具有特殊的效用。如前所述，当自然界和社会中客观存在的事物成为众多游客观光游览的对象物和吸引物时，它就具有了旅游资源的属性而成为旅游资源。而这个旅游资源之所以能够具有唤起人们的旅游动机，并诱发出人们的旅游活动的功能，是因为旅游资源具有特殊的使用价值和效用。

旅游资源多种多样，不同的旅游资源效用也不相同。即使是同一旅游资源，也能具有多种效用。对于游客来说，海滩、森林、雪山、草地具有不同的吸引力，也就是不同的效用。同时，即使是它们各自的效用，在不同的时空上，对不同的游客，也是多种多样的。如雪山不仅可以被观赏，同时也可以作为冬季运动场地——滑雪场，也可以作为登山场地，对科学工作者来说，还可成为科学考察的场所。因此，每一项旅游资源都对游客具有某种或某些特定的旅游效用。

再次，旅游资源对游客具有一系列效用，一般都是通过开发利用才形成的，能成为旅游对象物的旅游资源，一般都是经过开发的，包括景区、景点、景物本身的修建、装饰、美化等，以及为游客创造观光游览的必要条件，如修筑道路、解决游客的食宿设施等，应该说，没有这些基本的开发，旅游资源就不能被游客观赏，甚至还不能让游客接触。

然后，旅游资源是发展变化的，从旅游资源的数量上来说，随着经济社会的发展和旅游业的发展，可被利用作为旅游对象物的旅游资源的数量是不断增加的。这是因为科学技术的进步增强了人们认识和利用自然界的能力，拓展了旅游资源的领域，从而使旅游资源不断增多。如南极终年冰冻，气候寒冷，在过去交通条件很差的情况下，一般游客是很难去的，只有极少数的探险家才有可能到达，随着交通条件的变化和各种设备的完善，去南极变得相对容易。可以预料，今后去南极的人将会增加，在诸多条件具备的情况下，南极将成为游客的目的地。同样道理，我国18000千米海岸线的沙滩、海面和海底，雅鲁藏布江大峡谷，以及人迹罕至的大片原始森林，也将成为游客的目的地。在旅游资源数量变化的同时，旅游资源的质量和内涵也在不断变化，如博物馆、展览馆等是一种旅游资源，它们所展出的展品可以发生变化，增加历史价值、艺术价值高的展品，使该项旅游资源质量得到提高，许多原有的旅游资源经过发掘其文化内涵，提高其文化品位，也是一种质量的提高。此外，提高博物馆、展览馆内的设施水平和讲解人员的素质，也可以使该项旅游资源的质量得到提高。

最后，旅游资源分布上具有明显的地域性。旅游资源分布极为广泛。一般来说，不同的地域会形成特色不同的旅游资源。海滩总是依偎着大海，峻岭也总是在群山之中，猎场大多坐落在森林和草原地区，各种各样的花草树木也总离不开它生长的特殊环境。在热带地区见不到雪凇，而在寒冷地区也见不到森林，如此等等。社会人文方面的旅游资源，也有地域性，因为地域不同，人们的劳动方式、生活条件不同，使得人们的生活习惯也就不同。如草原上的居民擅长骑马，喜欢喝奶茶；而海边的渔民则擅长驾船，喜欢吃鱼虾；云南西双版纳傣族自治州的居民住的是竹楼，而内蒙古草原的居民住的则是蒙古包。如果把这些民间习俗作为旅游资源，那么，它们自然也带有浓郁的地域性。有不少旅游景点在不同地域之间好像是相同的，没什么差别，如许多地方都有博物馆，作为博物馆好像都是相同的，但是如果仔细观察，不同地区的博物馆所陈列的展品往往都带有地域性。如陕西临潼的秦始皇兵马俑博物馆，就完全不同于甘肃敦煌莫高窟博物馆，正是由于这些地域上的差异性而引起的旅游资源特色的差异性，适应了众多游客求新求异的心理需求，才吸引了不同地域的游客跨地域的旅游活动，从而使不同地域的旅游业得以发展和兴盛。

通过以上论述，我们可以看到旅游资源对旅游业发展的重要性，旅游业是借助旅游资源的存在而建立起来的，是借助旅游资源对游客具有的特殊效用和旅游资源明显的地域性而建立和发展起来的。旅游业服务的对象是游客，而游客的旅游活动又是由旅游资源所引起的，没有旅游资源就没有游客的旅游活动；而没有游客的旅游活动，也就没有旅游业的服务。从这个意义上来看，我们可以把旅游资源对旅游业发展的重要作用概括成一句话，那就是：旅游资源是旅游业建立和发展的基础和前提，没有旅游资源也就没有旅游业。

一、旅游资源的概念及分类

（一）旅游资源的概念

关于旅游资源（Tourism Resources）的概念，在不同的文献和著作中有着不同的理解。陈传康、刘振礼认为旅游资源是在现实条件下，能够吸引人们产生旅游动机并进行旅游活动的各种因素的总和。孙文昌认为旅游资源应指凡能激发游客旅游动机的，能被旅游业利用的，并由此产生经济效益和社会效益的自然和社会的实在物。郭来喜认为凡能为游客提供游览、观赏、知识、乐趣、度假、疗养、娱乐、休闲、探险猎奇、考察研究以及友好往来的客体和劳务，均可称为旅游资源。苏文才认为旅游资源是指在自然界或人类社会中，凡能对旅游产生吸引向性，有可能被用来规划开发成旅游消费对象的各种事与物的总和。傅文伟认为凡是具有旅游吸引力的自然、社会景象和因素，统称为旅游资源。杨时进认为凡是自然力和人类社会造成的，有可能被用来规划、开发成旅游消费对象的物质或精神的诸多因素，都可以视作旅游资源。杨振之认为旅游资源是旅游地资源、旅游服务及其设施、旅游客源市场三大要素相互吸引、相互制约的有机系统，是有关这三大要素相互间吸引向性的总和。国家旅游局认为自然界和人类社会凡能对游客产生吸引力，可以为旅游业开发利用，并可产生经济效益、社会效益和环境效益的各种事物和因素，都可以视为旅游资源。保继刚认为旅游资源是指对游客具有吸引力的自然存在和历史文化遗产以及直接用于旅游目的的人工创造物。罗兹柏认为凡是能够直接使游客产生旅游动机、实施旅游行为，并能为旅游业所利用，产生一定经济、社会与环境效益的任何旅游地吸引性因素，都可作为旅游资源。诸多论述都充分表达了作为旅游资源必须具有的吸引向性，以及有可能被用来开发的特性。

中国科学院地理科学所 1992 年的《中国旅游资源普查规范》（试行稿）对旅游资源的定义为："旅游资源是指自然界和人类社会，凡能对游客有吸引力，能激发游客的旅游动机，具备一定旅游功能和价值，可以为旅游业开发利用，并能产生经济效益、社会效益和环境效益的事物和因素。"

在 1992 年《中国旅游资源普查规范》（试行稿）的基础上，由国家旅游局提出，2002 年中国科学院地理科学与资源研究所和国家旅游局规划发展与财务司在新起草的《旅游资源分类、调查与评价》标准中对旅游资源阐述为："自然界和人类社会凡能对游客产生吸引力，可以为旅游业开发利用，并可产生经济效益、社会效益和环境效益的各种事物和因素。”

从以上定义不难看出对旅游资源看法的变化过程。但是，总体上关于旅游资源理解的实质体现在：一是旅游资源必须对游客具有吸引功能，能激发人们的旅游动机。二是旅游资源具有可利用性，能为旅游业所利用。随着人们认识能力的不断扩大、社会生产水平的不断提高、旅游工作的不断开拓，旅游资源包容的范畴将不断扩大。三是开发利用后的旅游资源能产生不同的经济效益、社会效益和环境效益。因此，作为旅游客体的旅游资源是旅游业赖以生存和发展的前提条件，是旅游产品的生产基础或旅游业产生的物质基础，是旅游活动的基本要素之一。

（二）旅游资源的分类

通常所谓分类，是指根据事物的特点分别归类。它是根据分类对象的共同点和差异点，将景区分为不同种类的一种逻辑方法。旅游资源分类是以比较为基础，通过比较识别出不同旅游资源类型之间的共同点和差异点，然后根据其共同点归并为较大的类，根据差异点将旅游资源划分为较小的类，从而将旅游资源区分为具有一定从属关系的不同等级的系统，这就是分类。

对旅游资源的科学分类是一项重要的基础性研究工作，其意义在于：一是分类可以使众多繁杂的旅游资源条理化、系统化，为旅游资源的开发利用、科学研究提供方便，通过比较、认识、归纳及划分，所形成的不同的旅游资源分类系统，实际上是一个关于旅游资源有关资料的信息系统，为从整体或局部认识旅游资源奠定了基础。二是旅游资源的分类过程，是人们加深对旅游资源属性的认识过程。分类总是通过分析大量旅游资源属性的共性或差异性，分出不同资源级别的从属关系与联系；通过不断补充新的资料，提出新的分类系统；或通过不同地区、不同要求的旅游资源分类，可以从不同侧面加深对旅游资源属性的认识，甚至还可能从中发现、总结出某些新的规律，从而促进有关理论水平的提高。

由此可以看出，旅游资源分类的目的在于通过各种分类系统的建立、补充，加深对旅游资源整体或区域旅游资源属性的认识，掌握其特点、规律，为进一步开发、利用、保护及科学研究服务。

1. 旅游资源的分类原则

分类的原则是分类的标准，只有遵循一定的原则才能保持分类的科学性和实用性。旅游资源分类原则主要有：

（1）共轭性与排他性原则

也称相似性与差异性原则，即不能把不具有共同属性的旅游资源归为一类，所划分出的同一级同一类型旅游资源必须具有共同的属性，不同类型之间应具有一定的差异。

（2）对应性原则

所划分出的次一级类型内容，必须完全对应于上一级类型的内容，不能出现下一级内容超出上一级或少于上一级内容的现象，否则就会出现逻辑上的错误。

（3）逐级划分原则

即分级与分类相结合的原则。旅游资源是一个复杂的系统，它可以分为不同级别、不同层次的亚系统。分类时，可以把分级与分类结合起来，逐级进行分类，避免出现越级划分的逻辑性错误。例如，可以把旅游资源先分为高一级的自然旅游资源与人文旅游资源，然后再对其分别划分次一级类型，如果需要还可以再向下划分更低一级类型。

（4）统一性原则

不同级别或不同系列的类型划分，可以采用不同的依据或标准，不同级别的类型划分不能采用相同的依据或标准，对每一类型直接划分次一级类型，必须采用相同的依据或标准，否则会出现分类的重叠。

2. 旅游资源的分类方法

旅游资源的种类繁多，在分类研究中，根据旅游资源研究及旅游开发的实际需要，主要诞生了下列几种分类方法：

（1）根据旅游资源本身的特性及成因差异进行分类

在旅游分类体系中运用较多的就是这种分类方法，主要是把旅游资源分为自然旅游资源和人文旅游资源两大类。目前运用这个分类方法相对有代表性的是中国科学院地理研究所制定的《中国旅游资源普查分类表》（1990 年），国家旅游局（今国家文化和旅游部）前资源开发司与中国科学院地理研究所共同制定的《中国旅游资源普查规范》（1992 年），以及中国科学院地球科学与资源研究所、国家旅游局规划发展与财务司共同开发的《旅游资源分类、调查与评价》（2002 年）。

《中国旅游资源普查规范》及《中国旅游资源普查分类表》的分类结构，由

"类"和"基本类型"组成，全部基本类型共有74种，归为6类。其中，属于自然旅游资源的3类，即地文景观类（13种）、水域风光类（7种）、生物景观类（6种）；属于人文旅游资源的3类，即古迹与建筑类（32种）、消闲求知健身类（11种）、购物类（5种）。大部分基本类型按人工建设单元分类，少部分是按照旅游活动的方式或结果进行分类（表2–1）。

表2–1 中国旅游资源普查分类法

编码	大类	编码	基本类型	编码	大类	编码	基本类型
1	地文景观类	101	典型地质结构	2	水域风光类	201	风景河段
		102	标准地质剖面			202	漂流河段
		103	生物化石			203	湖泊
		104	自然灾变遗址			204	瀑布
		105	名山			205	泉
		106	火山岩溶景观			206	现代冰川
		107	蚀余景观			207	奇特水域景观
		108	奇特与象形山石	3	生物景观类	301	树林
		109	沙（砾）地风景			302	古树名木
		110	沙（砾石）滩			303	奇花异草
		111	小型岛			304	草原
		112	洞穴			305	野生动物栖息地
		113	奇特地文景观			306	奇特生物景观
4	古迹与建筑类	401	人类文化遗址	4	古迹与建筑类	407	宗教与礼制建筑群
		402	社会经济文化遗址			408	殿（厅）堂
		403	军事遗址			409	楼阁
		404	古城与古城遗址			410	塔
		405	长城			411	牌坊
		406	宫廷建筑群			412	碑碣

续表

编码	大类	编码	基本类型	编码	大类	编码	基本类型
4	古迹与建筑类	413	建筑小品	4	古迹与建筑类	431	观景地
		414	园林			432	其他建筑与古迹
		415	景观建筑	5	消闲求知健身类	501	科学教育文化设施
		416	桥			502	休疗养和福利设施
		417	雕塑			503	动物园
		418	陵寝、陵园			504	植物园
		419	墓			505	公园
		420	石窟			506	体育中心
		421	摩崖字画			507	运动场馆
		422	水工建筑			508	游乐场所
		423	厂矿			509	节日庆典活动
		424	农场（略）			510	文艺团体
		425	特色城镇、渔村落			511	其他
		426	港口	6	购物类	601	市场与购物中心
		427	广场			602	庙会
		428	乡土建筑			603	著名店铺
		429	民俗街区			604	地方产品
		430	纪念地			605	其他物产

注：在中国科学院地理所1990年分类方案中，还列出了“气候与天象类”旅游资源，将其分为7个基本类型：避暑胜地、避寒胜地、云海、雾海、冰雪风暴、树挂奇观和天象胜景。

《旅游资源分类、调查与评价》的分类思路是根据旅游资源的性状进行划分，也就是根据旅游资源的现存状况、形态、特性、特征进行划分，分类结构分为“主类”“亚类”“基本类型”三个层次，一共 8 个主类、31 个亚类、155 种基本类型（表 2-2）。这种分类方法特别强调如果发现本分类方法没有包括的基本类型时，可以自行增加。此分类方法掌握简单，使用起来更加方便，也更有利于应用研究，是旅游资源最基本的分类方式。在这种分类方法中，也有将旅游资源分为自然旅游资源、文化旅游资源、社会旅游资源三大系列的划分法。

表 2-2 《旅游资源分类、调查与评价标准》分类表

主类	亚类	基本类型
A 地文景观	AA 综合自然旅游地	AAA 山丘型旅游地、AAB 谷地型旅游地、AAC 沙砾石地型旅游地、AAD 滩地型旅游地、AAE 奇异自然现象、AAF 自然标志地、AAG 垂直自然地带
	AB 沉积与构造	ABA 断层景观、ABB 褶曲景观、ABC 节理景观、ABD 地层剖面、ABE 钙华与泉华、ABF 矿点矿脉与矿石积聚地、ABG 生物化石点
	AC 地质地貌过程形迹	ACA 凸峰、ACB 独峰、ACC 峰丛、ACD 石（土）林、ACE 奇特与象形山石、ACF 岩壁与岩缝、ACG 峡谷段落、ACH 沟壑地、ACI 丹霞、ACJ 雅丹、ACK 堆石洞、ACL 岩石洞与岩穴、ACM 沙丘地、ACN 岸滩
	AD 自然变动遗迹	ADA 重力堆积体 、ADB 泥石流堆积 、ADC 地震遗迹、ADD 陷落地 、ADE 火山与熔岩、ADF 冰川堆积体、ADG 冰川侵蚀遗迹
	AE 岛礁	AEA 岛区、AEB 岩礁
B 水域风光	BA 河段	BAA 观光游憩河段、BAB 暗河河段 BAC、古河道段落
	BB 天然湖泊与池沼	BBA 观光游憩湖区、BBB 沼泽与湿地、BBC 潭池
	BC 瀑布	BCA 悬瀑、BCB 跌水
	BD 泉	BDA 冷泉、BDB 地热与温泉
	BE 河口与海面	BEA 观光游憩海域、BEB 涌潮现象、BEC 击浪现象
	BF 冰雪地	BFA 冰川观光地、BFB 常年积雪地
C 生物景观	CA 树木	CAA 林地、CAB 丛树、CAC 独树
	CB 草原与草地	CBA 草地、CBB 疏林草地
	CC 花卉地	CCA 草场花卉地、CCB 林间花卉地
	CD 野生动物栖息地	CDA水生动物栖息地、CDB陆地动物栖息地、CDC 鸟类栖息地、CDE 蝶类栖息地

续表

主类	亚类	基本类型
D 天象与气候景观	DA 光现象	DAA 日月星辰观察地、DAB 光环现象观察地、DAC 海市蜃楼现象多发地
	DB 天气与气候现象	DBA 云雾多发区、DBB 避暑气候地、DBC 避寒气候地、DBD 极端与特殊气候显示地、DBE 物候景观
E 遗址遗迹	EA 史前人类活动场所	EAA 人类活动遗址、EAB 文化层、EAC 文物散落地、EAD 原始聚落
	EB 社会经济文化活动遗址遗迹	EBA 历史事件发生地、EBB 军事遗址与古战场、EBC 废弃寺庙、EBD 废弃生产地、EBE 交通遗迹、EBF 废城与聚落遗迹、EBG 长城遗迹、EBH 烽燧
F 建筑与设施	FA 综合人文旅游地	FAA 教学科研实验场所、FAB 康体游乐休闲度假地、FAC 宗教与祭祀活动场所、FAD 园林游憩区域、FAE 文化活动场所、FAF 建设工程与生产地、FAG 社会与商贸活动场所、FAH 动物与植物展示地、FAI 军事观光地、FAJ 边境口岸、FAK 景物观赏点
	FB 单体活动场馆	FBA 聚会接待厅堂（室）、FBB 祭拜场馆、FBC 展示演示场馆、FBD 体育健身馆场、FBE 歌舞游乐场馆
	FC 景观建筑与附属型建筑	FCA 佛塔、FCB 塔形建筑物、FCC 楼阁、FCD 石窟、FCE 长城段落、FCF 城（堡）、FCG 摩崖字画、FCH 碑碣（林）、FCI 广场、FCJ 人工洞穴、FCK 建筑小品
	FD 居住地与社区	FDA 传统与乡土建筑、FDB 特色街巷、FDC 特色社区、FDD 名人故居与历史纪念建筑、FDE 书院、FDF 会馆、FDG 特色店铺、FDH 特色市场
	FE 归葬地	FEA 陵区陵园、FEB 墓（群）、FEC 悬棺
	FF 交通建筑	FFA 桥、FFB 车站、FFC 港口渡口与码头、FFD 航空港、FFE 栈道
	FG 水工建筑	FGA 水库观光游憩区段、FGB 水井、FGC 运河与渠道段落、FGD 堤坝段落、FGE 灌区、FGF 提水设施
G 旅游商品	GA 地方旅游商品	GAA 菜品饮食、GAB 农林畜产品与制品、GAC 水产品与制品、GAD 中草药材及制品、GAE 传统手工产品与工艺品、GAF 日用工业品、GAG 其他物品

续表

主类	亚类	基本类型
H人文活动	HA 人事记录	HAA 人物、HAB 事件
	HB 艺术	HBA 文艺团体、HBB 文学艺术作品
	HC 民间习俗	HCA 地方风俗与民间礼仪、HCB 民间节庆、HCC 民间演艺、HCD 民间健身活动与赛事、HCE 宗教活动、HCF 庙会与民间集会、HCG 饮食习俗、HGH 特色服饰
	HD 现代节庆	HDA 旅游节、HDB 文化节、HDC 商贸农事节、HDD 体育节
数量统计		
8主类	31 亚类	155基本类型

注：如果发现本分类没有包括的基本类型时，使用者可自行增加。增加的基本类型可归入相应亚类，置于最后，最多可增加2个。编号方式为：增加第1个基本类型时，该亚类2位汉语拼音字母+Z、增加第2个基本类型时，该亚类2位汉语拼音字母+Y。

（2）根据旅游资源的旅游功能性质进行分类

根据旅游功能性质，一般可分为观赏型旅游资源、运动型旅游资源、休（疗）养型旅游资源、娱乐型旅游资源以及特殊型旅游资源（如具有科学考察价值的旅游资源）。1974 年，科波克等对英国旅游资源的分类就是采用的旅游资源适宜的旅游活动，并考虑海拔高度等因素划分的。分类情况如下。

①供陆上旅游活动的资源：

露营、房车旅行、野餐旅游资源：所有距乡间碎石小路 400 米以内的地方。

骑马旅游资源：已开辟有步行道、行车道和驰道的海拔 300 米以上的高地地带。

散步及徒步旅游资源：海拔 450 米以上的高地，已建有驰道、步道、行车道的地方。

狩猎旅游资源：有狩猎价值并取得狩猎资格的地方。

攀岩旅游资源：高差在 30 米以上的断崖。

滑雪旅游资源：有效高差在 280 米以上，且有 3 个月以上的持续雪期。

②以水体为基础的旅游活动资源：

内陆钓鱼水域：宽度在 8 米以上，未遭受污染的河流、溪谷及运河；以及面积在5公顷以上的水域。

其他水上活动内陆水域：面积在20公顷以上，或宽度在200米以上，长度在1000米以上的未污染水域。

靠近乡间道路的水域：在距乡间碎石小路400米范围之内，可供一般水上活动的未污染水域。

适于海上活动的海洋近岸水域：如海岸边。

适于海岸活动的靠近乡间道路地：有沙滩或岩石的海滩，位于乡间碎石道路400米范围以内。

③供欣赏风景的旅游资源：以绝对高差与相对高差分类：

低地：海拔高度在150米以下。

平缓的乡野：海拔高度为150~450米，相对高差在120米以下。

高原乡地：海拔高度为150~450米，相对高差超过120米；或海拔高度为150~600米，相对高差为120~240米。

峻拔的小山：海拔高度超过600米，相对高差为120~240米；或海拔高度为450~600米，相对高差超过180米。

高的山丘：海拔高度在600米以上，相对高差超过240米。

（3）旅游资源综合特性与游客体验的分类

以1966年克劳森（M.Clawson）和尼奇（J.L.Knetsch）提出的分类最具影响，其分类系统如下。

①利用者导向型游憩资源：这类资源以利用者需求为导向，靠近利用者集中的人口中心，通常满足的主要是人们的日常休闲需求，如球场、动物园、一般性公园。一般面积在40~100公顷，通常由地方政府或私人经营管理，海拔一般不超过1000米，距离城市在60千米的范围内。

②资源基础型游憩资源：这类资源可使游客获得近于自然的体验。资源相对于客源地的距离不确定，主要在游客的中长期度假中得以利用。如风景、历史遗迹、远足、露营、垂钓用资源，一般面积在1000公顷以上，主要是国家公园、国家森林公园、州立公园及某些私人领地。

③中间型游憩资源：这类资源特性介于上述两者之间，主要为短期（一日游或周末度假）游憩活动所利用，游客在此的体验比利用者导向型更接近自然，但又比

资源基础型地区要次一级。

④目前通行的旅游资源其他分类方法

据1994年傅文伟归纳的分类方法，包括：按旅游资源的利用限度和生成价值分为再生性旅游资源和非再生性旅游资源；按旅游资源的形态分为有形的旅游资源和无形的旅游资源；按资源的存在空间层位划分为地上、地下、天上、海底旅游资源四大类；按资源的作用性质和不同用途划分为物质享受型和精神享受型两大类；按旅游活动的性质可分为运动康乐型、观赏型、特殊型旅游资源三大类；按吸引性质划分为场所吸引物、事件吸引物、其他吸引物三类；按资源开发利用的变化特征分为原生性、萌生性旅游资源两大类。

二、旅游资源评价内容

旅游资源的价值评价在国外是从20世纪70年代开始的，我国此项工作有近30年的历史。在这30年中，旅游资源评价广泛运用于旅游开发中，凡是旅游开发成功的旅游地，几乎都离不开对旅游资源价值的科学评价，而开发不成功的案例，深挖原因基本上都在于对旅游资源开发评价的失误，从而导致开发方向、开发战略的错误。现在，随着旅游业的多元化发展，旅游资源向旅游产品转换的需要，要求对旅游资源的评价更全面、更科学。对游客构成吸引是旅游资源的本质属性，其吸引力的大小不仅仅取决于旅游资源个体本身，还取决于旅游资源评价为基础的资源组合、开发利用、品牌宣传等旅游发展手段程度。

（一）旅游资源评价的含义

旅游资源评价是选择指标和因子，运用一定的科学方法对旅游资源的价值进行评判和坚定。其实质是在旅游资源调查的基础上，对旅游资源进行深入剖析和研究。可以认为，旅游资源评价是旅游资源调查的进一步深化与延伸。旅游资源评价对于确定旅游地的性质和规模，旅游资源的开发利用方向、旅游景点、旅游景区、旅游区、旅游区域的建设，地区旅游规划的编制，旅游资源系统的探索，旅游资源信息库的建立等，都会产生直接影响。即使旅游地建成以后，仍需对旅游资源开展评价工作，以适应不断变化的旅游发展需求。

旅游地客流量的多少是旅游资源价值的外在表现，反映了旅游资源的利用程度和吸引力的大小。旅游资源评价的目的在于以下四个方面：

1. 统一对旅游资源的认识

利用各式各样的评价模式和评价方法，可以促进人们对旅游资源的统一认识，遵循客观的规律和旅游需求，合理地开发旅游资源。

2. 明晰旅游资源的质量品质

旅游资源质量表现为客源市场的感知或认识。通过对旅游资源的种类、组合、结构、功能和性质的评价，确定旅游资源的质量，论证其独有的魅力，评估其在旅游地开发建设中的地位。

3. 确定旅游资源的规模水平

旅游资源的规模，包含资源密度和资源容量两个相互联系的方面，通过对旅游资源的规模水平、类型数量密度和承载容量鉴定，明确旅游资源的类别、数量、构成与丰度，为进行分级规划和管理提供系列资料和判断标准，还可拟定未来旅游区的旅游资源结构和新旅游资源开发计划。

4. 帮助确定旅游资源的开发顺序

对旅游资源的类型、数量、规模、品位、区域组合性、文化内涵等特点进行综合性评估，着重于资源的整体价值和开发价值评价，同时评估旅游资源的区位、自然生态、社会经济、投资施工和客源市场等开发利用环境条件。目的是对区域内不同地域的旅游资源进行开发价值比较，做规划与管理意义上的重要度排序。

（二）旅游资源评价的主要内容

明确旅游资源评价的内容，客观科学地评价旅游资源，是旅游地综合开发和经营管理的重要环节。评价结果直接影响到区域旅游资源开发利用的程度，以及旅游地的前途命运，关系到旅游地规划开发方向和战略布局等一系列重大问题。一般来讲，旅游资源评价包含以下几项内容：

1. 旅游资源质量

旅游资源质量是指旅游资源的特质对于特定的旅游活动的适合程度、价值高低。这种质量表现在为客源市场所感知或认识。旅游资源对于旅游活动适合程度越高，资源质量也就越高。高质量的旅游资源对游客有较大的吸引力。

（1）旅游资源特性与特色

旅游资源本身的质量构成了一地独创和新颖的吸引源，形成了旅游资源的独特性，旅游资源的特性与特色，是衡量其对游客吸引力的重要因素，是旅游资源开发的生命线和产生旅游效应的动力，也是旅游资源开发的可行性、超前性的决定条件之一。

（2）旅游资源的节律变化

旅游资源的节律变化，必然影响到旅游活动，使之产生空间和时间上的周期性变动，如以避暑功能为主的旅游资源，以冬季雪景观赏功能为主的旅游资源，以内河漂流功能为主的旅游资源，以及季节性观赏植被或花卉，一年内都将产生淡季—平季—旺季的变化，从而使旅游活动也随之出现淡、平、旺季的周期性变化。

（3）旅游资源的价值与功能

旅游资源的价值往往与人的审美观和价值观息息相关，通常是旅游资源质量和水平的反映。旅游资源的功能是旅游资源可供开发利用的特殊功用，是旅游资源价值的具体体现。旅游资源的价值与功能是关系到旅游地开发规模、市场指向、资源开发保护前景的重要决定因素，必须对其做出如实、科学的评价。

（4）旅游环境背景

主要评价的内容有：①景观组合。涉及景观空间、类型组合等。景观组合不理想的话，则风景区内容单调；景观组合良好，不同时期的文化、艺术、民族、宗教等景观交叉融合，就能同时体现自然美景和文化意蕴。②环境舒适度。涉及海水海滩质量、气候条件、大气状况、水量水质、植被覆盖率、保健效果等自然环境质量，以及文化特征、文化素养等人文环境质量。③生态承受力。旅游活动对旅游地生态的影响程度大小与旅游地的生态承受能力有关，对生态承受力的评价分为自然生态承受力和人文生态承受力评价两个方面，自然生态承受力评价主要涉及自然资源与环境对旅游开发的承载能力、安全性、自然灾害风险等；人文生态承受力评价涉及社会经济条件、社区居民的旅游开发态度、当地文化的兼容度等因素。

2. 旅游资源规模

旅游资源规模包含两个方面：一是旅游资源密度；二是旅游资源容量。这两个方面相互联系。一般情况下，旅游资源密度与旅游资源容量之间存在一个比较稳定的内在关系，旅游资源密度展现旅游发展现实的或可能的区域资源现象，旅游资源容量展示旅游接待的限制性条件。

（1）旅游资源密度

旅游资源密度是指景区内可供观赏的景观资源的数量多少与集中程度，它可以用单位面积内的景观数量来衡量。通常景观资源数量大、相对集中，且布局巧妙、合理的地区，是最佳组合状态和理想的资源开发区，相反则难以形成游览景区。

（2）旅游资源容量

旅游资源容量是指在保证旅游资源质量的前提下，一定时间内旅游资源所能容纳的旅游活动量，旅游活动的特性决定着旅游资源的容量，同样规模的旅游资源，对于人均占地多、用时长的旅游活动，比之于人均占地少、用时短的旅游活动，其容量要小得多。

旅游资源本身的容纳能力，可用旅游资源的空间规模除以每人最低空间标准，即可得到旅游资源的极限时点容量，再根据人均每次利用时间和旅游资源每日的开放时间，就可得出旅游资源的极限日容量。一般情况下，旅游资源容量都是从容人量和容时量两个方面来衡量的。旅游资源景观数量越多、规模越大、场地越开阔、景点布局越复杂、游程越长，它的容人量和容时量就越大；反之，旅游资源景观稀少、类型简单、场地狭小，其容时量和容人量就小。

3. 旅游资源开发利用环境条件

（1）旅游资源的区位环境条件

区域位置对游客的吸引力不可低估，国内外许多旅游景点、景区因其特殊的地理位置而增强了吸引效益，如位于三国之角的瑞士巴塞尔城。相反，由于地理位置不利，品位极高的自然资源和人文资源，如雅鲁藏布江大峡谷，则难以开发和利用。

（2）旅游资源的自然生态环境条件

地质、地貌、土壤、水文、气候、动物和植被等自然要素所构成的自然生态环境，是旅游资源区整体感知形象的主要因素和旅游活动的重要外部环境条件。自然生态环境包括旅游景区内旅游资源以外的自然生态环境，即游客从事具体旅游活动时的小环境，以及旅游地及其周围受旅游活动直接或间接影响的自然生态系统环境，即旅游活动的大环境。评价旅游资源，需对自然生态环境条件进行客观科学的评价，并根据环境要素的作用机制及影响的范围、深度、速度的因素，预测旅游环境的演化状况，为旅游开发决策提供可靠的依据。

（3）旅游资源的社会经济环境条件

旅游接待地区的人口构成、宗教信仰、民情风俗、生活方式、社会开化程度、地区国民总收入、总消费水平、居民平均收入、主要经济部门的收入渠道、基础设施和旅游专用设施的容纳能力、区域所能投入旅游业的人力资源等，都是影响旅游资源的社会经济环境条件。一般来说，如果旅游资源的自身价值很高，所处的社会经济环境条件很好，开发利用价值就显著提高；相反，如果所处的社会经济环境条件不利，开发利用价值就会明显降低。

（4）旅游客源的市场环境条件

客源市场决定着旅游资源的开发规模和开发价值，通过周密而科学的旅游客源市场调查，了解游客的需求动机，掌握客源市场的规模、旅游消费结构、消费水平和旅游活动行为，预测海外客源市场、国内客源市场、地区性客源市场的动态需求趋势，因地制宜地确定旅游资源的开发规模等级，客观地衡量旅游资源的开发利用价值。

（5）旅游资源的投资施工环境条件

旅游资源开发必须考虑投资环境，包括国家政治局势、地区社会治安状态、地区政策、经济发展战略、给予投资者的优惠条件等。开发项目的难易程度及其工程量的大小决定着施工环境条件；施工场地的地质、地形、土地、气候等自然条件和供水、供电、设备、材料、食品等条件，影响着施工进度、投资大小及受益早晚。评价旅游资源必须合理地评价施工环境条件，才能形成资源开发利用的完整价值。

总之通过对旅游资源的质量、规模和开发利用环境条件的综合评价，得到有关旅游资源的各种定性和定量结果，从而明确哪些旅游资源具有综合开发优势，最具开发前景；哪些旅游资源开发层次较低，目前不具备开发价值。按照自然与人文旅游资源的组合情况，提出旅游资源组合的开发方向。

三、旅游资源的评价方法

旅游资源尽管类型很多，但从评价方法的角度划分，无非有定性评价和定量评价两种，如果评价过程中以经验逻辑判断或简单的加减方式进行评价，即为定性评价，如果评价过程中以较为复杂的数学模型分析评价方式进行评价，即为定量评价。

科学评价旅游资源，是合理规划和开发旅游地的前提，也是旅游地开发建设与旅游业发展当中一个不可缺少的环节，评价导向即结果对旅游资源可持续利用具有非常重要的影响。自 20 世纪 50 年代以来，旅游资源评价一直是旅游地理等学科领域关注的内容。国外旅游资源评价，在自然风景视觉质量评价研究不断深入的同时，对旅游资源的文化遗产价值和货币价值评价研究明显增多了。而且资源评价当中也不断地引入经济学、行为学、社会学等学科的一些研究成果，多种学科的融合已经成为国外研究旅游资源评价方法理论的重要力量。改革开放以来，中国旅游产业依托丰富的旅游资源而迅速壮大。与此同时，旅游资源评价研究也在借鉴国外研究成果的基础上结合了各个地方的实际，在旅游资源分类、美学评价、适宜性评价等方面，都取得了比较大的进展，这些都为国内旅游发展提供了一些基本的方向判断，并且从理论上说明了资源价值的性质、构成和评价标准，同时也奠定了今天资源价值论在旅游可持续发展理论当中的基础地位。

（一）旅游资源定性评价

旅游资源定性评价是指评价者凭借已有的知识经验和综合分析能力，通过在旅游资源区的考察或游览，及其对有关资料的分析推断后，给予旅游资源的整体印象评价，它是揭示旅游资源事物现象和发展变化本质属性不可缺少的必要手段。相对而言，定性评价简便易行，对数据资料和精确度要求不高，但其结论的非精确性和推理过程的相对不确定性，成为它的不足之处。

1. 一般体验评价

一般体验评价是评价者根据自己的亲身体验，对一个或多个旅游资源就其整体质量进行定性评估。通常是游客在问卷上回答有关旅游资源的优劣顺序，或统计报章、书籍、杂志上的出现频率，如 1985 年《中国旅游报》发起的“中国十大名胜”评选，1991 年国家旅游局发起的“中国旅游胜地 40 佳”评选等，都属于这种评价类型。一般体验评价的项目很简单，只要求对旅游资源的整体质量和知名度进行评价，常局限于少数知名度较高的旅游资源，无法用于一般类型或尚未开发的旅游资源。

2. 美感质量评价

一般基于对游客或专家体验的深入分析，建立规范化的评价模型，评价的结果都是具有可比性尺度或数量值的，其中对于自然风景质量的视觉美评价技术已经较为成熟。

（1）专家学派

专家学派的代表人物是林顿，该学派认为凡是符合形式美原则的自然风景，就具有较高的风景质量，对风景的分析基于其线条、形体、色彩、质地四个元素，强调多样性、奇特性、协调统一性等形式美原则在风景质量分级中的主要作用，并依据有关的生态学原则，突出表现出一系列的分类分级过程，例如，美国土地管理局的风景资源管理系统对自然风景质量评价，则是选定七个风景质量因子，分别以三种分值标准进行分级评分，然后将七个单项因子的得分值相加作为风景质量总分值，最后将风景质量归入三个等级。

（2）心理物理学派

心理物理学派的代表人物有丹尼尔和布雅夫等人。该学派把风景与风景审美理解为一种刺激—反应的关系，将心理物理学的信号检测方法应用到风景质量评价中，通过测量公众对风景的审美态度，获得一个反映风景质量的量表，然后将该量表与风景组成成分之间建立起数学关系。同时，认为人类具有普遍一致的风景审美观，可将之作为风景质量的衡量标准，风景审美是风景与人之间的共同作用过程，风景质量评估在于建立反映这一作用关系的定量模型，人们对风景的审美评判，可以通过风景的自然要素来定量表达。风景质量评估的操作过程，首先，测量公众平均审美态度，以照片和幻灯为工具，获得公众对所展示的风景美感评价；其次，确定所展示风景的基本要素，然后建立风景质量与风景的基本要素间的相关模型；最后，将建立的数学模型用于同类风景的质量评估。

（3）心理学派

心理学派又称认知学派，侧重于研究解释人对风景的审美过程，把风景作为人的生存和认识空间来评价，强调风景对人的认识作用在情感上的影响，试图用人的进化过程及功能需求来解释人对风景的审美过程。该学派代表性的理论观点有：阿普尔顿的“瞭望—庇护”理论指出，人在风景审美过程中，总是以猎人和猎物的双重身份出现，用人的生存需求来解释评价风景；卡普兰夫妇以进化论为前提，从人的生存需要出发，提出了风景信息观点，逐步完善了风景审美理论模型，认为人在风景审美过程中，既注重风景中那些易于辨识和理解的特性，又对风景中蕴藏的神秘特性信息感兴趣；金布利特等人对森林风景神秘性进行研究，发现障景、视距、空间局限程度、可及性、林中光线五个因素决定着森林风景的神秘性；乌尔里希进一步将进化论美学思维同心理学情感学说结合，认为在人的风景审美过程中，最初的情感至为重要，直接表现为赏景者对眼前的风景的兴致，在此基础上产生进一步或深入的欣赏或回避的行为，这一过程对于赏景者对风景的认识评价及相关行为有重要影响。

（4）现象学派

现象学派又称经验学派，其主要代表人物是洛温撒尔。现象学派把人在风景审美评判中的主观作用提到了绝对高度，把这种评判看作人的个性与文化历史背景、志向与情趣的表现。研究方法一般是考证文学艺术家关于风景审美的文学、艺术作品、名人日记等，以此来分析人与风景的相互作用，及某种审美评判所产生的背景。同时也通过心理测量、调查、访问等形式，记述现代人对具体风景的感受和评价。但这些调查不是简单地评判风景优劣，而是详细描述个人经历及关于风景的感受，以此分析风景价值所产生的环境与背景。因此，现象学派的评价结论一般不能为风景评价者直接应用。

3. 美学评分法

美学评价是一个复杂的审美结构系统，要受到人口与周围景观地理分布、审美素质差异、社会文化因素、心理特征个性四个因素控制，这些层次与景观信息系统的韵律信息、总体特征信息和意蕴信息三个层次呈平行对应关系，并构成了景观美价值系统的三个层次。俞孔坚在国外的评分法（SRE）和比较评判法（LCJ）的基础上提出了平衡不完全区组比较评判法（BIB−LCJ），操作上首先选用评判材料，在用公众、专家、园林专业学生和非园林专业学生四个群体为评判者，根据心理统计结果，按四个被试群体分别制定了景观审美评判的美景度量表，然后分析美景度量表的分布检验，进行各类型间风景审美特点的相关分析、回归分析和差异分析，由此得出评价结果。

4. 三三六评价法

北京师范大学卢云亭提出的旅游资源定性评价三三六法，即历史文化价值、艺术观赏价值和科学考察价值三大价值，经济效益、社会效益和环境效益三大效益，以及景区的地理位置和交通条件、景物或景类的地域组合条件、景区旅游容量条件、施工难易条件、投资能力条件、旅游客源市场条件六大条件。通过三大价值、三大效益和六大条件的评估，达到评价旅游资源的目的。

5. 双向标准评价模型

黄辉实提出从资源本身和资源所处的环境两个方面，对旅游资源进行定性评价。旅游资源本身的价值，采用美、古、名、特、奇、用六字标准进行衡量；旅游资源所处的环境采用季节、污染、联系、可进入性、基础结构、社会经济环境、旅游市场七个标准进行评价。

6. 八度指标评价模型

卢云亭等在研究项目《旅游特色资源价值体系和应用研究》中提出八度指标评价模型，即用旅游资源的珍稀度、古悠度、奇特度、规模度、保存度、审美度、组合度、知名度八个度量指标评价旅游资源。

7.SWOT 分析评价法

运用 SWOT 对旅游资源评价进行内部和外部的比较分析。SWOT 分析法来源于哈佛商学院，包含四个方面：S（Strengths）代表优势；W（Weakness）代表劣势；O（Opportunities）代表机会与机遇；T（Threats）代表挑战。前两个方面 SW，是对于所考察的旅游景区内部优劣因素进行比较分析，后两个方面 OT，主要分析外部条件，明确外部因素对于旅游景区的影响。

8. 视觉质量评价法

康德的美学四个契机，奠定了现代旅游资源视觉质量评价的理论基础，这项评价方法强调视觉质量评价的主观性，认为视觉质量评价是景观的主观体验，可以通过被测试者对各种主景要素的替代物所显示的偏好来获得。

早期的视觉质量评价主要采用现场调查法，由于现场调查，在调查对象和样本区域等方面的限制，特别是随着视听技术的普及和提高，利用评价区域的幻灯片和宣传图片，进行景观视觉质量的室内评价测试，开始普及。

测试者可以应用计算机制图技术，进行不同森林景观模拟的视觉质量评价，有学者研究了彩色和黑白照片对视觉质量评价的影响，还有人研究了景观水平视角和俯视角的照片对评价的影响，更有人将蒙太奇技术和三维动态模拟技术运用于视觉评价当中。近年来，随着网络技术的发展，加快了利用因特网进行景观视觉偏好的调查研究，通过电子邮件和登录搜索引擎两种途径来收集调查对象的景观偏好，以及相应的社会人口统计学等信息。

（二）旅游资源定量评价

旅游资源定量评价是指评价者在掌握大量的数据资料基础上，根据给定的评价标准，运用科学的统计方法和数学评价模型，揭示评价对象的数量变化程度及其结构关系之后，给予旅游资源的量化测算评价。定量评价避免了定性评价的主观片面性，使评价结论更加清晰，解释的稳定性大大增强，预测性也更加准确，进而使旅游资源评价尽可能地减少主观色彩和个性色彩，一般可将其结果作为旅游开发的决策依据。但是，定量评价难以反映客观条件的临时变化和未来不确定因素的影响，对于一些无法量化的因素也无力表达，评价过程显得较为复杂，多适合于专业人员。通常将定性评价与定量评价结合起来，以便更确切地获取旅游资源科学客观的评价。

1. 地形适应性评价

通常，地形要素对于运动类型的旅游活动至关重要，是关键的旅游资源因子。地形要素对风景观赏也有影响。地形的崎岖、陡峭给游客移动带来的困难，常常能借助于人工设施来解决，如缆车、索道，但地形要素这种特性本身却能提高风景的美感质量。各种运动类型的旅游活动对于地形的倾斜程度都有较严格的要求，如滑雪要求地形坡度必须在35° 以下，但是滑雪区缓坡占地面积太大，又会影响滑雪者的体验水准，难以吸引一定数量的滑雪者。因此，各种旅游活动对于地形的要求，成为评估地形适应性的衡量标准。

2. 气候适应性评价

气候对所有的户外旅游活动都有影响，对于从事观赏性旅游活动的影响，主要在于游客的体感舒适程度，而对于从事运动性旅游活动的影响，则主要在于游客的活动质量。

特吉旺（W.H.Terjung）于1966年在对美国大陆生理气候的评估中，设计了舒适指数和风效指数两个评价指数。他选用气温、相对湿度和风速三项指标，用气温和相对湿度的不同组合来表示舒适程度的不同状况，用气温和风速的不同组合来表示风效状况。最后将获得的舒适指数和风效指数综合，形成具体评价的舒适指数和风效指数，得到气候适应性的生理评价结论。

（1）舒适指数

舒适指数指人们对周围空气环境感觉舒服的程度。根据大多数人的感觉，特吉旺把气温和相对湿度的不同组合分为11类，通过查舒适指数列线图得到舒适指数，根据天气要素的昼夜变化规律对人体生理活动规律的影响，通常采用月平均最高气温和月平均最小相对湿度，以及月平均最低气温和月平均最大相对湿度四个指标，查得涵盖昼夜状况的舒适指数，在昼夜温、湿变幅不大的地区，或气候资料不详的情况下，也可通过各月平均气温和平均相对湿度两个指标获得各月舒适指数。

（2）风效指数

分效指数指人们的裸露皮肤在气温和风速的不同组合作用下，感觉冷暖的程度。根据大多数人的感觉，将气温与风速的组合分为12类，通过查风效指数列线图获得风效指数。利用月平均最高气温、最低气温及风速三项指标，查出风效指数的昼、夜值，再按风效指数图表所示的方法，得出涵盖昼夜的风效指数。

人们对于气候舒适度的要求，以舒适指数为主，风效指数为辅。若二者分别都在舒适区之内，则属于旅游旺季，二者分别是在最佳舒适区范围内，便是最佳旅游期。舒适指数与风效指数是从气候角度评价某地的旅游价值，旅游季节与最佳旅游季节延续的时间越长，价值越高；反之，则价值越低。我国东北地区为寒温带气候，大部分地区只有三个月时间舒适指数在 −1 以上，南方处于亚热带和热带，全年大部分时间气候舒适度指数为 −1~1。

3. *层次分析法*

层次分析法是现代数学提供的一种简易决策方法。国内最早将这一方法运用于对旅游资源定量评价的是保继刚，他首先对旅游资源的各种影响因素进行归类和层次划分，确定出属于不同层次和不同组织水平的各因素间的相互关系，构建成旅游资源的多目标决策树。然后对决策树中各层次分别建立反映其影响因素之间关系的判断矩阵，通常是应用特尔菲法邀请专家以填表方式，按同等重要、稍重要、重要、明显重要、极端重要的判断级别，各自以1、3、5、7、9或其倒数作为量化标准，对同一层次中的各因素间相对于上一层次的某项因子的相对重要性给予判断，获得判断矩阵的取值。最后在计算机上进行整理、综合、计算和检验，得到旅游资源评价综合层、项目层和因子层的排序权重及位次。根据权重排序，以100分按权重赋予各个因素分值，就得到旅游资源定量评价参数表。利用评价参数表，就可以有一定的给分标准对旅游资源进行分项评价打分，最终得到综合的评价结果。

4. *货币价值评价法*

货币价值评价理论和方法主要来源于环境学、经济学、社会学、心理学、行为学等学科，与环境影响评价理论有着直接的渊源关系。并随着公共产品理论，福利经济学中的消费者剩余和个人偏好等理论的发展而不断完善。

货币价值评价理论主要是成本效益分析理论，其思想来源于《论公共工程效益的衡量》中提出的消费者剩余的概念。随着世界旅游业的迅猛发展，以及旅游与环境冲突问题的日益严重，相关研究提出了舒适性资源的经济价值理论，认为出于科学研究、生物多样性保护和不确定性等原因，需要对一些稀有的、珍奇的景观和生态等舒适性资源进行保护，在可再生限度内严格控制使用，特别是提出了舒适性资源的唯一性、真实性、不确定性、不可逆的重要概念，这为后来旅游资源的货币价值评价奠定了坚实的理论基础。

目前旅游资源货币价值评价理论和方法主要有两类：一是替代市场技术评价法，它用影子价格和消费者剩余来表达旅游资源的货币价值，具体有旅行费用法、机会成本法、费用支出法、市场价值法、享乐定价法等，主要适合无市场交换但有市场价格部分的评价；二是模拟市场技术评价法，它以支付意愿来表达旅游资源的货币价值，目前主要是条件价值法。

（三）旅游资源评价方法研究趋势

无论是定性评价还是定量评价，都存在一定的缺陷。定性方法能够从总体把握旅游资源的特征，但是主观性比较强，随意性大。而定量评价方法能够将资源评价要素分层处理，评价结果也比较清晰、客观，但是计算过程烦琐，缺乏类型特征数据的采集，难以在实践当中推广，其指标选择及确定的主观性也难以避免，因此定性与定量方法相结合，成为旅游资源评价方法的主要发展方向。20 世纪 80 年代，国内外学界将聚类分析、灰色系统、人工神经网络等方法，单独或者是联合运用于旅游资源评价，建立了 AHP—模糊评价、模糊聚类、灰色层次评价的模型。目前应用较为广泛的评价方法的优缺点对比情况如下：

1. 层次分析法

主要应用在辽宁沿海地区、安家沟流域，这种方法的优点是应用范围广，操作方法简单、直观，但缺点是主观性强。

2. GIS 评价方法

主要的应用对象地域范围在重庆、陕西，优点是以空间定位数据、遥感图像数据等为基础，客观性比较强，但缺点是数据的搜索难度大，人文类信息不宜表达。

3. 模糊数学法

主要应用于海南省琼海、西安古都，优点是能根据不同可能性得出多个层次的问题题解，可扩展性大，但缺点是当评价指标相关时容易造成信息重复的问题。

4. 货币价值法

主要应用于黄山风景区、武陵源风景区，优点是可以评价旅游资源的使用价值及非使用价值，缺点是难以获得确切的游客信息。

5. 灰色评价法

主要应用于老子山风景区、黄河三角洲湿地，这种方法的优点是对样本量没有严格的分布要求，数据不用进行归一化处理，但缺点是对大批量指标数据分析的支持性较差。

6. 熵权法

主要应用于武夷山景区、黑龙江省中俄界江旅游资源，优点是避免权重赋予的主观性，精度较高，但缺点是不适用于指标值变异处理很小或突然性变化的数据时易产生偏差，弱化主观者意图。

7. 主成分分析法

主要应用于民俗文化、西安地区旅游资源，优点是解决了指标间的信息重叠问题，简化了原指标体系的指标结构，但缺点是对统计数据量要求高。

8. 单技术指标

主要应用于环渤海地区旅游气候，优点是针对性明显，可比性强，缺点是只适用评价因素较少的对象，对评价人员的专业技术要求较高。

四、以导游词创作为目的的旅游资源评价方式确定

导游词是旅游资源开发和经营的一个组成要素，是旅游景区由资源转向产品的组成部分，在旅游资源品牌营销阶段会起到非常重要的作用。以导游词创作为目的的旅游资源评价方式的确定，需要结合导游词的推广介绍作用、使用者的使用目的、游客的接受程度几方面因素进行考虑。考虑到导游词的受众是游客群体，因此旅游资源的评价一定是以对游客产生吸引力为前提进行。分析对比以上的旅游资源评价方法，传统的定性评价方法主要运用于旅游资源规划开发阶段，且存在着重要的缺陷，定性评价模型设定的各项评价指标比较抽象和笼统，表面上看起来是兼顾了旅游资源的各个方面，但在关键要素的选择上却没有突出重点，所以最终评价结果势必会模糊而且使用价值偏低，这与导游词创作突出重点的基本原则相矛盾。定量评价体系在对旅游资源评价的精确度方面有了很大改进，但把全国范围内的所有类型资源都放在同一观测平台上进行评价，最后根据评价分值的大小来确定旅游资源价值的高低，这种做法存在合理性的缺陷。

定量评价缺乏类型特征数值的采集，权重的设计和因子值都带有一定程度的主

观性。旅游资源的价值大小在很大程度上是取决于旅游主、客体之间的能动交流，旅游资源也只有能吸引游客并能使之产生旅游动机，才能称为旅游资源，其价值大小应该是旅游主体对资源客体的能动估价。评价者本身存在不同的审美态度，而且可以从不同的视角对旅游资源进行评价，所以就价值的产生而言，同一景观和资源在不同的评价者眼中是不同的，这样就会产生不同的评价因子和权重。同时权重还要考虑旅游资源所处的特定区域位置以及这项资源与周围的组合情况，同种类型的资源如果所处的环境组合不同，就会出现不同的评价权重，所以定量评价体系中每个固定数字的提出就显得不太合理和科学。

（一）《旅游资源分类、调查与评价》标准

1. 总体要求

（1）按照本标准的旅游资源分类体系对旅游资源单体进行评价。

（2）本标准采用打分评价方法。

（3）评价主要由调查组完成。

2. 评价体系

本标准依据“旅游资源共有因子综合评价系统”赋分。

本系统设“评价项目”和“评价因子”两个档次。

评价项目为“资源要素价值”“资源影响力”“附加值”。

其中：

“资源要素价值”项目中含“观赏游憩使用价值”“历史文化科学艺术价值”“珍稀奇特程度”“规模、丰度与概率”“完整性”5项评价因子。“资源影响力”项目中含“知名度和影响力”“适游期或使用范围”2项评价因子。“附加值”含“环境保护与环境安全”1项评价因子。

3. 计分方法

（1）基本分值

①评价项目和评价因子用量值表示。资源要素价值和资源影响力总分值为100分，其中：“资源要素价值”为85分，分配如下：“观赏游憩使用价值”30分、“历史文化科学艺术价值”25分、“珍稀奇特程度”15分、“规模、丰度与概率”10分、“完整性”5分。“资源影响力”为15分，其中：“知名度和影响力”10分、“适游期或使用范围”5分。

②"附加值"中"环境保护与环境安全"，分正分和负分。

③每一评价因子分为 4 个档次，其因子分值相应分为 4 档。

旅游资源评价赋分标准见表 2-3。

表 2-3 旅游资源评价赋分标准

评价项目	评价因子	评价依据	赋值
资源要素价值（85分）	观赏游憩使用价值（30分）	全部或其中一项具有极高的观赏价值、游憩价值、使用价值。	22~30
		全部或其中一项具有很高的观赏价值、游憩价值、使用价值。	13~21
		全部或其中一项具有较高的观赏价值、游憩价值、使用价值。	6~12
		全部或其中一项具有一般观赏价值、游憩价值、使用价值。	1~5
	历史文化科学艺术价值（25分）	同时或其中一项具有世界意义的历史价值、文化价值、科学价值、艺术价值。	20~25
		同时或其中一项具有全国意义的历史价值、文化价值、科学价值、艺术价值。	13~19
		同时或其中一项具有省级意义的历史价值、文化价值、科学价值、艺术价值。	6~12
		历史价值、文化价值、科学价值、艺术价值具有地区意义。	1~5
	珍稀奇特程度（15分）	有大量珍稀物种，或景观异常奇特，或此类现象在其他地区罕见。	13~15
		有较多珍稀物种，或景观奇特，或此类现象在其他地区很少见。	9~12
		有少量珍稀物种，或景观突出，或此类现象在其他地区少见。	4~8
		有个别珍稀物种，或景观比较突出，或此类现象在其他地区较多见。	1~3
	规模、丰度与概率（10分）	独立型旅游资源单体规模、体量巨大；集合型旅游资源单体结构完美、疏密度优良级；自然景象和人文活动周期性发生或频率极高。	8~10
		独立型旅游资源单体规模、体量较大；集合型旅游资源单体结构很和谐、疏密度良好；自然景象和人文活动周期性发生或频率很高。	5~7
		独立型旅游资源单体规模、体量中等；集合型旅游资源单体结构和谐、疏密度较好；自然景象和人文活动周期性发生或频率较高。	3~4

续表

评价项目	评价因子	评价依据	赋值
资源要素价值（85分）		独立型旅游资源单体规模、体量较小；集合型旅游资源单体结构较和谐、疏密度一般；自然景象和人文活动周期性发生或频率较小。	1~2
	完整性（5分）	形态与结构保持完整。	4~5
		形态与结构有少量变化，但不明显。	3
		形态与结构有明显变化。	2
		形态与结构有重大变化。	1
资源影响力（15分）	知名度和影响力（10分）	在世界范围内知名，或构成世界承认的名牌。	8~10
		在全国范围内知名，或构成全国性的名牌。	5~7
		在本省范围内知名，或构成省内的名牌。	3~4
		在本地区范围内知名，或构成本地区名牌。	1~2
	适游期或使用范围（5分）	适宜游览的日期每年超过300天，或适宜于所有游客使用和参与。	4~5
		适宜游览的日期每年超过250天，或适宜于80%左右游客使用和参与。	3
		适宜游览的日期每年超过150天，或适宜于60%左右游客使用和参与。	2
		适宜游览的日期每年超过100天，或适宜于40%左右游客使用和参与。	1
附加值	环境保护与环境安全	已受到严重污染，或存在严重安全隐患。	4~5
		已受到中度污染，或存在明显安全隐患。	3~4
		已受到轻度污染，或存在一定安全隐患。	2~3
		已有工程保护措施，环境安全得到保证。	3

（2）计分与等级划分

①计分。根据对旅游资源单体的评价，得出该单体旅游资源共有综合因子评价赋分值。

②旅游资源评价等级指标。依据旅游资源单体评价总分，将其分为五级，从高级到低级为：五级旅游资源，得分值域≥ 90 分。四级旅游资源，得分值域≥ 75~89 分。三级旅游资源，得分值域≥ 60~74 分。二级旅游资源，得分值域≥ 45~59 分。一级旅游资源，得分值域≥ 30~44 分。此外还有：未获等级旅游资源，得分≤ 29

分。其中，五级旅游资源称为“特品级旅游资源”；五级、四级、三级旅游资源被通称为“优良级旅游资源”；二级、一级旅游资源被通称为“普通级旅游资源”。

（二）旅游资源要素评价

一个区域内的旅游资源是由旅游资源的要素所构成的，区域旅游资源要素作为旅游资源系统的子系统，在整个系统功能实现上有着重要的作用。一方面，作为子系统的旅游资源要素受区域旅游资源要素及环境的制约和支配；另一方面，旅游资源要素又相对独立，也就是旅游资源整体及本身的规定性。无论哪种组合，也不管其所处的环境和开发条件如何，这种独立性都是不会改变的。因此，区域旅游资源评价，首先存在着旅游资源要素的分析与评估问题，其评估内容主要包括基于游客吸引力基础上的区域旅游资源各要素的性质、状态、形成、演化、旅游价值等。

根据科学的旅游资源分类方法，我们对旅游资源的性质分析是将所研究对象进行类型归属，并且在这个基础上揭示其本质属性，这些属性包括旅游资源的功能、特质、价值等内容。旅游价值是指旅游资源本身所固有的艺术价值、科学考察价值、历史文化价值和其他潜在价值等。旅游资源的价值决定了其开发的功能。拥有历史文化、科学、观赏、经济和社会等价值的旅游资源，一般都具有观光、健身、商务、度假、科考、探险、娱乐等旅游功能，旅游资源的价值和功能对旅游资源的地位、意义、开发规模等级、市场指向等都有影响，进一步会影响到开发和保护的前景。旅游资源的特质是吸引游客出游的一个关键性因素，也是旅游资源开发和后续发展的生命线，是旅游资源产生效应的内质。通过对调查区与其他旅游区的比较研究，寻找出旅游资源的特色，为确定旅游资源的开发方向和具体旅游项目的建设提供依据，特别要指出的是，奇、绝、古、名等往往是构成一个地方的独创性或者新颖性的吸引源，在评价的时候应该给予特别的重视。

旅游资源要素状态是对资源个体外在属性的描述，也是旅游资源调查评价的主要内容，是旅游资源进一步研究发展的基础，具体包括资源的个体结构、要素特征，以及资源本身利用状况与保存状况等内容，这就涉及旅游资源的数量、密度和容量等。旅游资源要素的形成与演化需要从纵向上把握其来龙去脉，大体内容有资源要素的形成时间及其自然、人文背景，资源要素的演化过程及其原因两个方面。

旅游资源要素价值评价是在对其基础状况调查分析之上，对旅游资源要素个体品质的一个分析过程，是对旅游资源要素内在属性的解释，是全部要素分析的主要组成部分和最终结果。

在资源要素评价过程中，最为重要的是必须以对游客的吸引力为前提。也就是说，旅游资源的评价始终不能够脱离旅游活动的主体——游客，旅游资源开发者或经营者，必须从分析研究市场出发，针对市场的需求对资源进行评价。现代旅游业是一项经济产业，是商品经济和市场经济发展到一定阶段的产物。对旅游企业而言，其经营的根本目的首先是为了获利，而旅游业对于客源市场有严重的依赖性，所以一切必须以满足游客的需求出发，力求资源与市场对接，保证旅游供给与旅游需求是一致的，只有旅游市场达到一定规模，才能够获得经济效益，一旦供给与需求脱节，就会导致一定时期旅游业发展的失衡。旅游资源有了市场的引导，其分析和评估既可以保持专业化的水平，又具有符合市场需求的规范化和科学性。通过合理的资源评价制订出旅游规划和发展方案，可以避免或者是减少投资开发的盲目性，使旅游资源价值充分地转化为经济效益，真正有效地指导旅游业的发展。

1. *旅游资源要素评价的原则*

在旅游资源的要素评价过程当中，应该遵循一定的指导思想和行为准则。旅游资源要素评价是一项比较复杂的工作，在一定程度上对一定区域旅游资源的开发和发展的潜力进行了界定。旅游资源涉及的范围非常广泛，所以对于旅游资源的评价也就会涉及各个领域的知识，其中包括自然、气候、科技、文学、艺术、经济、地理等，为了使旅游资源的要素评价能做到相对公正客观，以及准确和可靠，必须遵循客观实际的原则、符合科学的原则、全面系统的原则和定性与定量相结合的原则。

除此之外，可比性原则也是旅游资源要素评价的一个非常关键的原则，但是目前多数的旅游资源评价方法都没有很好地遵循此项原则。旅游资源评价实质上就是从合理开发利用和保护旅游资源的角度出发，通过开发取得最大社会效益，并依据此目的采取一定的方法，对一定区域内旅游资源本身的价值进行深入剖析和研究的过程。对旅游资源价值进行综合评判，其结果必须要达到在全面认识和掌握旅游资源的基础上，可以对各个地区的旅游资源状况和开发情况进行横向比较，只有达到资源的可比性，才能够正确认识本地区旅游资源所处的地位，也就是本地区旅游资源在开发和发展当中所具有的优势和劣势，才能从根本上正确地指导旅游资源的合理利用，以期取得最大社会效益。缺乏资源的横向比较，对旅游资源的属性、形成、状态等方面的评价也只能是绝对或片面的，这种评价是缺乏横向比较的孤立存在，在此基础上进行的旅游开发和后续发展，也会有一定的盲目性。

（1）旅游资源评价过程中，过多的主观因素阻碍了旅游资源评价结果的可比性

《旅游资源分类、调查与评价》标准采用的专家赋分法确定旅游资源等级，这种方法会从多个角度影响对具体某一要素的打分情况，如对旅游资源要素价值的判断，以及资源影响力的判断，具体调查人员专业素养的高低、视野的开阔程度、个人的偏好情况，以及对各层次旅游资源的了解程度等因素。由于这一方法受主观因素影响比较大，评价结果至多只能反映出区域内部的比较优势，而不利于区域间，或者是更大范围内的资源价值比较，因此减少旅游资源评价中的主观性，增加客观因素在旅游资源评价中的作用，是旅游资源评价方法中的重点。

在《旅游资源分类、调查与评价》标准中“旅游资源评价赋分标准”对各地旅游资源进行评价，各评价项目的分值差异均有5分的评分度，没有进一步细化，即便在同一档内仍有一定的分值差距，须由评价者自行把握，具有一定的主观性，应该进一步明确和细化相关评价因子的赋值原则，从而使赋分情况更有据可依，使评级工作更为精确和客观。又比如在标准中，“规模、丰度和概率”是可以量化的评价因子，即各旅游资源单体规模、体量以及集合型旅游资源组合的疏密程度等均可以量化；附加值中的环境保护与环境安全，也是可以量化的指标，可以根据大气、水质污染程度参照国家环境质量标准来执行。

（2）旅游资源的比较稀缺性特点是阻碍评价结果达到可比性的又一因素

标准运用专家赋分法，根据分值大小，将旅游资源分为五个等级，依据标准所评定的五个级别，对旅游资源进行区域间或全国性的横向比较具有一定的困难。因为旅游资源具有比较稀缺性的特性。一项旅游资源可能从全国范围内来看是很丰富的，但相对于本旅游区来说，却是稀少的，因此一项绝对价值并不是很高的旅游资源，就具有了较高的区域相对价值。这样的旅游资源在各地的评价结果不一致，主要是由于旅游资源受到其所在地区环境条件的影响。旅游资源具有明显的区位相对优势，仅以在某一区域范围内所进行的资源等级评价作为横向比较的依据，是缺乏合理性的。建议首先建立旅游资源价值层级体系，在此基础上再进行资源等级的划分。根据资源本身的品性，通过对资源的文化价值、美学价值和知名度三个因素的评价，可以把资源划分为五个等级，即世界级旅游资源、国家级旅游资源、省级旅

游资源、地县级旅游资源和特殊级旅游资源。

2. 评价因子设置

目前的旅游资源评价是在分析资源的旅游价值的基础上进行的，评价方式，包括旅游资源，特征值评价和旅游资源共有因子评价方法，旅游资源特征值，反映旅游资源基本类型、性状和结构特征的量值，各种基本类型的特征值，有不少相同的地方，如历史价值、文化价值等，是很多旅游资源基本类型所共有的因子，但对于各个基本类型来说，彼此的因子组合却是很不相同的，用各种旅游资源基本类型特征值组合因子去评价该类型单体，可以较为准确地得出被评价单体的质量，但特征值数据的采集工作量大，在目前还不能够完全实现程序化调查之前，使用者会觉得复杂，不便掌握，因此目前多数研究者都采用旅游资源共有因子评价法，也就是依照旅游资源基本类型所共同拥有的因子，对旅游资源单体的价值和程度进行认识和评定。

由于地区特点和实际需求的差别，旅游资源评价方法具有一定的灵活性，但是就资源的旅游价值评价来说，评价因子都只考虑到旅游资源的文化价值，对于旅游资源的市场价值没有引起足够的重视，资源旅游价值的高低优劣只是潜在的，而实现资源的市场价值，将资源转化为产品，才能真正地实现资源的旅游价值。

（1）资源的旅游价值

资源的旅游价值，在一定意义上就是指旅游资源的价值，但用资源的旅游价值来代替旅游资源价值，具有更大的精确性和实用性，当我们把某项资源称为旅游资源时，也就承认了其存在旅游价值，但事实并非如此，在当前的旅游市场中，存在许多并不真正具有旅游价值，但却普遍被称为旅游资源的这些资源，因此弄清楚什么是旅游资源区别，资源的旅游价值与资源的其他相关价值之间的关系，对于认识旅游资源、评价资源的旅游价值和开发设计旅游产品有着非常重要的意义。

资源的旅游价值表现为对人类旅游活动的有用性上，是许多相关属性的集合，人类的旅游活动既是一种文化活动，同时又是一种经济活动，旅游活动是人类的一种资源益智活动，在旅游活动中，人们同样追求着真善美，因此旅游资源都具有文化价值、旅游资源价值，同时又表现出它的经济的性质，凡是影响旅游市场需求的诸因素，都可以影响资源的旅游价值，比如，资源迎合偏好的程度、资源的分布状态等。资源的旅游价值，一方面表现在资源带给旅游主体，也就是游客审美和愉悦的效用；另一方面表现在旅游主体对客体效用的能动的估价上，因此，资源的旅游价值可以理解为具有市场价值的文化价值，是旅游主体对旅游资源客体效用性质的能动的估价。事实上，旅游资源的文化价值是旅游资源本质属性的表现，处于主导地位，而市场价值只是影响旅游资源价值的外部因素，资源的文化价值起着桥梁的作用，架通了旅游活动的主客体，使之通过文化联系，达到能动交流，最终实现资源的旅游价值，市场价值表现为资源的相对优势，构成旅游资源的相对价值，因此文化因素构成旅游资源价值的核心部分，市场价值为资源旅游价值的外延价值，资源的核心价值和外延价值共同构成了旅游资源的总价值，两者缺一不可，缺乏核心价值的资源，不能称之为旅游资源，相反缺乏外延价值的资源不具有旅游价值，即没有旅游开发的价值。

（2）评价因子

对于旅游规划和发展实践研究中，旅游资源评价因子的设置问题，遵循旅游资源评价的可比性原则，可以采用，对于不同级别的旅游资源设置不同的权重，并且评价因子的设置利益求同时实现旅游资源的文化价值和市场价值，对于世界级、国家级和特殊级，这三类旅游资源由于其本身价值构成具有独特性，因此其核心价值因素几乎主宰了资源的旅游价值，而省级和地县级旅游资源是存在数量最多的旅游资源，目前现实中存在的旅游资源评价和开发，也是主要针对这两类旅游资源而言的，由于这两类旅游资源数量多，价值构成雷同，且开发以产生的经济效益为主要目的，因此核心价值因素在这两类旅游资源总体价值中的重要性也就相对下降了，而其外延价值因素就显得重要得多，所以对于世界级旅游资源、国家级旅游资源、特殊级旅游资源、省级旅游资源、地县级旅游资源这五层级旅游资源，其核心价值因素，有外延价值因素，应该设置为不同的权重，对于属于前三项的旅游资源，其核心价值因素占据垄断性地位，核心价值因素成为资源旅游价值评价的主导因素，其权重设置应比后两项权重设置高，相应的后两项旅游资源的外延价值因素的权重设置，应高于前三项旅游资源相应的权重设置。

①旅游资源的核心价值因素。旅游业得以存在和发展，根本上是由于人们追求良好环境，追求美的享受，追求新鲜文化体验的愿望，因此旅游资源的核心价值评价，及对旅游资源自身品质的评价标准中，表现为观赏价值：提供给游客观看欣赏，令人感观得到的印象；游憩价值，供游客游览休息场所的状况；使用价值：为

某种目的服务的物品状况，历史加之人类活动进程中发生的事件；文化价值：人类创造的物质财富和精神财富；科学价值：公认的普遍真理或普遍定理的知识。

值得指出的是，在评价工作中，对于上述价值的衡量标准很难确定，尤其难以数量化，而且不同类型的游客对同一项旅游资源偏爱程度可能差别较大，为此，一要力求对每一类旅游资源制定便于衡量的标准，例如对于海滩可以从沙质，水质，水温、使用季节等方面定量地进行衡量；二可力求借用专业研究的成果，例如文物保护单位级别、自然保护区级别等相关标准。

②旅游资源的外延价值因素。对于旅游资源的外延价值因素评价，应该立足于旅游消费市场，从旅游消费市场的角度来分析和评价旅游资源的经济价值、市场价值，进而确定一项资源是否具有旅游开发的价值，旅游资源的外延价值因素评价，除了旅游资源规模、丰度与概率，完整性，知名度和影响力，环境保护与环境安全的内容，还应该包括旅游资源普适性，旅游资源是否具有可塑性，或在多大程度上具有动态性、可恢复程度，不同类型资源对游客的旅游效用、垄断程度等多方面的评价。

旅游资源普适性是指旅游资源经开发成为旅游产品后，能在多大范围内满足游客的需求，及旅游资源经过加工转化后，所能吸引的游客的年龄、阶层、职业、收入水平以及游客的类型等，旅游资源的吸引力的范围越大，其市场的认同度就越高。

旅游资源可塑性，指旅游资源经过人为的加工，可以被塑造成何种类型的旅游产品，并且这种旅游产品能在多大程度上为旅游市场所接受，当今国内外旅游业发展的一个重要趋势，就是旅游活动的参与性与娱乐性大大增强，这也是对旅游资源可塑性的一项重要衡量标准，相对来说，人文旅游资源中的历史文化遗迹等旅游资源，由于自身保护的要求较高，其资源的可塑性相对较弱。

旅游资源具有相对变化的特性。认识到旅游资源的相对静止和绝对运动状态、旅游资源运动的形式和规律性，有利于更深层次掌握旅游资源的特性，同时使旅游开发者和经营者更能理解游客对旅游资源的心理行为活动要求，并有效评估客源市场的构成情况和发展趋势，以便更好地确定其开发方向，制定发展规划和措施。

旅游资源的可恢复程度，指的是资源可利用度和资源保护的方面，对于易恢复的旅游资源即开发利用程度较高，对于不易恢复的旅游资源应以保护为主，旅游资源评价中可恢复程度这一因素对于确定符合市场需求资源的可开发度、发展潜力和开发成本发挥着重要的作用。

旅游资源满足游客需求的程度，称为旅游资源效用，旅游资源形态各异、性质各异，因此在满足游客需求方面也各不相同，通过旅游资源效用进行评估，可以将效用高的旅游资源进行重点开发建设，同时也可以根据效用程度来分析和预测客源市场的特征和发展趋势，旅游资源的垄断程度在很大程度上决定了旅游资源的吸引力，对于资源垄断程度的评价，可以明确资源对游客的吸引程度，从而对垄断程度高的资源进行重点开发建设。

进行导游词创作的时候，可以根据旅游资源的性质、动态以及游客的需求，确定旅游资源的评价因子，对旅游资源进行评价，从而为确定导游词创作主题、创作方向、主要内容选择等提供有效的指导。旅游资源评价，应该将旅游资源的核心价值与外延价值评价相结合，评价因子的设置，一方面应能使地区旅游资源达到可比性目的；另一方面应充分体现和衡量旅游资源对游客的吸引程度，并且致力于将潜在旅游需求有效地转化为现实旅游需求。

第三章

导游词创作理论研究

一、导游词的概念及特点

（一）导游词的概念

导游词，是导游人员引导游客观光游览时的讲解词，是导游员同游客交流思想，向游客传播文化知识的工具，也是应用写作研究的文体之一。导游词是导游员在组织安排旅游活动和讲解旅游景点时所使用的语言，包括生活用语和讲解词。讲解词是景点和途中讲解用语，导游工作核心是讲解旅游景点，因此是导游词的主要方面。生活用语是组织安排旅游活动，即迎来送往、安排食宿、导购、寒暄等活动时的用语，是导游词的次要方面。本文所研究的导游词是旅游景点讲解的导游词。

导游词是导游讲解的基础，一篇好的导游词能吸引游客的注意力，并能让人留下深刻的印象，导游词要做到让游客能听、想听、听后回味。导游词创作质量的高低，影响着一个地区旅游资源的质量和开发程度的评价，对一个地区旅游形象的树立至关重要。

（二）导游词的功能

1. 引导观赏和沟通思想的功能

导游词的宗旨是通过导游员对旅游景观绘声绘色的讲解、指点和评说，向游客提供景区的各种信息和景点的相关知识，帮助游客欣赏景观，使游客顺利地完成旅游活动，以达到游览的最佳效果。因此，引导游客游览，完成旅游活动是导游词的最主要的功能。

导游人员与游客朝夕相处，要随时和游客交谈，认真回答游客提出的各种问题，对遇到困难和病痛者表示关心，提供帮助，对体弱者给予照顾，发生意外情况，要及时安抚游客的情绪，进行必要的解释和安慰，这一切都要靠导游语言来传递信息，这种信息的内容是导游人员的态度和责任感，是导游人员与游客思想上的沟通。

2. 教育功能

通过导游人员的导游讲解传播文化知识，以及向游客介绍有关旅游胜地的历史典故、地理风貌、风土人情、传说故事、民族风俗、古迹等名胜风景特色，使游客增长自然科学和历史文化知识，在旅游过程中寓教于乐，实现了导游词的教育功能。

导游词的语言应具有言之有理、言之有物、言之有趣、言之有神等特点，通过语言艺术和技巧，给游客勾画出一幅幅立体的图画，构成生动的视觉形象，把游客引入一种特定的意境，从而达到陶冶情操的目的。此外，导游词通过对旅游地出产物品的说明讲解，客观上起到向游客介绍商品的作用。

3. 保护和管理功能

导游词能帮助游客了解旅游景区深层次的资源特色和价值，促使游客自觉行为的产生，在参观游览活动中潜移默化地促进游客对旅游资源和设施的保护意识，实现导游词的保护功能。

通过对游览注意事项的结合，导游词可以引导和规范游客的行为，实现景区对游客的管理功能。

4. 交流感情的功能

导游词的第四个功能是交流感情。导游人员服务的对象是游客，因此从某种意义上可以说，导游服务工作是做人的工作，游客是有丰富情感的，他们需要导游人员与之交流。感情的交流是要通过语言来表示的，如导游人员热情认真地为广大游客提供服务，会很快得到游客的认可和称赞，彼此间建立起感情，导游人员帮助游客解决的困难和问题，他们会表示由衷的感谢。

（三）导游词的特点

1. 口语化

导游词是使用于导游带团实际中的工作语言，为达到与游客无障碍沟通的目的，所以导游词一定要体现口语化的特点，利于导游人员与游客之间的交流和沟通。所谓口语化就是使用生活语言的语体结构和语言习惯，尽量用简单的表述方法和通俗易懂的词汇表达讲解内容。

导游词口语化特征的第二个催生因素是现场感，导游人员通过具有现场感的词语和体态语来实现，这些现场感很强的表述方法可以不断提示游客游览的重点，吸引游客的注意力。

2. 知识性

在旅游的过程中获取知识、增长阅历是游客选择出行的动机之一，这就要求导游词要具有知识性的特征。所谓知识性，是指导游词能够给游客提供与游览景点相关的、适量的知识信息。根据游客客体的不同，这些知识信息包罗万象，涉及各行各业的知识。

由于旅游资源的丰富性和多元化，针对旅游资源介绍的导游词涉及知识面也相当宽广，可能会涉及历史、地理、宗教、建筑、民俗等方面，这些资源类型的历史背景和文化价值、观赏价值会激发游客的好奇心和求知欲。有一点需要注意，旅游景点文化知识的解释说明一般要求简明扼要，切不能把导游词改装成为学术讲座。这些文化知识如果在容量上适度，传达方式恰当的情况下，会激发游客的好奇心，充实旅游过程。

3. 文学性

旅游活动的本质是一种集自然美、艺术美和社会美于一体的综合性审美活动。导游词通过导游人员的口传播给游客，游客再通过对导游词的接收、分析和理解，形成对旅游景物的客观认识，实现对旅游观赏对象的审美享受。导游词本身就是游客的直接审美对象，一篇有文采、有技巧、有新意的导游词单从导游词本身就会给游客带来美的享受，继而通过导游词的审美信息传递，将旅游景物的美展现在游客面前，达到共情的最高审美境界。

文学性是俄国形式主义批评家、结构主义语言学家罗曼·雅各布森在20世纪初提出的概念，原意是指文学的特殊性、本质特征。早期对文学性的解释为文学的语言性、文字性。但这样就把文学变得更狭窄了，在内涵上非常局限。随着对文学性研究的深入，逐渐形成对文学性理解的完整性，目前普遍认为文学性是指“诗性、语境关联性和诗意对话性”。

4. 礼节性

导游词是旅游服务性工作用语，由于服务对象的特殊性，因此导游词具有强烈的礼节性特点。首先在称呼技巧上要体现导游服务的交际礼节特性，面对各阶层、各种身份的游客尽量用尊称，这类称谓适用范围广泛，回旋余地较大；其次在导游词的语气策略上要使用委婉语，在旅游活动中使用委婉语言可以使矛盾缓和。在词语的选择上尽量使用中性词语，既能维护游客的自尊，又能提升导游员的文化修养。

（四）导游词研究综述

国外研究者对导游词的专项研究比较少，只有少部分研究者提出了导游词翻译的一些观点。Erik Castello 以语料库为基础，从系统功能、语法角度致力于翻译语言的塑造，研究了在导游词翻译中某些词汇的语法技巧，使用频率及导游词翻译文本应具有的某些特点。Carolyn Sumberg 就翻译的语言特点进行了研究，指出导游词翻译的手段要服务于导游词的交际效果。

目前，国内学者对导游词的研究主要体现在以下几个方面：

1. 导游词的创作研究

导游词是导游员引导人们观赏美景的重要途径，导游词创作是导游素质的体现，也是旅游景区内涵的表现。薛朝凤对导游解说词的定义及其本质特征进行了界定，并从语音、语法、词汇、修辞手段分析了导游词的语言修养。

在创作方法上，石定芳运用内容分析法来设定喀斯特洞穴导游解说词要素的内容评价指标。余一明、陈琪琪等提出运用“三次过滤法则”来创作导游词：一是线路的设计和调试；二是文化的挖掘和甄选；三是运用导游讲解方法进行导游词创作。周晓梅认为导游员在创作导游词时，适当引用打油诗，会令其导游词锦上添花。麻明佳认为导游词需要不断创新，通过突出导游词的针对性，提升导游词的文化品位，巧妙运用类比法化艰涩为通俗，增加导游词的时代特色等途径来创作导游词。李翠微提出了导游词创作要注意的几个方面：有丰富的知识含量、围绕主题做文章、突出重点、画龙点睛、体现时代特色、顺应市场需求等。导游词是游客最能直接感受到景点美感的重要介质。廖广莉认为讲解中导游为使景点内容得以传播，为了让游客在认知过程中产生审美愉悦，可以利用谐音手段以达意趣。秦书莉提出提升文化内涵、选取实物、结尾画龙点睛、将实物讲透这四个方面创作技能大赛中的导游词。

在创作原则上，王洪滨从导游词的选题、主题确立以及如何借题发挥三个方面，讨论了导游词创作应遵循的原则。侯卫提出了创作导游词时应遵循的四项基本原则：正确性、清晰性、生动性以及通俗性。张宏芳提出了导游词创作的五个度：用材上繁简适度、内容上难易适度、语言上雅俗适度、情感上浓淡适度，风格上庄谐适度。杨玲强调了情感是导游词创作中不容忽视的要素。谢诗琳提出英文导游词的创作要求：①要具有真实性、实用性、知识性、趣味性、连贯性；②要坚持达旨、循规、共喻的原则；③使用意释法、套译法、增语法的导游词英译技巧。冷启霞总结出导游词应具有的三个特点；挑重点的说、按原则的说、依资料上的说。

在创作英文导游词上，罗长兴从英文导游词的翻译规范和创作方法等角度分析了目前英文导游词中存在的问题，初步提出了英文导游词创作中应注意的问题和解决方法，并就努力提高英文导游词的吸引力以及有针对性做了进一步思考。朱章铭认为为了宣传和推广我国生态旅游业，设计科学的、合理的跨文化交流的导游词音译是极其必要的。范海遐等运用分析顺应理论，指出在创作英文导游词时需要顺应不同的游客、交际的物理语境、社交语境以及游客的心理语境。张正荣提出英文导游词创作应设计精彩的引入语，抓住游客的心；撰写翔实的实景描述，引导游客完成直观审美；进行深入的背景介绍，引导游客进入高层次文化。

部分研究者以具体的景区和城市为例，研究其导游词的创作和创新方法。如盛夏以长江三峡为例研究其英文导游词的撰写。刘娟对武汉城市的旅游导游词创新进行了研究。

2. 导游词的翻译研究

由于东西方文化具有较大的差异，在翻译导游解说词时要特别注意文化因素的处理。大部分研究者主张导游词的翻译要以文化传播为基础。叶世伟从跨文化交际角度分析当前中国旅游业中导游词英汉翻译中存在的诸多问题，并找出根源，提出导游词翻译应该遵循的特定翻译原则和具体翻译策略选择。王丽萍指出，译者在翻译一些具有中国文化特色的词汇时，应根据不同的种类采取不同的翻译策略。李胜江指出可以用增译、类比、缩译等方法来处理导游词中文化冲突的问题。陈刚提出涉外导游词翻译的有效策略是使用不同文化概念词，采用铺垫法、补充法或展示法等辅助手段。部分研究者将语言经济原则、关联理论、目的论等理论和方法运用到导游词的翻译研究中。

3. 导游词的课程教学研究

导游词创作和讲解是导游技能教学的特点，也是许多中高职院校导游专业新设的课程，部分从事中高职导游专业教学的老师提出了改进课堂教学，提高学生导游词创作能力的策略。靳虹分析了旅游教学中导游词的创作与训练，提出模拟训练导向型和社会实践成果型两种类型训练的方法与功效。金玉玲分析了模拟导游教学中导游词的创作。

二、其他理论基础

（一）传播学理论

1. 概述

“传播”可从两个层次来理解，狭义上指人传输信息的行为，广义上指的是系统传输信息的行为，传播学是研究传播过程发展和发生的规律，人类一切传播行为的学问，是研究社会运行规律及其信息系统的科学。传播学研究传播过程，即媒介、传者、受者、传播内容以及传播效果。人与人之间信息传播媒介、过程、手段是传播学研究的重点。目前较为大众熟知的传播学模式是 Rokeach & Delfleur 提出的大众传播效果依赖模式。模式表达的基本观念为接受者会依赖媒介给予的信息，从而获得知识或想法，产生认知情感以及行为效果。

2. 对导游词构建的指导作用

传播学理论与导游解说密不可分，这是因为导游解说是向游客传达旅游区域内信息的过程，即为一项有目的的传播活动，因此，旅游解说实际上是景点信息在游客中怎样传播，并如何达到使游客获取知识、态度改观及行为转变的过程。所以在导游词要素构建体系中，如何有效地与游客沟通，达到传递可信、准确的信息的目的是研究的最重要对象。

（二）环境心理学理论

1. 概述

环境心理学主要研究人行为和心理与环境之间的关系，又称生态心理学、社会心理学，研究的是社会环境中人的行为，环境心理学是社会心理学的一个分支，而以系统论的角度，社会环境和自然环境是统一的，二者都对行为的产生具有重要影响。

2. 对导游词构建的指导作用

对于本文研究的导游解说词要素构成来讲，环境心理学中最契合的理论应属态度改变模型。理论指出，常规行为态度与价值观决定了行为的意图，意图又能预测之后的行为。

（三）环境伦理学理论

1. 概述

环境伦理学研究的主体是人类发展过程中，个体与社会环境系统和自然环境系统，及自然环境系统与社会环境系统之间的伦理道德和行为关系。“环境”是指“人类生存环境系统”，和人们常说的生态环境的“环境”定义有很大的差别。环境伦理学既然是研究发生于人、社会、自然三者之间相互作用产生的道德现象的科学，而人、社会、自然三者各自的内部运动规律又是不尽相同的，这就使环境伦理学研究的内容具有了复杂性和广泛性。

2. 对导游词构建的指导作用

环境伦理学所包含的内容和观点都是开展环境解说以及环境教育活动必须遵循的基本原则。

（四）期望感知理论——SERVQUAL模型

1. 概述

SERVQUAL 为英文“Service Quality”（服务质量）的缩写，SERVQUAL 模型衡量服务好坏的五个尺度为：有形资性、可靠性、响应速度、信任和移情作用。其理论核心是“服务质量差距模型”，即服务质量取决于用户期望的与用户感知的服务水平之间的差距（即“期望—感知”模型），优质服务开展的先决条件是用户的期望，提供优质服务就是要达到或者超过用户的期望值，模型是：SERVQUAL 分数 = 用户实际感受值 - 用户期望值。SERVQUAL 模型的服务质量包括五个层面：有形设施、可靠性、响应性、保证性、移情。

2. 对于导游词构建的指导作用

这一模型在旅游行业中已经得以应用，通过对游客原先对目的地的期望和经历旅游以后作比较的结果，即行前期望和事后旅游经验之间的差距的评价。因此以旅游资源评价为基础，将期望感知理论作为理论支点之一，借鉴 SERVQUAL 模型原有评估因子，并结合上述基础理论与旅游资源的特点和功能，将评估环境解说有效性的因子扩充并丰富。

三、导游词创作基本原则

导游词创作的核心问题是解决“写什么”“怎么写”的问题，选择景区范围内什么样的景点作为创作和讲解的对象，决定了整个导游词讲解的方向和导游词的内涵，很大程度上体现了一个地区旅游资源的质量评价水平高低。

（一）个性化原则

导游词一定要突出所描写景观的个性，即充分揭示其本身独有的，不同于其他任何景观的特色，个性即特色、特点，是独一无二的东西。个性越鲜明，则旅游资源的价值越高。

自然景观要突出自然特色，每一个自然景观都有其独特的地方，要准确地把它表达出来，这样才能吸引游客。比如，各大名山都有其个性，泰山的雄、华山的险、黄山的奇、峨眉的秀等；溶洞也有很多，也各有其特色，一定要深刻地挖掘其描写的对象本身拥有的个性，绝不能停留在泛泛的描述上，如风景秀丽、气候宜人、四季如春、别有洞天，这样的描述没有体现特色，同时落入了俗套。

对历史文化遗产类的人文资源，则应尽可能保持其原有的风貌，特别是古建筑与古园林，除了审美价值外，还具有历史价值，在一定程度上反映了古人的审美意识和生活情趣，如创作古寺院导游词，不必过多描述山门、大雄宝殿、四大天王等，这些是每个寺院都有的，是有微小差别，但不是研究佛教艺术的一般游客对此并不感兴趣，而应着力去发现它与其他寺院不同的地方，在宗教史上、艺术史上独具特色之处。

（二）创新性原则

中国特色社会主义新时代，文化建设的基本方略概括为四句话：明确了文化建设在中国特色社会主义建设总体布局中的定位，提出了新时代文化建设的目标，指出了新时代文化建设的着力点，提出了新时代文化建设的基本要求。中国要走文化繁荣的路线，那么就必须坚持创造性转化，创新性发展。文化复兴的根基就是文化创新。

导游是文化传播的大使，在国家“一带一路”的倡议下会发挥越来越重要的文化传播作用。这就要求导游词创作时要有新内容、新见解、新材料、新角度，我们所要描写的景观，不论是自然景观还是人文景观，都有悠久的历史，一般都有着大量的口头流传的故事或丰富的文学材料，因此首先要广泛收集材料，经过认真阅读分析比较，筛选出优秀的、科学的、符合时代精神的、富有艺术性的精华，而去掉荒诞的、迷信的、毫无价值的糟粕。

尤为重要的是，要努力从新的角度去思考和观察，客观世界的对象或前人虽已有涉猎但尚未充分表现的东西，从而获得新意，这也就是我们经常说的推陈出新。例如黄崖口关长城的十二寡妇楼，以前更多表现其苦难节妇的悲剧气氛，现在主要颂扬其忠烈抗敌的悲壮气概；清东陵孝庄太后墓，在围墙之外，以前都传说她下嫁多尔衮不守妇道是个风流皇后，被逐出家门，现在则还历史本来面目，宣扬她对稳定清初政治局面，辅助康熙帝治理国家的功绩；许多溶洞过去大多讲解为大闹天宫、八仙过海、天女散花等场景，处处雷同、平淡无奇，现在有联想为五谷丰登、宇宙飞船等，在形式的表达上推出了新意。

（三）整体性原则

任何一个优秀的景观，不论是自然风光或名胜古迹，都有其广阔的社会政治背景，深厚的历史文化内涵，它往往是众多景点中最具有特色的珍品，但是它之所以优秀，绝不是孤立的，一定具有其众星捧月的原因。因此在编写导游词时，不能就事论事、就景写景，孤零零地描述单个的景点，这不但显得单调肤浅，而且也失去了由此及彼、以重点带一般的整体性，更缺少了以景寓情的连带性特点。

比如一篇介绍苏州寒山寺的导游词，从语言的运用及内容的构建上来说都写得非常好，介绍层次分明，跟随着旅游车前进的线路，有古桥古镇、古寺古钟，重点写寒山寺及其撞钟活动，突出寺庙出家清修的僧人晨钟暮鼓的生活，同时也写出古桥古镇、枫桥夜泊，这里的寒山寺，不是孤独的一个寺院，而是由许多相关景点烘托起来的。充满节日氛围的大旅游区，车马声、桨声、鞭炮声、锣鼓声连成一片，寒山寺的撞钟旅游被描绘得热闹非凡，这不能不对众多海内外的游客产生巨大的吸引力。

（四）市场性原则

作为创作的基本要求，导游词要具有鲜明的时代精神，应该站在时代的高度去开掘景物的本质意义，不能只是局限于写作对象的局部氛围，而不顾及社会生活的发展和变化。导游词要反映游客的需要，因为随着社会生活的变化和市场经济的发展，当代游客的旅游需求和旅游动机在不断变化，旅游资源随时都面临着入时和过时，扩大或丧失吸引力的可能性。例如历史上温泉城市是旅游的主要对象，后来人们又喜欢海水和阳光，于是海滨胜地出现了；20 世纪 80 年代，文化旅游日益风行起来，人们喜欢参观文物古迹，为此各国又十分重视文化资源的开发。导游词创作也要特别重视市场需求的变化，随着市场的转移，选择重点目标和题材进行重点宣传。要对已过时的资料做出正确评价，挖掘其时代精神，力争恢复其吸引力。

同时导游词也要根据景观的目标市场不同而进行创作，每一个旅游目的地和景观都有其不同的消费市场，也就是不同的旅游群体。导游词创作要选准自己的听众，做到有的放矢才能扣人心弦。如周口店猿人遗址既是青少年的爱国主义教育阵地，又是考古学家和人类学家的科研场所，导游员面对两种不同的旅游群体，就要有不同的导游词。针对不同团型的游客创作不同重点的导游词，是高水平导游能够关注并突破的带团技术难点。

四、导游词游客需求和专家意见分析

基于旅游资源评价的导游词需求分析对于创作导游词来说，具有非常重要的指导作用。游客需求和专家意见分析应综合考虑用以指导导游词的创作。

（一）建立导游词的分析指标

1. 分析指标的建立原则

研究在设计分析指标时，应该遵循以下原则：

（1）系统性

即指标体系要能反映系统的总体特征，符合导游词内容的要求，但又要避免指标之间的重叠，使构建的指标与研究目标有机地联系起来，组成一个层次分明的整体。

（2）科学性

指标体系要能客观和真实地反映导游词的内涵，能较好地展现导游词科学性和趣味性的完整内容。

（3）层次性

根据内容构建需要，指标体系可分解为若干层次结构，使指标体系合理清晰。

（4）指导性

指标体系要体现于导游词涉及的各大景区可持续发展目标一致的政策，对旅游目的地的经营管理起指导作用，规范和引导景区导游词的编写。

（5）可操作性

指标体系应尽可能简化，计算方法简单，数据易于获得。指标体系的研究固然重要，但眼花缭乱的指标体系及其相应的众多数据，并不利于导游词内容的科学编写和应用，所以本研究应尽量将各种指标集成简单明了的综合指标，使构建的内容指标具有可操作性。

2. 分析指标的确立

本研究在旅游资源评价的方法选择上主要依据《旅游资源分类、调查与评价》标准中“旅游资源评价赋分标准”对各地旅游资源进行评价，在导游词的分析指标确立上，根据标准中的赋分依据进行修订，完善旅游资源评价要素，形成旅游资源导游词分析指标要素（表 3-1）。

在评价对象的界定上，将旅游资源范畴聚焦在具有综合旅游功能的相对独立的景区。在分析指标的确定上本研究会确定使用“景区”这一说法。

“国标”所确定的 8 个评价因子不能涵盖所有的旅游资源基本类型，现在出现的许多新兴旅游资源难以“对号入座”。不过，现行“国标”在评价方法上更适合观光游览性质的旅游资源评价，对本研究主题的关联性更强。评价因子的细化和丰富是为了更有利于旅游资源开发，而导游词创作的对象是已经成为旅游景区的旅游资源，所以在重点的把握上与资源开发的评价有所区别。现行“国标”对已开发的旅游资源形成的旅游景区更科学、更合理。

表 3-1　旅游景区导游词内容构建指标

一级指标	二级指标	三级指标
内容要点	欢迎词	1.欢迎游客光临并自我介绍
		2.景区内游览时间及整体安排
		3.表达提供服务的诚挚愿望并预祝游览顺利

续表

一级指标	二级指标	三级指标
内容要点	游览须知	4. 提醒游客注意安全
		5. 提醒游客保护景区环境和景观
	景区概况	6. 景区所处的地理位置
		7. 景区名称及由来
		8. 景区发现、开发过程或形成历史背景、发育演化过程
		9. 与景区相关的神话故事、历史典故、名人故事
		10. 景区的地位及评价
		11. 景区的布局规模及外观特征
		12. 景区的历史文化价值
		13. 景区的自然环境，包含温度、湿度、海拔高度等
		14. 景区的生物情况，包含动植物种类和特殊性
		15. 景区的地理学特征，包含地质环境及类型
	具体景点讲解	16. 景点的名称
		17. 景点的规模和体量（长、宽、高度、体积、面积等）
		18. 景点的形状、组合特征，及由此诞生的神话故事或人文典故
		19. 景点形成的科学原因及历史沿革
		20. 景点美学形态的描述
		21. 景点的科学研究价值和科普教育价值
		22. 景点的历史人文价值和文化影响力
		23. 通过景点延伸出的科学知识
		24. 通过景点延伸出的历史文化知识
		25. 景点涉及的历史、气候、动植物、文学、建筑等知识
	欢送词	26. 感谢游客的支持并征求意见
		27. 对游客的美好祝愿并欢迎再次光临

续表

一级指标	二级指标	三级指标
撰写要求	故事或典故	28. 选择与景区相关传唱度高的神话故事或人文典故进行二次创作
		29. 故事或典故要从景区美学的角度撰写，不能有不合时宜的内容
		30. 景区的故事或典故与景区的主要格调一致，前后照应，形成主题
		31. 故事和典故的编写尽量融入地方文化和本土传说，形成自有特色
	科普知识	32. 用通俗易懂的语言解说景区深奥的科学知识和人文历史
		33. 联系具体景点和景观讲解科学知识和人文历史
		34. 科学知识和人文历史与故事和典故在比例上控制在合理范围
		35. 与景区相关的科学知识和人文历史都能涵盖
	表达技巧	36. 创作中使用技巧方法引导游客思考，并形成互动
		37. 在讲解结尾部分对整个讲解内容进行总结和升华，画龙点睛
		38. 使用合理的结构统领讲解内容

（二）游客对导游词内容的需求分析

在导游词创作研究过程中，我们发现我国景区旅游解说系统的规划设计，基本都是以规划者的知识和经验为基础，几乎没有考虑游客的需求和感受。而许多景区的景点对解说具有较强的依赖性，游客对导游解说的主观感受和评价，会成为导游词内容创作的出发点。本研究通过对游客的实地问卷调查，分析游客对导游解说词内容的需求，为构建景区导游解说词的内容奠定基础。

1. 问卷设计

在旅游实证研究中，调查问卷设计的科学性直接关系到实证研究的准确性，进而影响到分析结果的可靠性。问卷设计为数据获取服务，而数据获取的目的是为了利用现有的模型和工具进行分析，从而通过数据找到其所反映的内在问题，最终得出对实践有指导意义的结论。所以，问卷问题的类型、内容、数量、结构等都要紧紧围绕模型的要求和研究的目的进行设置。本研究的游客需求问卷调查表（表 3–2）分为两个部分。

第一部分是游客的基本情况，即性别、年龄、职业、学历和月收入等；

第二部分是对建立的27个内容要点调查指标和11个撰写要求调查指标进行评价，问卷采用李克特5分测量方法，用分值表示影响的重要程度，“5”表示非常重要，“4”表示重要，“3”表示一般重要，“2”表示不重要，“1”表示非常不重要，请游客根据指标的重要程度打分。

表3-2 旅游景区导游词内容构建指标的游客意见调查表

尊敬的游客朋友：

本研究从完善景区导游词的角度出发，旨在构建融科学性和趣味性于一体的导游词内容编写指标体系，请您根据自己的实际情况在各问题的答案选项下面打✓，并按重要程度给指标打分（直接在表格内打“1”分=不重要，“2”分=不太重要，“3”分=一般重要，“4”分=重要，“5”分=很重要）。

衷心感谢您的支持与配合！

1. 您的性别：

A. 男　　B. 女

2. 您的年龄：

A.14岁以下　　B.15~24岁　　C.25~44岁　　D.45~64岁

E.65岁及以上

3. 您的职业：

A. 政府工作人员　　B. 专业技术人员　　C. 职员　　D. 技工／工人

E. 商贸人员　　F. 服务员／推销员　　G. 家庭妇女　　H. 军人

I. 学生　　J. 其他

4. 您的学历：

A. 小学以下　　B. 小学　　C. 初中　　D. 高中（中专）

E. 大学（大专）　　F. 研究生及以上

5. 您的月收入：

A.1000元以下　　B.1001~3000元　　C.3001~5000元　　D.5001~10000元

E.10001元以上

一、内容要点		1	2	3	4	5
欢迎词	1. 欢迎游客光临并自我介绍					
	2. 景区内游览时间及整体安排					
	3. 表达提供服务的诚挚愿望并预祝游览顺利					
游览须知	4. 提醒游客注意安全					
	5. 提醒游客保护景区环境和景观					
景区概况	6. 景区所处的地理位置					
	7. 景区名称及由来					
	8. 景区发现、开发过程或形成历史背景、发育演化过程					
	9. 与景区相关的神话故事、历史典故、名人故事					
	10. 景区的地位及评价					
	11. 景区的布局规模及外观特征					
	12. 景区的历史文化价值					
	13. 景区的自然环境，包含温度、湿度、海拔高度等					
	14. 景区的生物情况，包含动植物种类和特殊性					
	15. 景区的地理学特征，包含地质环境及类型					
具体景点讲解	16. 景点的名称					
	17. 景点的规模和体量（长、宽、高度、体积、面积等）					
	18. 景点的形状、组合特征，及由此诞生的神话故事或人文典故					
	19. 景点形成的科学原因及历史沿革					
	20. 景点美学形态的描述					
	21. 景点的科学研究价值和科普教育价值					
	22. 景点的历史人文价值和文化影响力					
	23. 通过景点延伸出的科学知识					
	24. 通过景点延伸出的历史文化知识					
	25. 景点涉及的历史、气候、动植物、文学、建筑等知识					
欢送词	26. 感谢游客的支持并征求意见					
	27. 对游客的美好祝愿并欢迎再次光临					

续表

二、撰写要求		1	2	3	4	5
故事或典故	28. 选择与景区相关传唱度高的神话故事或人文典故进行二次创作					
	29. 故事或典故要从景区美学的角度撰写，不能有不合时宜的内容					
	30. 景区的故事或典故与景区的主要格调一致，前后照应，形成主题					
	31. 故事和典故的编写尽量融入地方文化和本土传说，形成自有特色					
科普知识	32. 用通俗易懂的语言解说景区深奥的科学知识和人文历史					
	33. 联系具体景点和景观讲解科学知识和人文历史					
	34. 科学知识和人文历史与故事和典故在比例上控制在合理范围					
	35. 与景区相关的科学知识和人文历史都能涵盖					
表达技巧	36. 创作中使用技巧方法引导游客思考，并形成互动					
	37. 在讲解结尾部分对整个讲解内容进行总结和升华，画龙点睛					
	38. 使用合理的结构统领讲解内容					

2. 研究方法与步骤

为方便调查，根据研究需要选取了国内具有代表性的四个景区作为问卷发放点，分别是：苏州拙政园、山西五台山、四川都江堰、云南玉龙雪山。本研究在调查过程中采取问卷与观察相结合的方式，先由调查者确认被调查的游客已经游览了该景区，然后邀请其填写问卷并当场收回。游客若对问卷有不理解的地方，调查者立即予以解释，以此提高问卷的有效性和正确性。本次调查随机发放问卷 250 份，回收 245 份，回收率 98%，有效问卷 240 份。

为了确保数据的可靠性，本研究采用 SPSS 19.0 软件对调查问卷进行了克朗巴哈信度系数检验，游客对景区旅游解说系统重要性和表现性评价模型的信度为 0.901，表明本次问卷调查的信度较高。

3. 调查结果统计分析

（1）样本的描述性分析

从对回收的调查问卷分析可知，被调查游客的性别、职业、年龄、学历、收入覆盖面较宽，调查结果具有代表性（表 3–3）。

表 3–3　受众的人口学特征

受众基本特征		百分比（%）	受众基本特征		百分比（%）
性别	男	48.3	年龄	14岁以下	1.7
	女	51.7		15~24岁	40.0
职业	公务员	5.0		25~44岁	36.7
	专业技术人员	11.7		45~64岁	16.6
	公司职员	10.0		65岁及以上	5.0
	技工／工人	6.7	学历	小学以下	1.6
	商贸人员	10.0		初中	8.3
	服务员／推销员	11.7		高中（大专）	16.7
	家庭妇女	13.3		大学（大专）	66.7
	军人	10.0		研究生及以上	6.7
	学生	15.0	月收入	1000元以下	26.7
	其他	6.6		1001~3000元	43.3
				3001~5000元	23.3
				5001~10000元	5.0
				10001元以上	1.7

（2）游客问卷统计结果

在样本描述性分析的基础上，对游客问卷所获得的数据进行统计，计算游客对景区导游解说词内容要点和撰写要求各项指标的“均值”和“标准差”，并对两者的“重要性程度”分别进行了排名，统计结果描述如下：

按“均值”和“方差”统计结果显示，在景区导游词的内容要点中，游客的重要性评价排名前 10 位的是：序号 18 ——景点的形状、组合特征，及由此诞生的神话故事或人文典故；序号 19 ——景点形成的科学原因及历史沿革；序号 8 ——景区发现、开发过程或形成历史背景、发育演化过程；序号 23 ——通过景点延伸出的科学知识；序号 20 ——景点美学形态的描述；序号 24 ——通过景点延伸出的历史文化知识；序号 16 ——景点的名称；序号 6 ——景区所处的地理位置；序号 7 ——

景区名称及由来；序号 5 ——提醒游客保护景区环境和景观。

在景区导游词的撰写要求中，游客的重要性评价排名前 6 位的是：序号 31 ——故事和典故的编写尽量融入地方文化和本土传说，形成自有特色；序号 36 ——创作中使用技巧方法引导游客思考，并形成互动；序号 28 ——选择与景区相关传唱度高的神话故事或人文典故进行二次创作；序号 29 ——故事或典故要从景区美学的角度撰写，不能有不合时宜的内容；序号 32 ——用通俗易懂的语言解说景区深奥的科学知识和人文历史；序号 30 ——景区的故事或典故与景区的主要格调一致，前后照应，形成主题。

从排名情况大致可以得出一个分析结论：游客比较看重导游词的文化内涵和科学解释，并在表述方式上更能接受互动性强的导游词讲解，并且游客对讲解内容的趣味性有较高的追求。

（三）专家对导游词内容的意见分析

在广泛征询专家对景区导游词内容要点和撰写要求的意见基础上，尽可能地包含调查指标以完善导游词的编写内容。所以，在研究过程中对德尔菲法进行选择性使用，只进行一轮专家意见征询。通过对专家意见的整理，构建景区导游词的内容要点和撰写要求指标。

1. 问卷设计

本研究的专家意见征询表分为两个部分。

第一部分是对建立的 27 个内容要点调查指标和 11 个撰写要求调查指标进行评价，问卷采用李克特 5 分测量方法，用分值表示影响的重要程度，“5”表示非常重要，“4”表示重要，“3”表示一般重要，“2”表示不重要，“1”表示非常不重要，请专家根据指标的重要程度打分。本部分征询表格的设计同游客意见调查表一致。

第二部分是两个开放性的问题，第一个问题是请专家对不合理的指标进行修改和调整，第二个问题是请专家对指标体系进行补充，增加他们认为重要的其他指标。

2. 研究方法与步骤

本研究请了 15 位在相关领域有深入研究的专家对指标体系的研究提供意见和建议，专家组的来源主要包括：4 名景区管理的研究专家、2 名旅游规划的研究专家、3 名旅游地理的研究专家、3 名导游解说服务的研究专家、3 名旅游文化的研究专家。

调查工作步骤主要包括：第一，制定问卷，选择专家；第二，分发问卷，主要采用分发和电话确认的方式请专家填写问卷，对指标体系的重要程度进行判断；第三，收回问卷后，整理结果。本次咨询共发放问卷 15 份，收回 15 份，专家积极系数为 100%，说明专家对该项目研究的关心程度较高。

3. 专家意见统计分析

（1）分析方法

根据专家对指标的评分，将咨询结果用软件 SPSS 19. 0 统计录入并进行数据分析，计算出专家的“意见集中度”和“意见协调度”。专家的“意见集中度”用各指标所得分值的算术平均值表示，专家的“意见协调度”则用各指标所得分值的变异系数表示。

指标的变异系数的值越小，表明专家意见的协调程度越高。为保证量表的可靠性，本研究采用 SPSS 19.0 软件对测试的量表进行了同质性信度分析，结果表明，本次调查量表的同质性信度的克朗巴哈值为 0.905，表明量表可信度很强，能有效地用于测量专家意见。

（2）统计结果

根据上述方法，对专家问卷所获得的数据进行统计，计算专家对景区导游解说词内容要点和撰写要求的“意见集中度”和“意见协调度”。

38 个指标中重要性均值最小的指标是“序号 3”（表达提供服务的诚挚愿望并预祝游览顺利）和“序号 9”（与景区相关的神话故事、历史典故、名人故事），这两项指标的算术平均值都小于 3。除此以外，其他各项指标的算术平均值均大于 3，且各指标所得分值的变异系数均小于 0.3000，说明专家意见的协调度较高，一致认为除了“序号 3”和“序号 9”外，其他指标都很重要。但是，“序号 38”（使用合理的结构统领讲解内容）的重要性平均值达到 4.5，变异系数为 0.140444，只能说“序号 3”“序号 9”相对于其他指标的重要性较小，而不可删除这两项指标。

在内容要点的 27 个指标中，专家意见评价最重要的指标是游览须知里的“序号 5”（提醒游客保护景区环境和景观）和“序号 4”（提醒游客注意安全）两个指标，其重要性均值达到 4.44 和 4.38，后面依次是景点讲解中的“序号 16”（景点的名称）、“序号 19”（景点形成的科学原因及历史沿革）、“序号 21”（景点的科学研究价值和科普教育价值）、“序号 23”（通过景点延伸出的科学知识）、景区概况中的“序号

10”（景区的地位及评价）、景点讲解中的“序号 17”（景点的规模和体量）、“序号 25”（景点涉及的历史、气候、动植物、文学、建筑等知识）和“序号 20”（景点美学形态的描述）。根据内容要点中重要性评价排在前 10 位的指标可知，专家更注重景区的保护、游客的安全和景区相关科学知识的解说。

撰写要求的 11 个指标中最重要的是“序号 32”（用通俗易懂的语言解说景区深奥的科学知识和人文历史），其重要性均值达到 4.75，后面依次是“序号 35”（与景区相关的科学知识和人文历史都能涵盖）、“序号 33”（联系具体景点和景观讲解科学知识和人文历史）、“序号 34”（科学知识和人文历史与故事和典故在比例上控制在合理范围）、“序号 29”（故事或典故要从景区美学的角度撰写，不能有不合时宜的内容）。从重要性评价排在前位的指标可知，专家对景区科学知识和人文历史的撰写要求较高。

（四）分析结果

通过对比分析景区导游解说词的游客需求和专家意见，可以得出以下结果：

第一，游客对景区导游解说词的需求以趣味性内容为主。首先，在景区导游解说词的所有内容要点中，虽然景区相关科学知识内容的重要性评价排名靠前，但是游客对“序号 18”（景点的形状、组合特征及由此诞生的神话故事或人文典故）的重要性评价最高。其次，在景区导游解说词的撰写要求中，游客对能增强游览趣味性的神话故事或人文典故及互动需求的重要性评价较高。因此，景区导游解说词的编写应考虑游客对趣味性内容的需求。

第二，专家认为景区导游解说词的编写应以对游客的科普教育为主，向游客普及景区相关科学知识，增强游客对旅游资源的保护意识。首先，在景区导游解说词的所有内容要点中，专家对“序号 5”（提醒游客保护景区环境和景观）的重要性评价最高，后面排名前几位的内容均是资源相关科学知识。其次，在景区导游解说词的撰写要求中，关于景区相关科学知识撰写要求的重要性评价均排在前位。因此，景区导游解说词的编写应考虑专家对科学性内容的要求。

第三，综合游客需求和专家意见，景区导游解说词的内容应结合上述分析指标，同时兼具人文典故、景区相关科学知识和其他内容，使景区的导游解说词既有趣味性又有科学性，同时，还能起到传播文化、树立文化自信的作用。

第四章

基于旅游资源评价的导游词创作路径

旅游观光活动需要导游词的引导，缺乏导游词的旅游观光，犹如盲人摸象。但并非有一篇现成的导游词就可以一劳永逸，要想把景点导好，成为一名优秀导游员，就要在导游词上下功夫，不仅要会背导游词，还能自己动笔写导游词，对原有的导游词创新。时下不少导游词给人一种千人一面、千人一腔的感觉。一说到漓江的九马画山，除了民间歌谣“看马郎，看马郎，问你神马有几双？看出七匹中榜眼，能见九匹状元郎”以外，就言无他物。一说到大肚弥勒佛，几乎在所有的导游词里都有“大肚能容，容天下难容之事；开口便笑，笑世间可笑之人”这句对联。以上这些现象，都已成为制约导游员素质提高的一个瓶颈。我国现行导游员等级考试规则规定，中级导游员报考高级导游员的考试内容之一就是导游词创作。所以，为了更好地提高自身素质及讲解质量，导游人员应该从平时做起，注意向好的导游词学习，经常练习、修改、创新导游词。

在旅游资源评价的基础上我们提出了导游词内容要素构建指标体系，接下来在导游词的创作中，就应抓住资源评价核心要素，依据导游词内容要素构建指标体系进行导游词的创作。

一说到创作，我们首先会想到“灵感”。作者在字里行间所传递的信息是，作家笔下的灵感就在身边，触手可得。在创作导游词的时候，虽然景区涉及的旅游资源可能会是一个庞大的数据，并且有资源评价的基础，在提炼重点的时候看起来并不是那么困难。但是，要想写出一篇在内容和形式上都能创新的导游词却并不是一件很容易的事。创作灵感的捕获可以从很多渠道得来。首先，我们可以通过阅读的方式获得，不断地阅读，什么书都读，垃圾的、经典的、好的、坏的，看看它们是怎么写出来的；其次，我们可以去图书馆寻找灵感，在广阔的书的海洋里寻找我们想要的答案；最后，有时候灵感来自于其他艺术领域，比如电影、音乐、舞蹈、绘画等。虽然我们能从别人的文字和经历中获取灵感，但是写作的时候，还是必须依赖自己的文字和经历。因此，灵感也只是启发我们创作的一个最初想法，真正要把文字变为现实，还是要依靠自身的阅历和文字操控的能力。

一、确立导游词表达主旨——立意

“立意”就是确立导游词的旨意，即作者所要表达的基本思想。立意的高下、深浅直接影响着导游词的质量，也直接影响着游客的共鸣程度。那么，如何使导游词的立意高明而深刻呢？下面介绍一些常见方法，以供大家参考。

（一）文中要有大气

文学大师雨果说：“比陆地宽广的是海洋，比海洋宽广的是天空，比天空宽广的是人的胸怀。”如果创作者心中装着国家民族之责、民间疾苦之忧、环境污染之悲，那么他们的导游词绝对是黄钟大吕，一鸣动群心。

案例：故宫乾清门

各位朋友：

但凡游历过故宫的游客无一不对紫禁城中那华丽的宫殿和美丽的庭院留下深刻的印象。但遗憾的是却很少有人会记住故宫中那些或威严或朴实的宫门。殊不知这一扇扇开开合合的宫门不仅是一道风景，更是通往历史深处的特殊符号。

此时此刻，就有这样一座宫门矗立在我们面前，它就是乾清门。从午门算起，继太和门之后，这已经是紫禁城中轴线上第三座宫门了。和象征国家威严的午门以及皇权至上的太和门相比，乾清门似乎显得不够高大与华丽。它的规格远远低于太和门，仅是一座面宽五间的单檐歇山式建筑。它静静地坐落在一层白石台阶之上，高 16 米，仅为太和门高度的 2/3。乾清门简单的结构和体量很难让我们对它留下深刻的印象。但是，有谁能想到就是这样一座看似简单的宫门背后，却承载了太多的含义：从某种意义而言，乾清门不仅仅是一座宫门，它更是一道家门，甚至是一个时代之门。

在整个紫禁城的布局当中，乾清门的作用可谓将紫禁城一分为二。门前是黄钟大吕的前朝，门后是浅吟低唱的后寝。“国家”一词，就如此形象生动地被眼前这道大门拦腰一断，这才使人恍然大悟：原来国与家曾经在这里只是隔着这一道门而已。眼前的这道家门对于后宫的妃嫔而言是道只进不出的命运之门，深不可测！

作为皇城内的一道宫门，乾清门也成为影响国家大臣们的一道命运之门。因为，不是每位朝臣都有机会得到皇帝的允许进入皇家内院。只有三品以上的文官、二品以上的武官和皇帝下旨召见的人才能获准通过这道门槛。因此，在朝臣们的眼中，眼前的这道门意义非比寻常：迈过它或许能更接近那至尊无上的权力，也或许更接近变幻莫测的危险。对于朝臣而言，乾清门是道高高在上的权力之门，遥不可及！

当然，无论是嫔妃还是朝臣，他们都只是乾清门的配角，只有皇帝，才是乾清门里真正的主角。到了清代，乾清门在整个紫禁城内的地位大大提高，甚至代替了太和门，成为皇帝处理国家事务的办公地点。皇帝在此处理朝政，会见王公大臣，录用新科进士，以及接见外国使臣，这就是我们熟知的御门听政。而听政的皇帝中，当数康熙最为勤勉。他坚持御门听政长达50年，许多重大政治决策如裁撤三藩、治理黄淮、收复台湾等皆出自乾清门的御门听政。试想，如果没有康熙以及继任者的御门听政，大清朝又如何迎来伟大的康乾盛世？因此从某种意义上来讲，乾清门为我们开启了一个盛世的大门，何其壮哉！

朋友们，相信此时此刻乾清门在我们的眼里绝不再是一道简单的大门了吧！作为一道家国之门和时代大门，它所承载的是厚重的历史。作为一道家门，乾清门的背后上演过治家如治国的皇家典范；作为一道宫门，乾清门的门前汇集过多少“治国平天下”的政治抱负；而作为一道开启过太平盛世的时代之门，乾清门内更是见证过那个辉煌时代的兴盛与繁荣。就让我们带着不同的心情和领悟，走进乾清门吧！

这篇故宫乾清门的导游词在立意上就很大气，心中装着家国情怀，看事物的眼界和高度就会与众不同。故宫本来就承载了太多的历史和典故，寻常导游词可能只会从建筑布局中找寻乾清门在众多大门中的特殊地位，但这篇导游词却从“门”所体现的界限感出发，讲出了乾清门既是一道“时代之门”，又是一道“命运之门”，同时，也是一道“权力之门”，在讲解收尾部分强调乾清门还是一道“盛世大门”。其中促人警醒、催人奋进的句子不是打磨而得，而是喷涌而出的。自古以来中国大家就注重大气的文风，如唐宋八大家之一的韩愈，其文风博大，如风行水上，读他的文章能清楚地体会到他对人心世事的关注，读来气势磅礴，其心之大，令人击节，如天风海雨，激荡人心。

（二）眼中要有锐气

我们所说的锐气就如鲁迅先生所言，如匕首、如投枪，换句话说，就是现实针对性强，论述深刻透辟。中国文士自古就提倡“发他人之未发”，也就是说，我们要写出前人未发现的东西，如柳宗元的《桐叶封弟辨》就是如此，在古代，君主随便开一句玩笑的话，臣子就要把它当作金科玉律绝对服从，文中作者条分缕析，尖锐地批评了其中的荒谬，其锐气之利，在当时可谓石破天惊。

案例：四川江油李白纪念馆地碑

游客朋友：

大家好！现在我们所处的位置是故居景区的核心景点——地碑。在大家十多年的学习生涯中，有一个人的诗歌常常出现在必考篇目中，他用阐述心灵的文字表达了盛世的繁华，用凝练的语言展示了人类的精神世界。他，就是李白。一个被世人尊为诗仙、酒仙和游仙的神。今天我们来到这里，从一个字说起，了解李白这位神仙的内心世界。

而这一个字，就隐藏在这块碑中。请大家看脚下，这个字左边像一个人，头歪歪地斜着，两只脚交叉着，已经站不稳了。左手揉着额头，右手还拧着酒坛，快要醉了。他是谁？其实撰写这块碑的当代书法家刘正谦已经交代得很清楚了，右边为李，左边为白，分开来看是李白二字，合起来就是我们所寻找的那个字——醉。醉酒后的李白是什么样子的呢？据他自己说，一个人的时候“举杯邀明月，对影成三人”；两个人的时候“两人对酌山花开，一杯一杯复一杯”。三个人的时候“烹羊宰牛且为乐，会须一饮三百杯”。

醉酒的诗仙，酒入愁肠，七分化作月光，余下三分呼为剑气，绣口一吐，就是半个盛唐，写的是醉诗。眼前的这块碑上是李白创作于山东的《客中行》，请大家随着我的歌声一起来品味诗仙的魅力。“兰陵美酒郁金香，玉碗盛来琥珀光。但使主人能醉客，不知何处是他乡。”意思是兰陵出产的美酒，透着郁金花的浓郁芳香，盛在玉碗里如琥珀般晶莹可爱。只要主人能使我一醉方休，我就不知道哪里还是异乡，而都是家乡了。

他醉了吗？醉了，也没醉，他是在醉眼看人生。这首诗最初读起来确实欢快高兴，但是如果考虑到李白当时的生活境遇，就不容乐观了。这首诗是他入长安做官前在山东前程不明时所写，标题中的“客”字暴露出他醉酒后清醒的一面。这不是一次偶然的心理冲突，纵观李白的一生，他是一个人醉心不醉，矛盾重重的人。他是一个天才，又是一个凡人；他常常“举头望明月，低头思故乡”，却一次都没有回来；他盼望功名富贵，却希望隐居山林；他喜欢高喊“济苍生，安社稷”却又生活在花天酒地里；他批判上层社会的丑恶，却又想进入统治阶层；他喜欢享受现实生活，却不愿意去适应这个世俗社会。有人如此评论过：李白总在醉时很清醒，而他没醉时却很糊涂。醒着的李白学道、求仙、从政都未能成功。醉了的李白把自己完全释放在一个肆意奔放的天地中，向世人展示了另一种诗意的世界。

他醉酒、醉诗、醉待人生，以山为笔，以水为墨，把自己浪漫成了不老的传说——一个醉了的诗仙。这便是李太白，也印证了“太白”二字：把人生看得太透彻、太明白。

所以，保持清醒地醉，其实也挺好。李白告诉我们，人，还可以这样活着！

李白是中国古代诗坛中大家既熟悉又陌生的一位伟大诗人。熟悉是因为每一个受过教育的中国人都读过他的诗，就像导游词开篇的那一句“在大家十多年的学习生涯中，有一个人的诗歌常常出现在必考篇目中”，这句话一出，即在听众中抛出悬念并引起思考，继而引出这位在诗歌历史上被誉为“诗仙”的大诗人李白。说大家对李白陌生，是因为他的一身“仙”气盖住了人们对其作为社会人现实需求的理性思考。所以，就让我们来看看真实的李白是怎样的一个人，如此鲜活、特立、复杂甚至是矛盾的人物又怎能在短短五分钟之内剖析清楚呢？请注意，这不是一篇论文，而是一篇导游词，论文需要全面而翔实，但导游词要的是突出重点！所以作者非常巧妙地用了一个字来讲述李白，一个比“仙”字更能准确对其进行人格定位的字——“醉”。

在此我们要感谢李白故居景区在兴建太白碑林时别具匠心的设计，一个象形“醉”字活灵活现地还原了诗人醉酒时的场景，并且将“李白”二字创造性地嵌入到“醉”字之中，给游客一个极大的看点，也为讲解者提供了生动的素材。作者观察入微，抓住这极具现场感的细节，于细小处做大文章，创作思路开放自由，彰显大家风范。

在接下来的讲述中，作者基于对李白人物丰满形象的了解将“醉”的内涵拆分为三个层次——醉酒、醉诗、醉待人生。这种总分的结构方式优点非常明显，导游词逻辑清晰、重点明确、层次丰富、提炼到位，这不是一篇通常意义上的导游词，这是一篇有“灵魂”的导游词。

第一个层次“醉酒”，这是诗人李白留给世人最表象但也是最写实的一面，与李白并称为中国诗坛双子星的杜甫在《饮中八仙歌》中写道：“李白斗酒诗百篇，长安市上酒家眠。天子呼来不上船，自称臣是酒中仙。”“诗圣”杜甫对李白喝醉酒后的形象刻画入木三分，看来李白爱酒确实出自本心，喝醉后的状态也确实是不胜酒力，并非如有些人猜测般是故意乔装。

醉酒之后引出醉诗，作者在此引用李白的诗描述不同场景下诗人饮酒的状态，更引用台湾诗人余光中《寻李白》中的名句烘托出“诗仙”的才华和其为古代诗歌做出的贡献，李白的浪漫和豪放在现代诗人余光中笔下跃然而出。

但，李白真的就如人们所想的那样豪放旷达、潇洒不羁吗？作者用一个简单问句“他醉了吗”开启了听众一段并不简单的思考。李白醉酒与其超越追求之间有着密不可分的关系，醉酒在某种程度上与其政治理想之间具有同质的隐喻关系，也就是说李白的政治理想及政治人生实际上是一种醉态的梦幻。李白醉酒与他游览山水之间也有着相互的作用，同时具有相似的精神抚慰功能。李白醉酒还与他求仙之间存在一定关系，因为醉酒与求仙实际上都是对现实的一种逃避方式。

事实上，没有一位伟大的浪漫主义者是完全超现实的，李白从来不掩盖自己对功名事业的向往，但同时又无法接受取得富贵利禄的附加条件；他热爱享受现实生活，但却排斥其中的不合理现象。如果说杜甫用清醒的现实主义展示了自己的爱国衷心，李白则在酒醉后表露出自我实现和社会选择的矛盾冲突。所以醉酒本质上是要寻求理想与现实之间的平衡。作者一个“醉待人生”对李白的文化人格进行了高度归纳，在矛盾的对比分析中还原了“诗仙”那骨感现实的血肉之躯。

读到最后，一句“李白告诉我们，人，还可以这样活着”结束全文，带给我们无尽的思考，这不仅是对李白一生的思考，也是对自己人生的思考，导游词达到“悦神悦志”的境界也就是这样的效果了。

这篇导游词一改往日将李白供奉在神坛上的做法，将诗仙李白作为凡人的属性描写得惟妙惟肖，从一个全新的角度来看伟大诗人李白，他总是清醒的时候很糊涂，而在酒醉之后很清醒，这是怎样的一种人生态度，所以让人发出“保持清醒的醉了，其实也挺好”的感叹。

余秋雨有名作《风雨天一阁》，歌颂了范钦及其后代为保护中国古书而付出的诸多努力，为传承中华文明而做出的巨大牺牲。但是当代作家王重旭却从史料中发现，范钦的后人竟然有任书损坏而不可惜者，有目不识丁的文盲，于是他得出自己的结论：所谓爱书却不读书，不过是爱钱的吝啬鬼把钱变成了书，转换了一个吝啬的形式而已。王重旭从范钦身上看不出任何一点承载历史和传承文化的痕迹，于是这种卓尔不群的见解，锐气十足，给我们以巨大的精神震撼。

（三）角度要有新意

对于同样的事情，不同的作者会从不同的角度去分析、引申或描写，从而得出不同的结论或展示不同的场景。

导游词创作要善于从常见的素材中提炼出新观点，大出其彩，让人眼前一亮。例如，我们熟悉的“猴子捞月亮”的故事，这个故事的原意是嘲讽猴子的愚蠢，白白地浪费时间和气力。但著名作家李汉荣却这样写道：“多年来，我一直觉得把这几只猴子视为愚蠢是过于简单了，难道到井里捞一条鱼、捞一把黄金才算聪明？而试图把水底的月亮打捞出来，就注定愚蠢、荒谬？难道它们只应该看重身上的利爪，嘴边的吃食？它们与生存的残酷法则保持了相反的方向，在血腥之外它们打捞清凉的月亮。即使它们失败了。它们也是伟大的猴子。”这样一来，猴子倒成了精神世界的探索者，让人不得不点头称是。

案例：青城山天师洞

游客朋友们，我们现在已经参观完青城山天师洞的三清殿，大家是不是听到阵阵琴声？我们循声而去，这缕缕清音就来自于三清殿左侧，一间不起眼的八卦形状的木楼。在这里每天都会有 20 余位道众手持各种乐器演奏道教音乐。他们高挽发髻、横插玉簪，身穿靛蓝和灰白色道袍，全情投入在出水芙蓉般悠扬的琴声中，恍惚间如同置身于阆苑仙境。婉转乐声，宛如一道圣洁的光，让我们把时间推回到 1800 多年前的流光里。

东汉年间，仙风玉骨的张道陵来到鹤鸣山创立五斗米道时，将巴蜀民间祭祀音乐也随之注入进来。唐中和元年，一位身着羽衣的高道跟随唐僖宗避战乱来到成都，随后辞官归去，隐居在青城山白云溪，他，就是道学大师杜光庭。杜光庭将四川民间音乐与前蜀宫廷音乐相交揉杂并融入道教音乐，因此而成为道教古乐的主要脉络。名噪一时的纳西古乐的始祖其实就是青城山的道教音乐。岁月流逝，清道光年间，都江堰一带出现了道乐班子，并在民间传播；十几年后，清咸丰年间，大道士张孔山在二王庙修道，他常年在岷江岸边古堰旁，聆听变化万千的岷江水声，后又入道青城山，尽毕生研究所得，谱出了一首将道教音乐推向极致的古琴曲《流水》，被世界视为东方音乐的杰出代表。

道教音乐不仅是道教文化的组成部分，而且对中国民族音乐文化的发展甚至人类文明的推进都做出过巨大的贡献。以《二泉映月》闻名于世的道士华彦均的创作灵感就来自于道教音乐。道教音乐是中国音乐之大成者，作为道教祖庭的青城山，同时也是道乐的发源地，在整个道教音乐的宏大发展中起着至关重要的作用，不但催生了道乐的发展，还滋润了人类文明的光芒。

每解读一篇导游词，如同追随作者的心路历程感受了一遍创作的过程，然后再将这个过程犹如抽丝剥茧一般解离在学习者面前，这无疑是极为宝贵的创作引导，比之单纯的优劣评判更具有可复制的现实价值。就像这篇青城山天师洞，全篇的设计和框架构建，作者是煞费苦心，既想不落俗套、另辟蹊径，又要能言之有物、掷地有声，立意高远在这篇导游词上体现得非常突出，对于作者来说主题思想拔高已不是问题，关键是如何做到在内容上脚踏实地；经过不懈努力，在这篇导游词中基本做到了这点。

在创作导游词之前，作者就先架设框架，确定切入点和立意点，这一头一尾要前后呼应，加之明确的主线条，整篇导游词就会一气呵成、气脉连贯。青城山是个道教文化内涵极其丰富的景点，从创作的层面来说有很多角度可以切入，选择不同的主题进行解读。这篇青城山天师洞的切入点选择了道教音乐，开篇循声而入，将游客带入到一片仙音渺渺的道家空灵意境，然后随着音乐将时间推回到1800多年前的流光里，以叙事的手法将这1800年间中道教音乐史上发生的重大事件进行了描述，引出将道教音乐推向极致的古琴曲《流水》的诞生。

最后一段提炼引申谈到道教音乐对中国民族音乐文化发展的影响，是世界名曲《二泉映月》产生的创作灵感。全篇导游词没有讲道教的宗教信仰部分，选取了一个全新的视角——道教音乐，从侧面强化和烘托了道教文化的博大精深，是导游词选角的优秀范例。

案例：沈阳故宫

一说到沈阳故宫，我们首先产生的联想就是一座“有温度”的宫殿。众所周知，沈阳地处东三省，它的冬寒时间较长，有近6个月，因此房屋的设计和建设尤其注重御寒防冷，这点我们可以从沈阳故宫后宫居住建筑的三大特点窥见一斑。

特点一：口袋房，即房屋的门不居中、偏开，它体现了满族注重御寒防冷的特点。特点二：转圈炕，火炕是满族使用和发明的。是通过做饭的锅灶来供热的，烧水或做饭的热气都通过火炕下的坑道，所以炕总是热的。而这种热炕的设计不仅体现了的环保节能的理念，也使人们的居住更人性化和舒适化。有了这个炕，漫长的冬季使室内总有一丝温暖。特点三：烟囱建在屋外的地面上，沈阳故宫后宫的烟囱高出屋檐，通过孔道与炕相联接，烟通过的坑道上部均会发热。由此可见在400年前满族人就发明了地暖。因此，沈阳故宫后宫的设计是把御寒防冷和舒适温暖两大特性完美结合的最佳典范。

这篇沈阳故宫的导游词抛开了很多皇家宫殿固有的话题，选取了新颖别致的话题——“温度”，回归建筑最原始的功能，即御寒。围绕温度展开了三个层次特点的讲述，在最后点出了沈阳故宫御寒防冷和舒适温暖完美结合的显著特点。导游词创作选取的角度新颖，立足生活而高于生活。

（四）立意要有深意

如果想写出真正有影响力的导游词，就必须比一般人思考得深入，研究得透彻，别人只知其“表”，而我们已经透过“表”看穿多个“里”，或能从习以为常、约定俗成之中洞见其本质。

卡尔维诺的《孤独》是记叙文中的佳作。小说的结构其实并不复杂，寥寥数语就写出一个小故事，但其妙不可言。文中两次强调“我一个人，没什么特别的地方要去”，于是他一会儿帮小偷，一会儿帮警察，一会儿被警察当作帮手，一会儿被小偷当作同伙，最后，他还是无所事事。题目是“孤独”，读者可能不会想到，文学大师卡尔维诺会如此立意构思。《孤独》是现代派小说中的杰作，以奇妙的甚至天才的设计，直入主题，让人惊叹。其立意延续了卡尔维诺立意一贯的深刻性，他在貌似轻松幽默的叙述中，揭示了人与人之间的隔膜，群体中的孤独。他就是这样一位技艺精湛的天才作家，让读者震惊之后大笑，大笑之后沉默，从而给我们以启迪，展现了人性的深刻、社会的复杂。

案例：峨眉山圣积晚钟

各位游客朋友们：

如果说生命的起点是啼哭，那么登山的起点就是攀爬；如果说修行的起点是起心动念，那么修行人的每一次鸣钟便是心之所向的体现。

请大家看，我们眼前的这口钟就是峨眉十景之一的圣积晚钟，铜钟净重12.5吨，是四川最大的铜钟，所以又有“巴蜀钟王”之称。一路走来我们偶尔听到的那一声声响彻天际的钟磬声，就是由它发出。“当……”钟声，是人世间独特的法器律音，对于每一位听闻过钟声的人来说，都会经历听声、感触和觉悟的过程。钟声能跨越时空、贯穿心灵、超凡出尘。

圣积晚钟铸造于明代嘉靖年间，由别传禅师募化修建，因最初悬挂于圣积寺真镜楼中，所以就叫“圣积晚钟”。请大家看，钟身下部形状如十二个莲花瓣，刻有“子丑寅卯”十二地支，象征一周天，因此又叫作“莲花钟”“八卦钟”。峨眉山当地有一个传闻，说别传禅师铸好钟之后就要外出云游三天，叮嘱弟子三天之后才能敲钟，结果徒弟迫不及待想听钟声，师傅才走出30华里就敲响了第一声，洪亮的钟声在空中回响，别传禅师一听在心中惋惜道：如果三天之后再敲，钟声就可以传到我三天之后去到的地方啊！可见这钟声传播之远，仿佛已经跨越了空间的限制，从过去持续到现在，浸润到峨眉山苍杉翠柏的群山之间。

农历每月的初一和十五，圣积寺的僧人会在夜晚敲钟108响，象征着让人消除

108种烦恼。圣积晚钟的钟声低沉而持续，每一击声音可以持续一分零五十秒，正因为圣积寺钟声的这种特质，被人们形容为“龙吟”之音。龙是兴云致雨的神兽，云是水汽，所以有龙吟则景云出的说法，正所谓“晓钟有云出，晚钟有云归”，这一美称把圣积晓晚的钟声与峨眉山清晨傍晚的云雾仙境结合得天衣无缝。清代诗人王渔洋的诗中说道：“大钟熔铸自何年，化作龙吟散晓烟。留镇寺门开觉路，声声震彻峨眉巅。”随着浑重悠扬的钟声回荡在峨眉山山巅，把我们也带进了沉静幽思的状态，在这一刻，仿佛终于有机会静下心来审视自己的内心。

峨眉山是普贤菩萨的道场，普贤菩萨对于世间名利不贪不求，因此过得心安理得。所以自古峨眉山就出了很多大德高僧，晋代的惠持大师、唐代的慧通禅师、宋代的纯白禅师，还有南北朝时期的宝掌和尚都曾经来到这里参禅悟道。峨眉山上还有众多的居士，他们保持着初心，坚持着佛门的清规戒律，素衣素食，善心善德，用一颗纯善的心守候在峨眉山钟灵毓秀的佛教世界里。

钟声，已经响起，各位游客，让我们一起闭目静听，当这淳厚的低音震荡了起心动念的瞬间，愿这美好的佛钟音韵能将“万物一体”的善因深植于我们内心，祝福各位智慧无量，身心自在。

这篇峨眉山圣积晚钟的导游词在立意上运用钟声在佛教中的特殊含义，以及对人起到的警示提醒的作用，告诫世人要时刻省视自身，将“万物一体”的善因根植于内心，立意超脱具有深刻含义，听后让人思绪万千。

（五）心灵要有真意

说到底，导游词是一种真诚的对话，是导游与游客之间的对话，导游词可给游客以启示。导游词是交流感很强的工作语言，只有饱含了感情的表达才能打动对方，与听众形成情感上的共鸣，我们要做生活真情真意的歌手。

案例：绍兴女儿红

说到绍兴女儿红，是黄酒中的典型代表，口味厚重而绵长，中国人可以从这一种饮品里，同时品味出柔和刚两种境界。

女儿红之柔，表达的是深深掩藏起来的父爱。古时江南，女儿出世的第一声啼哭，肯定会让每一位父亲心头一热，三亩田的糯谷就酿成三坛子女儿红，仔细装坛封口深埋在后院桂花树下。等女儿长大婚嫁之时就拿出来待客，经过长期储藏的陈年老酒，醇香而诱人，酒味浓，情味更浓！

女儿红之刚，也就在大红喜宴上的那欢情一饮。一个天生地养的女儿就这么随着锣鼓队伍走过旷野去领取她的未知，那坛酒饮尽了，表示从此她是无父无母、无兄无弟的孤独者，要一片天，得靠自己去争。从这个角度体会，"女儿红"这酒，颇有"风萧萧兮易水寒"的味道，是送别壮士的。

古城绍兴水秀山清，自古以来酿酒就是一种风俗。杏花烟雨滋润下的女儿红，呈现出只有绍兴才有的味道。扛回一坛"女儿红"，就扛回了整个绍兴。

绍兴女儿红是黄酒中的代表酒，是一种聚甜、酸、苦、辛、鲜、涩六味于一体的丰满酒体，加上有高出其他酒的营养价值，因而形成了澄、香、醇、柔、绵、爽兼备的综合风格。作为介绍旅游商品的一篇导游词，怎么撰写更能打动游客呢，这篇导游词向我们展示了"以情动人"的高超技巧。通过过去女孩出嫁时喝的这一坛酒，表达出饮酒之后"刚"与"柔"的两种感情，令人动容。

案例：故乡月明

"江畔何人初见月，江月何年初照人。"千百年来，月一直是美好的象征，万古的风尘湮没不了她的圣洁，千秋的轮回改变不了她的模样。在华夏儿女心中，月就是团圆，就是安宁，就是祥和。

在皎洁圆润的玉盘下，月却总能勾起我们对故乡的无尽怀念与畅想。"中庭地白树栖鸦，冷露无声湿桂花。今夜月明人尽望，不知秋思落谁家。"分明是乡愁给故乡的明月赋予了魅力。多少个月华如练、清风徐来的夜晚，不论游子身处白雪飘飘的北国还是花香四溢的南方，总会遥望天边明月，怀念亦幻亦真、如梦如烟的故乡。

"露从今夜白，月是故乡明。"明月照出了游子的泪眼婆娑，也照出了亲人的热切期盼。月亮因了离愁、因了思念而被注入了深沉的情感，月圆的时候思念也圆，月弯的时候思念也弯。那一轮皎洁的明月，化作一行行深情的诗，一首首动人的曲，寄托了人们无限的乡愁。

"小时候，乡愁是一枚小小的邮票，我在这头，母亲在那头。长大后，乡愁是一张窄窄的船票，我在这头，新娘在那头。后来啊，乡愁是一方矮矮的坟墓，我在外头，母亲在里头。而现在，乡愁是一湾浅浅的海峡，我在这头，大陆在那头。”这就是台湾诗人余光中的《乡愁》。在阔别故乡近40年后，诗人再次踏上了大陆的土地。“少小离家老大回，乡音无改鬓毛衰。”“掉头一去是风吹黑发，回首再来已雪满白头。”半个世纪的分离，五十载的隔海相望，沧海桑田的巨变，真正能体会个中滋味的唯有自己。在诗人心中，海峡两岸的月应是一样的皎洁吧！在他心中何处是故乡？何处都是故乡。何处有月明？何处都有月明。

海上生明月，四海共潮声；圆月满海峡，两岸踏歌声；同心共明月，民族一家亲。

对明月的讲述是导游带团在特殊地域和时间段的必然内容，这种类型的导游词都不能就讲解对象而讲解，否则内容就会枯燥乏味。所以以物寓情是一种很好的立意角度，只要能表达出真实的情感，就能做到以情动人。

二、设计导游词理想蓝图——构思

构思是在灵感闪现之后，思想中的某一想法逐渐酝酿的过程，让它在我们的潜意识里生根发芽，待时机成熟时自然浮现。在构思的过程中，我们需要捕捉灵感一出现就引发的一连串的想法。无论我们的起点是一个画面、一种感觉或者一句无意间听到的话，尽可能地迅速记下它。可以草草地把它写在笔记本上，也可以发个短信给自己，或者用手机录下来，再或者拍张照片。对一些创作者来说，记录想法这种事情本身比后来讲述它更重要。只要记住，把它植入大脑中就足够了，在那里它能够继续生长。

导游词创作构思的过程就是寻找主题的过程，在广泛的资源内容要素分析的基础上，提炼出关键要素的过程。我们常听一些导游或学生看到一个景点之后不知道写什么的抱怨，感觉素材很多，但是无从下笔。这其实是对关键信息提炼能力不足造成的。有游客资源评价的内容垫底，其实只需要从众多素材中挑选出游客感兴趣的，并且本人也能驾驭的内容，以此为重点来进行创作就行，并且做到主题的选择与导游词的立意一致的要求。

构思的过程是一个“搜街”的过程，我们需要寻找有趣的视觉画面，并且用镜头把它们收藏起来。最终能否用到这些图片并不重要，有意识地去寻找有趣的画面本身会改变你看待事物的方式。突然间你的眼睛和大脑会对身边奇怪和美妙的事情比较敏感。我们也可以用同样的方式处理听到和看到的内容，主要觉得有趣的碎片化的东西都可以搜集积累，最终在这些素材中找寻最合适的主题进行创作。

主题具有客观性和主观性的双重属性。任何文章都是客观事物和社会生活的反映，主题应该是客观事物和社会生活内容固有的思想含义，而不能牵强附会、任意拔高。但主题不是客观事物本身，而是作者对它的主观认识、主观反应，作者的主观因素在形成和表现主题的过程中起着决定性的作用。导游词的写作也要重视主题的确立和提炼。通过一篇导游词的讲解，要向旅游者表达一种思想、意图，要激发旅游者的情感、认识和评价，从而达到启发教育的目的。

(一) 主题是导游词的核心

导游在每讲一个景点或讲一段话时，心中应当有一个思想，或表述的主旨，用这个主旨去组织材料，展开叙述。换句话说，用观点去指挥材料。只有观点没有材料必然成为“光杆司令”；反之，只有材料没有观点则会形成“乌合之众”。只有观点和材料的融合和统一，才显得条理清晰，游客也才听得清楚、明白，不致乱无头绪。

比如在介绍成都市概况的时候，可使用一张小小的纸币，引出最早的纸币“交子”出现在北宋时期的成都，为什么会出现在成都？它的出现依赖于成都悠久的历史文化背景；依赖于成都繁荣的商业和发达的商品交易；还因为成都发达的造纸术和印刷术；领先世界的防伪技术的发明和使用；也体现出了成都自古以来就有着诚信经营的良好社会大环境。由小小纸币引出成都历史文化经济发展的五大话题，再由这五大方面拓展至成都的其他方面。导游在这里就不是在背书，而是在进行有灵魂的讲解。

主题、主旨明确，既可以使导游站得高、看得远，又可以使导游讲起来如臂使手，左右逢源，游刃有余。一个景点主题的提炼不是一朝一夕之功，它需要导游全面把握景点材料，反复思索，认真钻研，悉心体察，然后做出抉择。

1. 主题决定一篇导游词的价值，也可以说是决定一个景观价值的重要因素

导游词是作者对一个景物的历史文化价值、艺术观赏价值和科学研究价值的评价，也是作者的政治理想、思想意识和审美情趣的表现。导游词的主题也有深浅、新旧、正误之别，从而决定了一篇导游词本身的价值，更加重要的是影响了一个景物的价值。有的景物，本身的价值很高，但作者没有深刻发掘其主题，使它变得平淡无奇；而有的景观，原本看来平平淡淡，经作者描述，发掘其深刻的内涵，顿时

辉煌起来，成为著名景观。这样的例子，比比皆是，可见确立主题的重要性。

案例：都江堰水利工程之飞沙堰

各位游客：

大家好！刚才我们参观了都江堰鱼嘴，现在来到的是位于金刚堤尾部的飞沙堰。有一个问题想问大家，这天下至柔之物是什么？至坚之物又是什么？答案就在我们眼前——水，小小的水滴凝聚成水流，在广袤的大地上流淌，沐浴众生，滋润万物；在沟壑间盘绕，开山破石，悄然有万钧之势；水滴凭借团队的力量，战胜了强大的顽石，让人肃然起敬。而飞沙堰就是一个有关力量的故事。

飞沙堰的得名是因为这里是都江堰渠首工程的重要排沙排洪地，这块既不会动也没有机关暗道的地又是怎么实现排洪排沙的呢？请大家看向我手指的方向，在飞沙堰的对岸宝瓶口的右侧有一块突出的山崖，叫作虎头崖。岷江在鱼嘴处被分为内外两江之后，内江水就从金刚堤右侧的内江河道涌入，由于内江河道也是弯道，所以河水大量地涌向凹岸，也就是我们对面的河岸，此时，汹涌的江水遇到了宝瓶口的钳制和虎头崖的阻挡，如猛虎回头一般扎入江底往回流动，就在虎头崖右侧的凤栖窝一带形成了顺时针的漩涡，搅动江底的泥沙旋转起来，在巨大的离心力作用下，这些沙石越过飞沙堰被抛到了外江，沉积江底98%的泥沙都会被排走，甚至可以排走重达2吨的巨石。柔弱的水滴汇聚成江河就拥有了无穷的力量。这是自然的力量。

都江堰建成之后的2000多年时间，岷江水生生不息地流淌在其间。枯水期的时候，会有泥沙沉积在内江河床，日积月累之后就会抬高河床，使宝瓶口的进水量变小，而不足以保证下游行船及灌溉用水量。所以，李冰制定了岁修制度，每年冬至开始就用杩槎拦断内江，组织民工开挖河床，把沉积在鱼嘴至宝瓶口江底的泥沙挖走。为了确保宝瓶口的进水量稳定，聪明的古人在凤栖窝的河床底部埋上石人石马做标记，只要挖到标记出现岁修即可完成，第二年清明之时，正是下游用水量大增的季节，这时砍断码槎，江水一泻而下，涌入宝瓶口，奔向等待惠泽的成都平原。1000多年前这一放水活动演变为都江堰地区的传统节日——“放水节”，而岁修所依据的准则“深淘滩、低作堰”六个字深深地镌刻在二王庙内的岩石之上，成了千百年来的治水名言，护佑着都江堰水利工程永葆青春。这是人文的力量。

都江堰就像是一本治水宝典，捧着它阅读的时候会时不时地被书中的至理名言所折服。时至今日，我们仍然不得不感叹李冰的聪明和才慧，地球上漫长进化史中智慧的生命创造了都江堰这一伟大的工程，他们用若干代与自然相生相克的融合经验，将狂野的江水驯服得犹如天然顺从一般，这自然与人文的力量相得益彰，没有对抗和搏斗，也没有一厢情愿的禁锢。这就是智慧的力量。

这篇都江堰水利工程飞沙堰的导游词在主题的确立上运用了核心词汇“力量”，都江堰水利工程伟大的原因就在于其精妙的治水原理，道家思想“顺应自然”这一充满朴素哲学思想的实际运用，利用了河流的自然规律进行工程的设计和修建，同时利用河床流水的天然特性进行引水和治水。在讲解主题的选择上突出了都江堰治水最科学的地方，凸显出人文精华及人的智慧力量。

2. 主题决定材料的取舍提炼

一个景点往往已存在着大量的资料。它们往往是分散的、互相矛盾的、真实的或虚构的、高雅的或庸俗的。总之，可以分为有用的和无用的两大类。我们不能把这些材料原封不动地都写进导游词中去，一定要进行取舍提炼，这就是所谓的“去伪存真”“去芜取精”的过程。依据是什么？只有根据主题表达的需要进行提炼和取舍。唯有主题才能使杂乱无章的材料变成典型的、富有生命的、互相联系的、表现景观特色的有机整体，成为一篇优秀的导游词。

案例：澳门

一说起澳门特别行政区，让我首先想到就是一个感觉——矛盾。一面是纸醉金迷，一面是怀旧清新，但看似矛盾又那么和谐地呈现在这个“弹丸之地”。被冠誉为“东方拉斯维加斯”的澳门因博彩业闻名于世，有“赌埠”之称。2015 年澳门的博彩业收入甚至超过拉斯维加斯，澳门成为世界上最大的赌城。许多人在这里千金一掷，有人书写一夜暴富的神话，也有人不愿收手最后倾家荡产。澳门纸醉金迷的奢华酒店比比皆是，处处透露着现代与时尚。然而与高楼大厦形成鲜明对比的是低矮老旧的楼房，小巧而精致，明黄、浅粉、薄荷色的外墙让澳门又矛盾般地成为小清新。西方建筑的清新浪漫，东方大屋的端庄典雅，常常只是一墙之隔，毫无相关却又紧密相连。纸醉金迷的奢华气息，怀旧清新的生活味道，东方和西方的交融，现代和历史的冲击，复杂而矛盾，矛盾又和谐，这就是赌城澳门之外的澳门。

这篇澳门的导游词在主题的确立上从众多纷繁复杂的素材中挑选出一个明确的主题——“矛盾”，表达出澳门一面是纸醉金迷的生活，而另一面展现出怀旧清新的格调，通过这两面的对比烘托出了一个立体丰满且多面的澳门。

案例：海南骑楼

一说到海南的骑楼，我们头脑中首先浮现的是一个词——完美。我们可以从“顺天时地利，看中西结合”两个角度来欣赏海南骑楼。首先，海南骑楼是顺应海南独特的自然地理条件而生的产物，和海南地区多雨多日照的气候有关。海口年平均降水量1664毫米，是我国年平均降水量628毫米的2.5倍左右。除此以外，全年日照时间长，年平均日照时数2000小时以上。由此可见，如何使当地建筑具有更好的挡雨遮阳的作用，海南骑楼可谓应运而生。海南骑楼第二看，看“中西结合”。海口现存的骑楼多是19世纪末至20世纪30年代的建筑。当时大量在南洋淘金的商人回国在修建房子的时候把欧陆建筑风格与当地传统的“竹筒屋”相融合，营建的过程中采用西方建筑的立面，而在装饰题材上仍然沿用中国的花鸟鱼虫等传统题材，从而形成了今天别具一格的海南骑楼。一座座海南骑楼建筑群融汇中西，自成一体，正如海南人宽容四海的胸襟一般伟大。

海南的骑楼是在特殊的气候和人文环境下产生的具有地方特色的建筑形式，所以创作者抓住了“完美”一词，突出了海南骑楼“顺天时地利，看中西结合”两个角度的融合。在主题的确立上既独特又高度提炼出了骑楼的特色。

案例：景德镇瓷器

一提到景德镇瓷器，很多人会联想到它典雅的青花和精致的彩绘等视觉特点，但实际上它还有另一个用手来触摸的特点——薄如纸。景德镇瓷器素以薄见长，如今景德镇的薄胎瓷壁厚通常仅仅1毫米左右，如蛋壳一般，故又称蛋壳瓷。但是在制作中要攻克很多技术难题，其中最关键的就是刮坯成型，而刮坯的关键在于四个字：千锤百炼。刮坯分粗加工和精加工两步。粗加工由有经验的瓷工将泥料拉制成雏形，干至一定程度，再进行整形、干硬、修坯，行话称之为“利薄胎”，至壁厚为2~3毫米时，粗加工算是完成了。在此基础上再进行精加工，这是制作的关键，将2~3毫米厚的粗坯修到蛋壳般厚薄，须经百余次的反复，整个坯体要十分均匀，差之毫厘则成废品，在关键时刻，少一刀嫌厚，多一刀则坯破功败，稍不留神，一个喘息也会导致前功尽弃。由此可见，景德镇瓷器的制作正是应了中国的那句老话："玉不琢，不成器"。

景德镇的瓷器是中国瓷的代表，从古至今描写景德镇瓷器之精妙的文章非常多，而且作为瓷器的代表所传达出的中国瓷器的精湛技艺内容十分丰富，如何从众多的赞誉之词中选择出独特的主题词？这是创作者要思考和解决的难题。这篇导游词选择了景德镇瓷器"薄如纸"的特点，确实是瓷器制作技术难度最高之所在，主题鲜明且重点突出。

3. 主题支配导游词的谋篇布局

导游词要按照旅游线路先后有序、层次分明、思路清晰地娓娓道来。怎么办？只有作者在动笔之前把写作意图，即主题明确起来，才能在写作中做到哪些该先该后、哪里该增该减、哪里该详该略、哪里该藏该露，这样才能做到谋篇严谨、布局合理。否则，偏离主题盲目地铺陈，杂乱无章，不能形成一篇严密、统一的导游词。

案例：白毫银针

一说到白毫银针，大家首先联想到的就是它那白色如银的外表，但大家可能忽略了它更独特的一个内在品质——节能环保。而这种节能环保和它独特的制茶工艺有关。制茶第一步是将采下的新鲜芽叶晾晒至干，不炒不揉。制茶过程中主要是靠太阳晒，七分晒三分焙，全靠手工。这吸饱了太阳光的茶叶，自然在品茶的时候也能喝到"阳光的味道"了。因此要做最好的白茶，关键看晾晒。白毫银针的产地福建福鼎，年平均日照时数1600多小时，可以说为白茶晾晒提供了绝佳的自然条件。这晾晒方式有两种，日晒和室内萎凋，日晒是白茶最理想的加工方式，品质最优。通过日光萎凋的白茶，光味明显，茶香有花香，茶汤甘甜。但当茶季遇上阴雨连绵，那就只能通过室内萎凋技术解决了。室内加温萎凋的白茶，茶味重，香气浓郁。由于白毫银针制茶过程中节省能源和劳力。如果在当今能源昂贵和污染充斥的时代，要评选茶中节能之王的话，我想白毫银针当之无愧。

白毫银针是一种汉族传统名茶，属于白茶类。从制作工艺来说，未经萎凋工序的白茶应属绿茶类的白茶，如浙江安吉白茶、太湖白茶等。另一类是指采用“鲜叶—萎凋—轻微发酵—自然干燥或文火微焙”的工序与方法制作的轻度发酵的白茶，如白毫银针、白牡丹、贡眉等。这篇导游主要抓住白茶在制作过程中自然干燥的特点，提出了“节能环保”的关键词，并围绕关键词进行导游词主题的塑造。

案例：布达拉宫

一说到布达拉宫，大家一定会想到它那伟岸的身躯以及浓厚的宗教色彩，那么作为藏族文明的代表和建筑艺术的巅峰之作，布达拉宫的世界之最体现在地理和宗教两个方面。一方面，地理位置高。布达拉宫耸立在世界屋脊拉萨城中心的红山之上，而布达拉宫又以其110米的建筑高度，成为拉萨市最高的地标性建筑，可以说这里是最接近蓝天白云的高原圣殿了，它美轮美奂，至高不二。另一方面，布达拉宫宗教地位高，这座神圣的寺院最主要的特色就是这红宫与白宫。红宫是用于供奉佛神和处理宗教事务，并且建有华丽至极的安放前世达赖遗体的灵塔；而两旁的白宫，是历代达赖喇嘛生活起居和政治活动的主要场所，而这红白两宫的每一寸每一毫无不彰显着这神秘的佛教之魂。每年前往朝圣的人们，不辞千辛万苦，从千里之外五步一跪，十步一拜而来，我想除了心中那对佛祖最虔诚的信仰，再没有什么能支撑他走完这千里迢迢的每一步了。

这篇导游词抓住了布达拉宫的“高”这一特色，阐述了两“高”。一是从地理位置来说，布达拉宫位于世界屋脊青藏高原之上，是拉萨市最高的地标性建筑，是最接近蓝天白云的高原圣殿。二是布达拉宫在藏传佛教中的宗教地位之“高”，是在藏族聚居区影响力最大的黄教派系达赖喇嘛的生活起居和宗教活动的主要场所，是藏族人心中的圣地。这两“高”的提炼无疑是对拉萨布达拉宫最完美的诠释。

案例：乐山大佛

宝藏，永远是一个有吸引力的话题，在20世纪80年代，刘晓庆主演的《神秘的大佛》就是以乐山大佛的故事为原型进行拍摄的，人类的智慧与耐心，和人性背后的贪婪与残酷，交织成了一幅精彩的寻宝画面，影片轰动一时，令人至今都记忆犹新，这部电影火爆的背后，是人们对未知宝藏的渴望，可能大家都在想究竟是什么让乐山大佛屹立千年不倒。接下来就让我们来做一个寻宝人，去揭开大佛神秘的面纱，寻找真实的宝藏，与隐藏在宝藏背后的故事。

现在我们所在的位置是大佛的脚下，首先，我们从“佛中有佛，佛在心中，佛心藏宝”的宝藏传说开始。请各位抬头仔细看，佛肚前一个修补的痕迹，那是1962年乐山政府维修大佛时留下的。一名工人在维修中发现佛肚前有一个封闭的“藏脏洞”，高3.3米、宽1米、深2米的长方形人工开凿的暗室。洞穴在人们的注视下被打开，室内情形令人大跌眼镜，里面仅散乱地堆放着一些破旧的废铁和铅皮，让大家的各种幻想全部破灭，由于当时的“藏脏洞”被打开后，并没发现任何有价值的东西，随后就被工匠们给封闭了。

古人们显然不是想跟我们开个玩笑所以凿了这个洞，因为没有人会对佛失敬，那这个洞里面以前究竟藏了些什么东西呢？我相信没人会有准确的答案，有人说是财宝，有人说是乐山大佛的“小样”。这一切猜测均有可能，那么乐山大佛的宝藏到底在哪里？

我认为乐山大佛的宝藏早已昭然于世，就是这尊在苍穹之下、大光明山前的大佛。当年海通法师徒步千里来到嘉州，见到凌云山下岷江、青衣江、大渡河三江汇合处水流湍急，每逢汛期，就有船只撞击山壁而导致船毁人亡，于是他发愿在这里塑造一座大佛，借其法力安澜镇涛，保佑苍生，它的出生没有夹带任何的世俗杂念，从佛法普度苍生的思想出发，无造作，苍穹之下大佛就这样破山而出。

当嘉州的郡吏因为贪恋海通修建大佛的银子，带兵前来勒索，更是把“破坏三江风水，借佛门肥私”的罪名加在海通身上。海通面对威胁，毫不畏惧地说目：“自目可剜，佛财难得！”于是威严地盘腿坐定，端起一只铜盘，毫不犹豫地剜出自己的一只眼珠放在上面，默默地举到郡守面前。顿时，郡守大惊失色，吓得失魂落魄，仓皇逃下山去。海通舍己献身的浩然正气感天动地，更激发了广大人民造就大佛的决心。海通自剜双目，没有任何阴谋，舍身弘佛的佛心足以让大佛在大光明山前屹立千年不倒，如此心意加身的大佛正是无尽的宝藏。

让我们回到探寻的出发点“佛中有佛，佛在心中，佛心藏宝”，仔细参悟你会发现更多。这就是地大物博历史悠久的中国，真的有无尽的宝藏。

这篇乐山大佛用了一个关键核心词汇来统领全篇导游词——“宝藏”，用了“佛中有佛，佛在心中，佛心藏宝”这句话来诠释宝藏的含义，此处的“宝藏”并不是藏了什么金银珠宝，而是大佛所蕴含的佛教精妙奥义在人世间显现，通过海通法师这位伟大的修建者表达出来。

4. 主题制约导游词的表达手法和语言运用

不同景物的导游词有不同的表达手法，不同的主题总要寻找最适于表现自己的表达手法。如自然风光，以描写和抒情为主；文物古迹以说明和论述为主；风俗民情以叙述和展示为主；革命圣地以记叙和颂扬为主。总之，不同主题的导游词有不同的表达手法，就是同一性质的景物，由于作者表达的主题含义不同，他也会采用不同的表达方法，绝不会互相雷同。如朱自清的《雷响潭的绿》，阴雨天游览雷响潭，山绿、草绿、潭水绿，从而表达出作者对生活艰辛和生命倔强的感受，成为散文名篇。

案例：黑龙江省齐齐哈尔市罗西亚大街

一说起位于中国黑龙江省齐齐哈尔市的罗西亚大街，它留给世人的第一印象究竟是什么呢？我觉得应该是开放，开放的城市格局以及开放的学习型心态。如果说中国城市街道的中心布局的整体特色都是围绕皇城、官府等权力中心的话，而罗西亚大街则是以西欧几何图案为主，形成以昂昂溪车站为中心的功能完善的建筑群体。而这种以火车站为城市中心的布局特色恰恰是欧洲城市的整体风格。一说到火车站我们首先联想到的是熙来攘往的交通，往深了一想其实火车站从某种意义上来说代表着一种开放的心态，特别当它是以城市的中心出现时，更是代表了城市开放交流的一种整体格局。而 19 世纪中期的沙俄正是因为有了开放交流的心态，积极地向先进的西欧文明主动学习，所以才有了沙俄在 19 世纪末的强大。而这种开放的思维和状态不仅成就了沙俄，也成就了今天罗西亚大街与众不同的特色。

这篇导游词在主题词的选择上确定了“开放”一词，这是对齐齐哈尔罗西亚大街最好的诠释，如果没有开放的意识和开放的姿态，不会呈现像罗西亚大街这样欧洲城市的布局特点和建筑外观特色，所以“开放”是经济富强的前提，也是文化昌盛繁荣的动因，外来文化对本地的影响自古就有，在文化属性上吸收、交融和演变才是其生存发展的基本特性。

案例：武汉热干面

一说到武汉热干面，要理解它的特色和影响一定离不开它的这个“热”字。接下来我将从“天热面凉”和“独特热爱”两个角度来给大家做介绍。首先作为“四大火炉”之一的武汉在夏季最高气温达到40℃以上，正是因为这样的热天，成就了武汉特有的热干面。热干面既不同于凉面，又不同于汤面，面条事先煮熟至七八成，然后快速降温并均匀抹上油，用手将抹了油的面拌均匀待用。这样做不仅增加了面条的弹性同时也易于热天保存。等到需要食用的时候则再次放入沸水中稍烫几秒滚热之后，捞入碗中，摆放胡萝卜丁、腌萝卜、芝麻酱、盐、酱油等调味。武汉人对这一碗小小的热干面的热爱可谓到了三餐皆可食用，顿顿都觉得是享受。而热干面制作和食用都很快速的特点也像极了武汉人的性格，爽快干脆，不拖泥带水，吃完了各忙各的，东西南北飞。由此可见热干面不仅仅是一种地方小吃，也是武汉人性情和生活方式的最佳诠释。

这篇介绍特色小吃的导游词抓住了武汉热干面最大的特色“热”，主题词汇的选择并没有另辟蹊径，而是选择了对象名称上最明显的特质“热”，引申出“天热面凉”和“独特热爱”两个讲述角度进行介绍。将武汉的气候特点与这一小吃的产生背景结合起来，虽然短短三四百字，但是讲述并不肤浅，还给人意犹未尽的感觉。

案例：重阳节

一提到重阳节，我们首先联想到的是它的另一个名字——老人节。但中国传统节日众多，为什么偏偏称这一天为老人节呢？我们可以从特殊的数字含义和养生文化两个角度来了解。首先重阳节是农历的九月九日，九是阳数。而九月九日，是阳月阳日，所以人们就叫它为“重九节”或“重阳节”。由于“九”与“久”同音，在中国话中有长久长寿之意，因此重阳节渐渐地演变为老人节。老人们在这一天或赏菊以陶冶情操，或登高以锻炼体魄，或饮菊花酒、戴茱萸以延天年。而重阳节的这些习俗其实也源于中国传统的季节养生文化。众所周知重阳前后，中国大多数地区都在经历着秋冬换季，这个过程中人体会因为季节更替而产生一些特殊的变化，比如秋燥。因此秋季特别容易出现支气管炎、哮喘、鼻炎等呼吸道疾病，对于免疫力低下的老人更是如此。因此我们用饮菊花和登高等锻炼方式来做自我保养。由此可见，重阳节是传统中国养生智慧的一种体现。

对节日的介绍是导游人员在团队接待讲解中可能涉及的话题，文化旅游资源和自然旅游资源的讲解方式既有相似点也有不同点，相比较而言文化资源更有利于发挥，游客的感受度更高，在导游词游客需求分析中我们发现这一类导游词比较受游客欢迎。本篇导游词在主题词的选择上把重阳节和老人节紧紧联系起来，重点介绍了重阳节的来历和节日活动内容。

（二）确定主题的要求

1. 正确

正确，是对主题的思想性、科学性或审美价值的要求。导游词的主题要符合景物的真实情况，充分揭示景物文化内涵，帮助旅游者去认识和欣赏景物的深层价值，激发人们积极健康的情感，如对祖国、生活、大自然、科学知识的热爱，颂扬悠久历史、绚烂文化、民族团结等，从而鼓舞人们的斗志，提高人们的情操。

主题的正确性会影响到导游词立意的高远，站位要紧扣国家战略，表达充满家国情怀，要以地方文化为底色，讲好中国故事，落脚到中华民族大家庭的和谐包容，共同实现中华民族伟大复兴中国梦。

案例：开斋节

一说起开斋节，大家首先能感知到这是一个关于自律及和谐的节日。因此开斋节的背后有两层特殊的含义，一是看得见的宗教虔诚。二是看不见的美好追求。首先，开斋节源于伊斯兰教，是相对于斋戒而言的，回族人敬守着真主的劝诫，在开斋节前的一个月里，不论严寒酷暑，都要在天亮前吃饱喝足，直到太阳落山前，断绝一切饮食。虔诚的人们经过这样一个月的坚韧考验，从世俗的纷繁浮躁中收心自省，重新谋划着自己新的生活方向。其次，开斋背后同样蕴藏着中国儒家所倡导的“老吾老以及人之老，幼吾幼以及人之幼”的社会理想。开斋节重要活动之一是要求富裕的人们赈济穷困，分享财富。更重要的是，这种援助甚至不局限于穆斯林信徒，甚至是把大爱投向身边所有需要帮助的人。因此，开斋节具有了不分宗教和民族，普天同庆甚至天下大同的深刻内涵，这和我们今天构建和谐社会，创建中国梦的美好愿景不谋而合。由此可见，开斋节意义非凡。

这篇开斋节的导游词在主题的确立上做到了正确性，一开头用“自律”和“和谐”两个词汇来引出后面的主要内容，然后从“看得见的宗教虔诚”和“看不见的美好追求”两个方面进行内容铺陈，并运用儒家所倡导的社会理想来描述开斋节的节日内涵。在导游词的结尾部分提升了主题的品格，体现了当下构建和谐社会的时代意义，以及创建中国梦的美好愿景。

案例：昆曲

一说起昆曲，我们首先会在头脑中浮现一个词：大雅之美。我们就从人美、曲美两个角度来解读昆曲之美。首先，昆曲的表演中，培养选拔演员的标准以“美”为最。今天中国昆曲的第五代传承人，也是中国最年轻的昆曲青年艺术家蒋珂，12岁的时候，正巧碰上文化部在全国范围内招收昆曲继承人，她和同班19名同学是从8000个人中被挑选出来的，可想而知昆曲选人对美的标准严格得堪称苛刻。昆曲传人不仅要在歌唱说白以及动作中严守“美”的规范；更要对表演的持续继承和创新以求“美”的极致。其次，昆曲的美离不开昆曲音乐的雅正之美。昆曲之所以能够如此长寿、如此具有活力，一是昆曲音乐萃取和代表了华夏民族的音乐精华；二是因为昆曲音乐自身始终严守曲律，持雅正之态度；三是因为昆曲音乐始终与戏剧剧情相融相生，是昆剧的有机组成部分。因此，昆曲的美具有强烈的中国审美品格，是传统东方文化的经典符号。

昆曲原名“昆山腔”“昆腔”，是中国古老的戏曲声腔、剧种。清代以来被称为“昆曲”，现又被称为“昆剧”。昆曲是中国汉族传统戏曲中最古老的剧种之一，也是中国汉族传统文化艺术，特别是戏曲艺术中的珍品，被称为百花园中的一朵“兰花”。昆曲是明朝中叶至清代中叶戏曲中影响最大的声腔剧种，很多剧种都是在昆剧的基础上发展起来的，昆曲因此被称为“百戏之祖，百戏之师”，有“中国戏曲之母”的雅称。2001年昆曲成功入选联合国第一批《人类口头与非物质遗产代表作》

名录。

在这段介绍昆曲的导游词中，首先用“大雅之美”这个词来概括昆曲的特点，继而从“人美”“曲美”两个角度来诠释昆曲之“大雅之美”。从昆曲演员的选角对“美”的高标准要求，到昆曲音乐的雅正之美，再上升到中国传统文化的审美品格，整篇导游词格调高雅、文风端正，是主题确立的典范之作。

案例：土家族哭嫁

一说到土家族传统的哭嫁习俗，我们自然联想到的就是待嫁女子的那种悲情绝望的哭声，而这种哭在为期一个月出嫁过程中可谓经历了三个不同的阶段。婚前一个月，哭的状态是小声啜泣，在明确婚期过后女方就要准备哭嫁了，此时的哭是因为想到的是要告别亲人。拜堂前两周，哭的状态是声泪俱下，这是作为女性，一想到自己即将从生活在母亲庇护之下的女儿，变成公婆家任劳任怨的儿媳妇，心底不禁产生出对未来的恐惧感。第三阶段的哭是婚前最后一周，哭的状态是哭天抢地，哭的是对不能抗拒的命运安排的绝望与悲情。那么最后一个阶段就是哭嫁的高潮部分，拜堂当天，从一个女人的哭升级到一群女人的哭，从一个女人的悲，升华到一群女性的怨。因为在古代社会，在封建买卖婚姻制度之下，土家族姑娘的命运受到“父母之命，媒妁之言”的摆布，前途未卜，在不能反抗的情况下，只能用自己的哭，去控诉对这种婚姻制度的憎恶。

很多创作者对传统文化题材的主流思想把握比较困难，当然在这个问题上存在的难度在于过去发生的很多事没有办法从当事人的思维角度去考虑原因，只能站在社会共性层面去理解和剖析问题渊源，所以给很多现象的解释及阐述带来了困难。这篇导游词在主流思想引导上将土家族哭嫁的习俗最后归结为古代女子对自身命运的哭诉，这具有非常鲜明的时代特征。

2. 集中

集中，主要指主题的简明和单一。一般来说，一篇导游词只能有一个主题，不宜同时存在两个或两个以上的中心。否则就会让主题散乱而不集中，扰乱文章的中心思想，妨碍人们对中心思想的准确把握。要求主题简明和单一，就是为了使问题明朗化，便于说深说透，增强主题的表达效果。有的导游词写得杂乱，主要就是主题不集中、不单一。有些创作者是对所写景物的主题没有想清楚，什么事情都想告诉旅游者，结果头绪纷乱，思路不清。还有另外一种情况是对无关于主题的材料舍不得割舍，觉得都很重要，都是必须要表达的内容，于是不加选择地都写进去，势必旁生枝节、文意迭出，主要意思反而说不清楚。

案例：台湾高山乌龙茶

一说起台湾高山乌龙茶，我们头脑中首先浮现出来的就是它那回味悠长的香味。因此要了解台湾高山乌龙我们得从这个高字入手。首先，台湾高山乌龙茶以海拔1500米的嘉义县的乌龙茶名气最旺，这里的乌龙茶气味清香脱俗，味道甘醇甜美，是目前高海拔乌龙茶最大的产区。而乌龙茶回甘悠长的口味和这个特殊的海拔高度有关。众所周知，茶树生长和温度湿度有关。从温度上看，海拔每增加100米，气温就下降0.65℃。从降水量上看，海拔每升高100米，降水量增加36.3毫米。台湾中南部的高山地区气候相对比较温和，多雨多雾，有利于茶树中一种叫氮素的物质代谢，而这种含氮化合物是造成茶味口感新鲜的重要因素。另外，造成茶水口感苦涩的物质叫茶多酚，它在茶叶中的含量也会随着海拔升高而减低。台湾高山乌龙茶正是因为生长在海拔较高、极少受人为干预的地方，接受的阳光、雨水条件好，因此茶质表现厚重、回甘、生津等特点，名扬天下。

写茶是让很多创作者头疼的一件事，因为茶文化博大精深，涉及的角度和层面太多，有茶树种类、种茶历史、饮茶历史、饮茶礼仪、茶叶品评技法、艺术操作手段的鉴赏、品茗美好环境的领略等内容。如何在庞杂的信息层次中挑选出自己最想表达的内容，就涉及导游词主题的确立。这篇导游词抛弃了最寻常的写法，没有去描述茶叶的鉴赏，也没有去烘托高山茶的历史，而就从高山茶名称的“高”字入手，讲述了高山茶所生长的地理自然环境，以及在这种地理气候环境影响下，高山茶所形成的特色。

案例：鲁菜

有一句话说得好，唯有时光与美食不可辜负，那咱们这度假时光的美食就更不能辜负了。当我们夸一种美食时都赞其色香味俱全，当然这“味”肯定是重中之重。各种菜系都有其独特的味道，因此今天就让我们来共同品味鲁菜的特色。

一说起鲁菜的味道，空气中仿佛飘来一个熟悉的味儿——葱香味！但凡我们炒菜之前用葱姜蒜爆炒提味的时候，我们已经不知不觉传承了鲁菜的精髓。我将从一葱一油两种食材入手来做解释。俗话说“一方水土养一方人”，中国的南方产辣椒，那么山东食材肯定要用闻名天下的章丘大葱。章丘大葱被誉为“葱中之王”，葱白普遍高 60~80 厘米。而口味最佳、品相最好、个子最高的章丘大葱普通株高是 170 厘米左右，最高的可达 2 米。由此可见这身形如山东大汉的山东大葱真是山东人民的骄傲。再来说说这一油，鲁菜擅长爆，爆是技法，油是关键！而山东青岛的莱西市是中国花生之乡，全国人均花生产量第一，全国出口的花生有 1/4 是从莱西出的，而著名的鲁花花生油就是用这里的花生提炼的。因此，老天爷赋予了鲁菜爆炒的天然物质基础，葱香与油香的完美结合也是鲁菜赠送给全国的一份特殊礼物。

鲁菜是中国四大菜系之一，并且排在四大菜系之首。在春秋战国时期，齐鲁大地的烹饪就崭露头角。鲁国都城曲阜和齐国都城临淄都是相当繁华的城市，饮食行业盛极一时，名厨辈出。著名政治家管仲也主张“饮食者也，侈乐者也，民之所愿也”。管仲辅佐齐桓公时期，山东名厨辈出。由此可见，中国最早的关于烹饪理论的史料，很多都是来自山东，它们在齐鲁大地广为流传，相沿成习，从而奠定了鲁菜系的基础。

如此博大精深的鲁菜文化，如何去选择主题？这篇导游词给大家提出了一个思考的途径，那便是“返璞归真”，回归鲁菜最显著的特点——葱香味，这个特色与山东的自然地理气候也密不可分，物产造就了人们的生活物资来源，山东盛产大葱，所以葱在鲁菜的烹制中担任了极为重要的角色。在众多信息中，创作者抓住了关键信息，使导游词的表述变得主题分明、重点突出。

案例：土家族吊脚楼

一说起湖南土家族的吊脚楼，我们从土家族吊脚楼依山傍水的建筑中可以得出这样一个感受——夹缝中求生。吊脚楼为土家族人居住生活的场所，多依山就势而建，依山靠水。这种独特的建筑是因为先天的居住环境所逼而产生的。这第一个逼迫就是背后的山。土家族主要分布在湘、鄂、渝、黔交界地带的武陵山区，而其中湖南的土家族人数最多。好山好水好湖南，湖南的山地占湖南省的总面积就达到了51.22%，多山的地理面貌自然就缺少适合居住的平地了，土家族人要在有限的平地空间当中去拓展，修建房屋就必须另辟蹊径了。在没有办法和大山抗衡的前提下，他们把生存的目光就投向了另一侧的水，所以就形成了在河边悬空而居的吊脚楼。这样的设计可以使土家族免受虫兽危害，又很好地克服了当地夏季湿热等问题，最终形成了一半着陆一半在水上的土家族吊脚楼。

由此可见，吊脚楼这种建筑是人类在处理与自然的关系时，通过主动性思维延展出来的建筑奇迹。

吊脚楼是土家族人民世代生活居住的场所，一般吊脚楼一半是陆地，一半架设在水面之上。大多依山就势而建，呈虎坐形。土家族吊脚楼不管是外形还是内部结构，都呈现出恰到好处的比例关系和分层次有序变化的对称，具有静中见动、动中趋向统一的灵巧多变的均衡感。这种求动态、多层次、高水平的对称均衡，把吊脚楼推上了美的典型形态，显示出超拔、风雅和流畅的形体风格。吊脚楼的外部造型从纵向看，形成了“占天不占地”“天平地不平”的剖面，表现出土家族匠师们精湛的建筑技术和别具匠心的创作精神，实现了技术性能与审美情趣的有效结合。所以，2011 年土家族吊脚楼营造技艺经国务院批准列入了《第三批国家级非物质文化遗产名录》。

这篇导游词从众多信息中归纳集中在一个主题上“夹缝中求生存”，并从分析土家族世代生活的自然地理环境入手，描写出土家族吊脚楼产生的背景，在纷繁复杂的信息中迅速筛选出最本源也是最纯粹的动因。导游词最后将这种人类的智慧上升到人地关系上，总结出人类与自然和谐相处的自然法则。

3. 深刻

深刻反映的是主题的深度。导游词不能停留在景物表面现象的罗列和说明上，它应该揭示景物深层本质的科学内涵。当然，主题的深刻性不是抽象推论或凭空拔高的产物，而需寄寓于个性鲜明的具体材料之中。两者巧妙结合，导游词才能既生动又深刻。深刻也是表达导游词立意的关键点，立意是否高远、引申是否引人入胜，全在内容主题的深刻程度上。

案例：新疆维吾尔族木卡姆艺术

说到新疆维吾尔族木卡姆艺术，其最大的特征就是“曲高和众”。

“曲高”表现在维吾尔族木卡姆是一种多种律制、多种音阶调式、多种节拍共存的音乐艺术，并且由十二套大曲构成，有着浩瀚的篇幅。每套十二木卡姆含歌曲、乐曲20~30首，表演一遍需2小时左右，12套十二木卡姆共含歌曲、乐曲300余首，完整地表演一遍需20多小时，其篇幅之浩大，世界罕见。

“和众”则表现在，维吾尔木卡姆文化这样高深而精致，却并不影响它在新疆维吾尔族同胞中流传的广泛。在这里，新生婴儿在木卡姆的乐声中光临人世；有情人在木卡姆的歌声里喜结良缘；慈祥的老人在木卡姆的乐声中安然离世。维吾尔木卡姆与人民生死相依！

木卡姆艺术能得到这样高深的发展，与新疆处于丝绸之路的要冲息息相关。闻名世界的三大经济、四大文明在这里交流、汇集、影响、撞击，为维吾尔木卡姆的发展提供了良好的土壤和难得的机遇。

新疆维吾尔族木卡姆艺术在2005年11月25日入选了联合国教科文组织第三批《人类口头与非物质遗产代表作名录》，作为我国较早列入世界级非遗项目的民族艺术瑰宝，维吾尔木卡姆艺术在过去少有人知晓。随着非遗项目的入选，这项民族曲艺代表作逐渐被人们所了解。木卡姆艺术不同于其他民族艺术，最大的区别就在于它是一个庞大的体系，既华丽精致又流传广泛，所以这篇导游词用了“曲高”“和众”两个词来形容木卡姆艺术，在主题的确定上用了极少的字但却非常直观地道出了木卡姆深刻的艺术特质。

案例：皖南古村落

一说起皖南古村落，我们首先联想到的就是著名的西递和宏村，但要论整体造型独特的话，首推西递。西递位于安徽省黄山市黟县，东西长700米，南北300米，从高处俯瞰，古民居建筑群体似一船形。要了解西递就要从这艘“官海失意，商海得意”的船开始。首先，西递是胡氏宗族聚居之地。据族谱记载，始祖是中国唐朝皇帝昭宗李晔的小儿子，由于内乱惨烈而流落民间。这位西递胡氏的始祖成人后，了解了自己的身世，终生不愿为官，专门从事经学研究。胡氏祖先耕读并举，重视教育，使自己在精神上超脱于一般平民百姓。到 1348 年，胡氏宗族已经生活了 37 代。地处生计艰难的西递胡氏祖先，开始跻身于强大的徽商队伍。由于他们大多是熟读经书的知识分子，在经营过程中，深谋远虑，有比较科学的经营思想和方法，常常能以一获十地牟取暴利。经商成功的胡氏祖先开始追求一种高层次的生活，因此才修建出富有文人气息的西递古村落。

皖南古村落是指分布在中国安徽、江西境内，长江以南的一些传统村落。这些村落有着古徽州地域的特色文化，最具代表性的有入选世界遗产的西递村和宏村。世界遗产委员会对这两个古村落的评价是：西递、宏村这两个传统的古村落在很大程度上仍然保持着那些在 20 个世纪已经消失或改变了的乡村的面貌。其街道的风格、古建筑和装饰物，以及供水系统完备的民居都是非常独特的文化遗存。

这篇导游词抓住了深刻的核心语句“官海失意，商海得意”，透过现象找寻到事物的本质属性，为广大游客解释了徽商在全国如此有名的原因，在主题的把握上可以说“一针见血”，直接揭示了深刻的人文因素。

案例：泉州天后宫

天后就是妈祖，又称天妃、天后圣母，是北宋年间福建莆田湄洲湾一个普通女子，姓林名默，人们称她为默娘，只活了二十八个春秋。她自幼习水性，能乘舟渡海云游岛屿间，而且勇敢又具侠义心肠，经常在惊涛骇浪中抢救遇难船民。是中国沿海地区及全球华人分布区的海上保护神，航海人的精神寄托，并因之形成了影响广泛的妈祖文化。

泉州天后宫并不是最早建立的妈祖庙，但也算年代较久远的妈祖宫庙。建于南宋庆元二年（1196 年），位于泉州市区天后路。由于泉州海交地位和向外移民，泉州天后宫在海外有较高的声誉，被称为“温陵圣庙”。

说到妈祖，很多小伙伴都一直困惑，如此年轻的姑娘是怎么成为海上守护神的？难道她像哪吒一样可以降服孽龙？但哪吒是虚拟人物，妈祖却是历史上真实存在过的人，降龙之说显然不适合妈祖。

话题要从妈祖的家乡福建莆田湄洲湾说起。湄洲湾是东南海上交通要冲，船只必经之地。湄洲湾周围主要是花岗岩和火山岩组成的低山丘陵和红土台地，侵蚀不强烈，加上区内河流不多，泥沙甚少，所以港湾宽阔常年不淤。而且湾口天然形成三道屏障，虽然湄洲湾一带受海洋气候影响是台风影响最严重的地区之一，但湄洲湾却由于独特的地理环境形成一个天然避风港，即使港外恶浪滔天，港内仍然风平浪静。

妈祖对湄洲湾的地理环境非常熟悉，每当台风来临，她便驾舟出海，白天引臂高呼，夜晚火把高举，为过往船只引航，指引他们从外海驶向内港，躲避风浪。遇难的人们在危急关头受妈祖指引转危为安，刚才还是波涛汹涌，突然就风平浪静，都会感到非常惊奇，以为遇上了“神女”，回去后彼此相告并加以夸张描述，慢慢地，一个具有完美品质的妈祖形象和充满神话色彩的妈祖故事便逐渐形成并传播开来。

由此可见，湄洲湾的自然地理条件在躲避风浪的时候起了决定性作用，这就是妈祖产生在湄洲湾而不是其他地方的根本原因。当然，妈祖文化的广泛流传还离不了福建经济地理环境和后世朝廷对妈祖的册封等因素。现在，全世界信仰妈祖的人有1亿多人，妈祖庙有2000多座，东南亚、加拿大、美国、澳大利亚、挪威、丹麦和非洲等地都有妈祖的“足迹”，覆盖地域之广，文化源远流长！

我们说每种文化的背后其实都有来自生活本真的原因，这些因素或许是受自然环境的影响，或许是受人文环境的影响，那么找寻文化的源头是导游词创作必经之路。这篇导游词以通俗易懂的方式，从妈祖文化的诞生之地福建莆田的湄洲湾开始，分析其地质地貌特征和气候特点，从地理学的角度科学地阐述湄洲湾的水情特点，从而解释了“为什么妈祖文化诞生在湄洲湾”的问题，读后让观众有恍然大悟之感。

（三）突出重点

导游词是一种新的特殊文体，不同于小说、散文、诗歌、论文、应用文等。它要求文字优美，朗朗上口，听来顺耳；既可以读，又可以结合场景实地讲解，最重要的是要让读者或游客获得对景物的鲜明印象，以激发情感。因此，把握导游词写作的重点特别重要。

如何抓重点？解决这个问题就要回到资源评价的基础上来进行，每种类型的旅游资源都有其评价因子和要素，在内容的确定上已经对旅游资源要素的重要性进行了排名，区分出了重要性的顺序，所以在导游词创作的过程中就要参照评价要素排名情况进行重点筛选。不过在要素的描述上往往又有着丰富的内涵，所以创作层面的重点选择就显得尤为重要。

1. 把最能体现景物本质特征的内容介绍出来

如对园林景观的游客，应着重于它的特色和主要景点；对历史文物的介绍，着重于它的文化价值和历史意义，对人物着重介绍他的主要经历与功过得失。

案例：苏州园林

一说到苏州园林，我们首先联想到的就是它的名满天下。作为中国私家园林的杰出代表，今天我们将从名园和名人两个角度来感受苏州园林的魅力。

第一看看代表名园，据苏州地方志记载，历史上苏州城内有大小园林200余处，居于世界之冠，其中几大名园各有所长。例如拙政园因地制宜的布局特色；留园以曲廊相连，园景深奥，堪称我国造园艺术佳作；沧浪亭的“未入园林先成景”；狮子林以假山著称。到苏州除了看名园特色，还要品名人故事，所以苏州园林第二看看名人。例如唐代大诗人白居易在任苏州刺史期间，对苏州虎丘园林的建设做出了很大的贡献。白居易对太湖石的感情尤其深厚，多次作诗咏叹。离任时，甚至不辞辛苦将太湖石带到洛阳。而明代吴门四大画家之一的文徵明，曾参与闻名中外的苏州拙政园的设计与规划，并为每一个景点配诗，寄托了文人士大夫的隐逸精神和人生哲理。

因此名园与名人相映成趣才是苏州园林的一大特色。

苏州地处水乡，湖沟塘堰星罗棋布，极利因水就势造园。附近又盛产太湖石，适合堆砌玲珑精巧的假山，可谓得天独厚；苏州地区历代百业兴旺，官富民殷，完全有条件追求高质量的居住环境；加之苏州民风历来崇尚艺术，追求完美，千古传承，长盛不衰，无论是乡野民居，还是官衙贾第，其设计建造皆一丝不苟，独运匠心。这些基本因素大大促进了苏州古典园林的发展。

这篇作为笼统介绍苏州园林的导游词在300多字的篇幅内实现其功能有一定的难度，但是作者做到了。导游词突出了一个字“名”，引申出两个话题：“名园”与“名人”，应该说名园的出现是因为有名人，名园的兴盛又强化了名人，这两个要素相辅相成、互相影响。

案例：饮中八仙

各位游客：

大家好！展现在我们面前的就是《饮中八仙歌》石刻图像，杜甫睁着一双醒眼客观地记录了八位仙人的醉态——“知章骑马似乘船，汝阳三斗始朝天……张旭三杯草圣传，焦遂五斗方卓然”，全诗生动地展现了八仙豪饮成性、醉态各异、仙味十足的酒客形象。这一个醒和八个醉形成鲜明的对比，在醉与醒之间向我们讲述了诗人的内心世界。

请看八仙中步履蹒跚身姿摇曳的这一位，就是诗仙——李白。“李白斗酒诗百篇”世人皆知，好饮的诗仙酒入愁肠，七分化作月光，余下三分呼为剑气，绣口一吐，就是半个盛唐。醉了的诗仙有“把酒问月”的天真，也有“累月轻王侯”的傲骨，更留下了“力士脱靴”的千古佳话。

但是，李白真得就如人们所想的那样豪放旷达、潇洒不羁吗？事实上，没有一位伟大的浪漫主义者是完全超现实的，李白从来不掩盖自己对功名事业的向往，但同时又无法接受取得富贵利禄的附加条件；他热爱享受现实生活，但却排斥其中的不合理现象。如果说杜甫用清醒的现实主义展示了自己的爱国忠心，李白则在酒醉后表露出自我实现和社会选择的矛盾冲突，这一醉一醒其实都表达了一种积极的人生态度——反抗世俗、奋发向上！

这篇导游词重点讲解的是饮中八仙中的著名诗人李白，导游词通过对比的介绍方式，将李白的豪放旷达、浪漫飘逸与他对功名事业的向往和追求进行对比；将李白喜欢享受现实生活和他反感现实中露骨的阿谀奉承进行对比；同时将李白酒醉后表露出自我实现与现实冲突和杜甫清醒的现实主义进行对比，从而在一醉一醒之间体会到历史人物矛盾而光辉的丰满立体形象。

案例：邓小平故居邓家老井

各位游客朋友：

大家好！我们现在来到的是邓小平故居保护区。2001 年 6 月，为了表达对邓小平的无限怀念之情，四川省委、省政府批准设立了辖区面积3.19平方千米的邓小平故居保护区，其核心区为现已建成的邓小平故里景区。景区现有主要景点近20处，如翰林院子、蚕房院子、邓绍昌墓以及邓家老井、放牛坪、清水塘、洗砚池、神道碑等景点，充分展示了邓小平青少年时期的活动足迹。

现在我们来到的是邓家老井。回望来时的路，那可是一条伟人年少时取水的必经之道。老井现在还灌溉着农田，使人好像置身于乡村，老井周围比较湿滑，大家在享受恬淡悠闲的田园景色时，也请注意脚下安全。

邓小平90多年的风雨人生，犹如一部贯穿于20世纪的壮丽史诗。新民主主义革命时期，他戎马半生，战功卓著。从百色起义到挺进中原，从横渡长江到挥师西南，在沧海横流中彰显英雄本色。中华人民共和国成立后，作为中国共产党第一代中央领导集体的重要成员，他摈弃个人得失，为社会主义的建立和建设艰辛探索。十一届三中全会后，作为党中央第二代领导集体的核心，他在风雨中力挽狂澜，在困难中毅然前行，用经过战争考验的大手推开国门，让改革开放的春潮席卷神州。南方谈话，他在运筹帷幄中决胜千里，荡尽所有裹足不前的疑虑，催出千舟竞发。“一国两制”的伟大创想，洗清了旧中国的辛酸与耻辱，让《七子之歌》从此不再哀怨。今天，我们回到伟人少年时代生活过的地方，寻找春天故事的源头。

邓家老井历史源远流长，是明朝时邓家先祖迁入广安时挖掘的，距今已有五六百年的历史了。这里的人们都亲切地称之为“邓家老井”。老井直径约1米，如同一面古老的青铜宝镜镶嵌在荷叶青青的水田间，清明如鉴。大家请仔细观看这口井，是否发现井水一直在向外流淌。它的奇特之处就在于此。这井水的水面，竟高出地平面60厘米，且溢出井沿，涓涓流淌，终年不断。据当地人介绍，此井水长年充沛，即便是大旱年份，照样“取之不尽，用之不竭”。老井的水，冬天温润而热乎，夏日甘洌而冰凉，且水质纯净，亲润可口。数百年来，方圆几千米的农户，都是在这里挑水饮用。而今，周围的农户都搬到了牌坊新村，用上了自来水，但这口老井仍在滔滔流淌。它见证了数百年来时代的变迁、社会的进步。“一方水土养一方人”。这清冽的井水，养育了一代伟人邓小平，敬爱的小平同志喝着这井水成长到了15岁，从这里走向世界。饮水思源，我们今天来到这里，不妨也喝一口这井水，真切地感受“致富不忘邓小平”。

邓小平属龙，出生在一张雕刻精巧并上了红漆的大红老式木床上，农历日期是七月十二日，为了讨个吉利，父亲为他取名叫邓希贤。“希贤”这两个字的意思是“渴望”和“善良”的意思，寓示有才有智。后来又给他取了一个表示在家族中辈分的名字，叫作“先圣”。邓小平，是他参加革命后出于安全的考虑，才改为这一名字的。邓小平的父亲邓绍昌，字文明，是位精力充沛、乐观向上，喜欢社会交往的人。邓绍昌一度曾是广安县及周边地区很有影响的人物，指挥过几百人的民兵。邓绍昌乐于同别人交往，处事也颇为公道。在家里，他的家教严格而又谦和，性格自信，有抱负，处事果断。父亲的性格，对邓小平的影响相当大。

邓小平的父亲邓绍昌是一位接受过新式教育的人，曾在重庆一所现代法政学校学习过两年。在教育方面，邓绍昌跟得上时代，他对乡村落后的教育很不满，一直认为只有到大地方的学校去读书，才能长见识、学本领，他希望邓小平能到成都或重庆的高等学校继续学习。然而，邓绍昌虽有200多亩田地，却不善经营，加之仗义疏财，乐于助人，所以家境并不宽裕，连邓小平上中学时一年交4块大洋的学费和住读所交的伙食费对于邓绍昌而言都是很大的压力。因此，邓绍昌十分支持儿子走勤工俭学之路。1920年9月，邓小平和他的远房叔叔邓绍圣一起，乘船从重庆启程，在上海乘“鸯特莱蓬”号邮船远赴法国勤工俭学，从此开始了他革命的生涯。

一口井孕育了一个家族的昌盛，也见证了家族血脉的延续。随着时代的变迁，水井已经退出历史舞台，而邓家老井仍静静躺在那里，似乎等待着我们去倾听它的故事，诉说它的历史。邓家老井让人们深知“落其实者思其树，饮其流者怀其源”。

这篇邓小平故居邓家老井的导游词主要介绍对象是邓小平的父亲邓绍昌，俗话说饮水思源，讲到邓家老井自然会想到邓小平的父亲，而伟人的培养往往是因为有伟大的父母或伟大的家庭，邓小平很多宝贵的品行都是在父亲的教导下形成的。由一口井想到一个人，再由一个人影响到另一个人，这种推演渐进式突出重点的方法，在导游词重点的把握途径中，也非常常见。

2. 着重介绍旅游者最需要了解的内容

一个景区的胜迹、文物、景点很多，旅客不可能全部游览，导游词要择其最主要的景物加以说明，不可能面面俱到。这样既满足了游客的要求，又避免了浪费笔墨。

根据导游词评价要素的问卷调查，游客最想听到的是以下十个方面的内容：有关旅游资源的形状、组合特征，及由此诞生的神话故事或人文典故；旅游资源形成的科学原因及历史沿革；旅游资源发现、开发过程或形成历史背景、发育演化过程；通过旅游资源延伸出的科学知识；旅游资源美学形态的描述；通过旅游资源延伸出的历史文化知识；旅游资源的名称；旅游资源所处的地理位置；旅游资源名称及由来；提醒游客保护景区环境和景观。

案例：敦煌莫高窟

一说到敦煌莫高窟，我们头脑中首先联想到的就是那反弹琵琶的经典造型。的确，飞天是敦煌莫高窟最优美的艺术形象之一，是莫高窟的名片。因此要欣赏莫高窟的美就要从欣赏敦煌飞天的美入手。敦煌飞天第一看，看数量。莫高窟壁画中有着数量惊人的飞天，在有壁画的492个洞窟中，据统计共有4500身之多的飞天形象，几乎每个洞窟中都有对飞天的描绘，其中最大的约2米长，而最小的只有5~6厘米长。敦煌飞天第二看，看宗教含义。在佛教中，飞天就是天歌神和天乐神的化身，前者在佛国世界中负责为佛献花并散发香气，可飞翔于花丛，遨游天宫；后者在佛讲经时奏乐歌舞，但不能飞翔于天宫。在敦煌漫长的1000多年的发展中，敦煌飞天将这二者融合为一体，甚至敦煌飞天男女不分，职能不分，形成了现在众所周知的飞天形象。其中以“飞天伎乐”最为有名，即手持乐器歌舞的飞天。伎乐飞天这一飞天形象不仅成为佛教中欢乐吉祥的象征，更是敦煌飞天的经典代表。

敦煌莫高窟俗称千佛洞，坐落在河西走廊西端的敦煌。它始建于十六国的前秦时期，历经十六国、北朝、隋、唐、五代、西夏、元等历代的兴建，形成巨大的规模，有洞窟735个，壁画4.5万平方米、泥质彩塑2415尊，是世界上现存规模最大、内容最丰富的佛教艺术地。1987年，莫高窟被列入世界文化遗产名录。莫高窟与山西大同云冈石窟、河南洛阳龙门石窟、甘肃天水麦积山石窟并称为中国四大石窟。

这篇导游词立足于旅游资源美学形态的描写，通过敦煌飞天艺术形象这一主题的渲染，对飞天艺术的鉴赏通过两“看”来分别介绍：一看数量；二看宗教含义。飞天已经成为敦煌莫高窟最著名的IP，其发展演变也呈现出多样性的特点，敦煌飞天，经历了千余年的岁月，展示了不同的时代特色和民族风格，许多优美的形象、欢乐的境界、永恒的艺术生命力至今仍然吸引着人们，正如段文杰先生在《飞天在人间》一文中所说：“她们并未随着时代的过去而灭亡，她们仍然活着，在新的歌舞中，壁画中，工艺文中（商标、广告），到处都有飞天的形象。应该说她们已从天国降落到人间，将永远活在人们心中，不断地给人们以启迪和美的享受。”

案例：泉州开元寺

泉州开元寺位于福建泉州鲤城区（老城核心区），最早建于唐初垂拱二年（686年），开元二十六年更名为开元寺，全寺面积78000平方米。中国佛寺按规模可分为：大寺、中寺、小寺三种，面积达4500平方米称大寺，达8000平方米及以上则可称为特大寺。由于规模宏大、构筑壮观，开元寺与洛阳白马寺、杭州灵隐寺、北京广济寺齐名。

开元寺建筑总体来说还是属于唐式七堂伽蓝，中轴线上分布有：紫云屏、山门（带天王殿）、拜亭、大雄宝殿、甘露戒坛和藏经阁。东侧有檀越祠、泉州博物馆（弘一法师纪念馆）、准提禅院，西侧有安养院、功德堂和水陆寺。拜亭的东西两侧有镇国塔和仁寿塔两座石塔，就是俗称的东西塔。

东西塔为花岗岩仿砖木五层八角攒尖顶空腹楼阁式结构。每层中间为塔心，每面设一龛，供奉石菩萨一尊，龛的两侧各有一神像。东西两塔各有其象征意义，东塔象征东方娑婆世界，西塔象征西方极乐世界。

甘露戒坛是与北京戒坛寺、杭州昭庆寺齐名的三大戒坛之一。现在的戒坛是康熙五年重修，为平面四方形建造，缓坡四重檐八角攒尖走马廊式建筑。殿内建造一座五级四方形的戒坛，戒坛的五级象征着“五分法身”，是“小乘”佛教最高的悟境，即佛陀和阿罗汉所具备的五种功德。戒坛的每一级皆供奉有佛像，最高一级供奉着一尊明代檀香木雕卢舍那佛坐像，由于殿内光线实在太暗，无法清晰观赏殿顶的24尊飞天乐伎像，比较遗憾。

大雄宝殿内部的24尊妙音鸟飞天是泉州开元寺最吸引人的艺术品。请大家抬头往上看，无论是甘露戒坛中的无翅飞天乐伎还是此殿中的妙音鸟都起源于印度佛教中人头鸟身的音乐神“迦陵频伽”（梵语 kalavinka），手持各种乐器或文房四宝，其翅膀造型有两种：一种是鹰翅；另一种是火焰翅。鹰翅较多见，而火焰翅却很罕见。两种都蕴含了印度－伊朗（古称波斯）雅利安人对太阳和火焰顶礼膜拜的文化。将雄鹰、太阳、火焰三者糅合是印度－伊朗雅利安人的独特文化。开元寺大殿内的火焰翅膀造型妙音鸟很可能是在波斯细密画影响下，中国艺术家的创造性发挥。泉州是中国东南沿海一带穆斯林最重要的聚居地，大量的波斯和阿拉伯人在此经商，为波斯艺术传入泉州提供了基础。

不过，“飞天”并不会在普通寺院中出现，开元寺的建造是按照皇家寺院的规格，本身位阶很高，所以寺内的“飞天”同时也象征着至高无上的神权。

同样是写飞天，这篇泉州开元寺的重点有些不同，探讨的是飞天形象出现的两种翅膀：一种是鹰翅；另一种为火焰翅。并且更深入细致探讨了火焰翅出现的文化渊源，与印度－伊朗雅利安人的文化有一定的关联，最后提出泉州这座城市由于处在东南沿海一带，是海上丝路的起点也是终点，独特的地理位置为泉州外来文化的渗透和融合奠定了良好的地域条件。

案例：捏面人

一说起捏面人，不知道大家是否还记得儿时看老爷爷捏面人时眼神里流露出的那两个字——“惊喜”。首先我们惊叹于老爷爷的化平凡为神奇的精湛技艺。这面人的原材料并不是什么高档玩意儿，而是我们每家每户都有的面粉，这种白色的面粉在普通人家里只有一个用途——吃。如果说稍微有所变化的话那也就是从馒头变成花卷或者变成包子、饺子。但这些面粉到了老爷爷的货柜里就神奇般地变成了花花绿绿、颜色鲜艳的各色面泥了。其次，捏面人带给我们的惊喜是我们永远也不知道下一刻老爷爷会妙笔生花生出什么好玩的玩意儿。只见老爷爷抓一团面，捏成小人儿头，接着用一小竹刀，在小人儿头上又按又点就有了鼻眼儿。然后黑面自头顶一披，小人儿就有了头发。接下来没几下功夫小人的衣服腿脚就齐活了。无论是拿着金箍棒的孙悟空，还是扛着钉耙的猪八戒，实在让我们喜欢得不得了。

捏面人也称面塑，是一种制作简单但艺术性很高的汉族民间工艺品。中国的面塑艺术早在汉代就已有文字记载。它用面粉、糯米粉为主要原料，再加上色彩、石蜡、蜂蜜等成分，经过防裂防霉的处理，制成柔软的各色面团。捏面艺人，根据所需随手取材，在手中几经捏、搓、揉、掀，用小竹刀灵巧地点、切、刻、划，塑成身、手、头面，披上发饰和衣裳，顷刻之间，栩栩如生的艺术形象便脱手而成。经过面人艺人长期摸索，现在的面人作品不霉、不裂、不变形、不褪色，因此为旅游者喜爱，是馈赠亲友的纪念佳品。

这篇介绍传统文化的导游词就利用了游客喜欢听故事、了解典故的特点，全篇语感采用叙事风格，就像听邻家小妹妹讲故事一般地进行叙述，创作风格朴实而细致，让人听后、看后画面感很强，这也是导游词可以大量采用的一种表达方式。

3. 导游词中最精彩的部分就是所谓的亮点

每个景物都由许多内容组成，其中最吸引人们的、最有价值的、最独特的东西是通篇导游词的闪光点、亮点。我们知道，诗有“诗眼”，文有“警句”，画有“点睛”，所以，写导游词就应该十分重视选择“亮点”。亮点的选择要立足于作者占有的全部材料，只有当作者占有的景物资料十分丰富和合乎实际，才能找到亮点之所在，形成通篇导游词的高潮。亮点的出现还有待于选取新颖、独特的新视角，努力探求景物的新意。新视角能提供新的场面，开掘新的含义。如果总沿着前人的传说传下去，只能看到老生常谈的旧景；相反，独辟蹊径，在从未有人到过的地方登攀，一定会领略到前人所未见的奇观。古人说：“横看成岭侧成峰，远近高低各不同。”（苏轼《题西林壁》）新的角度，会找到新的突破口，发现新的意境，这就是亮点。

案例：福建脱胎漆器

一说到福州脱胎漆器，我们首先联想到的就是一个字——轻！但要做到漆器的“轻”则要解决关键的“两难”。第一难难在液态漆难以定型。因为一般情况下漆是液态的，要把它堆到一定的厚度才可以进行雕刻。而形成仅仅1毫米的漆，在古代要一天一刷历经20天才能完成。因此漆器工匠创造性地发明了漆泥，用液态的大漆搅拌固态的瓦灰从而制成漆泥，解决脱胎漆器的第一个难题。第二难难在如何脱胎。与工艺品制作中常见的木胎、银胎所不同，福建脱胎漆器的内胎是泥土胎，看似成本低廉却作用神奇。因为在制作过程中巧妙地使用麻布将内层泥胎与外层漆泥相隔离，因此待完全干透的漆泥麻布变成坚硬无比的外壳，只需用木棒敲击麻布外壳，被震碎的泥巴胎底就从外壳的出口落下，泥胎脱去，这就叫脱胎。再大体积的造像，都可以只剩下较轻的麻布和漆泥的重量，这种强烈的反差，是世界记住福州脱胎漆器的密钥。

福建脱胎漆器是福建福州的三宝之一，已经有200多年的历史，福州漆器始于南宋。据传清乾隆年间，漆匠沈绍安在一座寺庙里发现大门的匾额虽然木头已经朽烂，但是漆灰夏布裱褙的底坯却完好无损。细心的沈绍安从中得到启发，回家后不断琢磨实验，继承发扬了传统漆艺，创造出了最早的脱胎漆器。沈绍安因此成为福州脱胎漆器的鼻祖。

这篇导游词抓住了福州脱胎漆器最大的亮点“轻”，“视之九鼎兀，举之一羽轻。”这是郭沫若先生对福州脱胎漆器“轻”的写照，很多游客在管理员授权下拿起一件漆器时的表情都非常诧异，没想到这看起来很重的器物，其实轻如羽毛。这确实是福州脱胎漆器最大的亮点。为了实现这一特点，福州脱胎漆器的工艺非常复杂，制作和阴干等十分费时，故一器之成需要几个月的时间。

案例：唐卡

一说起作为“藏地密码”的唐卡，世人首先联想到的就是它的珍贵。2014 年，香港佳士得秋季艺术品拍卖会，巨幅明代永乐御制唐卡以 3.1 亿元成交，创下了中国艺术品最高成交价世界纪录。那么唐卡为何珍贵呢？我想应该体现在物和人两方面的珍贵。第一，唐卡所用的颜料珍贵。唐卡的绘画颜料与其他绘画所用的化学物质不同，都是取自天然矿植物或珠宝，如珍珠、玛瑙、绿松石、金银等。好的唐卡需要 30 多种颜料的配合，色彩分明由浅入深，其变化十分丰富多彩，十分考究。第二是唐卡画师的珍贵。我们以一位从 7 岁开始学习制作一直持续到 50 岁的唐卡画师的绘画生涯为例，他的一生 43 年的绘画生涯中有 23 年处于学习摸索期，而独立制作期只有短短的 20 年。而许多唐卡画师 50 岁左右因长期绘画导致视力和体力衰退，便结束其一生的绘画生涯，真可谓为唐卡更为心中佛祖奉献了毕生最宝贵的时光，不可谓不伟大。正是因为他们的牺牲使得唐卡越发弥足珍贵。

唐卡是藏族文化中一种独具特色的绘画艺术形式，具有鲜明的民族特点、浓郁的宗教色彩和独特的艺术风格，用明亮的色彩描绘出神圣的佛的世界；颜料传统上是全部采用金、银、珍珠、玛瑙、珊瑚、松石、孔雀石、朱砂等珍贵的矿物宝石和藏红花、大黄、蓝靛等植物为颜料，以示其神圣。这些天然原料保证了所绘制的唐卡色泽鲜艳、璀璨夺目，虽经几百年的岁月，仍是色泽艳丽明亮。因此它被誉为中国民族绘画艺术的珍品，被称为藏族的“百科全书”，也是中华民族民间艺术中弥足珍贵的非物质文化遗产。

这篇导游词从一幅拍卖出 3.1 亿元的唐卡作品引入，从讨论这幅作品为何如此珍贵入手，谈到唐卡珍贵的两大因素：一是颜料珍贵；二是画师珍贵。亮点的提炼非常具有代表性，读后让听者能捕捉到关键信息，并留下深刻印象。

案例：西安牛羊肉泡馍

一说到西安牛羊肉泡馍，我想先问大家一个有趣的问题：请问这泡馍您吃对了吗？如果给吃牛羊肉泡馍的吃法打分，您看看您能得多少分？第一种吃法将馍用手撕成一块一块的，吃一块喝几口汤，得分 60 分；第二种是将馍撕成大块后放入汤中再吃，得分 70 分；第三种，先把圆饼形状的馍横竖掰成四块，把每块再分别掰成两层，最后把每小块细细地掰成黄豆大小浸入汤中。这种吃法 80 分。那么还有 20 分上哪里去了，别急，让我来告诉您。从掰馍开始，到馍掰完后等待把馍泡好前，这段时间我们一定要和身边的人愉快地聊个天。

按陕西话说叫“闲谝”。此时一边吃着牛羊肉泡馍，一边天南海北地闲聊，这才是牛羊肉泡馍最正确的吃法。地道的陕西人习惯把饭碗叫老碗，吃饭喜欢图个热闹劲儿，扎堆吃饭叫“老碗会”，这样既便于家人朋友间的交流，又有利于增进感情。所以西安牛羊肉泡馍背后所折射出的餐桌文化，才是这道小吃的精华之所在。

西安牛羊肉泡馍是一道极具地方特色的饮食，到了古城西安，没有不吃牛羊肉泡馍的。一碗好的泡馍，首先需要有一锅煮好的汤，而羊肉泡的传统煮法有四种：单走、干拨、口汤、水围城。单听名字就已经云里雾里了，所谓“单走”，就是馍与汤分端上桌，把馍掰到汤中吃，吃完后再单喝一碗汤，这叫“各是各味”。干拨有人叫干泡，汤比较少，煮好后碗里不见汤，能戳住筷子。口汤就是泡馍吃完以后，就剩一口汤。水围城的顾名思义就是汤宽，像大水围城。

这篇导游词的亮点在于道出了中国人圆桌吃饭的精髓，就是不分彼此、其乐融融，吃饭图的是个热闹，既饱了口服，也饱了耳福，还饱了眼福。这是中国特色的餐桌文化，是一种生活的态度。

三、挖掘导游词背景资料——选材

在动手写导游词，尤其是其中的关键部分——景点解说词之前，要积累大量的素材。如何从丰富的素材中选取那些合适的材料，并有详有略、繁简适度地表现出来，是一件非常重要的事情。对于那些健康向上的、生动有趣的、合乎时尚主流的内容要详写，诸如惩恶扬善的传说、宣扬美好情感生活的故事、游客喜闻乐见的风俗人情、有意义的讨论争议等。

如扬州瘦西湖上的“二十四桥”景观名称的由来、南通狼山大圣菩萨斗恶狼的传说故事。对于不健康的、令人不快的、低级庸俗粗野无礼的、没有什么社会意义的内容要简写或不写。如南京的“媚香楼”因“秦淮八艳”之一李香君而出名（现辟为“李香君故居”），涉及她，应详细介绍其宁守清贫和人性尊严而不趋炎附势，宁可牺牲曾经付出惨重代价也不曾舍弃爱情而不失民族气节的高尚灵魂，却不应为满足某些游客对于“烟花文化”的迷恋好奇而对其风流韵事肆意刻画。

再比如，自我介绍往往包括姓名、年龄、籍贯、职务、工作单位或住址、毕业学校、主要经历、特长、兴趣等。但在介绍时，不必将上述内容逐项说出，而要根据不同的社交目的需要来决定介绍的繁简。导游接待的自我介绍无须太繁，交代清楚姓名、身份、游客怎么称呼自己、为游客服务的意愿即可，不必长篇大论地交代自己的经历、特长、兴趣等。介绍司机也只要说明姓名、怎么称呼、开车稳当安全即可。

（一）对选材的认知

材料是形成观点的基础。写作之际，材料是表现观点的支柱。只有精选的材料，才能写出观点新颖、深刻的导游词，所以选材在导游词创作中具有非常重要的意义。材料选好了，写出来的导游词就具有较强的说服力和感染力。一篇好的导游词，主题和材料结合紧密，仿佛枝荣叶茂的夏树，吸引着读者观看，流连忘返；相反，导游词没有恰当的材料，好像枝枯叶落的冬树，空空洞洞，引不起读者的兴味，达不到教育人、感染人的目的。近年来学者、教授们撰写的写作知识、写作讲义、写作教程等著作中，虽各抒己见，但目的一致，都要求导游词的主题和材料选取达到巧妙的融合，方可写出真实感人、具体生动的文章来，以达教育人、感染人、启迪人的作用。

案例：泰山五岳独尊石刻

各位游客：

大家好！有这样一座山，就自然高度而言不是最高，就面积而言不是最大，然而却让圣人孔子发出“小天下”的人生感悟，让诗圣杜甫吟诵出“会当凌绝顶”的千古绝唱。而史学家司马迁，则以它作为衡量生命价值的标准，历代帝王甚至推崇它为“崇高至尊、五岳独尊”的圣山！它就是泰山。那么泰山究竟是怎样的一座山呢？今天，我们登上泰山的极顶——玉皇顶，看到它标志性景观——五岳独尊石刻，就让我们从这尊石刻中来寻找答案。

大家请看，石刻位于唐摩崖左前方玉皇庙东南，海拔1545米，由泰安府宗室爱新觉罗玉构于清光绪丁未年题写，高2.1米，宽0.65米，它和左侧的“昂头天外”均为正楷书体，端庄大气，巨石造型“拔地通天”，真可谓把泰山“首出万山”的雄壮气魄表现得淋漓尽致。

中国的大好河山比比皆是，但为何会有“五岳独尊”的说法呢？原来远古时期中国的先民认为，天地是靠五座大山撑起的，人们尊称这五座大山为岳，即东岳泰山、西岳华山、南岳衡山、北岳恒山、中岳嵩山。论景观，“五岳”各有特色：泰山雄、衡山秀、华山险、恒山奇、嵩山奥。论地位，五岳是远古山神崇拜、帝王封禅祭祀、五行观念融合的圣地，是受命于天，定鼎中原的象征。论人文，无数文人雅士在五岳留下名篇佳句，赋予五岳博大的情怀。可以说，五岳既是实体的地理概念，又包含明确的政治理想，更具有深厚的文化内涵。它清晰持续地见证了中国历史的发展和文明的进步，是中国人心目中缺一不可的神山。

游览到此，估计有的游客会有这样的疑问，泰山在五岳之中，高不如恒山，秀不如衡山，峻远逊于华山。又为何“独尊五岳”呢？

泰山之所以能独尊五岳，首先源于泰山所处的特殊地理位置。泰山高耸在广阔大地的最东端，最先迎来初升的太阳，人们相信生命就从这里开始繁衍生息。其次，独特的景观布局赋予泰山通天的灵性。泰山以主峰玉皇顶为中心，呈放射状分布，形成三重空间一条轴线的景观格局。所谓三重空间，一是以岱庙为中心的人间闹世泰安城；二是城西南嵩里山的阴曹地府；三是南天门以上的仙界天府。一条轴线是指从岱庙北延岱宗坊上至玉皇顶的6300级“天阶”，构成了泰山独特的“步步登天”的通天气势。正是这种通天的布局让泰山被历代帝王视为通天的圣山。传说中远古的72位帝王都要在泰山上举行祭天的仪式。自秦始皇在泰山封禅以来，泰山成为历代帝王封禅最多的神山。最后，泰山的文化内涵之丰富是其他四岳无法比拟的。泰山的文化是中国大山崇拜、太阳崇拜、东方崇拜、生命崇拜、天地崇拜、道德崇拜等文化的结晶体。从某种意义上讲，泰山是一座研究中华文化的博物馆，是一本书写东方文化的自然之书，因此，它才能脱颖而出成为中国第一处世界自然与文化双遗产。

泰山岩岩，鲁邦所瞻；汶水汤汤，流布四方。泰山的文化精髓是发育万物，峻极于天；泰山的精神是顶天立地，大义凛然；泰山的个性是自强不息，坚忍不拔；泰山的品德是虚怀若谷，与人为善。好了，各位游客，让我们与屹立百年的五岳独尊碑来一次心灵的交会吧。

这篇介绍泰山的导游词在选材上结合立意点“尊”，将题材选为泰山“五岳独尊”石刻，在导游词表达的主题上重点阐述了泰山之尊是如何得来的。比起寻常选材，这篇导游词更能贴合泰山这一景区的独特性。

（二）导游词选材的要求

1. 要注意材料的真实性、准确性

如若导游词所选的材料不真实，不符合客观事物的真实面貌，那便会失去游客的信任，从而削弱导游词对旅游景区及资源的宣传效果。写导游词必须选取真实、准确、贴切的材料，所用的材料要确凿无疑。

导游词还要符合艺术的真实，反映时代的主旋律和社会、人物的本质，切不可胡编乱造、主观臆断。只有真实、贴切，才能教育游客，使游客听了导游讲解后能心悦口服，受到教益，否则道听途说一些“参考”资料或脱离生活和艺术真实，就不能取信游客，当然也就起不到导游词的宣传效果和社会效果。

所以，在此处就要特别强调有关旅游资源传说故事在选材上的慎重，传说故事一般有两种情况，一种是经典的流传久远的故事，而另一种是后人杜撰的传说故事。对于前者可以在导游词创作中合理运用，而对于后者则尽量避免在导游词中出现。

案例：哪吒文化

各位游客：

大家好！在中国的神话传说中有一个神奇的孩子家喻户晓，他脚踩风火轮，手持乾坤圈和浑天绫降服了海龙王，他——就是水神哪吒。

在四川，哪吒的纪念地具有代表性的地方就有江油和宜宾两个，江油城塘关有哪吒故乡之称，宜宾则被誉为“哪吒文化”的发祥地。每年都有大量台湾游客到这两地“朝圣”，规模之浩大堪称当地一大盛事。是什么原因使人们对这样一个小孩子顶礼膜拜呢？

对哪吒的崇拜，其实反映了人们对水的崇拜心理。

生命起源于水，人们对水的崇拜几乎是与生俱来的。海龙王呼风唤雨，翻江倒海，影响了沿海和陆地依靠雨水灌溉地区人们的生存，他还可以用久旱不雨或洪水泛滥来惩戒人类，所以人们对海龙王十分敬畏。哪吒这位少年神圣敢于惩恶扬善，制服了对水有控制权的龙王，变泽国为良田，人们对他的崇拜之情便油然而生。

台湾省的人民就是哪吒的忠实粉丝，于是，哪吒从神话中跳了出来，鲜活地显现在世人面前，成为海峡两岸根源相系的一条纽带，成为海峡两岸文化交流的一道桥梁。

人们崇拜哪吒，就是崇拜水。水，滋润了中华民族；水，孕育了中华文化；水，诞生了民族英雄；水，推动了中华统一。

哪吒是中国传统文化背景下的传说人物，中国有两处地方被称为哪吒的祖庙，排名第一的就是位于四川宜宾翠屏山的哪吒行宫，由山门、太子殿、哪吒洞三部分组成，占地2000平方米，每年来此观光祭拜的港澳台信众及东南亚侨胞络绎不绝。1998年，哪吒行宫应邀赴台湾省访问，三太子金身曾绕台湾岛半年，场面盛极一时。

人在与自然的搏斗中创造了生存条件，同时也创造了文化。特殊的地域风貌产生特殊的文化。人就在自己创造的文化积淀中成长。人的性格行为、思维方式和创造特征必然体现出所在文化圈的特征。宜宾是长江源头，地处长江汇合处。长江、黄河是中华文明的发源地，宜宾地处长江起点，自然充分体现出长江文化的精神。远古洪荒时代，宜宾一带是汪洋大海，洪水泛滥，毒虫猛兽出没，灾害频繁，治理水害就是人们生存的先决条件，故一些夏朝大禹治水的传说迄今仍在民间流传。到商周时期，中华民族仍处于幼年时期，在与洪水猛兽、风雨雷电等万分险恶的生存条件进行搏斗中，曾磨炼出不少能治水降怪、抵御自然的英雄豪杰，哪吒的形象就是在这样的自然环境与历史实践交融下产生出来的。他先在民间广为流传，而后若干年又被写进以民间演唱做基础、以武王伐纣故事为题材的《封神演义》中。哪吒形象塑造独特：赤膊、赤足、赤身、颈戴项圈、腹悬红兜、脚踏风火轮、手挽乾坤圈、凌空驾云、勇敢机智、所向无敌。其精神实质是威猛刚毅、百折不挠；其行为准则是降魔伏妖、造福万民。他勇敢坚定，充满叛逆精神。他作为姜子牙讨伐殷纣的前锋，身经百战，迫使纣王自焚，商朝灭亡，大功告成后，他不愿接受分封，仍回原地修炼。他具有初生牛犊不怕虎的一往无前、压倒一切的英雄气概。这是少年中华生机勃勃、充满朝气的象征，是富有阳刚之气的长江文化主旋律的前奏，也是先民渴望战胜自然灾害的一种精神寄托。

在对哪吒文化的解读中，重点突出刚健有力、勇猛精进的中华民族传统文化精神，同时也是长江文化的精神。

案例：粤剧

说到粤剧，就让我们来讲讲“排场”，今天我们说讲排场是指场面铺张，而作为诞生在戏曲中的名词，排场是粤剧舞台艺术中至为宝贵的遗产形态，粤剧中的“排场”有三个内涵：

一是个人或群体性的表演程式和舞台调度的组合片段。作为表现传统生活场景的艺术手段，粤剧的排场通过虚拟化的动作，再现了丰富多彩的生活图景。

二是具有情节的特定表演形态。作为塑造人物形象的重要手段，排场还包括了特定时空中的情节渲染，通过行当之间的对白、唱念，来展现一定长度的心理、情感动作。

三是具有结构性的故事形态。作为能够衔接剧情的重要组成部分，粤剧的不少排场因为唱做功法的完备，而具有了情节完整、结构紧凑、人物性格鲜明乃至独立成剧的特点。

排场成就了粤剧艺人的文学成就，保证了粤剧的艺术质量，使粤剧成功入选联合国教科文组织的非遗名录，成为中华民族奉献给人类表演艺术的珍奇瑰宝。

现在年青一代不喜爱传统戏剧的原因，是由于他们自小极少甚至从未接触过传统戏剧，没有受到传统戏剧的感染作用。他们对传统戏剧一概不知、一窍不通，更谈不上对传统戏剧产生喜爱。这跟传统戏剧宣传影响不到位、跟不上时势的发展需求有莫大的关系。

粤剧从曾经有过的辉煌到萎缩，到目前受到社会环境的影响，观众流失，市场萎缩。按理说，今天的社会环境较过去任何一个时期都更适宜粤剧的生存，强大的经济后盾为粤剧提供了宽广的发展空间。但粤剧发展到今天，偏偏犹如明日黄花，辉煌不再，这是谁的错呢？纵观粤剧被动形态的原因，第一是传统渐失，创新不够；第二是营销环节薄弱，意识落伍；第三是宣传针对性不够，市场嗅觉不灵；第四是剧本资源短缺，创作热情不高；第五是演员文化水平不高，综合素质偏低。种种的因素造成了粤剧在今天不被广大受众接纳的状态。所以介绍粤剧的导游词应该怎样选材非常重要，在一系列游客不熟悉的题材中要筛选中他们相对感兴趣的素材，这篇导游词的作者选择了因为粤剧而产生的俗语“排场”。“排场”这个词大家用得很多，但未必知道它出自粤剧艺术，所以游客对这类话题不会觉得深奥或者陌生，反而会将游客与陌生的领域通过熟悉的话题联系起来，最终起到良好的戏剧推广介绍作用。

2. 要选择典型、有代表性的材料

所谓典型材料，即最能反映事物本质、带有普遍意义的材料。我们说，事物的本质和一般规律，总是通过个别的、特殊的事实表现出来的。但是，并非任何事实都能反映事物的本质。有些事实是偶然的、暂时的现象，我们不应用这样的材料来表现导游词的主题和观点，而应选用那些能够集中体现事物的本质，在同类事实中最有代表性的、最典型的材料。

案例：井冈山

各位游客：

大家好！一说到中国革命的摇篮，不由自主就会想到井冈山。它深藏在江西西部，是罗霄山脉中的山中之山！小平同志曾经说过：“井冈山精神是宝贵的，应该发扬。”那到底什么才是井冈山精神？今天，就让我带领各位游客唱一首红军歌、吃一顿红米饭、走一趟红军路，从这次记忆深刻的红色之旅中找到答案。

现在我们参观的黄色房子就是茨坪毛泽东旧居，它坐落在东山脚下，面临风姿秀丽的挹翠湖。1927 年 10 月底，毛泽东率领秋收起义部队来到茨坪，就居住在此。这里原是农民居所，用黄泥竹木砌成，虽然窄小简陋，但房子临街，交通便利，有利于指挥联络和接触农民，扩大革命影响。毛泽东的卧室只有几样简单粗糙的家具，书桌上一盏插着灯芯的油灯，仿佛刚刚才亮过。85年前的毛泽东就在这盏油灯下，思考中国革命的前途。《中国的红色政权为什么能够存在》《井冈山的斗争》等著作就在此诞生。就像一首红歌所唱到的："井冈山上，太阳红，太阳就是毛泽东，万水千山都照亮，照得人心暖烘烘。"

各位请看，这中厅就是毛泽东和红军战士吃饭的地方，中厅的方桌上仍然摆着当年的土碗竹筷，空空的碗口大张着，好像仍在回味当年的歌谣："红米饭，南瓜汤，秋茄子味道香。"说到红米，又叫胭脂米，是井冈山特有的稻米品种，在斗争时期，由于敌人对根据地实行了严密的经济封锁，物资非常匮乏。红军战士的伙食就以红糙米、南瓜、茄子为主，每人每天伙食费仅有五分钱，时常需要挖野菜充干粮。当年的红米饭并不美味，但却是革命乐观精神的体现，是艰苦奋斗的象征。现在，也成了井冈山最具特色的饭菜，大家可千万不要错过忆苦思甜的机会。

吃完了红米饭，让我们再来走一趟红军路，1927年，三支不同的队伍，会聚到这里。他们人困马乏，弹粮殆尽。而井冈山以其广阔，接纳了红军的新生力量；以其险要，抵御了敌军一次又一次的围攻与剿灭；以其厚重，奠定了革命基石。就在这山上，红军战士找到了一条"可上九天揽月、可下五洋捉鳖"的胜算之路。这里，点燃了革命的星星之火；这里，造就了共和国的四位元帅和几十名战功显赫的将军；这里，是孕育新中国最初的摇篮；这里，更延伸出一条信仰之路、革命之路、解放之路、发展之路。

时过境迁，在浮躁的现代生活中，我们过于追求物质的满足，使生命背负了重担。革命的硝烟已经散去，而留下的精神财富却让我们懂得饮水思源。井冈山的这首红军歌，就是坚定信念，实事求是；这碗红米饭，就是依靠群众，艰苦奋斗；这条红军路，就是敢闯新路，勇于胜利。红色的井冈山精神，改变了中国历史的进程，更作为民族凝聚力启迪千秋万代的中华儿女！

各位游客，就让我们在这次井冈山之旅中体会这久违的感恩，体会这抹中国历史的红色情节吧！

红色旅游是爱国主义教育与旅游产业相结合的一种新兴旅游产品，从2004年下半年开始，"红色旅游热"席卷全国。井冈山市位于江西省的西南部，罗霄山脉中段，享有"革命摇篮"和"绿色宝库"美誉，荣获江西唯一的全国首批"中国优秀旅游城市”称号。井冈山风景名胜区是我国首批国家重点风景名胜区，全国旅游胜地 40 佳，首批国家 4A 级旅游区，国家可持续发展实验区，全国百个爱国主义教育基地，2004 年被国家命名为“中国红色旅游基地之首”。井冈山红色旅游开发时间较早，旅游发展水平较好。井冈山两件宝———历史红、山林好。井冈山旅游决策和管理部门在开发红色旅游资源、挖掘红色文化内涵的同时，整体规划、协调，集中资金，加强宏观生态环境的管理和整治，以优美的生态环境吸引游客。

这篇导游词抓住了井冈山最大的特色——历史红，重点从一个“红”字引入，并铺陈展开了唱一首红军歌、吃一顿红米饭、走一趟红军路，继而形成一趟记忆深刻的红色之旅，在导游词创作题材的选择上突出了典型性的特色，可以说是一篇很有代表性的导游词。

案例：安阳殷墟

说起殷墟我们大多数人的感受是陌生，但它却是中华文明诞生的真实见证者。位于河南安阳的殷墟已经有 3300 多年的历史，正是因为它的存在无声却有力地从三个方面证明了中华文明的起源。

第一，文字是见证与传承文明的最佳载体。中国目前最早的汉字甲骨文就是在殷墟所发掘，距今已经有 3000 多年的历史，因此甲骨文的出土不仅厘清了中华文字的源头，更有力证明了中华文明的时间长度。

第二，城市不仅是文明高度集中的地方，更是一个国家赖以生存的基本要素，而殷墟的宫殿遗址不仅体现了中国目前最早的城市建筑和国家遗址，更展现了商代晚期辉煌的文明，引起了中外学术界的瞩目。

第三，殷墟作为商代晚期的都城遗址，是中国历史上第一个有文献可考，并为甲骨文和考古所发掘所证实的古代都城遗址，让人们真切地感受到了中华文明实际存在的源头。

由此可见，安阳殷墟是中华文明一个清晰可感的文化源头，值得每一个中国人骄傲。

安阳殷墟自从被发现的那一天起，就受到了全世界的瞩目，是全人类的宝贵财富，殷商文化不仅没有消失淹没在漫漫的历史长河中，而是随着时代的进步，深深地融入中华文明的血脉之中。2006 年它被联合国认定为历史文化遗产，这不仅显示了上古智慧的顽强生命力所在，更是一种后世对前辈的理解、敬仰与反思的最高形式。殷商文化的独特魅力集中体现在几个“源”上：

文字之源：这里是甲骨文的故乡，世界上最早的象形文字始发地。中华文字是唯一传承至今并仍然大规模使用的象形文字，而埃及象形文字、两河流域的楔形文字已消失。由甲骨文演变发展而来的文字，在传播华夏文化、促进中国一统及巩固中国一体化方面发挥了重要作用，并对世界文明的发展传播产生了积极和深远的影响。伴随着文字的使用，书法也在这里应运而生，成为世界文字史上的奇葩。

青铜之源：世界上最大的青铜器——后母戊大方鼎就在这里出土，足以说明当时的冶金技术世界领先。殷商出土的大量青铜器，包括礼器、乐器、兵器、工具、生活用具、装饰品、艺术品等，形成了以青铜礼器和兵器为主的青铜文明，达到中国青铜器发展史上的巅峰，其杰出的艺术价值和科学成就成为中华文明的代表，成为世界青铜文明的中心之一。

筑城之源：殷墟现存中国最早期都城遗址和一个古城址洹北商城。都城的宫殿建筑濒临洹河而建，规模宏大、气势恢宏。殷墟都城从形制形状、规划布局、材料运用、艺术装饰、风格秩序、情趣均衡等方面，都显示出了浓郁的中国宫殿建筑特色；洹北商城是中国远古时期城池建筑的遗迹，它们都显示着中国商代先民的聪明才智和杰出的建筑艺术天赋，反映了中国古代高超的建筑技术水平，殷墟的宫殿规划、建筑材料和建筑风格对后来中国建筑学产生了重要影响。

易学之源：距离殷墟不远处有羑里城，在殷商末期，被囚禁的周文王在此著书立说，著名的《周易》在此写成，《周易》中的世界观、认识观、思辨观、中医养生观、信仰观、宗教观等，对后世的影响不可估量，可谓中国哲学之源、医疗养生之源。

3000 年前的殷商文化，集“天、地、人”之灵气，浑然天成，考古发掘所揭示的基本成熟的文字体系、高度发达的青铜器、设施完备的都城遗址、规模庞大的王陵遗址区、所展示的殷商文化，是中国古代灿烂文明的代表与象征，是中国古代历史上最具特色的、最具原真性的文化遗产。

根据对安阳殷墟的资源价值评价分析，我们可以发现殷墟的最大特色在于此处是中华文明的源头，所以是很多文化现象的源头，只要抓住这一最主体特征，安阳殷墟的导游词也可一气呵成。

案例：杭州灵隐寺

一说到杭州灵隐寺，如果用一个字来概括灵隐寺特色的话，那一定是这个“隐”字。

326年，印度高僧慧理因慕西湖之名远道而来杭州，见这里峰峦突起，白云缥缈，很像印度的灵鹫山，灵鹫山多为仙灵所隐之地，因此他认为这里也将成为佛国佳境。随后，他在这里建寺取名“灵隐寺”。此后，灵隐寺在江南的影响力越来越大。尤其是唐五代以后，江南佛法兴盛，以吴越为最，首府杭州更有佛国之称，吴越王将灵隐寺发展成为江南佛教文化重镇。到南宋时期，灵隐寺更被誉为江南禅宗“五山”之首。

灵隐寺的第二个隐，藏在这山水之间。作为“西湖第一名胜”的灵隐寺，它的造园艺术同样归结为一个“隐”字。一般的寺院前面往往比较开阔，以炫耀法门的气派。而灵隐寺却处在群山环抱的峡谷中，雄伟的北高峰作为大寺的靠山。嶙峋的飞来峰成为秀美的前屏，一泓清泉流贯寺前，使得“灵山、灵峰、灵水”浑然天成，使人恍如置身于仙灵所隐之地。

杭州灵隐寺位于飞来峰下、天竺山麓，为江南名刹。它始建于东晋咸和元年（326年），迄今已有1600多年的历史。据寺志记载，印度僧人慧理游历杭州，见此间山峰奇秀，疑是仙灵所隐，于是就在飞来峰前建寺，称“灵鹫寺”。到五代时期，吴越国王钱镠崇奉佛教，命延寿禅师重行扩建，造僧房500多间，改名“灵隐新寺”。钱弘俶时，灵隐寺大盛，全寺已有9楼、18阁、72殿堂、1300余间房屋，3000多名僧人。其规模之宏大，居杭州四大丛林之首，驰名海内外。北宋真宗景德四年（1007年），改寺名为“隐灵山景德寺”。此后又相继改称“景德灵隐寺”“灵隐山崇恩显亲禅寺”。其名声在浙江仅次于余杭径山寺。皇亲国戚纷纷来寺院烧香拜佛，灵隐寺达到了空前的繁盛。元、明两代，灵隐寺时毁时复。清顺治六年（1649年），具德和尚住持灵隐寺，对寺院进行了大规模整修，历时18年，使灵隐寺成为“百拱千护，金碧丹黝，为东南之冠”。此后，康熙四至灵隐寺，亲书“云林”两字，仍改寺名为“云林寺”。该寺现已被列为国家重点文物保护单位。

杭州灵隐寺这篇导游词重点抓住“隐”这个字做文章，第一隐是宗教修行之归隐，而第二隐则为山水园林之归隐。前者的归隐在出世，后者的归隐在入世。一篇导游词在短短的几分钟时间内就要表达出所讲景点资源的最大特色，这对于主题材料的选择尤为重要。

3. 选用新颖、鲜明、有特色的材料

“文章最忌百家衣。”(《陆游集》) 为了增强导游词的生动性和感染力，为了更好地表达深刻的主题思想，必须选取生动、具体、有特色的材料，只有这样，才能避免内容平淡和一般化的缺点。我们说有鲜明特色的材料：一是导游词所选取的材料与其他导游词相比，不一般化，使读者耳目一新；二是所选取的材料用来写人，可以充分表现人物的独到之处；用来写景、叙事、状物，也能各自描绘出它们的特点。

另外，为了增强导游词的宣传效果和感染力，还要针对不同团型不同讲解对象的特点，有的放矢地选择材料，也是导游词选材的一个重要原则。

案例：川菜

一说起川菜的味道，首先我们不约而同地想到的是麻辣。那么问题就来了，川菜到底是麻多一些还是辣多一些呢？我的回答是麻。辣不是四川独有，其他吃辣的省也很多，比如贵州、湖南等。但“麻”，却是川菜特有的味型。我曾看过一个“食物共振”的研究表明：花椒所带来“麻”是一种触觉，等同于50赫兹的震颤。相当于你在嘴唇上放置了一个每秒会震动50次的机械装置。是不是很神奇？酸辣咸甜明明都是味觉，而麻却是一种触觉。麻更是老天赠予四川独特的礼物，因为花椒就是四川最地道的调味品，同时也是川菜增香的重要载体。四川人吃麻，有其独特的地理因素和气候背景。地处四川盆地腹心的成都平原，气候温和，空气湿度较大，而花椒就有非常独特的医疗作用。花椒可以有效驱寒，同时还可以预防风湿等疾病，疏通血管。川菜中的麻，是一种品位，一种神韵，一种享受，一种舒坦。因此麻才是川菜最大的特色。

清乾隆时期，宦游浙江的四川罗江人李化楠在做官期间，注意在闲暇时间收集家厨、主妇的烹饪经验。后来，他的儿子李调元将他收集的厨艺经验整理出来，成为食经书《醒园录》。

《醒园录》是清代一部重要的食书，不同于当时和以前清朝类似书的概略，它详细记载了烹调的原料选择和烹饪操作程序，对于后来家厨和主妇烹饪技艺的提高帮助极大。《醒园录》对于促进江浙和四川烹调的意义非同寻常。现代川菜的诞生，是与四川文化在晚清的起飞分不开的，它主要由移民烹饪文化的混合，并在上层示范文化的鼓励下，包括烹饪学家的影响下发展起来的。

现代川菜的上层受鲁菜和江浙菜的影响不小，这些影响粗略地可以归结为川菜中不含辣，麻味不突出的精致菜，它们占了现代川菜大约 2/3 的比例。但是，现代川菜之定型，还更强烈地来自于数省移民饮食的影响。最有趣的事莫过于当现代川菜在酝酿诞生的时候，明末自美洲输入的辣椒在四川经过大约 100 年在百姓饮食里扎根的过程，也附丽在其上，而使其具有了今天川菜鲜明的个性。

现代川菜的定型时期大约在 1906~1937 年，即从清末新政时期开始，到抗日战争爆发前夕。从酝酿时期（1861~1905 年）到定型时期（1906~1937 年），现代川菜的定型是通过三条道路的发展来实现的，这三条发展道路相互激励和促进，使得在短短的 76 年间即完成了定型任务。

川菜的发展历史决定了其特点就是味型丰富，“百菜百味、一菜一格”。不过到了现代，很多人对川菜最明显的记忆就是“辣”，甚至认为川菜除了“辣”就没有其他显著的特点，当然这种认识是片面的。这篇导游词没有渲染川菜的辣，而是抓住了川菜的另一个特点“麻”，相比较于“辣”，“麻”则显得更独特，也更有四川地域特色，所以在选材的重点上这篇导游词向我们展示了突出新颖的特色关键点。

案例：鼓浪屿

一说起鼓浪屿，我们头脑中所联想到的第一个画面就是它的异国风情。今天我就从这“异国”和“风情”两个角度来给大家做介绍。

首先，鼓浪屿的“异国”指的是英国。1840 年中英鸦片战争以后鼓浪屿开始被英国殖民者占据。继英国殖民之后，1908 年鼓浪屿被辟为公共租界，因此各个国家在岛上兴建了各式公共建筑。在长达近一个世纪的建筑热潮中，欧洲的各种建筑风格如古罗马式、哥特式、拜占庭式等风格纷纷在这个仅 1.87 平方千米的弹丸小岛上浮现，因此鼓浪屿被称为“万国建筑博物馆”。

漫步在鼓浪屿上，我们随处都会在奶茶的香气和钢琴的奏鸣中感受到别样的风情。岛上如今最流行的奶茶正是沿袭了英国人下午茶的生活方式。而曼妙的钢琴声最早是伴随着基督教的传播，由西方传教士传入鼓浪屿。如今的鼓浪屿更是因为人均钢琴拥有率全国第一，岛上有100多个音乐世家，在2002年被中国音乐家协会命名为“音乐之岛”。

鼓浪屿是我国东南沿海著名的风景名胜区，具有城在景中、景在城中的城景相依格局特征。以秀丽山海环境为风景，以异国建筑情调为风貌，城景相映，兼具自然风景和人文环境风貌特色。鸦片战争后厦门成为五口通商口岸之一，鼓浪屿沦为西方列强殖民的公共租界。从那时起，西方列强相继在鼓浪屿设立领事馆，并在鼓浪屿大量投资兴建建筑，而华侨办实业和进行房地产开发也成为当时的主要建设活动之一，这些建设活动基本奠定了鼓浪屿今日的建筑风貌特色。由于得天独厚的自然条件和特殊的历史文化背景，鼓浪屿建筑呈现出东西方文化碰撞、交融的独特形态，因而鼓浪屿素有“万国建筑博览会”之美誉。

经过普查，鼓浪屿约有300余幢建筑可列为历史风貌建筑认定对象。这些建筑主要分布在岛的中部和东南部地势较高的山岭附近。1949年以前，鼓浪屿建筑发展主要分为三个阶段：鸦片战争以前的本土遗风、鸦片战争至20世纪初的西方建筑涌现和20世纪二三十年代的多元化建设高潮。建筑性质主要包括居住建筑、领事馆建筑、教堂建筑、公共企事业建筑和部分园林景观建筑等。其中别墅、公馆和民居占70%，公共建筑占30%。建筑产权80%为私房，20%为公房。建筑质量属3~7级。

建筑风格类型主要包括传统闽南地方特色的本土风格、菲、缅、印和西洋殖民的东南亚风格，西洋或仿西洋折中式风格。建筑风格特征为双重折中和中西合璧，折中包含三层含义：20世纪初国际流行古典希腊、古罗马复兴折中主义；建筑设计的中式、西式、本土式、混合式手法折中；西洋殖民建筑本土化和本土建筑西洋化的互为折中，即外来文化和本土文化的互为融合。

这篇鼓浪屿的导游词在选材上新颖而特色鲜明，根据鼓浪屿旅游资源评价可以看到其主要特色是建筑，所以导游词用了“异国”“风情”形容鼓浪屿的风格特色。

案例：蒙古族那达慕大会

一说起蒙古族的那达慕大会，我们首先联想到的是这是一个关于竞技的大赛。因此我们可以从有形的竞技和无形的情感交流两个方面来了解这个节日。

那达慕在每年七八月份的时候举行。在节日期间，会举行歌舞棋艺等活动，但最大的看点，还是骑马、摔跤、射箭三大主要竞赛项目。而这三项竞技绝不是练练假把式，而是真刀真枪地较量。就拿摔跤来说，参赛者要在512个参赛者中最后胜出才可以获得“章嘎”。章嘎是五色绸条做成的项圈，只有获得章嘎的摔跤手才被看作是草原上的英雄。虽然比赛有输赢，但那达慕的竞技却是以培养民族的凝聚力为终极目的的。作为游牧民族的蒙古族，长期分散在辽阔的草原上，那达慕其实不仅是一场技艺上的比武大会，更是一场情感上的联络大会。草原人民在娱乐竞技的同时也增强了彼此之间的情感连接，也正是因为这种连接才形成了蒙古族强大的民族凝聚力，最终缔结出伟大的元朝。

“那达慕”在蒙古语中为“游戏、娱乐、游艺”之意，也有意为“玩笑、戏弄”之解，传统的那达慕包含摔跤、射箭、赛马、歌舞、娱乐活动以及各种游戏。那达慕在《蒙古语词典》中除了上文所述的游戏和竞技活动之外，还解释为体育竞技活动的集体表演和赌博之意。那达慕大会中的核心内容是摔跤、赛马和射箭，这三项竞技活动在蒙古族被誉为“男儿三艺”或者“好汉三艺”。摔跤、赛马和射箭活动也是蒙古族节日中的象征符号。蒙古族牧民称那达慕为“耐亦日”或“耐亦日·那达慕”，在蒙古族的历史中“耐亦日”的出现要早于“那达慕”的出现，“耐亦日”通常指聚会的意思，往往“耐亦日”活动要包含那达慕活动，“那达慕”也是“耐亦日”的重要内容，因此在牧民中“耐亦日”和“耐亦日·那达慕”在相当的一段时期内整合在一起使用。

那达慕文化是在祭祀活动需要和生存技艺的推崇双重因素作用下产生的，祭祀活动为那达慕大会的产生提供了文化空间和传承基础，而骑马、射箭和摔跤作为“男儿三艺”或“好汉三艺”的出现是蒙古族在特殊生存环境之下必须提倡的生存技艺。这种生存技艺作为那达慕大会中的核心内容不断得到推崇是社会内部发展的需要。

那达慕是蒙古族特有的古老的民俗活动，那达慕文化的发展和变迁与蒙古族的历史密切相关。蒙古族的宗教信仰和社会生产活动是那达慕文化传承的内在动力。随着社会的变迁，蒙古族以游牧为主的生产方式发生了根本的改变，摔跤、射箭和骑马的“男儿三艺”已经逐渐淡出了人们的视野。那达慕文化也由最初的生存技能和军事需要向娱乐性和体育性方向转化。萨满教的原始宗教认识催生了敖包祭祀活动的产生，进而形成了那达慕文化的信仰机制；那达慕的仪式性是对族群和草原文化记忆的高度展现，同时也是对族群意识的认同。

从这项民俗旅游资源的分析评价来看，本篇导游词的题材选择恰如其分，突出了蒙古族那达慕大会“男儿三艺”的基本特色，并挖掘了这种节日活动内容的产生原因，在选材上体现了新颖、鲜明和有特色的基本特点。

4. 选材要注重细节才能体现生动有趣的内容

在导游词创作中，细节是非常重要的。顾恺之说：“传神写照，正在阿堵（眼）中。”细节正是导游讲解的“眼”。诗有诗眼，文有文眼，导游讲解的“眼”则是细节。细节的魅力往往就是生活本身的魅力，是最能打动客人的地方。好的细节，最能凸显主题，展示典型环境中典型人物的性格，起到震撼游客心灵的效果。

比如在介绍青城山古常道观的时候，导游让游客留意进入道观前的台阶数，很多游客非常用心地数出台阶数为“7”，导游就围绕着“7”这个数字在道教中的特殊含义展开讲解，讲到道教的世界观和“道”的基本含义，让游客加深了对道教文化的理解。

导游一定要随时注意搜集与景点有关的细节，发现景点中那些动人的细节，这样讲解起来才不致空泛乏味，而使人感到言之有物。

案例：秦始皇陵兵马俑

各位游客：

大家好！公元前230年，一支来自西北方的军队横扫天下，结束了500多年的诸侯割据，建立了中国历史上第一个大一统的国家：秦。2000多年的时光荏苒，阿房宫早已灰飞烟灭，秦长城也只剩下断壁残垣，而兵马俑的尊尊秦俑依然默默凝望着我们，他们来自哪里？我们是否能从他们身上追根溯源？让我带领大家从兵马俑中来寻找答案。

1974年，干旱袭击了陕西省临潼区西杨村。农民抗旱打井的无意之举却使得秦始皇兵马俑重见天日。我们现在所在的1号坑是面积最大的一个，它为坑道式土木建筑结构，东西长230米，南北宽62米，深5米，面积14260平方米，上架横梁，底铺青砖。远远观望，6000多个兵马俑，步伐整齐，组织严密，气势磅礴，展现了秦始皇“振长策而御宇内，吞二周而亡诸侯”的壮志雄心。但当我们细细凝视，发现最生动、最完美的却是秦俑的脸，时间仿佛凝固在了这些鲜活的面庞上，每个人都可以在这些兵俑上找到自己的影子。每一个秦俑，都形神兼备，刻画精微，无一雷同，可谓“千人千面”。

他们来自不同的地域和民族，大多是关中汉人，但也有深目高鼻、两撇腮须的“胡人”。他们有不同的地位和身份，将军俑刚毅自然、沉稳平静，表现出身经百战、运筹帷幄的大将风范；军吏俑严肃坚定、恭谨干练，颇有善于谋略的风采；而众多的士卒，则坚毅勇敢，临危不惧。他们有不同的年龄和经历。大家随我看，那尊满面沧桑的老者，额上有数道皱纹，显得稳健多谋；而这一尊，面阔耳大，眉宇飞扬，正是血气方刚的壮年汉子；再看这个头微低垂的少年，舒眉秀眼，满脸的稚气未脱。他们还有不同的表情和心态，同是武将俑，有的看来较为温厚，有儒将之风；有的则面容肃杀；士卒们有些面带微笑，表情随和，显示着春风得意的神态；有些老练沉着，不露声色，含蕴着饱经世事的情怀。

看到这里，大家不禁要问，这些秦俑，为何能做到“千人千面”？观点众说纷纭，但在我看来，始皇兴举国之力修建皇陵，工匠们来自全国各地，个人的情感经历与各自见到的兵士原型都不尽相同，因此创造了寓动于静的传神之作。

今天，面对这些秦俑、凝视他们的面庞，我们仿佛能感觉到他们的呼吸和心跳，感受到那个辉煌的帝国，仍然和我们血脉相连。我们似乎可以还原当年的场景，出征的秦兵一边默默整理兵器，一边不经意地抚摩子女的脸庞，白发轻嘱托，青丝挽留恋，然后秦兵带着家乡父老的期望，走向了一往无前，吞并六国的征程。他们最终造就了当时世界上最庞大的帝国，也造就了我们的历史。我们使用的文字来自于秦人，我们广袤的国土是秦帝国的延续，我们统一的中华民族在秦帝国时期开始形成。而秦兵们的灵魂，化作秦俑，长眠地下，面朝东方，见证了秦国的由盛转衰，见证了汉唐的太平盛世，见证了封建王朝的没落，更见证了今天中华民族的伟大复兴！

秦始皇陵兵马俑的发现，震动了全世界，其研究领域已从考古学拓展到史学、美术、军事和自然科学领域。但目前的研究主要局限于中国古代文化艺术史的范围之内，对秦俑在世界古代雕塑史中所占的地位，还没有引起足够的重视。

综观秦俑艺术，它造型高大、数量众多，无论从深度和广度的意境来说，都取得了惊人的成就。它是一组排列有序、富于变化而又整齐划一的庞大群塑整体。在秦始皇短短执政的二三十年中，艺术工匠们能塑造出如此众多的具有高度审美价值的兵马俑，使观者称绝。它是我们民族的骄傲，也是人类智慧的艺术奇迹。在世界古代雕塑史上，可与秦始皇陵兵马俑媲美的雕塑艺术，主要有古埃及、两河流域的亚述、巴比伦，地中海沿岸的希腊、罗马等国家和地区的雕塑。秦俑和它们相比，具有自己明显的特点，正是这些特点决定了它在世界古代雕塑史中的特殊地位。

在艺术特色上，秦俑和西方的雕塑也有很明显的不同。古埃及雕像由于受奴隶制的严重约束，一般都比较僵板，多采用千篇一律的“多面造型”，它所体现的是国王的威严和永恒的观念。两河流域受古埃及雕塑艺术的影响较大，而希腊、罗马则注重人体美，通过人体的解剖比例，体形的扭动和肌肉的起伏变化，表现人物的性格和精神面貌，裸体雕像是非常流行的造型艺术，它所表现的是一种韵律的“标准美”。秦俑不像古埃及、两河流域雕刻作品那样僵直呆板，形象都比较活泼，所表现出来的气度除威严外，还具有意气昂扬、拼搏进取的特色。秦俑也不像希腊、罗马雕刻那样奔放，而是衣冠楚楚，感情比较内向含蓄，主要通过面部表情揭示人物的内心世界，风格质朴浑厚，内在的力量像大海的波涛一样汹涌澎湃。

过去大多数导游词都会从秦始皇陵兵马俑的规模之大、气势之盛这些角度去刻画和描述兵马俑，让人感受到的是秦代的辉煌与成就。但这篇导游词另辟蹊径，抛开了宏大的场面而选取秦俑的脸为主要讲述对象，从“千人千面”生动而真实的脸来看秦朝时秦军队伍的构成，从人种学的角度分析和阐述了秦帝国的繁盛。这种选材做到了从细节处见真知的特点，“以小见大”是导游词创作时必须使用的手法和技巧。

案例：陕西乾陵

一说起乾陵，我们首先联想到的就是它谜一般的无字碑，但乾陵留给我们的未解之谜还有很多，今天我们就从这个“乾”字入手来话说一二。

首先，乾陵因位于唐长安城的西北方八卦的乾位而称为乾陵。同时，“乾”在中国文化符号当中指代“天”。因此用“乾”字来命名天子的陵墓应该说是合情合理。但作为一座夫妻合葬墓，陵墓中谁才是真正的天子？从中国百姓的历史情感出发，究竟应该是指唐高宗李治，还是中国正史唯一认可的女皇帝武则天，我想世人各有评判。

其次，唐乾陵是中国历史上中国唯一一座两帝合葬墓。匠心独具的设计赋予了乾陵的登陵台阶种种深刻的含意。乾陵的第一层34级台阶象征唐高宗在位34年；第二层的21级台阶象征女皇武则天执政21年。而这21年却是中国历史上最有争议的21年，尽管人们对武则天的评价毁誉参半，但不可否认她是一位杰出的政治家，为随后的大唐盛世做出了巨大的贡献。因此无字碑不愧为乾陵的点睛之笔。

唐乾陵陵园遗址作为唐代重要的皇帝陵寝和中国古丝绸之路各文化的重要组成部分，其文化景观的内涵十分丰富。乾陵是中国乃至世界历史上唯一的一座两朝帝王、一对夫妇皇帝合葬陵。乾陵埋葬的两位墓主人，一位是唐王朝第三代皇帝高宗李治，另一位是中国历史上唯一的女皇帝武则天。他们既是一对夫妻，又代表李唐和武周两个朝代。因此，乾陵是由李唐和武周两个朝代共同营建的皇帝陵。一陵葬二帝且是一对夫妻皇帝，这在中国古代帝陵园建史上绝无仅有，在世界陵墓史上也非常罕见。作为合葬两朝两帝的陵墓，在中国古代帝王陵墓中具有独特性和唯一性。

乾陵开创、完善了唐代帝陵制度，并对后世帝陵制度产生了巨大影响。乾陵是继承秦汉帝陵的形制发展而来的，处在中国古代皇陵从“封土为陵”向“依山为陵”发展的过渡时期。唐代帝王“依山为陵”的埋葬形式，从唐太宗昭陵开始，至乾陵成为定制，并从此奠定了后世帝王“依山为陵”葬制的基本模式。

乾陵是中国“丝绸之路”及中外文化交流历史的重要见证。乾陵陵园地面遗存的大型文物和已发掘的陪葬墓出土的珍贵文物中，与丝绸之路历史相关的已定级文物达164件，其中包括国宝级壁画和反映东西方文化交流的大量石刻与三彩陶俑类文物。

乾陵是规格最高、保存最为完整、艺术价值最高的唐代帝王陵墓。乾陵陵园所在的梁山，东临豹谷、西邻漠谷、主峰高踞北端、南侧二乳峰东西对峙，地势险峻。

乾陵不仅外观宏伟，其地宫内藏也十分丰富。乾陵石刻群中开始出现的犍陀罗艺术风格的翼马和来自西域的鸵鸟、狮子等形象，取代了中古帝陵石刻原有的朱雀、石虎等形象，运用了圆雕、浮雕和线雕等生动传神的技法，很有可能受到公元前4世纪的古波斯苏萨遗址中翼兽形象的影响，不仅是汉魏南北朝以来中国传统石刻艺术与外来雕刻艺术的结合，而且开辟了后代帝王陵墓前石刻中设置翼兽的做法。

乾陵的选址与建制独具特色，体现了唐人对大自然景观的改造与利用。乾陵的营建是我国古代人民对大自然景观的改造与利用的杰出代表，因而被称为唐代帝王陵墓的代表作，也是中国古代最宏伟的帝陵之一。

导游词中突出了两个细节，就是乾陵前面的台阶数，“34”和“21”分别代表了高宗在位的34年和武则天执政的21年。这种细节除非导游人员提醒，否则游客是不可能注意到的，所以在导游词创作的过程中，导游要善于挖掘此类题材，不仅生动有趣，也能从另一个侧面说明导游对旅游资源的熟悉程度较高。

案例：青海塔尔寺

一说起青海塔尔寺，我们头脑中首先联想到的是它的壮美，但塔尔寺有一种艺术美更震撼人心，它就是塔尔寺三绝之一的酥油花。

酥油花虽然叫作“花”，但题材包罗万象，无论人物还是景色都展现得惟妙惟肖。酥油花作为藏传佛教艺术兴于西藏，流传于整个藏区，辉煌于塔尔寺。艺僧们制作酥油花时不仅要展示高超的技艺水平，还要挑战身体的极限。首先是身体的抗冻，酥油花在每年冬季制作，冬季的室内温度只有 -10℃左右，但是房间内不能生火，因为酥油在室温2℃时就遇冷融化。所以房间内只能处于低温状态。第二难，难在手的温度不能超过2℃。因此制作酥油时艺僧们只能不断地将自己的手泡在超过 -20℃的冰冷的雪水里降温，要降到手指、手掌乃至整个手臂与冰水的温度同温，这时候双手才能与酥油亲密接触，雕塑成栩栩如生的花朵。由此可见这种艺术精品背后，凝聚的是藏族神圣无比的宗教信仰。

享誉中外的青海省藏传佛教寺庙——塔尔寺，初建于明嘉靖三十九年（1560年），位于青海省东部湟水之滨的宗喀莲花山中，迄今已有400多年的历史。

酥油花虽名曰“花”，其实又不是花，它的原料来源于藏族同胞日常食品——酥油，酥油花是一种用加入了辅料的酥油来表现世间万物的软雕塑艺术。塔尔寺酥油花，是塔尔寺“艺术三绝”之一。在藏传佛教的艺术珍宝中，酥油花绝对是巧夺天工之作，超凡脱尘之品。

酥油花的创造题材来源广泛，内容丰富多彩，它的造型内容多以草木花卉、树木山林、花鸟鱼虫、走兽飞禽、武将文官、楼台亭阁、佛陀菩萨祖师等的形象为造型，通过丰富的想象力和创造力生动地组合再现重大历史事件、民间传说和佛经故事。

酥油花最早起源于 16 世纪，随宗喀巴大师传入塔尔寺，经过历代僧人的传承与创新，艺术水准超越了发源地。塔尔寺是酥油花发展和传承的重要载体。在一般民众心里，酥油花成了塔尔寺的标志与精神象征。

塔尔寺酥油花，是藏族独有的宣扬佛法的纯宗教雕塑艺术。一般在每年的农历十月二十日开始塑造，在藏历的正月十五的晚上面向寺内僧人和观众正式展出制作精美的酥油花，被称为“酥油花会”。每年花会期间，当地信众和慕名而来的国内外观光游客高达数十万之多，信众和游客摩肩接踵、水泄不通，规模和影响盛大，是中国西部著名的人文宗教景观。

塔尔寺三绝之一的酥油花艺术语言细腻、工艺精巧、姿态优美，充满了浓厚的宗教色彩。这篇导游词在突出酥油花艺术特色的突破口中选择了酥油花的制作环境和方式，通过细节的描述酥油花制作时对温度的要求，强调制作时间是在冬季 −10℃的室温和 −20℃的水温，这样的制作环境对创作者的身体提出了很大的挑战，需要在强大的精神信念支持下才能完成制作过程，所以在题材的选择上突出了这一细节。

四、构建导游词主体框架——结构

“结构”这个概念，在中国出现很早。“结构”二字指屋宇构造的式样。而文章的结构就是从构造房屋借用而来。导游词的结构，指的是导游词内部的组织和结构，就是要把“始”（中心）、“中”（题材）、“终”（辞藻）做全盘的安排。导游词结构的实质应该是客观事物本质属性在导游词表现形式上的反映。如果说材料、主题反映事物的内容，那么结构和体裁、语言就反映事物的形式。体裁是外部形式，语言是“物质外壳”，都可以看得见，结构则是组织构造，是内部形式，是人们的眼睛所看不见的，只有通过对结构的分析才能发现其内部构造。它们之间有差异、有区别，但属于形式的范畴，都是用来反映客观事物的性质、内容及其种种联系的表现形式。作为导游词结构这种内部形式却是整个表现形式的核心，它跟导游词的思想内容有着对立统一的关系，这一点是必须明确的。

同时，导游词结构是作者思路在导游词表现形式上的体现。遵循一定的“思路”去反映客观事物的本来面目，这也是导游词结构的实质所在，同时也是导游词表现形式的中心所在。不仅如此，导游词结构也是作者逻辑思维和形象思维能力的表现。从某种程度上来看，讲导游词结构就是讲思维的条理性、系统性和逻辑性。安排导游词的结构，其实质也就是按照思维的规律，布局导游词的内部联系。在结构安排中按思维规律去培养思维能力，这是一种很自然的现象。导游词结构形式应该是多种多样、丰富多彩的，为了主题的需要，每篇导游词都应有独自的结构形式。

导游词结构就是导游词的“架子”“骨骼”“整个就是那有始、中、终”，就是开头、主体、结尾三部分。说导游词结构，只讲开头和结尾，不讲主体，只讲段落、层次，不讲各类导游词的结构类型或基本间架，这就有很大的片面性。一篇导游词就是一个有机的整体，必须精心安排，才能构成独立存在的完整结构。

（一）导游词结构的类型

1. 纵式间架

事物由产生到发展，由简单到复杂，由原因到结果，这种变化规律和人们对它的认识过程，反映在导游词结构上的段落层次之间时，就带有明显的纵向展开的递进关系。按照这样一个过程组织安排层次，就形成纵式间架。采用纵式间架组织导游词内容，通常按时间顺序、事件经过、事理层次等来安排导游词的层次。

（1）按时间顺序安排导游词层次

基本上所有景区参观的导游词都是按照参观时间的先后顺序来安排导游词的层次，但针对具体的某个点位或专题，这种结构的使用就要根据实际情况来区别对待。在介绍景物的时候采用过去与现在的对比介绍就体现了按时间顺序安排导游词层次的特点。

案例：成都宽窄巷子

现实的繁华，五彩的霓虹，将成都的魅力印刻在每一个夜晚的天空。老成都的文化，又如一部黑白默片，将熟悉的味道不断展现，这里，就是宽窄巷子。

正如作家少君说过的那样，“我相信每一个人的内心都有一种情结，或者强烈或者隐约地纠结在心间，但若没有一个让它舒展的机会，这个结就会永远留在心底”。而宽窄巷子，为每一位来到或者生活在这里的人们，提供了一个记忆的平台。

宽窄巷子是成都遗留下来的较成规模的古街道，它与大慈寺、文殊院一起并称为成都三大历史文化名城保护街区。可是大家知道宽窄巷子的由来吗？宽窄巷子始建于清朝，是成都33条清朝兵丁巷子中仅存的2条，属合院式建筑。其实当时的名字并不叫宽窄巷子，而是被分别称为“兴仁胡同”和“太平胡同”。直到民国初年，这种明显具有北方风格的名称才被“宽窄巷子”所取代，并一直沿用至今。

2008年6月14日，由成都市青羊区和文旅集团联手打造的宽窄巷子成功开街，成为成都“5·12”大地震后旅游业复苏的标志性事件，及时向海内外传递出“安全的成都”和“成都依然美丽”的时代最强音。

人们常说，成都是一座来了就不想离开的城市，而宽窄巷子就是这座城市的缩影。宽巷子体现了老成都的“闲生活”，它代表了最成都、最市井的民间文化；窄巷子的特点则是老成都的慢生活。改造后的窄巷子展示的是成都的院落文化；井巷子的定位是成都人的新生活。井巷子是宽窄巷子最开放、最多元、最动感的消费空间。

“宽巷子老生活”“窄巷子慢生活”“井巷子新生活”，三者合而为一成就了今天的宽窄巷子。它巧妙地在商业与文化中寻得了平衡，打着“宽窄巷子，最成都”的口号，新生的宽窄巷子成为成都名片。

现在就请大家跟随我的脚步，让我们一同深入到巷子里面，体验一把老成都“巷子”的生活。巷子代表了最成都、最市井的民间文化；原住民、龙堂客栈、精美的门头、梧桐树、街檐下的老茶馆……构成了宽巷子独一无二的吸引元素和成都语汇。老人在老茶馆门口安详地喝茶摆龙门阵，猫懒懒地盘在脚下打盹，梧桐树投下斑驳的影子，院落里的树上挂着一对画眉……

可以说，宽窄巷子已经成了一条纽带，它不仅是成都人找寻过去，回味生活的巷子，也是外来人体验成都生活、感悟成都文化的窗口。大家不妨想象一下，当你在一个暖洋洋的午后，坐在宽窄巷子四合院的青砖墙下，悠闲地品尝着盖碗茶；环绕在你周围曾历尽沧桑的历史面容神奇般地焕发着青春的气息，你会惊奇，在这些地方，历史文化与现代时尚是如此巧妙地结合在一起。

说到历史文化和现代时尚，就不得不提到我们的宽巷子3号。大家可以看到，我们面前的这个锡皮包裹的大门，上面分别绘的是手持香炉和瑞鹿的两个门神，寓意着生意兴隆，财源广进；大门上的门当采用的是旧物；大门两边的是两只下山虎，大家都知道老虎是非常凶猛的动物，老虎下山来觅食，又有镇宅保平安的意思，代表着祥瑞进门。

我们眼前的这座宅院是由我们川内小有名气的5位室内设计师联合创办的，同时也是我们宽窄巷子街区中比较经典的宅院之一，主要经营定制式的私房菜。大家都知道，中国人都讲究开门迎客，然而为了让食客能安静地在亭台楼阁中享受建筑、环境与美食的艺术，我们的宽巷子3号一反常态，采用闭门迎客的方式经营着自创式的私房菜，做精品私厨，所以这里也就成了好吃嘴们的天堂。

假如您想品味“最成都”的味道，那就要到宽窄巷子来走走；假如您想挣脱高楼鳞次栉比的喧哗，寻找那一抹脱壳灵魂的安全，欢迎您到宽窄巷子来坐坐。宽窄巷子中浓郁的传统生活情调，是否唤起了您对简单和闲适生活的向往。如果是，那就欢迎您到宽窄巷子来。

在导游讲解的过程中随着参观时间顺序的先后变化，景物也会随之而发生变化，所以这种纵式间架的导游词结构在带团实际操作中应该是广泛使用的一种形式。

案例：都江堰宝瓶口

各位游客朋友们：

大家好！水是生命之源，也是文明的根本，今天成都平原的水遍布在城市和乡村，水为这里创造了灿烂的文化历史和无尽的财富，也为这里带来了天地的灵气和永恒的凝聚力，而这里的水都来自一条河流，那就是成都西北部的岷江，一座修建于2000多年前的水利工程将丰富的岷江水引入了成都平原，为这片土地赢得了天府之国的美誉。同时，都江堰水利工程也因为其治水原理的精妙和工程设计的科学，在2000年与青城山一同列入了世界文化遗产名录。

都江堰水利工程位于成都平原的西北部，是这个扇形冲积平原的最高点。修建工程的是当时的蜀郡太守李冰，他考察了岷江河床的上游地带，最终决定把工程设置在岷江的出山口，也就是今天都江堰的位置。整个水利工程分为渠首和渠道两部分，渠首部分由鱼嘴分水堤、宝瓶口和飞沙堰三大核心工程构成，而下游的渠道工程自秦代开始就在连续的开发修建中逐渐完善形成今天的规模，到今天，工程已经突破龙泉山脉，覆盖面积超过了9000多平方千米土地，这些滋养成都平原和川中丘陵的水源都来自我们对岸的宝瓶口，引入的岷江水从宝瓶口下游开始分流，形成树根状的分岔，密如蛛网。在都江堰的灌区诞生了灿烂的古蜀文明，辉煌的三国文化和今天日新月异的城市成都。

在都江堰修建之前，我们面前是一座完整的大山，称为湔山。到底是出于什么样的目的一定要将这座山劈成两半，开出一条水路呢？让我们回到公元前4世纪末大一统前夜的中国。

当时的中国正处于战国诸雄对峙激烈的大动荡时期，北方的霸主秦国国君秦惠文王采纳了司马错“得蜀即得楚，楚亡则天下并矣”的军事主张，在公元前316年举兵灭掉了蜀国，30年后，大将司马错在蜀国的首府成都集齐十万人马，以一万艘战船的浩荡之势从岷江上游出发，顺水进入长江南下东攻楚国，然而在夺取了楚国的商於也就是今天的重庆涪陵之后，军队却因为粮草和兵马不能及时补充，在商於陷入了瘫痪，无法继续深入楚国，这次战争的失败暴露了秦国利用蜀国作为攻楚跳板的缺陷。

怎样才能解决成都平原的水路航运成了秦统一天下的关键问题。公元前272年，30岁的秦国人李冰奉秦昭王之命一路艰险来到蜀郡担任郡守，按照秦国的耕战文化和司马错的军事思想，这位青年郡守要把自己的属地建成秦国统一天下的战略基地，怎样才能让岷江水持续而又稳定地经过成都，使航道畅通，同时又要在洪水季节控制水不能危害平原，修建一个引水和控水的工程成了李冰思考的重点。经过考察李冰选择了在山丘和平原的分界点上建造都江堰，以锁住岷江的咽喉。然而岷江在我们面前的这座湔山前戛然而止，这座大山成为内江流向成都平原的天然屏障，而湔山又是江水流入成都平原的必经之路，怎样才能把水引入成都平原呢？

只有一个办法，把湔山开出一条道来。当时的中国正处于战国时期，还没有发明火药，也没有更多的先进工具，要把大山劈开，就只能依靠钢钎和石锤旷日持久地凿打，如果只用这种方法，凿开湔山至少需要30年的时间，而秦国的统一大业却迫在眉睫。时至今日，我们也不得不佩服李冰的奇思妙想，他决定对岩石使用火烧水浇的方式，在岩石热胀冷缩迸裂疏松后再进行凿打，这一来便大大加快了工程的进度，8 年后，湔山终于敞开胸怀，虎头岩的山体分开了一条宽 20 米的水路，工程的关键部分航道入水口的建成使岷江水进入了平原，后人为了纪念李冰的聪明才智将这个入水口称为宝瓶口。

此后，秦国统一了天下，建立了中国历史上第一个中央集权的帝国王朝。宝瓶口引来了岷江水，引来了“天府之国”的美誉，引来了蜀前后 50 年的繁荣稳定，也引来了今天最具经济活力的成都。宝瓶口的引水和控水功能全在工程设计的巧妙，20 米的宽度既能保证下游航运和灌溉用水量，同时又不会给成都平原带来洪涝灾害。如果暴雨季节水量突增，就可以通过飞沙堰将多余的水排入外江，而在枯水期水量减少的时候，飞沙堰就是一道存水的堤坝，确保足够的水量能进入到宝瓶口。整个水利工程自上而下形成一个有机的整体，利用河水的天性和自然的力量，2000 多年持续发挥着巨大的功效。这项伟大的工程不仅造福了一方水土，还为我们今天的水利工程带来了朴实的自然哲学思考。

分布在四川省成都平原西北部的都江堰水利工程是举世瞩目的伟大人类工程之一，修建于秦昭襄王五十一年（前 256 年）。这个工程的出现是秦代农政思想的典型代表，以兴修水利来促进农业社会经济的繁荣。

人类文明的起源和发展虽然各循其道，但与治水却紧密相连，中华民族的文明发展也有着相同特征。从女娲氏的治水传说，到尧舜时期崇伯鲧采用“壅堵法”治理黄河水患失败，再到其子大禹采用“疏导法”，取得初步的成功，继承了舜的王位，并在公元前约 2070 年，建立了我国第一个以农业立国的奴隶制国家夏王朝，从此开始了中华民族华夏文明的新篇章。

都江堰所体现的科技水平和创新智慧最高，并为现代水利科学验证。这也正是都江堰能经历 2200 多年各种考验，仍然完好运行，发挥巨大效益的根本原因。它主要通过选址和修筑鱼嘴分水堤、飞沙堰溢洪道、宝瓶口三处主要设施及精妙布局与总体目标上的异曲同工作用，充分利用自然地形，因势利导地完美解决了一个大型水利工程中面临的局部与整体、近期与长远、疏导与堵截、运行与维护、安全与可靠、投入与收效等一系列系统总体的技术关键和决策难题。

都江堰水利工程对经济、社会、文化发展的贡献最大，影响极为深远。都江堰建成后使蜀地发生了翻天覆地的变化，为成都平原经济、社会、文化的发展奠定了坚实的基础。为秦朝建成我国第一个统一的封建制度国家和中华文明的发展做出了巨大贡献。东晋时期我国著名史学家常璩在《华阳国志》中记载都江堰建成后的景象是："蜀沃野千里，号为陆海，旱则引水浸润，雨则杜塞水门，不知饥馑，时无荒年，天下谓之天府也。"四川天府之国的美名从此流传下来。成都平原也很快成为全国的鱼米之乡，通过都江堰这条水道，使当地的岷山大竹、木材、中药材、蜀锦等各种特产和重要物资得以与各地交流，使成都很快成为不仅四川，而且是我国西南地区经济、文化、交通等的中心枢纽，长江上游农业文明的发祥地，全国工商业和交通极为发达的大城市。

李冰在公元前 276 年被秦昭襄王任命为蜀郡太守入川，在位 25 年，至公元前 251 年因过劳逝于任上，葬于现成都附近的什邡市。他肩负根治岷江水患、将蜀地建成为稳固的战略基地、安民兴邦的历史重任，凭借其渊博的知识和严谨、坚忍的作风，使中国优秀传统文化所汇聚成的东方智慧发挥到了极致。

如此伟大的工程为什么会出现在成都平原的西北角？是什么因素促成了其修建？工程修建的最根本目的又是什么？这一连串的问题都需要以叙事的手法，从事情最开始的起因开始描述，按照时间顺序来描述事情的经过和细节。这篇导游词由于在确定创作内容时安排了都江堰水利工程的修建背景，所以用了时间序列来架构导游词的结构。

案例：阆中古城状元坊

"中国风水第一城，科举圣殿状元乡"，朋友们，现在咱们所处的位置就是阆中古城的标志性建筑状元牌坊了，它位于古城旅游区和新城生活区的交界处。所以这里车辆比较多，请大家在参观的时候站在两边，不要站在街道上。眼前的状元牌坊，顾名思义，是为了纪念古阆中的 4 位科举状元而建。所以两侧的横梁上有 4 位状元的金色名字，分别是尹枢、尹极、陈尧叟、陈尧咨。从隋炀帝大业三年开科取士到清德宗光绪三十年废除科举的 1300 多年间，咱们阆中就出了尹枢、尹极、陈尧叟、陈尧咨四位状元，占了全川状元 1/4 以上，可以说，阆中是四川的状元之乡。而令人惊异的是，尹枢与尹极、陈尧叟与陈尧咨是两对同胞兄弟，兰桂齐芳，先后同列榜首，这在中国科举史上是不多见的。

朋友们，今天咱们既然来到状元乡，站在状元牌坊下，那么我们就一起来追忆一下4位状元的中举盛世。在1300多年的科举历史中，考中状元的人自然是一时风光，但能够成为千古美谈的状元却不多，而唐朝状元尹枢的中魁趣事却足以流传千古。

到了宋代，状元陈尧叟于宋太宗端拱二年大魁天下，与他一同赶考的二弟陈尧佐也一起中了进士。他三弟陈尧咨是宋真宗咸平三年的状元。陈氏一门科举考试是两状元一进士，做官是两宰相一节度使，有文才又有政绩。想必这跟他们家严格的家教是有一定关系的吧，当年父亲陈省华将他们三兄弟送到阆中东山园林的读书岩拜南唐旧臣高世安为师。这样的高师，加上天资聪颖的头脑、刻苦勤奋的精神，怎能不出才子？

朋友们，中国科举制度延续了1300多年，到最后为什么会废除呢？咱们回顾历史，它确实改善了用人制度，使有才识的读书人有机会进入各级政府任职；促进了教育事业的发展，也促进了文学艺术的发展。但这种制度也有消极的一面，它有利于统治者加强思想控制，到了明朝，八股取士，使得读书人不讲求实际学问；思想僵硬古板，严重阻碍了中国古代社会的进步和发展。所以1905年科举制度退出了中国历史的舞台。咱们阆中除了出过4名状元，还出过116名进士、402名举人，享有“蜀之人物，惟阆为盛，科名之盛，甲于天下”的美誉。由此可见阆中人自古尚文好学。所以我觉得阆中建立状元坊的目的不是为了纪念这4位状元，更多的是纪念阆中人好学上进的精神。以此激励更多的人积极向上，勇于挑战人生的高峰。此刻我们站在状元坊下就应该这样想，“七十二行，行行出状元”，只要我们在工作、学习上认真努力，做一行爱一行，我们同样是当今的人才，同样会取得“状元”的头衔。

朋友们，接下来咱们就走过状元牌坊，走进阆中古城，我们去敲敲状元府的大门，再迈进贡院去追溯中国1300多年的科举的历史，品读科举文化，去得巧的话，咱们还可以再感受一下“士子赶考，高中状元”的喜悦。朋友们，这边请……

周秦之际以来政治文化的显著特征，便是摆脱封建性的贵族政制，形成非封建的从民间选士制度，其完备形态便是隋唐以来的科举制度。科举是周制的“选贤与能”同秦制的拔擢人才于底层相结合的产物，被中外人士盛称为中国的“第五大发明”。孙中山指出，西方文官考试制度学自中国科举制。美籍华裔学者邓嗣禹

（1905~1988 年）受孙论启示，广为搜集资料，1943 年在《哈佛亚洲学报》发表《中国对西方考试制度的影响考》。美国汉学家德克·卜德（ Derk Bodde，1909~2003 年）1942 年著《中国物品西传考》，盛赞四大发明及丝绸、瓷器、茶对西方的贡献，又于 1948 年著《中国思想西传考》，称科举制是“中国赠予西方最珍贵的知识礼物”，对欧美的制度文化影响深远。

隋朝开始实行的科举制度（以分科举士而得名），将过去的选士做法加以系统化、制度化，通过学校育才、科举选才、铨叙用才三个环节，养育、选拔官员。隋开皇七年（587 年）隋文帝设修谨、清平干济二科，令诸州每年贡士三人，此为科举之端绪。宋以后科举用经义，体制成熟。科举制以封闭应答的方式，“一切以程文为去留”，突破世卿世禄制的官员血统禁锢，修正察举征召制选拔人才的主观性及九品中正制对门第的谨守，达成相对公开、公平、公正的举官制度，将“选贤与能”的古老理想付诸实施，使官僚制度走出贵族化故辙。

科举制最重要的功能，是促成一个不靠出身而以考试入流的官僚阶层取代世袭的封建贵族阶层。在漫长的历史长河中诞生了多少科举故事和人物，他们都是中国科举制度实行期间佐证其历史意义的最鲜活的案例，所以导游词以时间发展为线条，串联了几个在科举过程中出现的人和事。

（2）按事物发展经过安排层次

每件事都有其内部发生、发展的过程和规律，在描述景物的时候根据其发展过程安排导游词的结构层次，这样步步展开、层层深入，导游词就显得波澜起伏、跌宕有致。

案例：北京景泰蓝

一说到景泰蓝，大家首先联想到的就是它那一抹动人心魄的幽蓝，但很少有人会想到制作这抹蓝背后所面临的两个难题。

第一难难在工序数量之繁杂。一件景泰蓝制品的制作完成前后要经历多达 108 道工序。所以一件普通的景泰蓝作品少则花两三月，多则要花半年时间。这第二难难在“一点见高下”，所谓点蓝，即制作景泰蓝的第 3 道工序，给胎进行上色。而上色的关键要全神贯注地做到“画在心里，点在指尖”。点蓝最神奇的地方首先在于设计图案中并没有标注颜色，作品中的色彩全都在点蓝师傅的心里面。因此一个优秀的景泰蓝制作者同时也是一位优秀的画家，用色全凭头脑中的丰富想象。在“点蓝”工艺中，鉴别优质的景泰蓝，最显而易见的方式即观察其润色程度，在平铺的颜色中，上色均匀无杂色即优质。这就要求师傅用极其灵活的指尖精准地点染到位。这往往需要花上数年的时间才能修炼到炉火纯青的地步。

景泰蓝正名为“铜胎掐丝珐琅”，俗名“珐蓝”，是一种在金属表面用玻光釉料进行豪华装饰的、特殊的、高级的珐琅器工艺品。因为在明朝景泰年间（1450~1457年），无论是在器形、纹饰、色彩等方面都已达到极高的艺术水平，尤其是蓝釉料有了新的突破：淡白微绿的天蓝、如琉璃般凝重的钴蓝以及像蓝宝石般浓郁的宝蓝，均无一例外地用来做底色，形成民族特有的艺术风格。色彩清新雅丽，给人以高贵华美的艺术享受，故而被人称为“景泰蓝”。

景泰蓝的制作工艺流程第一步是裁料制胎，这一步是关键的，胎型如何决定了整体景泰蓝的造型，与其主体题材具有直接的关联性；第二步是掐丝，将整条的紫铜丝，运用工具掐成一段段的，再将铜丝压扁，掰成各种精美的图案花纹，常见的图案如花纹、云纹、几何纹、人物或动物纹等；第三步是粘丝，将弄好的紫铜图案，直接粘贴在胎上。这是较为关键的一点，景泰蓝的后期图案，都是通过这些掰制的紫铜来做架构的；第四步是点蓝，用铅丹、硼酸盐、玻璃粉等原料化合熔制而成的不透明或半透明的光泽物质，在胎上进行相应的描绘。这样，能够使先前的图案明显化；第五步是烧蓝，烧蓝即入窑焙烧，使用800℃的高温烧熔，将粉状釉料熔化。烧制中，会出现器面凹凸不平，需要用同样颜色的珐琅填充。反复两次至三四次的上釉焙烧，才能将釉面与铜丝相平而毫无凹坑；第六步是磨光，将焙烧好的器物放入水中，用粗砂石、黄石、木炭等逐次打磨，将凹凸不平的蓝釉磨平，最后用木炭、刮刀将没有蓝釉的铜线、底线、口线刮平磨亮；第七步是镀金，将磨平、磨亮的景泰蓝经酸洗、去污、沙亮后，放入镀金液槽中，让黄金贴附在没有上釉药的金属胎身上。镀金的目的是为了让金属胎身不会腐蚀生锈，增加光亮如新、金碧辉煌。一件景泰蓝的制作过程是较为复杂的，而且多需手工来完成。因此，这也导致了景泰蓝的价值性提升，呈现在人们面前的是一件精美的艺术品。

在介绍工艺类商品资源时，我们多会选择按工艺流程顺序来介绍，这样对于讲清楚一种工艺来说是必需的，这篇景泰蓝的导游词在以工艺流程为顺序安排层次的基础上，重点突出了“点蓝”这一制作流程。并且以“一点见高下”作为核心语句统领这篇导游词，在创作上做到了有主有次。

案例：云南过桥米线

一提到云南过桥米线，吃过的朋友一定会在脑海中浮现一个字：鲜。它的鲜主要体现在这一汤和一涮两个方面。第一就是汤的鲜：过桥米线是将生食放入汤中直接烫煮而成的，所以汤就是它的灵魂。高汤需要提前一天就加入猪骨、猪肉、鸡鸭等食材进行煨煮，而且火功相当考究，先用旺火大煮，等到浮沫去除干净以后转用中火，最后用文火慢炖，汤的表层漂浮着一层油脂，留住汤的温度。

第二则是涮的鲜，要让生冷的食物在几涮之间就氽熟，除了要保证汤的温度极高以外，还要求食材既要精，又要易熟，过桥米线的食材选料非常丰富，从各色生肉到素菜，这些食材必须新鲜脆嫩，否则一无卖相、二碍滋味。此外肉类必须薄切，一位合格的片儿肉师傅需要不断练习整整一年才能出师。

作为云南主流饮食文化传统的代表之一，云南米线从汤到食材再到吃法无不体现了云南地区的民族文化特色，正所谓“不尝过桥米线，枉自到云南”！

米线是云南人的饮食中不可或缺的一种食品。在早期的烹饪书《食次》中，就有对这种食品的记载，米线在当时被尊称为“粲”，本意是精米，引申为精制的餐食。在盛产稻米的中国南方都有吃这种食品的习惯，只不过叫法不同，广东、广西、湖南、湖北等地称其为“米粉”，还有的地方叫“粉干”，而云南、四川、贵州叫作“米线”。米线烹制方法多样，可煮可炒可凉拌，过桥米线的过人之处在于配料丰盛、制作精细、吃法独特。

“民以食为天”反映了中国人自古重视饮食的传统，其饮食文化发展至今已是蔚为大观。在中国人的主食中，很早就形成了南方以米食为主、北方以面食为主的习俗。云南的过桥米线源自滇南的蒙自县，始于明末清初，至今已有300多年的历史。

中国传统文化中，几乎每一种美味的流芳百世，都与历史典故或者名人相关，从蒙自过桥米线起源的美丽故事中也可以看出这一典型特点。大文豪郭沫若早在1958年就在《茶花诗》中提到过桥米线，称其为云南食品中的一朵瑰丽的山茶。而蒙自过桥米线的制作吃法使得汤、肉、米线和蔬菜的营养（没有因长时间煮炒而丧失）以及各种配料相互间的搭配融合，体现出美味和营养、视觉和感觉的极佳结合。同时，美丽动人的故事，加上用筷子将米线从碗里挑入汤里，再从汤碗里到口里，这一过程也正合米线过桥之意，这一切犹如国画般充满了诗情画意，无愧于郭沫若“云南瑰丽的山茶”的称谓。另外，蒙自过桥米线使众多食物原料、配料融为一体调和出一种美味，充分体现了中国传统哲学的宏观、整体、直观、和谐的思想特点。过桥米线故事传说中的妻子做饭送与攻读备考的丈夫，无意间发明了过桥米线的烹制方法，体现了中国传统文化中贤妻良母的美德；丈夫苦读备考最终金榜题名，体现的是“万般皆下品，唯有读书高”的社会认同。同时也体现了“学而优则仕”的官本位思想，至今蒙自“江氏兄弟桥香园”的过桥米线仍以秀才、进士、状元、探花等称谓来区别不同价位的过桥米线，虽然不同配料的搭配有不同的价格是合理和必要的，然而冠以秀才、进士、状元、探花等称谓则是这种思想的延续及社会中等级思想的体现。

蒙自过桥米线体现了蒙自人民在饮食文化中的创新精神，这种创新源自普通民众，源自大众生活经验。过桥米线的产生也体现了夫妻之间、亲人之间的情感情意，同时长长的米线韧而不断体现了亲人、朋友之间绵绵不断的情谊。在中国人的心目中，没有上帝，只有祖宗和亲情，这里吃的是“饮食”，表达抒发的是文化仪式后面的情感。

所以，介绍过桥米线的导游词应按照事物发展经过层次进行内容构架，方能表达出饮食背后所蕴含的文化特性。

案例：四川小吃龙抄手

提到四川小吃龙抄手，如果要用一个词来形容，那就是“奇特”，龙抄手作为成都著名的传统小吃有三奇，这第一奇，奇在名字，其实龙抄手的“龙”是指20世纪40年代成都“浓花茶社”的张光武和朋友们合资开的一个馄饨店，取店名时就采用了“浓”通龙的谐音。又因为他家的馄饨皮薄易熟，在抄手之间就已经煮好上桌了，因此为了突出特色以“抄手”命名。第二奇，奇在体型，龙抄手的体形真可谓“南非南，北非北”。众所周知，南方馄饨体形精巧，北方馄饨体形壮实。但身处南方的四川抄手却有北方馄饨的块头，这种体形在中国南方难得一见。龙抄手第三奇，奇在口味，龙抄手从口感上的特色就是一个鲜字，原汤的汤鲜味美，而这种清汤白味的做法在四川这个典型的以麻辣口感为主的地区尤为难得，龙抄手以清汤口味占据了四川传统小吃的龙头，实属是万红丛中一点白，四川小吃界的一股清流。

抄手，北方人多称为馄饨（亦作馄饨），山东有的地方称馉饳，广东称之为面包、云吞。馄饨原来是用来祭祀的食品。宋代《武林旧事》中记载："享先则以馄饨，有'冬馄饨，年馎饦'之谚。贵家求奇，一器凡十余色，谓之'百味馄饨'。"其实，南宋以后，馄饨早已传入市肆，是当时的美点之一。北齐颜之推说："今之馄饨，形如偃月，天下通食也。"南宋的《梦粱录》、明代的《长安客话》以及清代的许多历史笔记对此都有记载。当代此类小吃，无论南北东西，全国皆有名食，如天津的锤鸡馄饨、潮州的大馄饨、绍兴的虾肉蒸馄饨、无锡王兴记馄饨、广州的鱼肉云吞、四川成都龙抄手、重庆吴抄手、温江程抄手、内江鸡茸抄手等，知名度都相当高。

成都龙抄手于 1941 年开业于悦来场，50 年代迁新集场，60 年代以后迁春熙路南段至今。据传，开办前张光武等几位股东集于"浓花茶园"，商议办抄手店事宜。议到店名，有人提出借用浓花茶社"浓"字的谐音"龙"，以祈吉祥。并说，吾辈乃龙的传人，中华子子孙孙无穷尽矣，我们的事业也会代代相传，永远昌盛。张光武等人一致表示赞成，认为龙抄手无论辅以红汤、清汤或是奶汤，有水，这条龙定会活起来。一代名小吃"龙抄手"就这样诞生了。

当时，抄手在成都多有店铺销售，要想生意做得活、做得好，首先要讲究质量和特色。据说，张光武等股东很注意汲取前人的经验。当时，曾有人向他们介绍：古时候做抄手要讲究两点，一是汤要清。清代袁枚《随园食单》说："小混沌，小姑龙眼，用鸡汤下之。"邓之诚先生在注解《东京梦华录》中也提及："唯馄饨只一种，亦贵清汤。"二是馅要细。元代倪瓒的《云林堂饮食制度集》记述："细切肉臊子，入笋米或茭白、韭菜、藤花皆可，以川椒杏仁酱少许和匀裹之。皮子略厚小，切方，再以真粉末擀薄用。下汤煮时，用急沸汤打转之，不要盖，待浮便起。馅中不可用砂仁，用只嗳气。"龙抄手汲取了这两点经验，讲究汤清、馅细。除此以外还特别注意制皮薄。和面时，加入适量鸡蛋液，吃起来面皮韧性有嚼头。为了使馅心细嫩，采用纯猪肉，加水制成水打馅。另据四川的特点，配以清汤、红油、海味、炖鸡、酸辣、原汤等多种味别。

一道小吃，一段历史，一种情怀。对于吃，我们要善于“以小见大”，能在小吃上做出大文章，方能显出饮食文化的精益求精，“汤”和“馅”是龙抄手驰骋江湖多年，占据四川小吃排行榜前三的关键要素，能理出层次，写出画面感，导游词就是成功的。

（3）按事理层次安排结构层次

导游词创作过程中，根据讲述对象事理发展的层次来构建内容体系是很常见的一种结构，每一层次可以存在逻辑关联，也可以在内容的表述上具有递进的关系。通常情况最后一层意思的表达直接关联导游词的主题，通过画龙点睛的方式让导游词在末尾部分达到高潮。

案例：广东开平碉楼

对于开平碉楼的特点我们可以用一个字来总结，那就是三人从众的“众”。第一众，体现在碉楼的数量众多，碉楼林立是侨乡开平的一大特色，最多时达3000多座，现存1833多座。民间有“无碉楼不成村”的说法。放眼望去，众多碉楼高高耸立，堪称人工森林；第二众，是指碉楼的修建方式是众筹，大家可能想象不到早在19世纪末，广东开平人就已经用由若干户人家共同出资兴建碉楼的方式完成了中国早期民间资本的原始众筹；第三众，是指众人防卫。在美洲淘金致富的开平人，把他们在外挣的大部分的财产都投入到了这些碉楼的修建和存放中，因此碉楼的防卫就显得至关重要。他们采用了高效的集体防卫的方式，采用轮流值班防卫，多配备探照灯、报警器、铜锣、响鼓甚至枪支等。这种众人防卫的方式当然给了村民大大的安全感。

由此可见开平碉楼用建筑的方式完美演绎了众人拾柴火焰高的简单生活哲学，让人不得不服。

岭南的建筑，有特色的除了梅州的客家土楼（俗称围龙屋）、遍布广东各地的骑楼外，最有特点的莫过于碉楼。广东碉楼大都集中在珠三角西部江门地区，以开平碉楼为最。随着“开平碉楼与村落”作为广东省历史上首个向联合国申报“世界文化遗产”项目获得成功，开平碉楼的建筑艺术特征又一次引起人们的关注。“建筑的特征之一就是具有表达的特性。如果建筑的形式与思想含义取得一致，那么我们看到的建筑便是由其特性构成的精心作品，我们才能获得美学的感受。”开平碉楼便是这样一种“形式与思想含义取得一致”的建筑，它无疑是一种历史陈诉，是从实用走向审美的历史呈现。

开平碉楼的艺术特征首先表现在对西方建筑设计元素的借鉴上。大部分开平碉楼主要建筑时间是 20 世纪 20~40 年代，由于碉楼的主人是居留于世界各地的华侨。因此，他们在回乡建楼时也将所在国家的建筑元素吸收到碉楼的设计中来。开平碉楼尽管数量众多，但在外形设计上无一雷同，建筑细节处理也是异彩纷呈。大量欧洲建筑元素与装饰风格渗透其中，使每一座碉楼都独具风采。开平碉楼紧跟了那个时代的建筑设计潮流，再现了当时的建筑特色，从建筑学、艺术学的角度来看，它都具有较高的研究价值。

绝大多数开平碉楼是作防御用的，应急时成为全村人的避难之所，平时并不住人。但也有一部分碉楼既作防御又是民居，室内外设计综合了民居与碉楼的长处，装饰艺术随处可见。这种碉楼一般比较宽大，造型更为精美。在内部空间结构上，吸收了西方民居的特点，厨房、餐厅、居室以及卫生间一应俱全。室内考虑采光，每个房间都有窗户与窗外景色呼应。经过百年沧桑的开平碉楼，在建筑艺术上引起世人的关注，被誉为“令人震撼的建筑艺术长廊”。这些现象可以说明碉楼设计明显受到西方“装饰艺术”运动的影响，也可以看作中国乡村建筑从本土走向现代设计的起点。这些碉楼让人们重温了华侨的历史，且在华侨文化背景下对碉楼建筑文化会有更多的梳理与发现。

整篇导游词归纳了一个核心字眼“众”，并从事理层次上划分了三层，分别从数量之众、修建方式的众筹到众人防御，如抽丝剥茧一般将开平碉楼最核心的特点进行了讲述，突出了开平碉楼防御的特性。

案例：中国皮影戏

一说到皮影我们首先联想到的是屏幕上光鲜亮丽的皮影人物，却很少有人会想到这些小人背后操纵它的关键人物，他们才是“平凡而伟大”的皮影戏的关键所在。因此就让我们从这个“一人”说起。首先，皮影可以说是一门“不露脸”的艺术，传统的民间皮影艺人在幕后用他们的双手以及唱腔让幕前的皮影活灵活现起来。在那个没有多媒体的时代，可以说皮影是“电影的鼻祖”。它不光有着精彩的剧情，还有着幕后的皮影艺人通过熟练的手法操作和深厚的唱功让台前的观众能够身临其境地体会到剧中人物的喜怒哀乐，深受人们的喜爱。其次，与其他的传统民间艺术相比，皮影的道具虽多但是小巧方便携带，也可以说皮影就是“一个人一台戏”。一个手提箱里装载就是一个皮影艺人一生的豪情壮志，而这里面又蕴含着多少中国传统文化。在中国古代，皮影戏大多在乡下才能看见，皮影艺人可以说是“送文化下乡”的最早艺术家，令人佩服不已。

“隔帐陈述千古事，灯下挥舞鼓乐声。奏的悲欢离合调，演的历史奸与恶。三尺生绡做戏台，全凭十指逞诙谐。一口叙述千古事，双手对舞百万兵。一张牛皮演绎喜怒哀乐，半边人脸收尽忠奸贤恶。”这段文字是对融文学、戏剧、音乐、美术为一体的皮影艺术的真实写照。皮影是我国传统民间艺术的瑰宝，它的形态、色彩、雕刻、动作等都有着独特的艺术魅力；它历史悠远，在不同的地域形成了不同的流派；尽管风格各异，但其中却蕴含着许多共同的审美特征，这对我国蓬勃发展的艺术设计领域是一笔无形的财富，对艺术设计工作者亦有着意味颇深的启示。

关于皮影戏艺术的起源，目前大致有两种说法：一种说法认为皮影戏艺术“始于汉、兴于唐、盛于宋”。这就是说在距今2000多年前即有皮影戏了。另一种说法是以目前能查阅到的文字史料为依据，认为皮影戏是于距今1000多年的宋代发明兴起的。前者以推理而立，后者以史料为据，当然都有其道理。如果说关于皮影戏艺术的起源应以文史资料而定，则从目前可查的史料来看，最为类似的皮影戏应出于唐代。

皮影的美学特征可总结为：一是概括而凝练，皮影造型往往用相对朴实的手法概括出角色的特点，而不过于追求细节；二是夸张而有趣味，皮影造型往往不追求写实的效果，而是抓住人物的特点进行夸张处理，使其看起来特征鲜明，生动可爱；三是色彩艳丽、雕刻精细，皮影用色往往选用纯度较高的红、黄、绿、青、黑等，对比强烈、视觉冲击力强。其雕工细腻精湛，或细如发丝，或密如网眼；刀法犀利剔透、圆润流畅；四是综合性强，被誉为“电影、动画鼻祖”的皮影戏，融合音乐美术、雕刻、戏曲、光影、动作、表演等多种艺术形式于一体，是一种古老的综合艺术。

总体来说，皮影艺术是我国古代劳动人民利用“光”和“影子”的自然科学原理，巧妙结合民族绘画、雕刻工艺而发明创造的一种通过光线照射下的影子活动来表演故事的戏剧形式。同时，也是目前我国乃至世界唯一以平面造型为手段来直接进行演出的戏剧艺术品种。这篇导游词从“一个人”说起，按事理层次说明了皮影戏表演“不露脸”的特征，层层递进讲述了皮影背后的故事。

案例：苏绣

一说起苏绣，大家首先联想到的就是它作为四大名绣之首的江湖地位。那究竟是什么原因让它名列四大名绣之首呢？就让我们从先天和后天两个角度入手来解读。首先，苏绣的发源地江苏，自古蚕桑发达，盛产丝绸，数千年来一直是锦绣之乡。绚丽丰富的锦缎，五光十色的花线，为苏绣的发展创造了有利的先天条件。其次，苏绣的代表以猫居多，这个外来的洋物种间接证明了苏绣繁荣的后天原因。波斯商人带来的猫在中国历史上很长一段时间都是达官贵人的宠物，因此在绣品中以猫居多，实际上间接反映了江南经济在中国古代的重要地位。同时江南经济发达也培植了众多富豪，众所周知江南富豪不光有钱，还很有品，因此对苏绣等当时奢侈品的标准也就提出了更高的要求，在这种情况下绣工不得不在针法技艺上推陈出新，只有对技艺不断进行创新才能满足客户的需求。最终，苏绣也就是在这样的时代背景下走上了四大名绣之首的宝座。

苏绣，是以苏州为代表的江南地区著名的手工艺品，在我国工艺美术发展史上有着重要的地位，与粤绣、湘绣、蜀绣合称为中国“四大名绣”。苏州的灵山秀水与深厚的吴地文化，孕育了苏绣。苏绣艺术的悠久历史、苏绣作品的精湛技艺、苏绣艺术“精细雅洁”的独特风格，无不反映出吴地文化的品格和人文内涵。

明代王鏊在其编纂的《姑苏志》中首次凝练了苏绣的概念：“精、细、雅、洁，称苏州绣”，这也是苏绣在历史发展的长河中累积形成的核心艺术特征。其中，“精、细”是细密工整的苏绣艺术给人最为直观的视觉感受，而“雅、洁”是对苏绣艺术风雅意趣的总结。具体来看，传统苏绣的艺术特色需要从刺绣针法、刺绣技巧和表现题材三方面展开分析。

至清代，刺绣名家沈寿在《雪宧绣谱》中将传统苏绣基本针法归纳为齐针、接针、单套针、双套针、抢针、扎针、铺针、肉入针、打子针、刻鳞针、羼针、绕针、刺针、㧟针、施针、旋针、散整针和虚实针 18 种。而且近代以来苏绣并未停止其发展的步伐，针法在实践中不断得到完善，据苏州刺绣研究所进行的调查统计，目前传统苏绣的基本针法大体可划分为平绣、条纹绣、点绣、编绣、网绣、纱绣、辅助针法七大类四十余种。

清代刺绣家丁佩的专著《绣谱》中对刺绣针法的运用技巧进行了总结，提出“齐、光、直、匀、薄、顺、密”的绣工标准。这套标准也可以视为传统苏绣“精、细、雅、洁”的艺术风格在技术层面的具体反映，即刺绣针法技巧的主要特点。

绣娘们在刺绣时需要根据画稿的内容来绣制图案，因此画稿的重要性不言而喻。丁佩在《绣谱》中就曾说：“绣工之有样，犹画家之有稿，此处最宜斟酌。”传统苏绣的表现题材非常丰富，涵盖面极广，它“汲取了苏州的戏曲、民间传说、年画（桃花坞年画）、剪纸、砖雕和虎丘泥塑等其他艺术门类的营养，不断丰富和发展自身。”总体来看，传统苏绣题材可分为纹饰类题材和绘画类题材两大类。

这篇导游词最成功的地方在于，揭示了苏绣特色形成的三个内在机制，首先是依托苏州这红尘中一二等富贵风流之地，经济的繁荣为文化和艺术的繁荣奠定坚实的物质基础，其次是外来文化的影响，极大程度地丰富了苏绣的题材和内容，将苏绣带到了全国名绣之首。

2. 横式间架

客观存在的事物有上下、左右、表里、明暗、直接、间接之分，按照这种特定的情形，产生相应的文章，这种文章在具体的结构层次之间，就带有明显的横向展开的并列关系，内容涉及的几个主要方面或主要问题，都要依照这种关系安排为横式间架。采用横式间架组织文章内容，通常按照空间顺序、组成部分、所属类别等方式来安排文章的层次。

（1）空间顺序

导游词从某种程度上来说非常接近说明文，在表述内容的时候最常用的就是横式间架中按空间顺序来架构。

案例：广德寺

各位游客朋友：

大家好！欢迎大家来到广德寺，我是为大家服务的导游小杨，今天游览的广德寺位于四川省遂宁市城西三里许的卧龙山，建于唐朝开元年间，距今已有1200多年的历史，原名石佛寺，明武宗正德年间赐“广德寺”并沿用至今。庙寺占地15000多平方米，建筑面积8350平方米，寺院建设规模宏大，以大雄宝殿为轴心，三列纵向分布，从山麓至山顶，依山建寺，主次分明，左右对称。它是目前国内现存的规模最大的盛唐风格建筑群。今天我们将依次游览广德寺五宝，即圣旨坊—宋明玉印—九龙碑—缅甸玉佛—善济塔。游览时间为3个小时，请大家注意安全，爱护景区环境。

朋友们，现在我们来到的就是广德寺的镇寺之宝——善济塔，俗称肉身塔，是唐代高僧克幽法师圆寂之后，下葬于此，依身而建的一座塔。1990年，敦煌藏经洞被发现，震惊世界，其中著名的《历代法宝记》，专章记载了眼前这座肉身塔，将这座神秘的“七级浮屠”展现在了世人的面前。这座塔初建于唐贞元三年，毁于唐昭宗时期，重建于天赋年间，改建于宋哲宗元祐年间。据碑文记载，塔高13层，通高22米，各层均绘有古典图案，古朴大方，绘制精细，塔周身用陶罐铸成，顶部的“克幽之塔”四字，至今仍巍然屹立。

请大家环视四周或许会发现一个问题，在严格的古代寺庙建筑制度中，是决不允许在主殿的3米之内建塔的，那为什么我们面前的这座善济塔却能紧靠着观音殿呢？而且与周边的大雄宝殿平起平坐。这种建筑风格在全国是唯一的。广德寺作为中国的皇家禅林，与当时的皇帝有关，这也就是广德寺的一大特权了。关于这种建塔之法呢，有两种说法：第一种，就是唐皇帝为了拉近信众与克幽法师的距离，而如此建塔；第二种，是说唐昭宗时旧的善济塔被毁，其中露出了金色钩锁相连的“菩萨骨”，上面刻着“观音大士”的字样，以此就确定了我们的唐代高僧克幽法师就是菩萨在人间的修行之身了。小杨个人认为，这两种说法应该是融为一体的。观音大士也就是我们所说的观音菩萨，是家喻户晓、妇孺皆知的。原因无他，在魏晋时期，战乱极多，社会动荡，广大民众祈望有一位救民于水火、解民于倒悬的救世主。这样的背景下就使得人民信奉救苦救难的观世音菩萨。家家有弥陀，户户有观音，这句古今流传的俗语，就充分说明了我们民众崇敬供奉观世音的盛况，以及观世音在中国民间的深远影响，直至今天，观世音菩萨仍然深受广大民众的虔信与膜拜，继续展示其神奇的魅力，进一步说明了广德寺的这个善济塔修建的原因。建筑制度的特权也更直观地表明了观音菩萨在人民心中的重要地位，唐皇帝的这一做法就更深得人心。

好了，各位游客，对于善济塔的介绍就到此结束了，现在请大家稍作休息，待会儿我们继续前行，去寻找佛家传承的、历史的足迹。

介绍诸如此类的景点时，最常使用的就是空间顺序。建筑、园林等景观本来就是以空间结构来展示其特色和鉴赏角度，所以在创作此种资源类型的导游词时，一定要按照空间顺序进行内容的架构。

（2）组成部分

导游词内容按其组成部分，一部分一部分地展开，各类文体的文章都可以采用这种间架形式。

案例：三清山

说起三清山，如果要用一个词来概括它的特色，这个词应该是纯粹。首先，作为一座纯粹的道教名山，三清山的纯粹一定要和天下其他名山相对比。例如同样是道教名山的黄山，其山名就是因传说黄帝曾经在此修身炼丹而命名的，但黄山不少景观又是佛家的，因此作为黄山姊妹山的三清山其道教文化更纯粹。三清山不仅有着浓重的道教色彩，三清山的兴衰沉浮，更始终与中国道教的兴衰有密切的关系。三清山的殿、门、府、塔等所有的建筑均有浓厚的道教含义，因此这里是一个完整纯净的，可供后人观赏研究的道教文化博物馆。其次，三清山的自然美也很纯粹，这里是花岗岩的世界。世界遗产委员会的评语中写道：三清山在一个相对较小的区域内展示了独特花岗岩石柱与山峰，丰富的花岗岩造型石与多种植被、远近变化的景观及震撼人心的气候奇观相结合，创造了世界上独一无二的景观美学效果，呈现了引人入胜的自然美 。

三清山位于江西省东北部，2005 年 3 月被批准为国家地质公园，2008 年 7 月入选世界自然遗产名录。三清山是一个以花岗岩峰林地貌为主体，蕴含多种地质旅游资源的国家级地质公园，总面积 229.5 平方千米，主要地质遗迹核心保护区 71 平方千米。三清山为怀玉山地体的一部分，位于欧亚板块东南部、华夏与扬子古板块碰撞结合带，即赣东北古缝合带。

三清山的微地貌形态可分为山体、峡谷、瀑布、高山湖泊和岩溶地貌等类型。三清山最典型的地貌遗迹就是中生代花岗岩峰林地貌。公园内花岗岩微地貌景观分布集中，形成了罕见的景观集群，据统计在核心景区 2800 平方千米范围内，有奇峰 48 座，造型石 89 处，景观 384 余处，堪称“天下花岗岩微地貌的天然博物馆”。有花岗岩峰峦、峰墙、峰丛、石林、峰柱、石锥、造型石 7 个主要类型。其中“东方女神”“巨蟒出山”这两处标志性造型景观，为世界之绝景。

地质遗迹是一种重要的不可再生资源，是地球演化的记录，具有重要的科学研究价值和科普意义，地质公园的建立既能保护地质遗产，同时又能促进区域的社会经济可持续发展。三清山国家地质公园记录了新元古代以来 10 亿多年连续的地球演化历史，保存有丰富的地质遗迹，是一处天然的地学博物馆，是一个在地学等多个领域都具有全球研究对比意义的地学宝库，具有重要的保护价值。

这篇导游词用一个核心词汇“纯粹”来确立主题，后面结合“纯粹”讲述了三个平行层面的并列内容，第一个纯粹是指三清山所蕴含的道教文化之纯粹；而第二个“纯粹”是指三清山的自然美。自然和人文是构成旅游资源的两大主体内容，所以属于并列的关系，导游词就铺陈进行了这两方面的说明。

案例：黄鹤楼

一说起黄鹤楼，如果说它的特色有无数的话，那么仙风道骨一定是它最重要的一个文化底色。以道家文化为主的黄鹤楼，要感知它的仙气的话首先我们要突破观赏它的角度。道家崇尚自然，黄鹤楼的修建自然也会追求与自然的和谐。因此看黄鹤楼的角度，一定不能像其他传统建筑一样走近看，恰恰相反要走远了看，看黄鹤楼与身后的长江和远处的青山共同营造的这道骨仙风的意境。黄鹤楼仙气第二看，看数字，现在的黄鹤楼外观为五层建筑，高 51 米，里面实际是九层。而历史上的黄鹤楼并非如今的五层，而是三层建筑。仙气也体现在这些富有独特含义的宗教数字上，例如这个三层的三，源于《道德经》中的“道生一,一生二,二生三,三生万

物”。因此，正是受黄鹤楼仙气的感染，崇尚道家的诗人崔颢来此提笔一挥，写下了一首颇有灵气的传世之作——《黄鹤楼》。就让我们一起去感受一下“黄鹤一去不复返，白云千载空悠悠”的意境美吧。

黄鹤楼位于武汉市武昌蛇山西端黄鹄矶头，背依青山，面临大江，雄踞蛇山之巅，挺拔独秀，辉煌瑰丽，与滔滔江汉、莽莽龟蛇共同构成融“江、山、楼”三美合一的奇景图。悠久的历史、丰富的文化积淀和独特的文化内涵，使它与岳阳楼、滕王阁并称江南三大名楼，赢得了“天下江山第一楼”的美誉。黄鹤楼不仅是南来北往的游人到武汉的必游景点，而且是武汉一座地标性建筑。

作为武汉最具标志性的名片，黄鹤楼的研究成果不少，尤其是陈熙远从历史的发展脉络，追索关于黄鹤楼集体记忆的兴发、积累、断裂与接续，进而反思文本传统在复写过程中重复兼又掩覆的再现特质。然综观既有的研究，多涉及黄鹤楼的形成、变迁及其文化功能、神话传说，缺乏对研究对象的历史文化蕴义的探寻、解释和归纳工作。

黄鹤楼的特色表现为四点：一是从军事哨楼到游览公园，黄鹤楼原应坐落于城垣之上，作为军事谯楼之用，黄鹤楼不仅气象万千，浓缩了中华山水之胜，也展示着国家治乱时仁人志士的热血与豪情，愁苦与抗争；二是空间政治与权力的表达，自宋代始，黄鹤楼不仅承担旅游胜地的功能，也是临时的官署和官方接待之处，明清时期更是地方文化复兴的重要部分，在明清两代，人们心目中的黄鹤楼建筑已不仅仅是一座著名的风景名胜区，而且成了“太平盛世”的象征，关系到民心向背和社会稳定，所谓“盖兹楼之一兴一废，而国家之兴败，人心之悲愉系焉”；三是民间传说与道教的推动，魏晋南北朝时期，盛行神仙之说，有关黄鹤楼的仙话也在专谈“怪力乱神”志怪小说发展的背景下形成，两宋之后，虽有费祎等人传说还在延续，但黄鹤楼的仙人主角换成了吕洞宾。在黄鹤楼传说中，神仙、黄鹤、法术都是道教仙学的基本元素，羽化飞升是道教神仙的基本特征之一，而跨鹤乘云则是最浪漫的飞升方式；四是从江南胜景到城市地标，在绵延上千年的时间里，黄鹤楼屡毁屡建，虽然在不同时期，有不同的形制，但它一直在长江边发挥着重要的“点景”和“观景”作用，是长江边的主要成景对象，是许多风景画面的构图中心。登楼远眺，能观赏到以长江为近景的大幅度横向展开犹如长卷的风景画面。“晴川历历汉阳树，芳草萋萋鹦鹉洲”便是最好的诠释。

从最初的军事哨楼到游览胜地，再到城市地标，黄鹤楼功能的渐次转换，演绎着这座城市的过往与传奇，揭示了武汉地方的精神和文化样态，也是理解这座城市社会生活与文化变迁的钥匙。

作为一篇2分钟的导游词，在抓住“仙风道骨”这个核心词汇的基础上，重点突出了黄鹤楼的两大看点，一看仙气，二看数字，从并列的两个概念中诠释了黄鹤楼独具特色的建筑魅力。

案例：平遥古城

一说起平遥古城的外形，大家不约而同地会想到一个字——“方”！要理解这个方我们可以从“有形的方”和“无形的方”这两个角度来入手，首先，古城有形的“方”体现在：平遥古城平面呈方形，东西南北长均约1500米。它的格局以南大街为中轴，市楼为中心，形成“四大街、八小街、七十二蚰蜒巷”的道路网络。从天上俯瞰，城内的格局就如同一个个小方格。那么平遥古城为何呈方形的设计？这就要追溯到周朝，在一本名为《周礼》的书中明文规定城市建设必须符合以下礼法：“匠人营国，方九里，旁三门，国中九经九纬，经涂九轨，左祖右社，前朝后市，市朝一夫”的规划方法。平遥虽然只是县城，但也必须依据礼法而建，所以形成了方城的格局。而作为明清时期上千个县城中唯一被完整保存下来的汉民族县城平遥，这里不仅是世界文化遗产地，更是体验明清城市生活的标准样本，令人倍感珍惜。

世界文化遗产地平遥古城是一座将历史文化融于民居的城市，在其传统民居形态隐性的规约里，无论是民居营造选址还是建筑空间配置、内部布局、建筑结构乃至建筑装饰、堪舆文化都在其中起到相当重要的影响。以堪舆文化为视角对民居形态特征及其变迁进行解读，可以让我们看清城市过去、现在和未来，更好地把握城市文化的脉络、内涵与意义。

平遥古城位于山西省中部，始建于西周宣王时期（公元前827~前782年），总面积2.25平方千米，是迄今为止保存最完整的中国古代县治城市原型，城内现存的传统民居有3797处，其中有400余处保存相当完好。

平遥古城素有“龟城”之称，其完全是按照汉民族传统规划思想和建筑风格建设起来的城市，城内的传统民居在堪舆文化影响主要从四个微观层面展现其形态特征：从建筑平面形态来讲，平遥传统民居大多坐南朝北，基址南北长，东西短，其民居形态与北京等地四四方方的四合院不同，构成平遥传统民居独特形态特征，同时与风水理念相符；从内部空间形态来讲，平遥传统民居空间序列由宅门为起点，随着向内院的行进逐渐展开；从平面布局形态来讲，平遥古城整体上都呈现中轴对称、尊卑、长幼有序的形态特征，这正是强调相互平衡与协调中国"阴阳"理论展示的塑造力；从风水装饰形态来讲，平遥传统民居装饰中通过对历史人物、佛道神灵、动物、植物、器物等这些品物的具象化、人格化、道德化，采用借喻、谐音、转喻、反衬等手法，以单体或多体组合，寓意宇宙、人间的统一与和谐，以求趋吉避害、驱邪祈福。

这篇导游词在描述平遥古城时重点抓住了中国古城"千城一面"的特征——"方"，并从"有形的方"和"无形的方"两个平行角度对"方"做出了阐述，突出了中国古城最大的形态特征。

（3）所属类别

这就是打破时空顺序，将性质相同的材料归结在一起形成层次，逐层加深，表达作者对事物的认识，将同一类别的材料组合到一起，作为导游词的间架层次。各类文体都可用这种间架形式。

案例：藏族碉楼

一说到藏族碉楼，我们首先联想到的就是它的与众不同，一方面它不像传统游牧民族的帐篷，另一方面它也不像汉族的木质房屋，它就是顺应天时地利而生的特殊产物。藏族碉楼一般分布在农耕藏族地区，由于耕作农业的需要他们需要固定的居所，因此房屋的修建就显得极其重要，不仅能满足藏族人民基本的生活需求，更能满足他们的宗教信仰。因此藏族碉楼形成了独特的风格。其一就地取材。由于农耕藏族集中在山区，因此房屋的修建直接使用当地的石块石片来垒建，因形似碉堡而得名碉楼。其二平顶建筑。由于他们所居住的地区平地少、雨水少，因此屋顶采用平顶设计，这样既方便了平时晒粮食、衣服，更可以用于宗教当中的晒经礼佛。其三就是开窗独特。藏族聚居区海拔高，昼夜温差大，因此房屋设计既需要保暖抗冻，又能解决白天室内采光不足的缺陷，设计者们不仅增加了窗户的数量，同时采用收紧中部窗身的方法，使得藏族碉楼独具韵味。

碉楼是青藏高原独具特色的历史文化遗产。根据学者们的研究，青藏高原的碉楼以川西高原的藏羌地区最为密集，川西高原地区的碉楼又以岷江上游河谷以西到大渡河上游一带的嘉绒藏族地区为核心区，嘉绒地区不仅碉楼的数量、类型最多，分布也最为密集。

藏族碉楼又称邛笼，邛笼是汉文对高大的石砌建筑的最早称谓，汉文献有关邛笼的记载最早出现在《后汉书》中。石硕先生认为，邛笼的含义是指一种大型飞鸟即琼鸟，因此，邛笼或许是指“琼鸟之巢”，他认为“琼鸟之巢”的称谓产生的年代甚早，至少可上溯至距今2000年的东汉时代。琼鸟之巢，顾名思义，是指琼鸟之家。嘉绒藏族传说自己来自象雄“琼部”之地，由“琼鸟”孵化而来，因此将琼鸟视为祖源而普遍崇拜。邛笼建筑取材以石材为主，高的可以达十余丈，其功能为防御，内部上下由木梯连接。

碉楼的功能和作用可从以下几方面来解读：一是宗教的功能，青藏高原碉楼的起源同藏地古老的苯教有关，其原始形态是人们用以表达对苯教中“琼鸟”崇拜的一种祭祀性建筑，后来才派生出了防御的功能；二是吐司权力象征功能，因为土司在地方上的集权和财富，因此，只有土司才能调集当地的能工巧匠和老百姓为其修建雄伟壮观的碉楼，以显示土司在当地至高无上的权力。根据调研，土司的碉楼层高通常为九层或以上，碉楼通常建在土司官寨的两侧，并与土司官寨紧密相连，形成规模宏大、显赫一时的建筑群体；三是家庭实力象征功能，根据有关碉楼的传说，其中比较有代表性的是关于男性与修建碉楼的故事，这些传说反映了将碉楼作为家庭强盛、富裕、多子、智慧、团结的象征作用；四是瞭望、防御和储藏的功能，碉楼的内部可以存水，底层有牲畜，人和牲畜的粮食也都存放在碉楼里，同时碉楼还有烽火台的作用；五是战争的功能，碉楼在战争中的功能是非常重要的，历史上清军在金川由于碉楼而陷入困境，举步维艰，当时大小金川碉楼林立，易守难攻；六是界定边界的功能，用于界定边界的碉楼，多见于土司的边界地带的险关要隘，这种碉楼既是界地的勘定标记，又起防卫武备的功能作用。

藏族的碉楼既有其现实意义的作用，也有其神性的象征意义。这篇导游词重点从建筑的角度描述了碉楼的特点，属于同类型横式架构的典型案例。

案例：海南竹筒饭

一说起海南黎族人民的竹筒饭，我们就不得不想到它的鲜香美味。而成就这鲜美的关键在于一个字——米。美味的竹筒饭通常是用山兰稻中的“香米”为原料。在原始时代，勤劳的黎族人民及其先民就能根据海南独特的自然生态环境条件，用自己的双手培植出适于旱地、刀耕火种的旱稻品种。古书里有记载，“其粒绝白”“一家煮山兰饭全村香”，由此可见它香味独特，是黎族迎接贵客的珍品。这种山兰稻虽好，但却不易种植，需经过刀耕火种的生产方式，即利用焚烧的方法，将地面的草木烧为灰烬作为生长必需的肥料，同时也使地表接近10厘米的土壤变得疏松，有利于耕作，而且也能烧死地表的害虫。这其中，咱们琼中县的山兰稻作为山兰稻中的极品，更是成功入选了中国重要农业文化遗产。正是因为使用这种经过精心培育出来的山兰稻为原材料，加适量的泉水并用香蕉叶捂严，最后在炭火中烤出的竹筒米饭才会飘香四溢，闻名全国。

黎族人世世代代繁衍生息在海南岛上，至今已有3000多年的历史，黎族居住在北回归线以南，光线充足，四季长春，具有得天独厚的气候条件，长夏微冬。年平均气温23~25℃，夏季虽然炎热，但并非酷暑，最热的七八月气温也很少超过38℃，最冷的时候也很少低于10℃。冬春干旱，夏秋多雨，干湿季节明显。在这样一个环境下，形成了黎族人民独特的黎族饮食文化。

黎族人民饮食文化鲜明，食品种类很好地体现了当地的民族与地域特色。黎族通常以稻米为主食，辅之以其他的日常饮食。首先，黎族饮食主要是糯米，其特有的“山兰香糯”，除用于制酒外，还制作米糕、粽子等。其次是玉米、番薯豆类等杂粮。黎族人民的米饭非常有特色，将当地的各种可食用植物与大米糅合在一起，制成山兰米饭、竹筒饭、红薯饭、南瓜饭、黄姜饭等品种多样、营养丰富的食物。

竹筒饭又名香竹饭，颇有野炊特点，即砍下一节竹筒，装进适量的山兰米和水，放在火堆中烤熟，当竹筒表层烧焦时，饭就熟了。劈开竹筒，米饭被竹膜所包，香软可口，有香竹之清香和米饭之芬芳。如果把猪瘦肉混以香糯米和适量盐巴放进竹筒烤成香糯饭，异香扑鼻，是招待贵宾的珍贵美食。

这篇导游词围绕着竹筒饭的核心“米”而展开，重点介绍了“山兰稻”，描述其特征及种植，构架了全篇导游词的主体结构。

案例：福建妈祖

一说到妈祖，我们首先联想到的就是保佑平安。但和我们熟悉的观世音相比，妈祖的保佑平安又多了一层含义。今天我们就从两个保佑来解读妈祖。第一个是护佑出海渔民的平安。每当渔民要出海作业时可能生死未知，所以这个时候他们都希望妈祖能保护自己，所以在出海之前都会有类似刈火仪式来祈祷出海平安。除了护佑民众安全，妈祖更被视为海上战神，护佑国土。一说到保家卫国，很多人会忽略中国除了有辽阔的陆地之外还有漫长的海岸线，以及473万平方千米的海域面积。因此但凡有外国人入侵，当地人就请出妈祖，祭祀战神保国家平安。这些民间传说当中名气最大的是关于妈祖助潮让郑成功的舰队顺利进入台湾鹿耳门港的传说，今天在台湾地区依旧家喻户晓。因此，妈祖信仰让我们得出这样一个启示：一个国家的安宁离不开这个国家国防的强大，而国防的强大离不开海、陆、空三军的强大，只有国家真正强大，妈祖信仰才能流芳百世。

妈祖的形象是在不断发展变化的，大体而言，从宋到清的数百年中，妈祖的形象包括以下几个主要方面：从国家—社会的角度来看，是民间之神和官方之神；从社会功能方面来看，是“乡土之神”“公务之神”。言其著者，可以简单地归结为三大形象，即福建“乡土之神”“公务之神”和“全国海商之神”。妈祖形象的演变，既包括这三大形象的各自变化，也包括相互之间的转变。

过去一般意见认为妈祖是海神或航海保护神，但这种看法近来已受到挑战。新近的观点认为妈祖是一位具有多功能的神祇。第一，妈祖是福建乡土之神，所谓“乡土之神”，指的是保佑一方民众的善神，这里特指总管一方民众社会生活各个方面的神灵。由于要管之事甚多，因此这种神灵必须具有多方面的神力。第二，妈祖也是“公务之神”，由南宋至清，在妈祖信仰传播的过程中，妈祖作为“公务之神”的形象一直在发展。在南宋，妈祖基本上还只是一位执行地方性国家职能的“公务之神”，而到了元、明、清，则演变为执行全国性国家职能的“公务之神”了。第三，妈祖已从福建海商之神过渡到全国海商之神，福建海商带到外地的妈祖形象，经历了一个复杂的变化过程，使其“海商之神”的一面得到大力凸显，从而也就变成全国海商都能接受的神灵。至于其从“福建海商之神”演变为“全国海商之神”的社会经济背景，我们认为主要原因是沿海贸易的发展。这一发展在清代达到高峰，使得中国沿海各地被纳入一个联系紧密的海上贸易网中，使得原先往来不多的各地商人形成了一个关系密切的社会群体。这个群体日益强大，需要一种文化上的认同方式。正是因为这种需要，突出了“海商之神”性格的妈祖形象，才能成功地为这个群体提供了一种大家都可接受的认同方式。

这篇导游词是基于妈祖护佑的社会意义角度，对妈祖文化所衍生出的保家卫国的现实意义，在导游词结构上属于横式间架的同类别结构。

3. 交叉式间架

纵向横向交织在一起，穿插进行，这是一种纵横交叉式结构。这种结构的导游词，或以纵向为主的，或以横向为主。

案例：九寨沟

各位游客朋友们：

大家好，欢迎来到被称为“童话世界”的九寨沟，九寨沟内自然资源和水体资源丰富，保护区内森林覆盖率超过80%，高山湖泊有108个，大型瀑布有17处之多。当人们游憩在自然山水之间惊叹于大自然的神奇造化时，或许我们往往会忽略这样一个问题：如果宇宙是这些山水的缔造者，那么究竟谁是这些山水的守护者？如果失去守护者，我们的自然遗产又会怎样？

我们现在看见的树正寨的9座白塔，也被称为九宝莲花菩提塔。在藏族佛教里面的塔分为灵塔和佛塔，灵塔供奉在寺院里，是活佛塔葬的一种形式，灵塔用金或者铜铸成。佛塔建在寺院和各村寨入口较低的地方。塔高由村寨和建塔位置的高低来决定，塔基和中间的台阶式造型，必须是5层，塔顶下凹凸一致，凸出部分必须是13层，塔的原色必须是白色，塔的命名，在塔的高度和“三个不变”原则下，由塔内的经文和法器类别、塔身造型、装饰特点来决定。九寨沟树正寨的“九包莲花菩提塔”是按主体佛法经文的内容与名称合并命名的。白塔本是宗教的产物，但在这里，9座白塔象征的是9个寨子。九寨沟景区内现有荷叶、树正、则渣佳、扎如4个村寨，共计约340户，1200余人。这些居民为什么舍弃繁华都市的生活，依旧坚守在深山之中，依旧每天在清晨围着白塔转经礼佛？

宗教是他们的信仰支撑，主人是他们的身份责任，他们信仰以崇拜自然对象为主的原始宗教苯教，这种崇拜传统一直在民间流传，苯教是一种多神崇拜，崇拜对象包括日、月、星辰、山川、河流、湖泊、飞禽走兽等，相信“万物有灵”，也崇敬着九寨沟。

20世纪50年代，宁静被打破，60年代中到70年代末，国家考虑在九寨沟建立林场采伐。森林砍伐后的直接后果就是无法涵养水源，九寨沟的海子开始枯竭，一方面，泥石流等地质灾害频发，给当地居民的生产生活带来了重大的安全隐患。主人翁意识使他们一方面开创了居民参与景区保护新模式，九寨沟把保护放在第一位，开通了绿色环保观光车；同时，启动游客限量管理，控制每天进沟的人数；实施动态保洁和垃圾及时清运；引入智能型全自动免水冲环保生态厕所和环保型车载式流动厕所，这些保护措施，在全国景区中都是首创。

另一方面是他们能在景区各个岗位上坚守自己的责任，在保护中，将九寨沟的人进行三项分流，第一项，有特殊管理人才的人进入管理局班子，能够当副局长也好，当处长也好，就解决了就业问题。第二项就是有经商能力的人，搞旅游，通过旅游来使自己发财。第三项，就是又没有管理能力，又没有文化，又不能经商的，就养路。你可以加入养路队、巡山队、护林防火队。

九寨沟的沟内游、沟外住，国际上现在已经开始效仿。九寨沟的这个栈道，离地的栈道，国外纷纷效仿。九寨沟把景区的每个居民当成主人，由自然保护联盟向全世界推行，纷纷介绍九寨沟。

九寨的美是大自然的杰作，但是后来的美却是当地的主人所保护下来的，九寨的山水是大自然的恩赐，九寨的奇迹是这些人的创造，只有深入了解这层关系，这才是真正游览了九寨沟。

这篇导游词从结构上来说，就属于交叉式间构，以横式间架为主，辅以纵式间架。横式间架以九寨沟的“守护者”为主体来进行创作，从藏族村寨的分布到藏族人民的信仰，再到今天九寨沟的管理。在谈到九寨沟管理的部分同时又穿插了纵式间架，从九寨沟过去被发现的历史到今天九寨沟的管理现状。其实这种纵横交织的结构在导游词创作中是非常常见的。

（二）导游词结构的美学分析

1. 导游词的整体美

“各种结构都有自己的整体性，这个特点是不言而喻的。”（皮亚杰《结构主义》第一章）可以说，中外文论家都认识到了这一点。他们喜欢以人比喻文章，就因为人是我们最熟悉的、最完美的整体。刘勰在《文心雕龙》“附会”篇说：“情志为神明，事义为骨髓，辞采为肌肤，宫商为声气。”他从文章构成要素之间的有机联系阐明了文章的整体性。郎加纳斯的看法更具体、更明了。他在《论崇高》第四十节说：“文章要靠布局才能达到高度的雄伟，正如人体要靠四肢五官的配合才能显得美。整体中体何一部分如果割裂开来孤立地看，是没有什么引人注意的，但是把所有各部分综合在一起，就形成一个完美的整体。”他把整体性看作文章臻美的首要条件，是结构的第一要求。一篇文章中，各个部分犹如单片的花瓣，不会怎样的引人注目，但它一旦依序构成一朵花之后，整个结构便显得“堂皇卓越”，整朵花便有夺人心魄的魅力。所以，在进行文章构造中，不应仅仅把文章是整体作为感性的认识，而有必要把它作为一种具有指导意义的、牢固的观念。

导游词的整体性通过“开篇”“布局”“提升”“结尾”4 个部分体现，也就是通常我们说创作的四步骤：起、承、转、合。“起承转合”的篇章结构最早见于中国古代诗歌的创作。据考证，早在元代杨载的《诗法数家》和傅若金的《诗法正论》中，就以“起承转合”论诗法。蒋寅认为“起承转合”是“中国传统诗学中关于文本叙述结构的一个基本理论，从元代以来一直在诗学中主宰着人们对作品结构的理解”。杨载在《诗法家数》中以“破题”“颔联”“颈联”“结句”对应“起承转合”四字。“起承转合”作为诗歌理论强调的是诗歌在结构上可以分为四部分及各部分之间钩锁开合的逻辑关系。一般首句为“起”，引发话题；第二句为“承”，接着话题写意；第三句为“转”，既呼应前面的话题，又避免直接叙述话题；末句为“合”，升华主题，做到言有尽而意无穷。

在导游词的结构中，“起”是指开头，是整篇导游词的主题句，由“起”切入到导游词的主题，一般会在这个阶段提出表达主题思想。“转”的功能解释对于很多中国学者来讲是开放的。他概括总结了两种解释：对比解释和非对比解释。非对比解释为如果“承”的部分没有例子，那么“转”的功能就是通过举例来发展和深化主题；如果“承”的部分已经给出实例，那么“转”的功能就是通过举出更详尽的实例来发展和深化主题；或解释为“转”的部分是提出论点、想法及类比的，是对“承”的延伸。总之，这种非对比解释认为“转”和“承”一脉相承，只是程度上的差别。对比解释为：“转”从一个新的方面延续“起”和“承”的话题讨论，或提出了一个反例（此时，“承”的部分已经给出了例子），或提出一个与“承”相反的观点和视角，或是对“承”的直接批驳。总之，这种解释认为“转”和“承”是相对相反的，但是相容的。这两种解释的共同之处在于，“转”并不是学界公认的“不连贯或螺旋性”表现；相反，“转”是加强主题的手段。“合”是导游词的高潮部分，通过“承”和“转”自然过渡到“合”，通过“合”体现导游词的立意，起到画龙点睛的作用。

所以，鉴于对“承”和“转”的关系解读，我们可以把导游词的整体结构简化为“开头”“内容”和“结尾”三部分。好的导游词需要好的开头、丰富的内容和短小精悍、意味深长的结尾，也就是通常所说的“虎头”“猪肚”“豹尾”。

案例：峨眉山万年寺白水秋风

各位游客朋友：

大家好，自古名山多神水，山因水而秀，水因山而灵，如大龙湫之于雁荡山、九湾十八曲之于武夷山。峨眉山也是这样的一座山地，水给峨眉山引来了宗教，增添了灵性，成为名副其实的仙山。早在东汉末年，道教便在山上兴起，此地称为“灵虚洞天”。魏、晋以来，佛教逐渐在山上修建寺庙，称此地为“光明山”。唐、宋以后，峨眉山上佛教兴盛，逐渐成了佛教圣地，与山西五台山、浙江普陀山和安徽九华山并称为中国四大佛教名山。

峨眉山位于四川盆地的西南边缘，由大峨、二峨、三峨、四峨四座山峰组成。在佛教四大名山中，五台因清凉而属风，普陀因海岛而属水，九华因地藏而属地，峨眉却由于四座山峰的形状如火焰而属火，所以有了峨眉山中多回禄之苦的说法。回禄是火神，也就是峨眉山林多火灾。就拿这座我们现在所处的寺庙万年寺来说，各朝各代有记载的火灾宋代有三次，清代有一次，1946年还有一次。所以唐代高僧慧通重建峨眉山六大寺后，以“水火相克”理论，认为云水可以制火，便将华严寺改名归云寺，中峰寺改名集云寺，牛心寺改名卧云寺，华藏寺改名黑水寺，普贤寺也就是现在的万年寺更名为白水寺，这就形成了“三云二水而抑之”的格局。不过更名并没有解决峨眉山多火灾的问题，倒是这“白水秋风”成了峨眉山著名的十景之一。

各位游客，我们现在所站的位置是万年寺无梁砖殿前的白水池畔，前方就是峨眉山现存最古老、最有价值的古建筑——普贤殿，又称无梁砖殿。寺庙背后依靠着山峰，寺前三方都是溪水，远处峰峦叠翠，不像是在山中，但又确实是在山中。秋高气爽的时候，峨眉山下暑气未退，金顶三峰已经初飘白雪，只有位于中山区的万年寺处于一年中的黄金季节，山间云烟缥缈，万绿丛中泛起片片红叶。峨眉山植物资源丰富，有“植物王国”之称，全山有植物 5000 多种，这些树种中连香、花秋、漆树、枫叶一到秋季叶子就陆续由青转黄，由黄转红，各种植物叶子变色的深浅不同、时间先后也不同，因此出现了炫目的彩林，映衬在眼前安静而清幽的白水池中，清秀的山和绚丽的林就在这一汪池水中形成了如醉的画面。

白水池是天然形成的，但它周围并没有水源，这一池清水是什么时候又是什么原因形成已经不可考证。不过此处的海拔有 1000 多米，池水还保持常年不干涸也属于奇迹了。秋天的夜晚，月上中天，白水池就像一面镜子，夜色中它汪着一池的银月光，静静地躺在夜空下，明月照得池水仿佛一整块水晶般晶莹透亮，池的四周低低地围着石栏，水的波光印在石板上轻轻地摇晃，让人感觉这池水中包含着无限的灵气，它幽静，像待字闺中的处子；它神秘，似森林中寂寞的精灵；它深沉，仿佛远绝红尘的高僧。不同于“象池月夜”，洗象池的月更容易让人产生思乡的情绪，而白水池的月，则更容易让人从凡尘之中抽离出来，与这佛国仙境更贴近、更融合。

不过让人着迷的还有这池中独特的生物——弹琴蛙。其实弹琴蛙并非只在峨眉山有，但是这里会弹琴的蛙们比别处更为骄傲，是因为它曾同诗仙李白结下了不解之缘。当年李白云游灵山秀水的佛教圣地峨眉山时，在万年寺结识了高僧广浚，两人结为知己。住持广浚博古通今，文采斐然，而且还弹得一手好琴。李白曾作诗《听蜀僧浚弹琴》，其中一句“为我一挥手，如听万壑松”，将广浚超凡脱俗的琴艺描写得入木三分。就在我们眼前的白水池旁，广浚曾多次为李白抚琴，鸣旷世之绝响。相传池中的蛙因听了琴声有感，所以蛙声如琴。古琴是偏向静态之美的艺术，因此弹琴要讲求幽静的外在环境与闲适内在的心情配合，方可追求到琴曲心物合一的艺术境界。学佛之人心思澄明，对音乐的顿悟也在俗人之上，况且在佛门中修行的广浚常年浸润在峨眉山钟灵毓秀的佛教意蕴中，确实深得习琴之妙，难怪大诗人李白也对这峨眉琴音赞叹不已。

这池中的弹琴蛙是否真得广浚真传呢？感兴趣的游客可以在此停留一会儿，保持安静，兴许能听到像拨弄琴弦一般的叮咚声，单听一只弹琴蛙的鸣叫，就仿如琴师在演奏前的以手拨弦，奇妙的是每只蛙所发出的音调是高低不同的，当它们齐声鸣唱的时候，你就像听到一双拨云的手在琴弦上自由而飘逸地舞动，如行云流水般清越、优美。峨眉的山、月和这琴音在水的滋养下相得益彰，营造出清远淡雅的佛教意境，这，就是“白水秋风”的精妙之处。

这篇峨眉山万年寺白水秋风的导游词开篇引入方式紧扣白水秋风的得名，从峨眉山常见自然灾害火灾切入，引出白水秋风的得名由来。再从白水秋风这一峨眉十景之一进行周围环境特色刻画。在结尾部分通过弹琴蛙引出广浚，将峨眉山钟灵毓秀的自然环境与佛教的宗教意蕴结合起来，全篇的结构清晰，主题突出，呈现出导游词结构的整体美。

案例：太湖碧螺春

一说到碧螺春，我们首先联想到的是它的别称——“吓煞人香”。那了解碧螺春的钥匙，一定就是在这个“香”字上。它的“香”究竟是从何而来的呢？我想应该归功于大自然独特的恩赐。我将从特殊的土质和交错而生的种植布局两个角度进行介绍。第一，碧螺春生长在洞庭太湖，水汽升腾，雾气悠悠，环境潮湿，土壤呈微酸性或酸性，又因为茶树是碱性的植物，所以要酸碱中和，加之质地疏松，极宜于碧螺春茶树生长；第二，洞庭碧螺春产区是我国著名的茶、果间作区。茶树和桃、李、杏、梅等果木交错种植，自然而然形成了独特的复合型香味。茶树、果树枝丫相连，根脉相通，茶吸果香，使碧螺春茶具有花香果味的天然品质和独特口感。在刚刚采摘下来的新鲜碧螺春茶叶中，一般会含有超过高达 50 种的芳香物质。一杯碧螺春真可谓香气四溢，入口让人回味无穷，引人无限遐想。

太湖明珠洞庭山独特的花香果味孕育出洞庭碧螺春茶“满身毛、铜丝条、蜜蜂腿、宝绿翠”的品质特征，其原料细嫩、色泽鲜艳、香气鲜浓、滋味鲜醇，素有“一嫩三鲜”美名，饮之鲜爽生津、满口生香，公认为全国十大名茶之一。

碧螺春最大的特色就是其香气，所以曾经被称为“吓煞人香”。与一般绿茶以及其他名茶明显不同的是，洞庭碧螺春的已醛和壬醛含量显著地高。尤其是壬醛含量超过了芳樟醇的含量，成为含量最高的香气成分。这是在其他任何茶都未曾发现的。这种壬醛的含量超高造就了碧螺春独特的香型。

要归结碧螺春的文化特色，可以从以下四个方面来解读：

首先，碧螺春是一种灵草。苏州人杰地灵，是著名鱼米之乡，原始时代的先民早在这里繁衍生息，创造了古代灿烂的文明。苏州建城已有2000多年，想当年，吴王阖闾曾经称霸一方，越王勾践只有俯首称臣。温暖湿润的气候、一望无际的太湖、生态优良的山丘，为茶树生长提供了良好条件。

其次，碧螺春是一种淡泊。苏州是吴文化的发祥地和中心，收敛、淡泊、超然、自省是苏州文化的特有韵味，它与个性张扬、争强好胜、夸夸其谈、欺世盗名格格不入。苏州文化的包容、随缘、舒适令人难以忘怀。

再次，碧螺春是一种精细。苏州文化虽重内敛，但十分注意追求一流，一切均要至善至美，力求方寸之中见功夫。精细是一种价值追求，更是一种文化体现。苏州农业，精耕细作；苏州城建，小桥流水；苏州园地，以小见大；苏州刺绣，巧夺天工。

最后，碧螺春是一种力量。自古以来，苏州文化的特有魅力让无数人如痴如醉，这就是文化的力量。“苏湖熟，天下足”“上有天堂，下有苏杭”，这些美好的赞语，就是古今人们对苏州的肯定。在这片古今富裕的土地上，产生过全国大约1/3的状元，所产生的文化辐射更是无法估量。

这篇导游词虽然短小，但三层结构清晰，紧紧围绕碧螺春最显著特征“香”做文章，刻画出生动形象的名茶特性。

2. 导游词的序列美

导游词是有序列的，也可称为条理、层次。这一结构的特点也不言而喻。因为“思维既把相互联系的要素联合为一个统一体，同样也把意识的对象分为它的要素。没有分析，就没有综合”。导游词的结构就体现了这一思维的特征。它通过主体的思维运动去表现客观物体，完成的是整体—分析—综介（整体）的运动程序。表现在导游词结构中，就呈现出一定的条序来。

导游词结构的表现，依据于作者的思维运动，也就是作者的构思。那么，作者是如何构思的呢？简单说来，就是作者在开展思路时，要凭靠客观物体的自然变化和写作主体的思维定向运动两个方面。

客观事物有其内部条理和发展规律。导游词作为客观事物的反映，不仅仅反映客观事物的形状、意义，而且也要反映出客观事物的内部结构。这一结构从导游词中具体出现时，就显出了清晰的导游词层次。

事物的内部条理性，即“物中有序”，是极其普遍的现象，诸如大自然的生态、物质的分子构成、人体的九大解剖系统、人的性格变化发展、事件的起因结果，把这些序列自然地写进导游词里，导游词的序列美也就自然而然地产生了。

那么，怎样使导游词的结构有条理呢？实践证明，理清思路是最好的、也是唯一的办法。思路清晰，导游词的层次就分明，思路模糊，导游词就会混沌一片，正像布瓦洛所说：“你写作之前先要学得构思清楚，全要看你的思想是明朗还是暧昧，你的文辞相应地就是含糊或清晰。”思路，是构造导游词所沿的路线、轨迹，是作者具体安排材料通盘谋划的“心算”过程。哪些材料取用，哪些材料弃去，怎样开头、怎么结尾、如何转换，以及导游词内部运动的快慢节奏、断续开合、跌宕放收等都要豁然在胸，并用“义脉”把其贯通起来，使其成为活生生的有机整体。

案例：布达拉宫

各位游客：

大家好！从布达拉宫南面正门进入，此刻我们即将踏上通往圣殿的朝拜之旅。有首歌曲不经意回响在耳畔，“那是一条神奇的天路，带我们走进人间天堂。”放眼望去，此时就有这样一条朝圣之路绵延在我们面前，这些来自雪域高原的永恒石头，组成了通往天国的阶梯，构筑起宫殿不朽的注解，诉说着布达拉宫1300年的虹彩流云和沧海桑田。

7世纪吐蕃王朝第三十三代赞普松赞干布为迎接大唐文成公主而兴建布达拉宫，布达拉即藏语中“观音菩萨居住的地方”。然而这座宫殿历经两个世纪的屹立却也逃脱不了命运的多舛最终毁于火灾与战乱。直至1645年五世达赖历时三年重建，最终于1693年建成白宫和红宫，布达拉宫才成为历代达赖喇嘛居住、处理政务、进行宗教活动的场所，成为雪域高原的明珠和浴火重生的传奇！

几乎每位走到此处的游客都会抬头仰望这条看似高不可攀的石阶，这是通往布达拉宫白宫宫门的必经之路，它呈“之”字形，由千级石阶组成。而要进入布达拉宫就必须首先挑战它。因此就让我们先来说说这条“之”字形的石阶。大家请看这些石阶是用花岗岩石依山势迂回而上铺就的，大体与山的等高线平行，呈不规则的“之”字形。它共分为四段，首先是向西斜上，其次向东，然后又向西，最后再向东而形成。石阶用白色涂料装饰，和白宫浑然一体。布达拉宫从山脚到顶端上下距离115.7米，这些白色的阶梯不仅叠加出布达拉宫的高度，而且谱写出布达拉宫的传奇。远远望去，这条“之”字形的上山石道像一条升腾的飘带，环绕在宫殿的低层。而“飘带”的尽头则是人世间最高的殿堂，庄严神圣！

细心的游客或许已经发现：这条“之”字形的石阶是从左向右延展，这恰好符合藏传佛教顺时针转经的方向。转经，是藏传佛教特有的一种修行方式，指围绕某一特定路线行走与祈祷。转经是信徒最实用、最便捷、最热衷的一种精神践行活动。但转经不是一般意义上的行走，它是有固定的方向的——右旋，也就是顺时针方向。因为信徒认为朝拜路线按顺时针方向，是与太阳运行的轨迹东南西北相一致，与宇宙的律动相和谐。而这种方向路线可能就是继承了古印度太阳崇拜的传统，当时婆罗门每天执行的早、中、晚三次宗教仪式中，东就为朝拜绕行的起点，顺时针依次经过南、西、北，所以佛教按顺时针转经实质是反映了太阳崇拜的文化内涵。同时，转经不同于一般的修行行为，它是一个身心俱修的活动。在转经修行中尤以“转廊拉”最为神圣，“转廊拉”是指围绕寺院、神山圣湖等转经道而转。他们怀着感念之情，不避风险、通过含辛茹苦的跋涉和叩拜环绕这些神圣之地，期望能够得到礼佛、敬佛的功德。

而我们面前这条从左向右延展的上山石道，冥冥之中早已注定它将是我们人生旅途当中的一次“转廊拉”，我们将在每一步艰难攀爬和每一次痛苦呼吸之后，带着不同的感悟一步步走向这人间的天堂！

人已非，事已休！我们身后的布达拉宫也在参悟这世事的变迁！

心未变，神仍在！我们身后的布达拉宫也在凝望这宗教的传承！

好了，各位游客我们就拾级而上吧。

建筑美的含义，是以建筑与周围环境的联系作为整体而体现出来的。举世闻名的布达拉宫是地球上海拔最高的古代宫殿之一，它位于拉萨城河谷盆地的红山上，方圆300多千米，周围是银光闪闪的雪山群峰环绕，蓝天如洗，一派粗犷飘逸的高原景色。布达拉宫起建于山腰，大面积的石壁由下而上作明显收分，并略向后仰成倾斜状，使建筑与山势融为一体，是宫殿和寺院结合化一的建筑群。当人们一踏入拉萨平原，首先看到的就是布达拉宫，雪峰映衬，在蓝天之下，白云缥缈之间，层楼竞耸，朱壁白墙，幢幡琳琅，金碧辉煌，仿佛是超脱尘世而飘浮在空中的一座宫殿。西藏多山，藏传佛教建筑多依山而建，背岭临塬，层次栉比。拾级登临颇有凌空之感。即使少数建于平原，也是院落重叠，主殿拔地凌空，巍然高耸，回廊曲槛，幽邃多姿，其建筑构思与所达到的象征意义是相同的。

从整体布局分析，藏传佛教由于宣传“三界”之说的影响，建筑大都以纵向自下而上的三个层次为布局结构，这种布局在西藏寺院建筑中是最具代表性的一种。如果把建筑比作“凝固的音乐”，即如递进的三个乐章。概括地说，这种纵向结构可分为：下部是第一层次，是“欲界”的象征，它的象征意义主要靠“借景”来体现。这些建筑均居高临下，在这些建筑的下方，或远或近，均有村寨民居与寺院建筑构成群体建筑的整体系统。在佛教看来，这就是“此岸”“欲界”所在；第二层次是“色界”的象征，由于寺院大都建于山阜之上，由山脚下的村落民居到达山上阜上的寺院都有漫长曲折的石磴道相连，仿佛攀登天梯；第三个层次，即寺院的顶部，大都是佛殿建筑，存放佛骨、佛塔，是“无色界”的象征。由此可见，西藏佛教建筑的整体布局处理，十分重视序列的结构逻辑和时空关系。

从时空关系看，西藏的寺院建筑是按线的运动，将时间的变化融合到空间的推移中去，又从空间的推移中显现出时间的节奏。从结构逻辑看，时空节奏感必然引出对序列的逻辑感。寺院必须高于民居，主殿必须高于侧殿，佛堂必须凌驾于其顶，当人们进入空间序列时，情绪也由低至高再由高至低，格局也由小到大再由大至小，纷扰复沓而又错落有致，曲折回环且极注重把握章法和尺度。

这篇导游词的序列美表现在从攀爬布达拉宫开始，引出藏传佛教的修行，以及修行方式背后所涵盖的佛教世界观，并由此引申进而思考人生意义。结构层次清晰，层层递进。

3. 导游词的均衡美

均衡是导游词结构的主要美学特征之一，它要求作者在安排结构的各个因素时，充分注意它们的比例，以使每一因素处于整体中都是协调的，各个因素所占的比重是匀称的、平衡的。导游词结构的均衡性，原本也是其他事物所固有的。如大自然生态结构的平衡、人类心理活动的平衡、物体结构的稳定等。只是由于导游词结构是打破这些事物原有的内部序列而经作者重新组合，或者创造出的一种新的形式，就特别需要有相对的条件使其稳定，而均衡正是实现这一目的的必备条件和显著标志。

那么，如何出现结构的相对稳定呢？首先是视觉均衡。一般说来，我们称导游词的层次为部分（即部件），它是依据内容的逻辑关系而划分的、是抽象的。而构成导游词的最基本单位——段落（即原件），则是自然的停顿，有着一目了然的标志，是具体的。我们知道，只有具体的东西我们才能感到它、才能看到它。所以，段落就自然而然地作为一种“视觉形象”存在于我们阅读的导游词之中。

读者阅读一篇导游词，大都会有相同的体验。或者一逗到底，整页浑然一篇，毫无间隔，令人顿生窒息之感，常常不忍卒读；或者散豆成兵，一句一段，多是缝隙停歇，使人不免生零碎轻飘之意，也会中途释卷。只有匀称的、适合读者观赏的文段，才最大可能地引起读者兴趣。

其次是心理平衡。词句数量的均衡，只是一种表面的现象，每一位作者在写作时，也大都不会受此局限，而是在某种思想的支配下，很容易形成长短不齐的段落，体现出一种错落之美。

视觉平衡与心理平衡在构段中是不可缺少的因素。有经验的作者，总是把它们较好地统一在一起，使它们在矛盾运动中相和谐，从而实现导游词结构的整体稳定。所以，段与段的平衡只是暂时的，它必然受结构整体功能的制约。在结构的系统中，局部的平衡常常被打破，继而出现更大的、新的平衡。这就使作者极尽可能地去调整导游词的内部结构，表现出独具的匠心，而并不是静止、千篇一律套用一种模式，就像阿恩海姆所说，“一个不断地从事于追求和运动的人，总是要把构成他生命状态的那些相互冲突的力量组织起来，尽可能使它们达到一种最佳的平衡状态。”

案例：江油李白故居陇西院

各位游客朋友们：

你们好！一路走来我们领略了仙鹤般飘逸的李白，长江般豪放的李白，现在我们来说说孩提般童真的李白。这里就是李白童年生活的陇西院，典型的中式四合院，由门厅、天井、堂屋、厢房组成，两侧厢房为书房、卧室、会客室。大家听：

“此石巍巍活像牛，埋藏是地数千秋。风吹遍体无毛动，雨打浑身有汗流。”大家猜猜这首诗是李白几岁时所写的？这是他5岁时所写的诗，从这里，李白开始了他与诗为伴的一生；从这里，李白生命中的童趣、童真、童心孕育出许多传世佳作！

童趣——是李白诗歌保持率真的源泉。江油的山水之间留下了李白的身影，我们在磨针溪仿佛看见了他，在秋月朗朗的夜晚，陇西院的庭院和水井旁，明月带着童趣的相思，使他诗歌的浪漫多了些柔情，即使他仗剑出川，离家乡千里之外。那《静夜思》给了他乡愁的眺望，给了他乡情的流连。“床前明月光，疑是地上霜。举头望明月，低头思故乡。”童趣的率真又表现在饮酒作诗上面，并被誉为酒仙、诗仙。有酒才有诗，有诗必有酒。同样是喝酒，李白就有奇思妙想：请看天，“天若不爱酒，酒星不在天。”请看地，“地若不爱酒，地应无酒泉”。他的结论是：“天地既爱酒，爱酒不愧天。”像这样把饮酒童趣般地表达出来，绝对是空前绝后的创造，这就是李白最真性情的写照。

童真——是李白诗歌流传不朽的生命本真。当年李白接到皇帝招他进京的诏书时，兴奋到了极点，欢呼雀跃，踌躇满志，“仰天大笑出门去，我辈岂是蓬蒿人”，一厢情愿地设计着辅佐君王的人生理想，他发誓要竭心尽力，报答皇帝的知遇之恩。此时的李白已经到了不惑之年，但其天真的心态与儿童有什么区别呢？以童真的心态看人事，人事是和善的，以童真的心态看社会，社会是温馨的，以童真的心态看朝政，朝政是光明的。李白正是抱着这样的心态到了长安。

但是，现实往往是残酷的，李白并没有真正地得到自己想要的仕途。在聪明的人，如唐玄宗，眼里，李白是透明的，他像孩子一般思考着人生，随性地表达自己的内心。不过，如果我们换一种方式思考，李白那如婴儿般哭着要捉月亮时的天真，正是他成为最浪漫诗人的原因。由于我们很多成年人的练达和世故，往往忽视了李白的天真可爱，以成熟的目光抹杀他那孩提般的童真，不免有些雾中看花，看不真切。

童心——是李白诗歌童真本性的根源。单纯的童趣造就了质朴的童真，而童趣、童真的根本来自浪漫的童心，共同塑造了鲜活而真实的李白。李白宫廷醉酒、力士脱靴，人们往往认为是李白不畏权贵的风骨，其实不过是李白天真烂漫童心的表现罢了。“我是潇湘放逐臣，君辞明主汉江滨。天外长求太白老，金陵捉得酒仙人。”这口气哪像一个流放之人，古今被流放的人无不诚惶诚恐，李白这般戏谑潇洒，只能用一颗不老的童心来解释了。

游客朋友们，李白的童趣、童真、童心让他活得像仙人般洒脱快活，领悟李白的童真美，就必须有一颗童心。童心不灭，我们就能返老还童，潇洒快乐地生活；童真不失，我们就能抛下烦恼，乐得逍遥自在；童趣不忘，我们就能健康长寿，谱写出人生最美丽的诗篇！谢谢！

这篇导游词呈现出典型的结构均衡之美，讲解点位选择是在李白幼年生活的陇西院，结合这个时期李白的年龄阶段，主题选择为童趣、童真和童心。每一部分在字数分配和时间分配上都比较均衡，读来朗朗上口、节奏韵律感强，观之视觉均衡、四平八稳，是结构均衡的典型范例。

对于导游词的创作路径来说，有方法但无定法，在创作领域的探索需要不断地创新。人类历史上的每次创新都离不开创新思维，每一次创新都源于创新思维，每一次创新都是创新思维的结果。坚持创新思维就是要培养善于因时制宜、知难而进、开拓创新的能力。导游词创作路径的创新包括题材的创新、形式的创新、手段的创新、观念的创新、内容的创新、风格的创新等。在未来的创作过程中还需要继续探索，努力前行。

第五章

基于旅游资源评价的导游词创作技巧运用研究

一、导游词创意写作的叙事技巧

（一）叙事结构技巧对导游词创作的影响

技巧是学习者把掌握的技法经过反复实践，达到能自如熟练地运用，并且有自己独到的感悟。

1. 运用形式本身的意义来凸显导游词的内涵

结构本身隐含的意义，往往比公开的文字表述还要重要。结构的定位比一般的评价的定位还要重要，所以说结构本身不是一个单纯的技巧问题。为了避免空喊口号式的创作，掌握结构本身隐含的意义非常重要。形式是一种评价，导游词需要形式，但不能为形式而形式，必须建立形式和内容之间的联系，让每一节文字都能很好地表达某一方面的内容，每个段落之间构成递进关系。

案例：云南路南石林

各位游客：

大家好！我们现在所处的地方就是著名的喀斯特地貌景观路南石林。如果我问大家自然和人文的风景您更喜欢哪一类？我想答案肯定是不一致的，如果说人文的美美在内涵，那自然的美，就美在永恒、美在静穆、美在纯粹、美在气节！

静穆是当我们身处石林中感受至深的一点，这里位于石林彝族自治县境内，距离昆明市区89千米，“路南”是撒尼人的语言，意思是“长满黑色石头的地方”，石林也由此得名。漫步于石林之中，您听不到来自城市的喧嚣嘈杂，也没有了现代生活的光怪陆离，只有一支支静静矗立在这里的石柱，安静地诉说来自远古洪荒的故事，默默洗涤我们浮于尘世的内心。

各位游客，现在我们所处的位置是能观看大石林全景的望峰亭，这个亭子是建在30米高的石峰顶上。站在这里，远远近近，高高低低，形态各异的怪石尽收眼底，我想每位朋友都惊叹于这里的奇异景色，感慨这大自然的神奇力量。路南石林的永恒也就蕴藏在这每一块山石之中。这里的石头都有着2亿~3亿年的历史，与人类存在的时间相比较，这是一个相当漫长的时间。如果把石林从最初形成到今天浓缩成一天，那人类的存在只占了15分钟。这壮观的石林景观又是如何形成的呢？我想说：这是大自然用时间雕刻的艺术品。

石林属于典型的喀斯特地貌，又称岩溶地貌，是水对可溶性岩石进行溶蚀等作用所形成的地表和地下形态的总称。这里形成于2.7亿年前，在喜马拉雅造山运动时期，岩层抬升过程中受到水、生物等因素的影响，形成了今天我们所看到的千峰林立、高耸入云的奇观。这些以水为主的外部因素好像一把雕刻刀一样，将每一块岩石削出了锋利的尖、刻出了深邃的谷。沧海桑田、数易春秋，石林矗立了2600万年以后，才企盼到人类的到来，期待人类赋予它们灵魂和神采。

自然风景是纯粹的，这里的一山一石都是清水出芙蓉、天然去雕饰。但是，在人类的复杂思维下，这些纯粹的山石又被凝固成不同的回忆，定格出不同的想象。

请大家看这些石头，外形上千奇百怪，有“双鸟渡食”“象踞石台”“千年龟”等，无不惟妙惟肖，形态逼真。特别值得一提的是这里的“石钟”，从外形上看酷似一口大钟，据说这是乐神赠给石林的宝贝，请大家闭上眼睛仔细倾听，在寂静的苍穹下仿佛能听到美妙的音乐，这音乐是否奏出了您的心声？

好了，各位游客，路南石林的美是多样的，观赏的人心态不同，石林在他们的眼中也是千变万化的。在抗战期间，西南联大组建于昆明，许多学者纷纷游览石林，在联大教授与石林的关系上，渗透着一股悲壮的英雄之气。石林的峻拔雄劲，正好是抗战时期国人心境的极佳寄托。众君子的慷慨悲歌，也正是石林剑矛刺天的最好注解，此时的石林表达的是悲壮和血脉偾张的民族气节。

所以，其实没有纯粹的风景，一切美好的风景都源自我们的内心，大自然用漫长的时间塑造出神话，而人类却用智慧在有限的时间内创造着传奇。今天，有人想用高度发展的科学技术去征服自然、掠夺自然，东方先哲却告诫我们，人类只是天地万物中的一个部分，人与自然是息息相通的一体，“天人合一”四个字就总结出人与自然的辩证统一关系。我想，这就是石林带给我们的思考和启示吧！

云南路南石林以其独特的景色闻名于世，它不仅吸引着国内外的旅游者，更是岩溶（喀斯特）学者们所注目的地方。路南石林在昆明市市区约 89 千米处。整个石林面积在 270 平方千米以上。呈簇状的峰林地貌面积约 1 平方千米多，最高石柱达 30 米左右。这一“森林”般雄伟壮观的岩溶地貌，被称为“石林”，是岩溶地貌中的一种特有类型。

这种奇特的岩溶地貌是怎样形成的呢？

第一，须存在纯净的石灰岩。路南石林是由古生代二叠纪石灰岩组成，以结晶体较好的方解石 $CaCO_3$ 为主要矿物成分，含 $CaCO_3$ 达 51%。岩石纯净，其他杂质较少。当遇到含有丰富的二氧化碳水溶液后，岩石极易被溶蚀。若含有较多的杂质，则就会影响溶蚀作用的程度。

第二，岩石的垂直节理非常发育。路南石林地区的二叠纪石灰岩，不仅垂直节理很发育，而且岩层的厚度也较大，所以岩层多被切割成 50 厘米左右的菱形块体。这就十分有利于水溶液在裂隙孔隙中进行溶解作用。

第三，岩层产状平缓。路南石林地区岩层的倾斜角度一般只有 3° ~ 5°。给地下水进行垂直循环及长期缓慢的溶蚀作用提供了有利条件。

第四，有利的地质构造条件。石林地区恰巧位于牛首山古老的隆起南端，是一个宽阔平缓的背斜构造，地壳活动只表现为一种缓慢的大面积上升运动。从第四纪开始，约上升了 100 米。这种缓慢的上升运动，使得地下水能沿着垂直节理向下不断进行溶解作用，岩层被切割得支离破碎，成为“云石争辉，磊落千古”的景象。此外，据记载，石林地区在历史上没有发生过地震，因此，这些千姿百态的石柱，才得以保存下来。

第五，在二叠纪石灰岩层下面，是石炭纪的黏土质页岩。岩石结构致密，孔隙率小成为不透水层。由于不透水层的存在，地下水不易下渗流失，而能有较长的时间进行溶蚀作用。

第六，有利的气候条件。路南位于滇东高原，属亚热带气候，雨量充沛，四季如春。年降水量约2000毫米，年平均温度在16℃以上。在这样的环境里，二氧化碳水溶液的化学性能较活泼。溶解作用就更加强。又因气候温暖湿润，植物生长繁茂。植物死亡后，遗体逐渐腐烂分解，形成了黑色和暗黑色的胶体物质——腐殖质，这是一些有机酸类，对岩石有很大的腐蚀作用。此外，微生物和细菌的新陈代谢作用，对岩石也有分解和破坏作用。

路南石林的形成与该地区的自然条件有密切关系，虽然有些地区也有二叠纪石灰岩的分布，但是由于缺少某些自然因素的作用，往往不能发育到路南石林这样的程度，而成为“猪背石”，或者溶沟和溶槽；有的即使发育成为峰林，因为受到地壳活动等因素的影响，而不能保存下来。

鉴于以上对云南路南石林旅游资源的分析评价，这篇导游词在叙事风格上运用了形式本身来表现。将路南石林这一自然景观通过四个并列的核心词汇来归纳，分别表达以“美在永恒、美在静穆、美在纯粹、美在气节”，四个核心词从四个不同的角度对石林展开描述。永恒的重心在描述石林这一自然景观形成的时间漫长，与人类的产生时间相比较就是一个漫长的过程。静穆主要描述了路南石林的景区环境，强调了石林对外界声音的屏蔽作用，在景区内形成了相对安静的独立环境。纯粹重点突出了石林的外形特点，由于大自然的作用而呈现出丰富多彩的外观结构。最后在叙事节奏上选取了核心词汇气节，这是人们赋予自然景观的人文内涵，应该说没有纯粹的自然风光，所有的自然风光都是人们眼中的风景，看风景的人用什么样的感情和态度，自然风景就会呈现出什么样的特征。

案例：承德避暑山庄及外八庙

说到承德避暑山庄及外八庙，最大特色应该是建筑所蕴含的政治意义。与其说承德避暑山庄及外八庙是一座供游憩的皇家园林，不如说是一件政治工具。它是建造者的一种政治表态，让我们从建筑走进清王朝统治者的心理深处，借建筑这部史书读懂清朝统治者的国家观念，这种观念主要有两个方面表现：

一是外八庙如众星捧月般拱卫在山庄周围，象征以满族为多民族国家的核心，居最高统治地位，推动多民族和睦共存的大一统局面形成；

二是整个山庄模拟了全国的自然地理风貌，除了黄土高原和青藏高原，我们可以找到全国任何一个省有代表性的景观特征。表明了清政府积极吸收汉族文化，在保持满族文化独立性前提下，利用汉族文化维持国家政治正常运行。

这两点贯穿整个清统治时期，承德避暑山庄和外八庙以建筑象征的形式忠实记录了这两点政治内涵，也让人联想到今天中华民族大家庭和谐包容，共筑伟大复兴的中国梦。

与其说承德避暑山庄及外八庙是一座供游憩的皇家园林。不如说那是一件政治工具。它是建造者的一种政治表态，借助建筑样态表达王朝的政治态度。因而避暑山庄和外八庙的建筑具有强烈的象征意义。今天我们游览避暑山庄外八庙时，从建筑的象征意义角度审视，将会获得许多新的发现。其实，建筑的政治含义才是避暑山庄外八庙的本质，离开了建筑的政治象征意义这一核心主题游览参观避暑山庄外八庙将是失败的。从象征角度分析，带领游客从避暑山庄和外八庙的建筑走进清王朝统治者的心灵深处，借建筑读懂清王朝的政治这部史书。

避暑山庄始建于康熙四十二年（1703年），建成于乾隆五十五年，历时87年，是清代皇帝夏日避暑和处理政务的场所，为我国著名的古代帝王宫苑，也是我国现存最大的园林，占地面积564万平方米。避暑山庄包括宫殿区、苑林区。苑林区内安排湖景区、平原景区和山景区，湖景区浓郁的江南情调、平原景区的塞外景观和山景区的北方名山身影象征疆土。宫墙周长约10千米，采用有堆堞（女墙）的城墙形式，象征长城。园外东部和北部的外八庙各具汉、藏、蒙古、维吾尔民族建筑风格与山庄内建筑意蕴呼应，象征清王朝对多民族国家的统治。因此承德避暑山庄和外八庙建筑蕴含的政治象征意义大大高于一般行宫的游憩意义。乾隆在《避暑山庄百韵诗》序中写道："我皇祖建此山庄于塞外，非为一己之豫游，盖贻万世之缔构也。"可见，避暑山庄和外八庙建筑象征清统治者的国家观念。通过建筑，可以看到这种国家观念主要有两个方面：一是以满族为多民族国家的核心居最高统治地位推动多民族和睦共存的大一统局面形成；二是积极吸收汉族文化在保持满族文化独立性前提下利用汉族文化维持国家政治正常运行。这两点贯穿了整个清统治时期。承德避暑山庄和外八庙以建筑象征的形式忠实记录了这两点政治内涵，因而具有不同于其他皇家园林的历史价值。

这篇导游词在形式上以描述避暑山庄和外八庙修建的政治意义为主，重点突出了外八庙的众星拱卫和山庄内全国各地代表性景观特色的呈现。这种叙事手法能让人一下抓住事物的本质特征，避免在外围徘徊而不得要领。

案例：宜兴紫砂陶

一说到宜兴紫砂陶，我们首先联想到的就是在拍卖界屡出天价的绝世精品——供春。作为有文字记载的第一件宜兴紫砂壶，供春被尊为宜兴紫砂壶艺的开山祖师，但供春壶却几乎不见传世。目前中国历史博物馆内珍藏这一把供春“树瘿壶”和它背后的故事同样传奇。1928年，宜兴人储南强先生偶然从姑苏地摊上觅得供春壶一把，当时英国皇家博物馆派人来商量，希望储先生转让供春，代价是2万美金。因为这是国宝，又是故乡文物，储先生没有答应。后来，因为抗日战争发生，宜兴沦陷后，日本收藏家曾几次想谋夺这把供春壶。储先生很有骨气，坚决不卖，为了免于迫害，他索性连人带壶躲到深山里。中华人民共和国成立后，储先生把一生所有收藏全部捐献给了国家，之后南京博物院为了不使供春壶绝技失传，曾请宜兴工艺厂的名手按照原型仿制了若干把壶，后广为流传。由此可见，正是有了数代人的努力这才有了今天我们能参观的这件绝世珍宝。

在我国陶瓷业中，独树一帜的宜兴紫砂陶从明代中期闻名遐迩以来，已近500年经久不衰的历史。紫砂器的出现和它的发展是宜兴地区的社会现象和文化现象。按照东方民族的文化艺术观点看，它直接体现着宜兴地区的社会风貌与文明程度。其一，人们把紫砂器看作属于自己文化层次的艺术世界和精神世界，特别是一些书画家、金石家更被紫砂器的魅力所吸引，他们十分喜爱收藏紫砂器；其二，人们把品茶论茶、品诗论画和以紫砂壶品鉴做为他们清雅文化生活的一部分；其三，因文人墨士欣赏、把玩与品评，不但使紫砂陶的造型与装饰艺术水平有了新的发展变化，而且把我国的传统文学艺术与紫砂陶相结合起来，更增加了紫砂陶的文化色彩，并日益增加了它的文学艺术、赏心愉悦、文物收藏和伦理道德方面的价值；其四，紫砂艺术已成为紫砂艺人对文化艺术的迫切追求，使壶艺水平不断提高。

宜兴紫砂陶从造型到装饰，是集文学、绘画、雕塑、书法、篆刻、金石诸艺术于一体的多样性、艺术性的日用品。它凝结着作者的思想情感，留存着创作者心手相应的艺术心气，同时也反映了使用者、收藏者的心境意气。它的兴盛衰落更记录着历史发展的轨迹和社会的烙印，展现着广阔的社会生活画卷，记录着芸芸众生的悲欢离合，描述着民族的心理、精神和性格的发展与变化，表现出灿烂的民族文化。

这是叙事手法中非常常见的一种。在导游词形式化叙事手法中，可以通过讲一件器物背后的故事，让游客形成对一种文化的认知。

2. 选择典型事件来塑造人物形象

典型事件既有历史性也有故事性，有时候导游词会变得像记流水账一样，原因就是缺乏选择典型事例的叙事技巧。比较典型的运用是突出讲解主体涉及的历史人物个性特征。比如在史记的创作中，司马迁写蔺相如，重点是表现蔺相如的大智大勇、先公后私的精神品质，而不是写他处理军国事务的一般才干。司马迁择取了蔺相如一生最具传奇色彩、又最能表现人物精神的三个典型事例，即完璧归赵、渑池会、廉蔺交欢来加以集中的描写。而写“渑池会”则是又把其他政事一概省去，只写了维护国家尊严一节，这就使人物的精神面貌表现得格外生动。

案例：成都武侯祠张飞殿

各位朋友：

大家好！今天我们参观的是位于四川省成都市南门武侯祠大街，中国唯一的君臣合祀祠庙——武侯祠。景区始建于223年，1000多年来几经毁损，屡有变迁，作为三国圣地的武侯祠，千百年来游客络绎不绝，他们赞孔明、评刘备，但很少提及我们眼前这个面色漆黑、豹头环眼、燕额虎须、相貌威猛的猛将——张飞。

张飞的一生大约可以分为四个阶段：第一阶段，杀猪，杀完猪游手好闲，是个社会上的混混儿；第二阶段，随刘备登场，从一小地方的混混儿杀向全国，成为一个小有名气的“鲁莽将军”；第三阶段，同刘备一起面临腹背受敌的窘境；第四阶段，任巴西太守，也就是政治、经济、军事的一把手，但被部下所杀。可以说这个“杀”字也贯穿了张飞的一生。

杀出张飞英雄的一生。中国人对男性英雄人物的界定，一是以地域；二是以职业；三是以禀赋。张飞是北方人，长得人高马大，孔武有力。此外，他还是个屠户，专业杀猪匠，见血不晕，没有那种黏糊糊的胆小与柔情。所以，他骨子里就具有一种杀人不眨眼的胆气。想当年长坂坡上，面对曹操亲自率领的追兵，张飞一人，单枪匹马立于桥上，大喝三声，吓得曹将夏侯淳肝胆俱裂死于马下，曹军后退15千米。这份英雄气概可谓是“前无古人，后无来者”，纵横中国上下几千年的战争历史，也就只有这么一次。当人们说起“一夫当关，万夫莫开”这句俗话的时候，脑子里想到的，必然就是这位天不怕地不怕的人物。

杀出张飞传奇的一生。传说张飞用声音杀人。咦？这可就神奇了。这是怎么一回事儿呢？据说是张飞很讨雷神的欢心，所以，危急之时，总助他一臂之力。其实这只是自圆其说的一个猜想。也许有另一个更合理的解释：那就是张飞长得有点丑，丑到可以吓人的地步。大家可以看看眼前这尊张飞塑像，豹子头；圆眼圈；老虎背；黑熊腰，这个样子骑在一匹乌骓马上，满脸像毛猴一样的胡楂子，像一头狮子要吃人一样。这纯粹是一个以缺点众多而为人喜闻乐见的例子：长得丑，还出来吓人，脾气暴躁，还好酒贪杯，全身几乎无一是处，唯一的优点就是不怕死，一生敢打敢拼，除了战略性撤退以外，在临阵对敌上，从来没有过败字，这可谓是武将里的一个传奇。恶战吕布、攻取零陵、义释严颜、马超比武、大战张郃，无不显现出张飞的英勇无畏。

杀出张飞敬业的一生。一不怕吃苦，二不怕战死。他从小杀猪，反正都是杀，既有力气，又下得了手。所以，他的本事一点也不逊于那些将军，是一个拼命三郎，任谁都怕他几分。当时好些人都羡慕刘备，不知道他为什么就那么有福气，身边有这样一个不怕事儿的“二愣子”。无论刘备是落魄之际还是飞黄腾达之时，他除了冲锋陷阵，永远是默默站在刘备的身后，满脑子的简单豁达，让他这样一个憨人得了傻福。所以，连他的谥号也与众不同，叫“桓”。再早只有齐国的国君齐桓公用过，意思指的是最擅长离乡远征，安抚百姓，开疆拓土，威镇敌国之人。这个谥号恰如其分地反映了张飞的一生。

当我们再次凝望张飞的塑像，好像他也不是那么丑了。

在小说和戏曲这两种通俗文艺的广泛传播中，三国故事深入人心，几乎无人不知、无人不晓。大家对三国的主要人物如数家珍，张飞就是众多三国名人中最受大家喜爱的一个。然而张飞在人们心中的印象却十分简单：鲁莽、暴躁、勇猛。除此之外似乎并无多少可圈可点之处。那么，张飞作为历史名人的真实面目是否如此，这是需要探讨的一个问题。

《三国志》中没有对张飞性格的明确记载，这也是史传的传统。历史一般不会直接关注人物的性格，它的焦点是历史事件，因此历史人物的性格也只能通过他的语言和行为表现出来。张飞的言行可以用“威猛”来概括，他的威猛行动，当然体现在两军对阵之时。最具代表性的乃是当阳之战，张飞圆睁双目，独骑横矛，气势雄浑逼人，言辞刚绝，其形其声，似有形物，触手可及。张飞流芳千古的战将风采，在这一喝之中也被历史定格，成为勇、猛的象征，成为人们久久追思的神来之形。《三国志》对张飞的记述当是最能令我们信服的，寥寥几字尽显张飞的英雄精神。

除了张飞在战场上的英勇表现外，我们也可从蜀汉集团的对立面看他们对张飞的评价。魏程昱说：“刘备有英名，关羽、张飞皆万人敌也，权必资之以御我。”吴周瑜言：“刘备以枭雄之姿，而兼有关羽、张飞熊虎之将，必非久屈为人用者。”曹魏集团大多数谋士认为刘备逃奔荆州时必被孙权杀害，只有程昱通过对天下形势及刘、关、张三人能力的准确把握，才使他发出上述言论。他对关、张二人的勇武做了很高的评价，称他们为“万人敌”。周瑜称二人为“熊虎之将”，也是对关、张二人勇武的肯定。从对手口中得到的评价，应当不会有虚夸的成分，张飞和关羽的勇猛是据实可靠的。

张飞的勇猛虽和当时纷乱的战争环境有关，但从根本上来说，是其自身勇猛性格的一种外在表现。与此相联系的是他性格中的另一个侧面：简单暴躁。先主常诫之曰：“卿刑杀既过差，又日鞭挞健儿，而令左右，此取祸之道也。”这段记载很明确，张飞把“刑杀”当作家常便饭，鞭挞属下的行为时时出现。他这种对待属下的态度和行为应当是他处理事情的主要方式。从张飞最后被刺来看，刘备对他的劝诫并没有引起他的重视。

张飞性格的两个方面主要是简单粗暴和礼遇君子，这两个方面左右着他的言语和行为，使他既有简单粗暴、心胸狭窄的一面，又有刻意营求、委曲求全的一面。《三国志·蜀书》卷六曰：“羽报效曹公，飞义释严颜，并有国士之风。”关羽报答曹操恩情的举动与张飞释放严颜的行为相对而言，皆是当时所追求的贤良名风。史传中将他们二人的行为定义为“义”的行为，体现了两个不同方面。关羽的义是为了报恩，是传统伦理当中的知恩图报思想；张飞的义是钦佩严颜的壮烈，可看成是一种道义，是同声相惜的英雄性格的体现。

张飞的性格塑造是丰满而多彩的，从上面历史人物分析情况来看，让张飞一举成名的就是当阳之战，所以导游词也抓住了张飞这一人物的典型事件，对其人设进行再塑造。归纳总结了一个字“杀”，用这个字来描写张飞英勇无畏的一生。

案例：成都杜甫草堂花径

各位游客朋友：

成都杜甫草堂坐落在成都市西门外的浣花溪畔，是诗圣杜甫流寓成都时的故居。杜甫离开成都后他居住的茅屋就破败了，唐朝末年的诗人韦庄在草堂的旧址上重修茅屋才得以保存。后来历朝历代也都有修葺，今天的草堂保留了明清时期重修时的建筑格局，占地面积有近300亩，风格古朴典雅，是中国文学史上的一块圣地。

杜甫前后在成都生活了5年多的时间，是大诗人一生中最为安定幸福的一段日子。成都这块安逸祥和的富足之地，暂时慰藉了杜甫忧国忧民的内心，也是对他颠沛流离生活的小小弥补。可惜在好友严武去世后，杜甫又开始了漂泊的生活，备受流离之苦最后困死在湖南湘江的一条破船上。这位一代诗坛巨星，一生也未能实现心中伟大抱负，令人叹息！

游客朋友们，我们刚才参观了杜甫草堂纪念建筑的大廨、诗史堂、柴门、工部祠、碑亭和茅屋景区，绕过这一汪池水现在来到的就是草堂花径的西端入口。当年杜甫曾经在诗中写道：“花径不曾缘客扫，蓬门今始为君开。”也就是今天这一段红墙夹道的得名由来，当年杜甫生活的茅屋前也有这样的一条栽满花木的小径，而今天的花径是连接草堂纪念建筑群与草堂寺旧址的一段通道，长约100米，宽4米。请各位游客看这入口上方的门匾，上有书法家、画家冯建吴先生所书“花径”二字，门两旁楹柱上挂有明人何宇度所撰的对联：“背郭堂成，锦里溪山千古在；缘江路熟，青郊草木四时新。”这上下联的起句都是用的杜甫诗句。上联意思是杜甫营建的草堂与锦城的山山水水仍千载同存，下联则是说沿着杜甫当年常走的江边小路来游草堂，举目四望，郊野的景物清秀，花草树木季季常新。

这倒提醒了我们，当我们来到杜甫草堂，扑面而来的是一股清新和宁静，这里树木葱郁、植被丰茂，亭台小桥婉转清丽，俨然一处别具特色的川西园林风光。如果游客朋友们留意观察，会发现草堂内的植物不仅种类多而且配置非常讲究，所选用的植物除了是乡土植被以外，还要与诗人的性格、爱好和在人们心目中的品格和声望相一致。这样，人们在畅游草堂的时候不但能了解到诗人伟大的一生，还能通过园林植物的观赏，增添对诗人的怀念和崇敬。

我们这一路走过来看到，在草堂正门栽种了两株冠大浓荫的榕树，大廨和诗史堂的院内种植了罗汉松和梅林，同时搭配了栀子和杜鹃等灌木，柴门两旁配置了慈竹和苦竹，形成夹景造园技巧，突出了草堂中轴线上的最后一个建筑——工部祠，而这草堂内最高潮的祠堂前则种植了紫薇、罗汉松和精梅，紫薇花开红满堂，比喻伟大诗人为后世所敬仰。

我们即将穿行的花径红墙之外，则配置了高大的慈竹和挺拔的楠木，这两种都是杜甫非常喜爱并且也常在诗中歌颂的植物，竹因其中通外直、宁折不屈体现了一种做人的精神风貌，楠则因其干直叶茂、香淡幽远而成为文人自比和讴歌的对象。杜甫的人格特点，大致可以概括为安邦济民的使命意识、具有献身精神的士君子之风和大爱天下的仁者情怀。杜甫少年时期母亲去世就由二姑母抚养，二姑也有一个襁褓中的儿子。有一次两个孩子同时患病，求问女巫，女巫说让孩子睡在客堂前柱的东南方向比较好。二姑的孩子本来睡在那个地方，可是二姑却把他抱到别处去睡了，换成杜甫睡在那里。后来二姑的孩子不幸夭折，杜甫却活了下来。长大成人后杜甫常向朋友述说此事，二姑的大义精神对杜甫一生影响颇大。

杜甫对楠木的喜爱则常常以楠木自喻，当年的浣花溪畔有一棵长了200多年的巨大楠树，诗人就是因为它才在江畔结茅庐而居。谁料一场飓风突然袭来，楠木迎风怒吼竭力抗争，但最终还是被连根拔起。断裂的树干渗出了汁液，就好像诗人的心在滴血、眼在流泪。杜甫因此写了首《楠树为风雨所拔叹》诗，既是悲叹楠木也是悲叹自己，因为突然爆发的安史之乱，诗人才如此怀才不遇以致颠沛流离。此时的楠木即杜甫，杜甫即楠木。

游客朋友们，让我们望向花径内侧，这条小道被两侧的红色院墙夹在中间，红墙既可遮挡视线，也可与墙上的翠竹绿楠相映成趣，这一红一绿形成了强烈的色彩对比，在以深褐色为主色调的建筑群之后，让我们眼前一亮。那就让我们带着对诗圣杜甫的崇敬心情走上这条小径，各位游客请随我来。

杜甫是中国文学史上最伟大的诗人之一，已成公论。然而在最早确立杜甫在诗学中的典范地位的宋人看来，这个评价却是并不充分的。因为宋人虽然对杜甫在诗歌艺术上的非凡造诣有深切的理解，但他们更为重视的却是杜甫的人格意义。北宋的政治家王安石说："所以见公像，再拜涕泗流。推公之心古亦少，愿起公死从之游！"而南宋的爱国诗人陆游则说："看渠胸次隘宇宙，惜哉千万不一施。空回英概入笔墨，生民清庙非唐诗。向令天开太宗业，马周遇合非公谁？后世但作诗人看，使我抚几空嗟咨！"到了理学宗师朱熹，则从更明晰的理论角度对杜甫的人格意义提出了崇高的评价，一位诗人，却被后世的大诗人认为不应仅仅被看作诗人。一位穷愁终生、功名不显的漂泊者，却被后世极为苛严的理学家认为足以与那些道德高尚、功业彪炳的名臣光耀史册。这说明在宋人的眼光中，杜甫的意义决非局限于文学领域，他的光辉已经照耀到整个中华文化史，从而对后人起着人格典范的作用。

杜甫对儒学的最大贡献在于他以整个的生命为儒家的人格理想提供了典范。儒家极其重视修身，认为这是实现其政治理想的必要条件。曾子说"士不可以不弘毅"，孟子倡导"富贵不能淫，贫贱不能移，威武不能屈"的"大丈夫"精神，杜甫对此是身体力行的。他不但在早年身处长安时怀有儒家的政治理想，而且在晚年贫病交加、漂泊西南时仍对之念念不忘。他不但在忧国忧民这种大事上体现出儒家的人格风范，而且在待人接物等日常琐事上也同样体现出儒家气魄。更重要的是，历代儒家的代表人物大多是位居卿相的重要政治人物，上引朱熹所表彰的五位人物中，除杜甫一人之外，都是如此。由于仕途显达的人只能是极少数，所以如果以他们为楷模，让一般人去仿效的可操作性是不大的。杜甫则异于此。杜甫在仕途上是一个不折不扣的失败者，在人生道路上也可算是一个命运多舛者。杜甫的命运正是一般人所容易遭遇的，既然杜甫能够在如此平凡的人生中完成儒家理想人格的建树，那么当然会使人产生"有为者亦若是"的联想，从而增加修行进德的信心。因为对于常人而言，一个高不可攀的楷模其实是没有意义的，建立丰功伟业的机会也是可遇而不可期的。只有当他们觉得楷模就是他们中的普通一员时，只有当他们觉得在平凡的人生中也能实现理想时，才可能产生仿效的冲动。如果说先秦的儒者已经提出了"人皆可以为尧舜"的可贵命题，而宋明理学家的一大成就是在理论上阐明了"满街都是圣人"的可能性，那么杜甫正是以他的人生实践证明了这种可能性。对于一向以"有教无类"为宗旨的儒家来说，"诗圣"杜甫的出现具有极其重要的意义。

在游客参观的过程中，纪念建筑是作为一个载体来表现其承载主体的，成都杜甫草堂就是这样的一处地方。站在草堂里，我们更多的是通过这里的一草一木、一花一亭来了解杜甫，所以叙事手法的选择就非常重要。导游词中重点突出了两件事情：一是杜甫幼年时与二姑母一起生活的背景，还有一件就是杜甫流寓成都期间非常喜爱的一棵楠木。两件事情成为对杜甫立体人物性格塑造的关键因素，幼年的生活对杜甫影响颇大，是其性格中刚直不阿的重要原因。而对楠木的喜爱却从另外一个角度折射出诗人威武不屈的大丈夫精神。从这些层面来看，导游词的典型事件叙事手法是成功的。

案例：内蒙古成吉思汗陵

说到成吉思汗陵，是一代天骄成吉思汗的祭祀地。这里体现了蒙古族丧葬习俗的两大特征：灵魂祭祀和秘葬。

从蒙古人的习俗和过去信奉的萨满教讲，祭奠先人主要是祭灵魂，而不是祭尸骨。按照蒙古人的习惯，人将死时，他的最后一口气——灵魂将离开人体而依附到附近的驼毛上。吸收了成吉思汗灵魂的驼毛，几百年来就收藏于鄂尔多斯成吉思汗陵。由此可见，蒙古族把祭祀灵魂看得更为重要，肉体的祭祀则居于其次了。

成吉思汗陵是蒙古帝国第一代大汗成吉思汗的衣冠冢，而成吉思汗的金身埋葬于何处至今是个谜。因为蒙古族独特的“秘葬”习俗，至今元朝所有帝王陵墓无一被发现。成吉思汗陵选择在今天的鄂尔多斯也是遵从了成吉思汗生前本人的意愿。

“不封不树，马踏草长”，这是所有蒙古族人对陵墓的看法。肉身来自于大自然，去世后也应该回归大自然，千百年来草原民族一直坚持着天人合一、绿色环保的丧葬理念。

成吉思汗陵是祭祀和供奉历史伟人成吉思汗的圣地，历史上成吉思汗陵有“四大鄂尔多”“白室”“太庙”和“八白室”等不同称谓。

1227年，成吉思汗在攻打西夏的途中病故，诸宗王、公主、统将等得到托雷讣告，皆自广大帝国之各地奔丧而来，举行丧礼后，葬之于斡难、怯绿连、秃剌三水发源之不儿罕合勒敦诸山之一山中，命兀良哈8000人守之，免其军役。

成吉思汗陵作为供奉和祭祀成吉思汗英灵所在地，在蒙古历史上占据着非常重要的地位。从窝阔台汗开始，蒙古历代可汗都在祭奠成吉思汗的斡耳朵面前举行登基仪式才能继位。成吉思汗陵在蒙古族历代政权中发挥了重要的作用。在忽必烈汗时期，忽必烈以武力取胜对手，事实上违背了汗位继承的原则，因此他继位后为了使自己的汗位合法化，亟须动用一些蒙古本土政治资源，巩固其政治地位。成吉思汗祭奠正是这样一种政治资源，它使汗位继承者显得正统，并使其合法地履行汗权。

中华人民共和国成立以后，把分散在鄂尔多斯各地的成吉思汗八白室集中在固定的建筑，即如今的成吉思汗陵。这样更加巩固了成吉思汗陵在鄂尔多斯地区安放和祭祀的观念，使原来的政治功能和社会功能消失殆尽，旅游业的加入使其不再神秘，更为地方化和大众化，逐渐被更多的人所了解。

自成吉思汗逝世后为祭奠和供奉成吉思汗英灵而开始形成的成吉思汗陵随着蒙古王朝的更替和政权的迁移，到 17 世纪上半叶全部集中在鄂尔多斯地区，此时蒙古王朝不再是一个独立政权的国家，而是归附了清朝。清朝为了加强蒙古地区的统治，在该地区实行盟旗制度，把蒙古王公贵族的权利限制在旗内管辖范围内，从此成吉思汗陵作为额臣济农的归属地，限制在了郡王旗，这是“成吉思汗陵最终安放和供奉在鄂尔多斯”的最主要的历史原因。为了确保把成吉思汗陵限制在鄂尔多斯范围内，清朝和鄂尔多斯王公贵族及普通民众为其寻找合理的依据，史书中撰写“成吉思汗八白宫始建于鄂尔多斯”的论述和编创民间传说，为“成吉思汗陵最终安放和供奉在鄂尔多斯”创造了舆论氛围和民众基础，更加巩固了“成吉思汗陵在鄂尔多斯地区供奉和安放”的事实。

导游词中重点突出了蒙古族葬俗的由来，一撮驼毛所安放的一个灵魂的故事，让游客对成吉思汗陵记忆犹新。

3. 选择典型的细节描写来刻画创作主体

细节描写是文学作品塑造艺术形象的重要手段之一。描写创作对象，除了抓住人物一生中的重大事件做浓墨重彩的渲染外，还非常注意选择一些典型细节作精雕细刻，从而很好地表现出人物的性格特征，揭示出人物的精神风貌。

案例：摩梭人走婚

一说到走婚，我们产生的第一个感觉可能是羡慕，羡慕他们这种在恋爱和婚姻关系中的最自由的状态。因此要了解摩梭人的走婚，我们就要从自由的开始和自由的结束两个自由状态中去解读走婚。首先是自由的开始。青年摩梭男女在聚会上相遇，男子若是对女子倾心的话，在白天约好女子后，会在半夜时分到女子的“花楼”，通过爬窗的方式，再把帽子等具有代表性的物品挂在门外，表示两人正在约会，他人不得干扰。当然这段关系也可以以一种简单的方式自由结束。无论任何一方要结束这种关系，只需要说一声“我以后不来了”“你以后不要来了”即可。如果双方有子女的话按规定交由女方抚养。摩梭人在走婚这种关系中不仅给予了对方爱，还给予了对方更多的尊重和信任，甚至连分手都是那么干净潇洒。相比之下我们在离婚时因为财产分割、子女抚养等产生的烦恼，以至于我们在婚姻当中欠缺尊重信任，这些都是我们所羡慕他们的理由。

在我国西南部的纳西族分支摩梭人内部盛行着自己的婚配文化制度——走婚。这种少数民族风俗不仅不同于现今通行于世界上的一夫一妻制的婚配制度，而且跟中国古代宗法社会的风俗习惯也不同。学界对于摩梭人走婚的风俗多从历史、文化和地理等角度来分析。但是，社会学是一个大系统，经济与文化是社会学大系统中的两大子系统，它们的相互影响，是社会生活的基本内容。

泸沽湖为摩梭人的经济生活奠定了独有的自然条件。迷人的自然风光带给摩梭人一个舒适的居住环境，但同时也将这个区域跟外界间隔开来，形成独有的生产和生活习俗。高原隔离环境导致科技发展落后。科技发展落后的结果是，生产工具得不到及时更新，阻碍生产力的进步，使得生产水平进步缓慢，进一步影响生产和生活资料的积累。生产和生活资料不能够扩大，会影响到族群的人口增长，这或许是摩梭人能够稳定维持母系大家庭的经济方面的因素。

同样，与世隔绝的生活环境，造成当地生产和生活偏向单一化。为了改善生活状况，当地形成了独特的运输业——马帮运输业。该种运输业是这个地区的特色，往往被称为马帮文化。整个村庄的男人们结成一个或者数个马队，由“马锅头”带队，沿着茶马古道从泸沽湖走到丽江、拉萨甚至印度等地，把茶叶和其他土货运出去，把盐巴和生活用品驮回来。整个村庄的男子为了村子和当地的生活改善参加当地的马队运输，当地的农业生产和家畜饲养的重担就落到了妇女的身上。妇女拥有农业生产中的重要生产资源——土地。在中国古代的宗法社会中，是否能够获得并持有土地所有权是决定阶级地位的重要因素。在摩梭人社会中，我们不能按性别划分阶级类别，但是，拥有土地的使用权和分配权，这也从一定程度上带给了女性话语权和提升地位了。

摩梭族走婚中的男女互相称对方为“阿肖”和“阿夏”，走婚关系称为“阿注”关系，因而走婚也被外界叫“阿注婚”。双方仅仅是情感的联系，没有财产、门第观念作为羁绊，所生子女为女性大家庭所有，双方结合自由、分手简单，从一定意义上还保留一些“远古历史的影子”，被学者称为“人类远古家庭婚姻的活化石”“初期对偶婚”。摩梭人周围的许多兄弟民族早已实行一夫一妻制，男性通常在家庭生活中占主导地位，而摩梭妇女却享有崇高的地位和威信，这与摩梭妇女的母系血缘组结和其在经济生活中的作用紧密联系。

在对走婚制度的描述中，通过细节的传达可以让游客能够更深入地了解这一地方文化特色，从而对走婚制度形成全面完整的认知。

案例：青城山天师洞

各位游客：

大家好！现在我们已经来到青城山各大道观中最有名的天师洞景区了。天师洞始建于隋代，现存建筑是清康熙中叶住持陈清觉主持重建，后由彭椿仙改建而成。

我们都知道青城山的植被成就了青城天下幽，而这万千树木中，有一棵却与众不同。这棵树历经千年沧桑、依然不亢不卑地挺立在那里，因为它不再是一株平凡而常见的树，它是唯一能见证道教1800年历史的一株奇树，更是唯一能代表道教创教人张道陵的神树——这就是那棵千年古树。游客朋友们，我们眼前的这株树，是被誉为“活化石”的国宝级树种，也是成都市市树的银杏树。银杏树又称白果树、公孙树，是第四纪冰川运动后遗留下来的最古老的裸子植物，是世界上十分珍贵的树种之一。

这棵银杏树历经1800年的风霜雪雨、见证1800年的兴衰盛败，如今仍然枝繁叶茂，就让我们把思绪回到公元143年，一位老者迈着轻盈的步伐走向青城山，他是一位充满智慧，充满慈爱，有济世度人胸怀的隐者，他就是青城山万事万物都等候已久的张道陵张天师。他博通五经，亲身目睹虚浮的世风人情，敏锐地觉察到东汉的衰败，他预知人民又要经历苦难的生活，内心充满了对众生的爱怜，使他对政治感到索然无味，因而漫游天下名山，感慨万千；他潜心研究诸子百家，被道家用

“道”来阐释社会人生所深深折服，最后以109岁的高龄奔青城山而来。

从此，张道陵在混元顶上的石穴里住了下来，传播大道度人的思想。也就在此时，他把一株幼小的树苗亲手在天师洞前种下，因为这里的地脉是如此有灵气，他更懂得树木和人一样都有道性的玄理，他也知道1000年之后这棵树必定会成为天下少有的参天大树，会成为青城山的镇山之宝，所以他把自己一生创业道教的追求和向往都注入在这棵树上。

张道陵费尽一生心血的道教就像这株银杏一样在青城山扎根、发芽、繁盛，当那株银杏正胜过其他一切树木时，张道陵也以123岁羽化西去。他虽西去，但日后范长生来到它面前，并在树下完成了《周易注》；杜光庭来到它面前，在树下聆听它的声音，并受感悟而写成了《道门科范大全》；药王孙思邈来过，他在树下捡起一片叶子，然后带回玉清宫继续治病救人并写下《千金方》，此外大道士陈清觉、彭椿仙都曾为它修剪枝丫，并在树下体悟老子“人法地、地法天、天法道、道法自然”的真谛。

世事变迁，天师洞的宫观建筑也几番毁建，摩崖上的造像、众多的碑刻已被历史的风沙掩盖和风化了。唯有我们眼前的这株银杏还依然挺立在这里，挺立在历史的风雨之中，挺立在满山的仙气之下，挺立在新世纪的春光之中。它就像当年的张道陵，从树根至树尖都充满着灵气和慈爱，从内到外刻满了1800年的风风雨雨，写满了1800百年的兴衰里程。

好了，各位游客我们将进入大殿内参观。

四川省成都市青城山半山腰的天师洞，相传为道教创始人天师张道陵修炼处，唐孙思邈、杜光庭亦相继来此修道，内有一株千年古银杏，高约37米，胸径245厘米，据传为1800年前张道陵亲手所种。古树树干苍古，虬枝四散，气势宏伟，腰身间钟乳（树笋）密集悬垂，色泽如碣石粗粝凝重，形态如槌、如笋、如锥，好像缓缓流淌的岩石黏液，似动非动，十分奇异。古银杏具有厚重的历史文化承载，为青城山的“镇山之宝”，2007年3月入选“成都市十大千年树王”。

“中国根底全在道教”，道教文化渊远而流长。张道陵在鹤鸣山创教后，便到青城山传教，继续延续。青城山是中国著名的道教圣地，中国道教的发源地之一，历经2000多年。东汉顺帝汉安二年（143年），“天师”张道陵来到青城山，选中青城山的深幽涵碧，结茅传道，青城山遂成为道教的发祥地，被道教列为“第五洞天”，在道教史上居于重要地位。

青城山是邛崃山脉南段的东支，地质构造复杂，奇峰叠嶂、幽谷深潭、古洞苍岩纵横其间。这里属中亚热带四川盆地湿润气候区，夏无酷暑，冬少严寒，雨量多，湿度大，常为云雾笼罩，满山林木葱茏，四季青翠。山上花卉资源丰富，观果、观叶植物繁多，盛产野生药材，在追求质朴、崇尚自然的道家眼中，这样的自然环境无疑是一处洞天福地。这里的道观亭阁多藏于绿荫丛林之中，或隐或现，意境幽深。青城山以其自然景观和人文景观的幽古清雅博得“青城天下幽”的美称。

道教主张“我命在我不在天”，养生术是整个道家文化遗产中的瑰宝，也是中国传统养生方法的主干。养生文化在道教中源远流长，“药王”孙思邈正是在青城山隐居期间写成了《千金方》。道教养生文化主要包括内丹和外丹二种。内丹术指以“人身是一小天地”的“天人合一”“天人相应”思想为理论，进行性命双修，以人身为鼎炉，修炼“精、气、神”等而达成强身健体、提高人体的生命功能、延长寿命乃至成仙、长生不老之目的。巴蜀本为古代道教内丹术的发祥地之一，内丹包括运功、静功、气功、房中术、服食等项目。

与青城山有关的历史名人也较多。张道陵（34~156 年），创教于鹤鸣山，于汉安二年移居于青城山，后在青城山升仙。范长生（生卒不详），帮助李雄领导的起义军攻下成都，去世之后，被尊为“长生大帝”。青城山的长生宫就是为了纪念范长生而命名的。孙思邈（生卒年不详），京兆华原（今陕西省铜川市耀州区）人。在青城山居住时完成了一生重要的医药著作《千金方》。人称“药王”“真人”“药圣”。杜光庭（850~933 年），浙江括苍人（一说长安人），陶弘景第七传弟子，人称“扶宗立教海内一人而已”，成为“道门领袖”。入蜀结庐青城山白云溪畔，赐号“广成先生”。陈清觉（1606~1705 年），湖北武昌人。清康熙八年，陈清觉携师兄弟于乱世入蜀，来到青城山，重修道观，复兴道教。还有彭椿仙、易心莹皆对青城山的贡献巨大。

以上种种有关青城山的要素，在导游词中通过一棵银杏表达了出来，在叙事手法上突出了细节定成败的特色，并能做到由点及面，以小见大。当然，这也不是一棵普通的银杏，这本来就是青城山的镇山之宝、千年树王，以树王为切入点描写道教，体现了道家顺应自然的朴素哲学思想。

案例：中国剪纸

一说到剪纸，中国的南北剪纸各有千秋。但终究离不开剪纸中的这“一物和一人”。首先，这一物指的就是“纸”。中国剪纸大多使用红色的纸张。无论是婚庆上的喜字剪纸，还是过年过节家家户户的窗花对联，甚至就连宗教中的佛像剪纸都是同样的红色。那么中国人为什么选用红色呢？除了红色本身代表喜庆和吉利外，还有更多深层次的原因。在自然界中，太阳是红色的，人体内的血液是红色的，因此人们赋予红色特殊的含义，红色代表光明、代表生命，更代表中国人对生生不息的永恒追求。说完纸，我们来说说剪纸的人。众所周知北方人豪迈，南方人细腻。因此南北剪纸都能体现各自的性格特点。北方剪纸线条更粗犷，整体篇幅较大；南方剪纸线条柔和，对人物的细微表情捕捉更为传神。因此要了解中国的剪纸艺术从小了看是了解剪纸技法的差异，从大了看是了解剪纸人地域性格的差异，剪纸真是门有趣的民间艺术。

“剪纸”二字初见于元人岭安卿《栲栳山人集》，集里有题张彦明所藏《剪纸惜花春起早图》一诗，是今日简缩“剪纸艺术”全称之由来。剪纸性质的艺术活动早在未出现纸以前就已经流行，可追溯到人类的童年时期，原始人试图用石刀片切割兽皮时，朦胧的审美造型意识生发，这些有意识的行为孕育了早期人类的剪纸语汇，伴随着文明的足迹。从商代开始就有人用雕、镂、剔、刻、剪的技法在金箔、皮革、绢帛，甚至在树叶上剪刻纹样。到西周时期，剪纸性质的艺术记载则更加清晰，《史记·晋世家》记载了3000年前周成王“剪桐封侯”，封他弟弟虞为诸侯；春秋战国时期，以金银箔为材料的剪刻图形广泛用于宗教礼仪活动；汉代，蔡伦造纸术的发明，以纸为主要原料的剪纸艺术迅速发展；但真正的民俗剪纸，是到了魏晋南北朝时造纸业有显著发展，其价廉易得，用纸才得以普及。可见，民俗剪纸演变产生于魏晋时期。

民俗剪纸中离不开巫术信仰，这种本身带有功利性的剪纸，是广大劳动人民为了生存的自发选择。人们把具有保护功能的“髽髻娃娃”，具有护诞避邪功能的虎、狮、五毒贴在了满月孩子的炕沿上，时时守护着孩子的成长。

剪纸艺术还表达出生命崇拜和生殖崇拜。在人类的早期，生存环境极其恶劣，人类在面对自然界突然出现的风雨雷电、毒蛇猛兽时，显得极为弱小，为了生存，人们唯一的手段就是不断地繁衍人口，壮大人类的队伍。在原始时代史前艺术最早的雕塑人像遗址中，发现有不少丰乳、丰臀、大肚的女裸像，被人类学家们称为“丰产女神”。

剪纸是作为传统喜庆礼仪的艺术，同时也是作为祛灾除病、丧祭之礼的艺术，古代婚礼，民间的过礼花都是剪纸。这种用剪纸装饰洞房的风格，至今在我国民间广泛流传。古人对丧事很重视，丧家从办丧到殡葬，都举行礼仪。这种化凶为吉、化哀为喜的思想，不少是通过剪纸反映出来的。用于殡葬的一种剪纸形式称为“幡”。“幡”本是“帛幅下垂之旗”，后来逐步演变为剪纸。

剪纸艺术的装饰功能也很强大，民俗剪纸是一座天然的艺术宝库，集中体现了广大民众崇尚礼仪、祈求吉祥富贵、驱灾避邪、多子多寿、繁衍生息的朴素愿望和精神需求，伴随着中华民族生生不息的漫长历史产生和发展起来，积聚了中华民族深层心理信息。

不过，不管是什么样的目的，什么样的文化背景，剪纸艺术的传承都离不开人和一双巧手，具有创作力的构思和灵活的手指，是剪纸艺术发扬光大的人本因素。

（二）叙事的详略技巧对导游词创作的影响

详略是文学艺术创作的艺术辩证法，是文章写作剪裁材料、取舍内容、安排疏密、布局主次的艺术技巧，它直接影响文章内容的叙述、主旨的表现、人物形象的彰显、行文的起伏变化等。凡伟大的作品，在叙事详略的艺术处理上都十分用心、经过精心经营，十分讲究。

1. 叙事过程中的详略使导游词结构疏密有致

在事情、事件的叙写过程中，不仅要非常讲究叙写材料的选择，注重所叙事情和事件的典型性，而且也十分注重材料安排、写作角度、篇幅布局等方面的详略处置，表现出历史叙事详略的浓厚艺术性。

案例：昌化鸡血石

一说起昌化鸡血石，我们头脑中首先掠过的就是那一抹动人心魄的红。作为中国特有的珍贵宝石，昌化鸡血石具有鸡血般的鲜红色彩和美玉般的天生丽质，历来与珠宝翡翠同样受人珍视，以“国宝”之誉驰名中外。甚至在收藏界曾掀起了一阵

“腥风血雨”。2007 年，以鸡血石雕刻的“桃园三结义”屏风，更是创下 9100 万元的拍卖奇迹。而这件作品的焦点和珍贵，就集中在关羽身上。鸡血石这抹纯粹浓烈的红，正好代表了关羽作为臣子赤诚忠心的秉性。那么是什么原因，让这艳似滴血的红能够拥有如此高的身价？我认为有两个方面，一是因为其产地的独有性，是独属于中国人的中国红，昌化鸡血石仅在我国有产，意味今后鸡血石的开采数量会越来越少，其中的珍品也会越加稀少；二是因为它的文化性，中国人尚红的特殊情结使昌化鸡血石上到贵族天子宠爱，下到平常百姓都倍感珍惜。中国人对鸡血石的热爱其实就是对世间一切正义的崇拜，因此永世流传。

遐迩闻名的浙江西北玉岩山，隶属临安昌化镇。当地出产的石头，以“昌化”的地名冠以石名，它的石文化内涵十分丰富，不仅涵盖了浙江西北地区的草根文化，也展示了浙江的物产丰富。

昌化鸡血石有艳丽鲜红（如真鸡血）般的色彩和亮晶如美玉般的光泽，使人不禁感叹造物的神奇。千百年来，这石中的“血”鲜活得像刚刚泼洒上去的鸡血一般。如一幅幅巧夺天工、美妙绝伦的图画。曾有朋友问我，这晶莹温润的石头里怎么会有鲜红的“血”色？这里有个美丽的传说。相传当年在玉岩山上栖居了一对凤凰，一日，凰正在孵蛋，一只鸟狮路过。凤和凰一起与鸟狮搏斗，终于胜利了。但战斗中凰被咬断了腿，鲜血染红了玉岩山。山上的石头由于染上了凤凰血，遂成了色如鲜血的鸡血石。这是流传至今关于昌化鸡血石美丽的传说。后经地质学家研究，其实是由于玉岩山地质地层在亿万年的遂变中，才形成这独特而美丽的鸡血石。

昌化鸡血石具备“四性”：独有性——目前在世界上只有我国浙江才有；奇特性——十分稀少又很特别；观赏性——它的色彩绚丽，质地细腻滋润，使人爱不释手；文化性——据考证，昌化鸡血石的开采始于明代，而盛名于清代，在我国的传统文化中占有一定地位。

品评一块鸡血石的好坏，一要看“鸡血”颜色成度；二要看质地，再要以含“血”量的多少、血色的鲜艳度、质地的硬度与透明度为依据来判断。鸡血颜色大类可分为鲜红、大红和暗红。鲜红为上品，大红次之，暗红最差。鸡血依照形状可分为块血、条血、云雾血及点血等。也有两种以上形状自然结合在一起，则要依以哪一种形状为主，定其名称。而“血”量的多少，则要按鸡血部分与成品石质的百分比，其中大于 30% 的为高档品，大于 50% 的为珍品，大于 70% 的则为绝品。当然也可以以鸡血石本身的石质、颜色、透明度、光泽度和硬度的四种特性表现来品评鸡血石的优劣与等级。

这篇导游词选取了一件“桃园三结义”的鸡血石作品作为主要对象进行创作，由桃园三义中的关羽，引出中国红以及红色在中国所代表的特殊含义。在昌化鸡血石的各项特质中有侧重地选择了红色这一最主要特征，叙事手法上体现了详略得当的风格特点。

案例：苏菜

有一句话说得好，唯有时光与美食不可辜负，那咱们这度假时光的美食就更不能辜负了。当我们夸一种美食时都赞其色香味俱全，当然这“味”肯定是重中之重。各种菜系都有其独特的味道，因此今天就让我们来共同品味苏菜的特色。

一说起苏菜的味道，大家不约而同地会想到一个字——甜！但大家可能不知道苏菜普遍偏甜是有渊源的。就让我从官员引领和商人炫富两个特殊角度来给大家作解释。在唐朝以前，整个南方食海盐，菜品都偏咸。而在唐朝时，那时的政治中心长安的食品是偏甜。当时长安外派官员都不喜欢南方偏咸的食品。很多外派官员都随身携带一部分口粮，但很多食品半路就坏了，其中有一位官员无意间将食品放蜂蜜中，后来发现食品没变质，后人争相效仿。而宋室皇朝南渡杭州，中原大批士大夫南下，更是将中原嗜甜的口味带到了南方。由此可见这政府官员的引领示范作用功不可没。除此以外，用于调味的糖在古代的经济价格相当于今天的奢侈品，只有达官贵人才能食用，而南宋以后随着中国经济中心的南迁，江浙一地成为古代富豪的聚居地，因此在菜里加糖也可以说是当时一种独特的炫富手段。

苏菜的用料十分广泛，大多以江河湖海的水鲜为原料进行制作。同时，苏菜的刀工细致，烹调形式具有多元化特性，以炖、焖、煨、焐见长。大多数苏菜都追求菜品原料的固有味道，以清鲜平和为主，具有较强的适应性。江苏被誉为鱼米之乡，江苏地区的物产丰富，具有得天独厚的饮食资源，这为苏菜奠定了丰盈的物质基础。苏菜清新的风格大多体现于刀工细致、刀法多变。不论工艺冷盘抑或蔬菜雕刻，均体现出苏菜刀工的高水平。苏菜相对侧重于火候的掌握与刀功的运用，特别是在炖、焖、煨、焐方面，镇扬三头、苏州三鸡、金陵三叉均体现出了炖、焖、煨、焐的精髓。

国学大师范曾曾提笔《中国名菜谱·江苏风味》“家山秀色、清雅风味”，这两句诗句从根本体现出了苏菜的风格。不论是江河湖鲜还是禽畜时蔬，均侧重于“鲜”。在调味时，也在鲜美、淡雅中求得变化，将淮盐、糟、醇酒、红曲以及虾籽应用到极致，调和五味，但又与清淡鲜美的风格相融合。

相关资料显示，苏菜由来已久。早在春秋战国，江苏地区就已出现全鱼炙、露鸡以及需要极强刀功的鱼脍。《清异录》中显示，扬州的缕子脍、建康七妙以及苏州玲珑牡丹鲜等，都被誉为“至美之味”，由此印证，苏菜早在两宋时期就已名满天下。明清时期，贯穿中国南北的京杭大运河串起“淮、扬、苏、杭”四大名城，除了杭州，皆在江苏，长江也从南京穿城而过，因此苏菜南北沿运河、东西沿长江迅速发展，淮扬菜、金陵菜、苏锡菜、徐海菜等地方风味菜肴融合，荟萃而成中国四大菜系之一——苏菜，成为中国“南食”的两大台柱之一。

一方水土养一方人，作为鱼米之乡，江苏物产丰饶，饮食资源十分丰富，富足的水土酿造出美味佳肴，让这里的人们生活得有滋有味。菜系风味也和这方土地的性格一样，清新、平和、豁达，不急不躁。这里讲究刀工的精致和摆盘的优雅，至于口味只要一口就足以征服你挑剔的味蕾。

这篇导游词从“甜”字入手，在评价要素上没有堆砌，以历史上江苏一地出现的趣闻逸事为佐证材料，详略得当地刻画了苏菜的特色。

案例：少林寺方丈室

各位朋友：

大家好！在少林寺中有这样一处建筑，它地方不大，仅面阔五间，却地处少林寺的核心位置；它里面没有供佛，门前也人迹罕至，但它却是少林寺佛教文化发展的策源地。这就是“方丈室”。

方丈室是寺院住持处理事务的办公场所。在中国常见的佛教寺院里，它普遍位于中轴线的两侧，而少林寺的方丈室却能跃居中轴线之上。这种独特布局在整个中国汉地佛教寺院中实属难得一见。

“方丈”这个名字，源于《维摩诘经》中维摩诘居士的居室名称。因这位居士所居住的石室四方均有一丈，故有方丈之名。地方虽小，能“包容三万二千”弟子打坐。将“方丈”这个名字用在佛教寺院的建筑上，则是指在此居住的寺院住持们拥有博大的胸怀和超人的智慧。作为一寺的住持或方丈，他们的才学和德行与寺院佛教文化的发展息息相关。

少林寺在千百年来，非常幸运地拥有众多德行高洁、学识渊博的住持和方丈。正是在他们率先垂范、以身作则的影响下，我们才得以看到今天名扬四海的少林寺。

说起少林寺的住持，有很多都是中国文化发展史上必不可少的重量级人物。如主张“不立文字，直指人心，见性成佛”的禅宗初祖达摩祖师；信念卓绝、断臂求法、成为尊师重道典范的禅宗二祖慧可大师，以及继往开来、被后人尊为少林寺中兴之祖的福裕大师等。

这其中，对现在少林寺影响最大的，莫过于元朝的福裕大师。福裕，字好问，号雪庭，元朝初年作为禅宗领袖奉朝廷之命入住少林寺，后人尊称为雪庭福裕。在福裕大师住持期间，少林寺达到了空前的兴盛。他不仅修复了朝代更替中被战火毁坏的寺院，同时为了扩大少林寺的规模，在全国各地修建下院。而更为重要的，为了传承佛法，实行了一系列措施，其中影响最为深远的是确立了“七十字辈”的宗法制度格局。

福裕参照中国传统社会的命名模式，把少林寺建成封建家族式寺院，以70个字来确立僧人的寺院辈分顺序。来自五湖四海的出家人，也因为由70字所确立的辈分关系变得长幼有序、兄弟和睦。同时，佛教文化的传承也因为宗法制度的建立而变得更加严谨。在佛教文化的传承中，徒弟要跟师父学到佛教文化的精髓，绝非像我们想象的那么简单，更多的还要取决于师父的口传心授和弟子的顿然领悟。辈分有序的师徒朝夕相处中，师父的言传身教和弟子的勤学苦练有机地统一在一起，从而保证了佛教文化传承的正统性和严肃性的高度统一。从福裕开篇到当代的800年中，“七十字辈”已历经30多代，现在已经传承至“德、行、永、延、恒”这几个字辈。“永”字辈僧人中最有名的就是现在的方丈释永信。

回想着少林寺历代高僧大德，面对少林寺“方丈室”这一丈见方的陋室，我们所感慨的已经不是房屋的大小了，而是居住其中的历代方丈住持们为佛教文化所作出的忘我奋斗精神和文化传承的强烈使命感。我们所面对的，其实已不再是一座普通的建筑了，而是一座蕴含了千百年来文化传承的历史丰碑。

那就让我们一起走进方丈室，在静心中去感悟这丰碑中有形无形的一切吧。

少林文化是以佛教为精神核心，以儒家思想为文化精神外延，以少林功夫作为传播禅宗的载体，集中华武术之大成，独具特色的一种宗教文化，是典型的中国式的传统文化，具有很强的文化延续性。今天，少林文化适应了社会发展，兼有很好的开放性。千百年来在经历了与各种文化的冲撞与融合之后，少林文化没有消弭，没有发生文化的异化，并且顽强地保持着自己的文化结构和本位，保持自己“借武传禅，以武弘法，禅武合一”的特色，既保持传统又积极汲取其他文化发展自己。

佛教传入中国，是中国历史上最为重大的事件之一。自佛教传入后，佛教就与中国传统文化之间产生了互通互融的影响，并最终形成了中国化的佛学宗派——禅宗。“禅”原意是沉思、静虑。禅宗起源于少林寺，达摩被尊为禅宗初祖。达摩禅法的核心是“二入四行”理论，此种禅法经六祖慧能发展概括为“教外别传，不立文字，直指人心，见性成佛”。禅宗因主张用“禅定”概括佛教修习而得名。禅宗宣扬“见性成佛”和“顿悟成佛”，认为成佛在于一念领悟，无须长期修行，禅宗以简单易行的修行方法，使传统佛教摆脱了烦琐、高深的理论和严格的修行戒律，迅速适应了中国社会，使佛教进一步市俗化，这为僧人习武现象营造了理论背景，从而也为少林武术的诞生奠定了基础。达摩被尊为禅宗初祖，自然少林寺被尊为“禅宗祖庭”，少林寺在中国佛教史上具有其他寺院不可替代的地位。“禅”是静态的，“武”则是动态的，“禅”的关键在于悟，“武”只是“禅”的载体，用武传禅才是少林武术真正要表达的内容。少林寺用武传禅，用武传佛，达到了佛法中真正的回归。

方丈：一丈四方之室。又作方丈室、丈室。即禅寺中住持之居室或客殿，亦称函丈、正堂、堂头。印度之僧房多以方一丈为制，维摩禅室亦依此制，遂有方一丈之说；转而指住持之居室。今转申为禅林住持，或对师父之尊称，俗称“方丈”或“方丈和尚”。住持其语义为“安住之、维持之”，原意指代佛传法、续佛慧命之人，后被用来指称各寺院之住持者或长老。此词用在寺职称谓时，又称寺主或院主。由于住持之住处称为“方丈”，故“方丈”一词亦被引申为住持之意。

一般情况下只要有寺庙就有住持，而方丈必须是上规模的寺庙群才能有。方丈可以兼任多个寺庙，而住持则不能。方丈由所在省的宗教管理部门和佛教协会任命才能生效。

这篇少林寺方丈室的导游词在叙事手法上选择了少林寺历史上最有名的一代方丈——福裕，福裕对少林寺形成今天的规模起了非常重要的作用，所以通过他即能看到历代方丈住持们为佛教文化所作出的忘我奋斗精神和文化传承的强烈使命感。

2. 叙事场面中的详略使导游词情节扣人心弦

当我们创作有关历史事件或故事性较强的导游词时，记载事实，表现人物，通过大量的场面叙写来实现。要想突出表达效果，往往在历史发展的关键时刻、事件的转折之处和人物生活命运发生变化的地方，就设置容量巨大、扣人心弦的场面描写，以真实形象反映历史。好的导游词在讲究历史真实、思想的蕴蓄、情感的表达和氛围的营造的同时，也十分讲究详略设置、安排的艺术，以达到较高品位的美学艺术境界。

案例：阆中贡院

各位游客：

大家好！现在我们来到了中国的历史文化名城——阆中古城。阆中位于四川北部，嘉陵江中游，四面围山、三面环水，形势十分险要，自古以来，就是一座军事重镇。阆中还是整个四川迄今为止保存最完整，规模最大的古城。阆中素有“阆苑仙境”“嘉陵第一江”的美誉，唐代大诗人杜甫在这里留下了“阆苑城南天下稀”的千古名句。我们先参观完川北贡院，之后将依次游览张飞庙、华光楼、滕王阁、锦屏山、巴巴寺。

欢迎大家游览阆中古城的川北贡院。川北贡院也名阆中贡院、四川贡院，它位于阆中古城学道街中部北侧，是科举时代读书人应试的考场，因此又被称作“清代考棚”。古代的考场之所以叫“贡院”，就是通过考试选拔人才贡献给皇帝或国家的意思。我们今天参观的阆中贡院考棚具体建于何时，已无确切记载，但从现有的文献来看，最早可以追溯到明朝嘉靖时期。到了清朝初期这里还是四川省举行省级考试——乡试的考场。在我国现存的四大贡院当中，川北贡院是目前全国唯一能够看到全貌的中国古代乡试贡院，也是保存最完好的一处高等级科举考场。今天我们在贡院的游览路线依次是大门、龙门、至公堂、阆中状元馆，最后参观和体验古代的考场——号房，1 小时后返回大门集合。请大家在游览中注意安全。

如果大家要问我，阆中贡院当中最值得参观的地方是哪儿？我一定会告诉大家就是我们眼前的这一间间小房间了，它们也叫号房。大家可不要小瞧了这些房间，这一道道小门背后可就是古代的考场了。大家请细看，每个房间上都有诸如“天字号”“地字号”“玄字号”等编号，这些“天地玄黄宇宙洪荒”等考号都是出自一本叫《千字文》的书籍，这些字不仅彰显了儒雅的考风，同时也方便考生对号入座。

我听见有团友开玩笑说，古代考生的待遇可真好，考试的时候还能享受单间待遇。这位团友，您先别着急，您只从外面看见了单间，等你看见了房间内部的模样，你可就会受不了了。大家请看里面，这号房里的空间长不足 1 米，而高不足 1.5 米，这空间大小对于身材矮小的人坐着还凑合，但对于身材略高大的人那可是憋屈得很。号房里的陈设也真可谓一目了然：两墙之间设有两层木板，考试时上层木板为桌案，下层木板为座凳。除此以外，座凳下面也就放了个马桶，当您觉得这古代考试还真人性化的时候，你可大错特错了。我们以清朝初期在这里的四川省省级考试——乡试为例进行说明。当时全国的省级考试时间定为秋季八月，又叫“秋闱”，每闱三场，每场三昼夜。也就是说乡试加起来一共要考整整 9 天。这 9 天当中，考生的吃喝拉撒全在号房内，甚至连睡觉都在这里。如何睡呢？就睡在这木板之上，取出上层木板并入下层，连起来就是一张勉强凑合的床了。而八月的阆中正是一年当中最热的时候，平均温度不下 35℃，因此，经常有考生因中暑生病、食物中毒导致意外死亡，更有甚者还会被藏在号舍屋檐等处的毒蛇咬死。大家可想而知那些挥汗如雨的考生要面对怎样的 9 天煎熬啊！

但就是这样一个令人窒息的考场，却不是人人都有资格进来炼狱的。就明清规定而言，并不是所有学生都可以参加乡试的，首选得通过小试，即俗称的童子试，成为秀才后才有可能。秀才还要通过岁试、科试，才有资格参加乡试。乡试通过之后就成为举人了，举人随后到北京参加全国的会试，之后参加由皇帝亲自主持的殿试，最终成为进士。中国科举制度延续了 1300 多年，到最后为什么会废除呢？咱们回顾历史，它确实改善了用人制度，使得有才识的读书人有机会进入各级政府任职，促进了教育事业的发展，也促进文学艺术的发展。但这种制度也有消极的一面，它有利于统治者加强思想控制，到了明朝，八股取士，使得读书人不讲求实际学问，思想僵硬古板，严重阻碍了中国古代社会的进步和发展。所以1905年科举制度退出了中国历史的舞台。

由此看来，古代的科举考试之路真是一条坎坷之路啊！相比之下各位团友是不是很庆幸我们不用像古代人那样去考试呢？好了，就请有兴趣的朋友钻进号房，去体验体验原生态的古代考场吧！

贡院，是中国科举时代士子参加乡试的考场。通过贡院考试金榜题名，是当时读书人进入官场的“正途”。所谓“洞房花烛夜，金榜题名时”，被看作人生的两大喜事，金榜又新婚，就是双喜临门、欢快至极。由于我国废止科举已近百年，明清两朝修建的贡院几乎全都拆毁。历史文化名城阆中的四川贡院，是我国现在仅存的两所贡院（另一所为江苏南京夫子庙的江南贡院）之一，1991年由四川省人民政府公布为四川省文物保护单位。

四川贡院比江南贡院建院晚，规模也小些。明清时，阆中为保宁府、阆中县治所，县试、府试均在这里举行。顺治初年，“全川未靖”，清军先攻下阆中，四川巡抚李国英驻节于此，阆中成为四川临时省会。从顺治八年（1651年）至顺治十七年（1660年），阆中曾举行过4次乡试。原有的考棚不够用，就不断扩充改建。顺治十七年以后，省会迁成都，阆中贡院又作为县试、府试考场。嘉庆二十二年（1817年），考棚年久倾倒，川北道道台黎学锦又在原有基础上扩充配建，“另为改造高朗，东西托地数丈，座号悉易石脚而铺宽厚板片，前后门堂厅廨，焕然一新”。房舍比四周民房高而整齐。清朝末年，一部分考棚划归相邻的川北道署，考棚缩小；1959年，因城市建设需要又拆除一部分，规模就更小了。现存的清代四川贡院，位于阆中古城内学道街中部，是一个南北向的长方形两重四合院，穿斗木结构，青瓦屋面。在临街的粉红色墙上的“贡院”匾额下方，两边有黑底金字的木刻对联：上联为凭卷录优不问寒门世族，下联为出类拔萃试看将相白衣；对联表明科举时代标榜公平取士，鼓励举子寒窗苦读，通过科举考试进入仕途。贡院中间的大门称为“龙门”，考试高中就是“鲤鱼跃龙门”，寒士变官员。

我国的科举制度绵延1300多年。科举考试中试卷糊名，提倡择优录取、公平取士的优良传统，已为现代高考所采用。贡院，作为科举时代读书人通过考试进入仕途的起点，显然有其不可磨灭的历史价值。四川贡院和江南贡院作为我国科举时代贡院两个仅存的历史见证，更是极为珍贵，当以重点保护。

这篇导游词在场景的详略选择上突出了号房，看似牢房的号房里走出了中国历史上那么多的寒门学子，在经受 9 天的炼狱似的煎熬后，有人能飞黄腾达，但有人只有收拾回家，下次再来。对考试场景的细致描述在游客的心中可能会扭转很多对过去科举考试的认知误区，与今天高考学生享受的待遇真是天壤之别。

案例：成都武侯祠三义庙

各位游客：

大家好！在参观完汉昭烈庙认识了仁义之君刘备、义薄云天的关羽、诚贯金石的张飞，游览武侯祠了解了人臣楷模、智慧化身的诸葛亮，瞻仰了古柏森森的惠陵后，我们现在来到的是新景点“桃园”，取刘、关、张三结义之意。新景点这个提法是相对始建于 223 年的惠陵、汉昭烈庙而言。在唐代，武侯祠已经成为著名的游览胜地，现存主体建筑为清康熙十一年（1672 年）修复，1961 年被国务院公布为第一批全国重点文物保护单位，1984 年成立成都武侯祠博物馆，2008 年被评为国家一级博物馆，享有“三国圣地”之美誉。武侯祠有着 1700 余年连续不断的名胜古迹和景点开放史，这在全世界也是不多见的。众多文物是在这开放过程中，由游客创造和逐渐积累的，如我们在二门旁欣赏的唐“三绝碑”，诸葛亮殿前品读的清“攻心联”等。现在我们所在的“桃园”景区修建于 20 世纪 90 年代，修建的目的除了供各位休息以外，也是在游览完古迹之后有一个反思三国文化中“结义文化”的场所。

桃园的中心，是全国雕塑大师叶毓山先生的作品，他选取四川宝兴县产的彩条纹大理石、雅安产的红色花岗岩、大凉山产的墨玉石，利用巨石的天然造型，大刀阔斧，略作修饰，以大写意手法用红、白、黑三色大理石精心雕塑而成的刘关张三人塑像。这组塑像远看是石，近看是人，其表情、神态惟妙惟肖，生动传神。请各位游客仔细观察，白色的刘备端坐于中，面色凝重，似在虔诚地默念誓言，祈祷上苍保佑汉家江山；红色的关羽居于左侧，手捋长髯，身形微侧向刘备，似在默记兄长“上报国家，下安黎庶”的嘱托；黑色的张飞居于右侧，双手抱拳，拱手倾身，似向兄长们表示，必不负桃园的兄弟情义。雕塑家巧妙地用不同颜色的石料来表现人物的形象及性格，仁厚的白色刘备，忠义的红色关羽，勇而莽的黑色张飞，色泽与人物在小说中的形象及性格是相吻合的，我以为正是这组石雕的成功之处。

这种借石块天然形态略作艺术手法的叫修斫，自古有之。汉武帝茂陵边的霍去病墓，就以起伏似祁连山的封土为墓冢，冢前石牲都取自天然石块，略作砍斫而成，浑然天成，其造型在似与不似之间，被誉为我国雕塑史上的神品。桃园石雕便借用此法。从络绎不绝来此拍照的人群得知，艺术的魅力远比历史的真实更能吸引人，当年结义的兄弟深情依然得到今人的认同和赞叹。不过，人们如今的结义又有几人能如罗氏笔下的兄弟呢？

在小说《三国演义》中，刘关张结义是第一个故事，小说的基调也顺着这个故事定格为贬曹扬刘。在三国演义中桃园结义是他们人生的转折点或者说是新的起点。桃园结义后，刘、关、张三兄弟都以自己的行动实践着最初的盟誓。关羽独行千里，报主之志坚，自不必说；就是莽张飞，也无时不以桃园大义为立身处世的原则。当关羽离开曹营，千里迢迢赶到古城与兄弟相聚时，张飞二话不说，挥矛便搠。为什么呢？原因很简单，他认为关羽“背了兄长，降了曹操，封侯赐爵”，是“无义”之人，“今又来赚我！我今与你拼个死活！”直到二嫂告诉关羽前后经历，张飞才大哭，参拜了二哥。小说中张飞的莽撞，实是借助误会表彰他对桃园之义的忠贞。刘备与他们情同手足，曾以“兄弟如手足，妻子如衣服”的道理劝慰两位贤弟，关、张二人感动得热泪盈眶。他们恪守盟誓，苦心经营，终成蜀汉帝国之大业。

“不求同年同月同日生，只愿同年同月同日死”的铮铮誓言。他们所代表的同心协力，救困扶危的精神不知感染了多少热血男儿。“上报国家，下安黎庶。”桃园兄弟所结之义，结的是忠义、道义、信义，行的是仁义、忧国忧民的大义，所以人们认可他们、赞颂他们、崇拜他们。这种结拜一直延续了几千年，至今还被人们传承着，没有血缘关系的人开始称兄道弟。桃园结义，已成为人们效法的榜样，衍变为一种中国古代社会的结社方式，成为中国民俗中的十分普遍的现象。

受罗贯中笔调中褒贬的影响，《三国演义》与真实的历史有些出入，在正史中没有任何关于三人结义的资料。所以，大多数学者认为这桃园结义极有可能就是文学作品的一次杜撰。桃园结义的真实性需要打一个问号，但当我们站在这里，看到三人的雕塑，还是会无比羡慕三人萍水相逢却能患难与共的难得友谊。

就桃园结义这一故事名目来说，它已经具有了超越时空的人所共知的内涵。具体说来，人物是刘备、关羽、张飞，地点是桃园（不管是桃园洞，还是桃园地），事件是结义，主旨是“义”，这就是故事的主干。但不同时代、不同文体、不同层次的文本在具体叙写这个故事时，还存在一个解码、编码的过程。比如说文人叙事要用叙事主体偏好的话语模式对故事进行重构，民间叙事也要用叙事主体熟悉的话语模式对故事进行重构，当然是在不偏离主干的条件下，糅进了叙事主体意识观念的一种重构。也就是说，故事在传承变异的过程中，虽然“主干”不变，但“枝叶”却是可变的。下面就来看看桃园结义故事在不同文本中的叙写，以此探析文人与民间的“同”中之“异”。

文人叙事文本中，义是民间义气之义与儒家义理之义的结合；而民间叙事文本中，义中只见义，突出的是民间之义，体现的是民间叙事对民间义气、江湖情义的重视。撇开故事本身来看，民间叙事文本提到“桃园结义”时，仅体现出义，可见民间叙事对民间之义甚为偏好，极其重视“义”。比如《群音类选·桃园记·古城聚会》中，张飞以为关羽降了曹操，遂出“骂你个负义忘盟强盗”之语，关羽则道:“念桃园誓比泰山高，关某心惟有天知道。”《古城记》第十出“权降”中关羽道:“老天，我若真心降曹，忘了昔日桃园结义之情，关某久后必遭万剑之诛，身为齑粉。”第二十一出“附信”中关羽道:“不辞千里访迹寻踪，非是我鞠躬，非是我逞雄，只为桃园结义如山重。”《尧天乐·古城记·独行千里》中有“匹马单刀志量高，千里寻兄岂惮劳。只为弟兄情意重，桃园结义胜同胞”之语。《三国志平话》中约有八处提到“桃园结义”，但都体现的是“义”，还叙及“张飞对先主无君臣之礼”。

文人叙事文本中，义与忠却是密不可分的，提到“桃园结义”时，多是与事主共兴汉室相提并论。不仅忠义并举，甚至是“忠”高于“义”。

通过桃园结义故事的两种解读可以看出，文人叙事文本是义中有忠、义中有孝，义乃民间义气之义与儒家义理之义的结合，体现了文人叙事对儒家伦理道德的重视；而民间叙事文本是义中只见义，突出的是民间之义，体现的是民间叙事对民间义气的重视。文人叙事中桃园结义故事的叙写，还体现了大众文化与精英文化的融合。就整个三国故事的演变来看，文人和民间都推崇忠义。相对而言，在忠与义之间，文人对忠更痴痴不忘，而民间对义更情有独钟。另外，桃园结义故事在传承变异的过程中，各种文本在对故事进行重构时，思想主旨和道德观念的差异，无疑是最显明的。

根据导游讲解的对象不同，我们可以倾向性地选择文人叙事或民间叙事版本，就像这篇导游词，考虑到游客的组成以普通市民为主，所以选择了他们喜闻乐见的民间叙事版本，对桃园结义的背景故事进行了渲染，突出了“义”字。

案例：吹糖人

一说起吹糖人，我们至今头脑中都还有这样一个画面：一群小朋友围在一起，看着那一团麦芽糖经过糖人艺人的妙手化身为一个栩栩如生的糖人时，更是好奇到连眼睛都舍不得眨。那么吹糖人究竟有何神奇呢？这第一奇，奇在这糖人的原材料并不是什么高档玩意儿，而是我们每家每户都有的最平凡的白糖，白糖在家里一般是用来调味，但到了师傅手里就化平凡为魔法了。这吹糖人第二奇，奇在我们永远不知道糖人师傅下一个会吹出什么样好玩的玩意儿。有时是小鹿，有时是金鱼，有时甚至是耗子，但其中最惹我们喜爱的是孙猴子。只见孙猴子做好后，要在猴背上敲一小洞倒入些糖稀，再在猴屁股上扎一小孔，让糖浆慢慢地流出来，下面用一个小江米碗接着，用小江米勺舀碗里的糖稀吃，直到糖稀流完或冷却凝固时，则连糖人孙猴以及江米碗、勺一块吃掉。这套玩意儿称为“猴拉稀”，最受孩子们欢迎。

吹糖人是一种存在于民间的小手艺。艺人们多是挑着担子走街串巷售卖，担子的一头放着糖料、竹签、木炭、剪刀、小篾刀之类的制作工具及材料，另一头放着加热用的炉具等。这样做的好处是随时可以把担子落地经营。糖人的制作过程是：将准备好的家什取出来，把整块的蔗糖加热到合适的温度使其熔化成黏稠的糖稀，揪起一块，绕成圆球，用食指蘸上少量淀粉压一个深坑，然后收紧口并快速拉出一条糖管，到一定细度时马上折断，再对着糖管边往里吹气根据顾客想要的人或动物造型快速地扯动糖块，不到一分钟的时间，一个半透明的“糖人”即可成型。

吹糖人有着悠久的历史，但其出现的确切时间却无法下定论，艺人们多奉刘伯温为鼻祖，如此推测吹糖人似起源于明朝。但南宋《梦粱录》卷十三中《诸色杂货》有“及小儿戏耍家事儿，如戏剧糖果之类：行娇惜、宜娘子、秋千稠糖、葫芦、火斋郎果子、吹糖麻婆子、孩儿等”，这里的“吹糖麻婆子”就是我们现在所说的吹糖人。这一史料足以证明南宋时期已经出现吹糖人。

吹糖人源于劳动人民的生活实践中这点毋庸置疑。吹糖人的原料为蔗糖或麦芽糖。蔗糖产生之初是一种饮品，古人多信奉神明，在那食物匮乏且样式单调的时代，这种新产生的食物——蔗浆作为一种罕见的高级食材而成为祭祀用品。随着蔗糖的普及与制糖技艺的提升，人们在劳动过程中可以用蔗糖做出各种形状的祭祀用品，在实用的基础上又给人带来了一种视觉愉悦感。可以说吹糖人的产生起源于古时的祭祀活动。

吹糖人看似简单随意，实则不然，艺人们往往需要练习多年才能拥有娴熟的手法，也只有这样才算出师。由于糖稀的特性不适宜长久塑造，一旦短时间内不能完成，糖稀由于温度变低出现硬化，作品便无法完成。吹糖人最吸引人的地方在于它在极其短暂的时间内能高度概括地塑造出人或动植物的立体形象，它与中国写意画一样追求着“韵味”，因而多数动植物造型夸张随意，但胜在个个惟妙惟肖、活泼淳朴，且蕴含着一种与众不同的意境。

以这样的民间艺术为题材创作导游词一定要注意场景细节的叙事描述，画面感要强，并且能做到语言生动有趣，能感染游客。

（三）叙事情感技巧对导游词的影响

1. 叙议结合，增强导游词的韵味

成功的导游词要叙事结合议论，在立意上才会有拔高。但议论切忌空穴来风，也不能无中生有，或者是无病呻吟、装腔作势。叙议结合的手法，做到蓄势而待发，而这个“势”就是叙述，“发”就是议论，议论要在叙述的基础上自然而然地出来。

案例：武侯祠惠陵

各位游客朋友：

在我们参拜了明君刘备的汉昭烈庙之后，现在来到的是汉昭烈帝刘备的陵寝——惠陵。惠陵是刘备同他的两位夫人——甘夫人和吴夫人的合葬陵，位于整个武侯祠博物馆主体建筑的西侧，是三国时期唯一保存至今仍完好如初的皇帝陵。陵墓建筑由照壁、山门、神道和寝殿等组成，在大门上悬挂有“汉昭烈陵”大匾。作为一处陵寝，惠陵体现了清道光年间重修时期的封土特色，一改汉代“方上”封土格局，采用了明清时期常见的“宝城宝顶”形制。

成都是汉文化的保留地，而武侯祠则是三国文化最浓郁的地方。当年刘备听取诸葛亮的建议，取益州而成帝业，这个被诸葛亮称为“天府之国”的宝地从此登上了三国群雄纷争的历史舞台。四川地理位置优越，北有剑门险关驻守、东有三峡夔门把关，南部西部又是群山高原所围绕，这里进可攻、退可守。都江堰水利工程孕育了成都平原，这里土地富饶、物产丰富、气候良好，可以说是物华天宝、人文荟萃，从唐朝开始就是北方移民向往的天堂，不仅吸引了如“诗圣”杜甫等一大批文人驻足停留，更有各路贤能之士纷纷入蜀求安。当然这中间对成都影响最大的人物当属刘备。

刘备这一生的英雄事迹从桃园结义开始：

讨伐黄巾、礼让徐州，

三英战吕布、煮酒论英雄，

三顾茅庐、手摔阿斗，

联姻东吴、西川称帝，

东征伐吴、白帝托孤。（此处用贯口）

到了最后还留下了一个谜等着我们来破。什么谜？那就是刘备的真身是否下葬在我们眼前的这座陵中？

疑问来源于刘备去世的时间，223年农历四月刘备病逝于奉节白帝城永安宫，五月诸葛亮护灵柩回成都，八月下葬到惠陵之中，这时正是夏季酷暑时期，尸身极难保存，况且当时的交通很不方便，从白帝城到成都全是逆行而上的水路和崎岖的山路，上行需要30多天时间。也就是说，即便是智慧化身的诸葛亮也不可能将刘备的肉身在经过一个多月的长途跋涉后仍然完好无损地带回成都。所以，对于刘备到底葬在何处就有了三种说法。

第一种说法认为刘备的墓葬就在成都武侯祠。这种说法的依据来源于陈寿，他写的《三国志》被称为“良史”，在史学上的地位与《史记》相等。陈寿本人是蜀汉的观阁令史，也就是从事文献档案管理工作的人员，他在蜀汉生活了30多年，必定知道刘备的葬身处。刘备死后，尸体由奉节运回成都，后与吴夫人合葬于惠陵。今天，武侯祠内确实还有刘备墓的建筑。武侯祠博物馆的人在一次植树时，意外地在刘备墓的封土边缘挖掘的树坑中发现了许多蜀汉时期的砖。这从侧面证明了《三国志》等历史文献中关于刘备墓在成都的记载的可靠性。但这种说法只能证明在汉昭烈庙内有刘备墓，并不能说明刘备的真身是埋葬于此处。

第二种说法认为刘备的墓葬应该在四川彭山牧马山上的莲花坝。《彭山县志》记载：“莲花坝有皇陵，墓依山势，封土呈覆斗形，传此为刘备坟。”按封土的形制来说，确实是汉代帝王陵寝的格局。而且这座被当地人称为“皇坟”的墓地总面积有100多亩，从地形地貌看，皇坟东、西、北各有3座小山丘环护，形状像一把座椅，有“九龙回头望”之说。这种“九龙回头望”，只有封建时期的帝王才能享用，在我国有如此好风水的地方也就只有北京的十三陵了。不过彭山距离奉节路途也一样的遥远，如果以肉身难以保存推翻前一种说法的话，那这一说法也是站不住脚的，不过，到目前为止莲花坝的皇坟主人到底是哪一位，也没有得到确定。

而第三种说法则认为刘备就葬在奉节。郭沫若在1961年考察奉节时也认为，由于季节和交通条件都不利于尸身长途运输，所以葬在死亡地的可能性非常大。南宋时期也有学者认为成都的惠陵只是弓箭墓，里面只是埋葬了大量弓箭、衣冠等器物，不是真墓。这倒让人联想起诸葛亮的墓了，孔明先生六出祁山最后病死在陕西勉县的定军山，诸葛亮的尸身并没有从陕西运回成都，而是直接下葬在勉县，不知这一做法是否也是受刘备下葬死亡地的影响呢？

历史的真相总是这么云遮雾绕，回想我们在进入寝殿之前看到的那副楹联：

一抔土尚巍然，问他铜雀荒台，何处寻漳河疑冢；

三足鼎今安在？剩此石麟古道，令人想汉代官仪。

传说曹操为掩人耳目在漳河之上修建了72座假墓，但后来都找寻不到了。而曹操真正的墓在2009年大白于天下，已确认是河南安阳的高陵。那与他“煮酒论英雄”的刘备又到底是埋在哪儿的呢？

刘备墓，史称“惠陵”，是全国重点文物保护单位成都武侯祠里的一处重要古迹，位于祠内诸葛亮殿西侧。现存墓茔封土高12米，周长180米，陵墓占地约三亩。墓上绿草离离，陵边柏树森森，有砖墙绕陵一圈。陵前有“汉昭烈皇帝之陵”石碑一通，清乾隆五十三年（1788年）立。另有康熙七年（1668年）石刻“汉昭烈之陵”横额一块，嵌于围墙上。

刘备，字玄德，琢郡（今河北琢县）人。生于汉桓帝延熹四年（161年），

221 年在成都建国称帝，同年七月发兵攻打东吴。次年在夷陵（今湖北宜昌）惨败。退住永安（今四川奉节）。223 年 4 月 24 日在永安病逝。据陈寿《三国志·蜀书·先主传》记载："五月，梓宫自永安还成都，谥曰昭烈皇帝。秋，八月，葬惠陵。"

诸葛亮在刘备病重时，奉诏去永安，受托孤辅政。刘备一死，他即执掌蜀汉军国大事。将刘备尸体运回成都，举行受谥仪式和葬礼，都是诸葛亮主办的。刘备墓中不仅葬着甘夫人，还葬着吴夫人。根据陈寿的记载，刘备墓是一个三人合葬墓。

关于刘备墓，自陈寿记载后在成都，翻遍后代的地理典籍和方志，不见其他地方再有刘备墓。四川历代地方政府和前来吊古的众多官绅士人，也未提出过怀疑。成都刘备墓的真伪本无疑问。为什么又流传有"衣冠墓"之说呢？究其缘由，当始于宋人任渊。他在《重修先主庙记》中说："成都之南三里许，邱阜岿然日惠陵者，实昭烈弓箭所藏之地。"其后，明代张时彻在《诸葛武侯祠堂碑记》中重复了上述记载。此碑至今仍立于祠内。既然宋明人都说刘备墓中并非刘备尸体，当然就是一个衣冠冢了。其实，这是一种误解和讹传。据《史记·五帝纪分》中"黄帝崩"文"正义"说，黄帝葬桥山，山崩，棺空，仅存剑与鞋。这一典故，使"弓箭"成为后世人们对死去皇帝寄托哀思的代词。任渊敬崇刘备，在庙记中讳言其尸体，以弓箭代表持弓箭者之躯体。因此，不能望文生义，忽略古代避讳制度。"衣冠冢"确系误解讹传。

武侯祠内惠陵，由于明人的一通石碑，至今仍有惠陵系衣冠冢的认知，再加上彭山牧马山"皇坟"主人身份未定，所以争议仍然存在。在叙述一件事情的时候抛出多种说法的议论，是让游客留下深刻印象的好办法。导游词不再只是陈述现象，而变得有韵味、可探讨，让人思考。

2. 重复抒情段落，增强导游词语言节奏感

导游词创作出来不是用来看的，而是用来讲的。所以，如何让讲解语言更有节奏感是创作导游词时就应该思考并落实的事情。有规律地使用同样的句式，可以使导游词有着强烈的节奏感。如果在导游词中使用排比句和排比段，也可以达到增强导游词气势的功效。

案例：苏州沧浪亭

各位游客：

大家好！有这么一个地方，恬静中透露着一丝不羁，有这么一方天地，清新中流露出一丝妩媚，有这么一片山水，身处繁华营造的却是一片属于自我的寂静，它就是沧浪亭。这座建于10世纪中国五代时期，苏州城中最古老的一座园林，900余年来，杰出地诠释着古典园林含蓄质朴的自然美、统一变化的图案美、宁静深邃的意境美。

经过沧浪亭的门厅，左转站复廊前，可用我们的眼睛透过沧浪亭的眼睛——漏窗，感受含蓄质朴的自然美。漏窗是我国独特的园林建筑装饰形式，窗洞中装饰着各种镂空花纹，既通透又明快。复廊里的漏窗大多为砖、瓦、竹、木制成，质朴的材料、通俗的题材、淳朴的工艺，与白色的墙壁共同营造了院内外幽静的自然风格。它沟通了内山外水，像万花筒一样将人文意境和自然实境相结合，是我们的祖先顺应自然在园林艺术上的展露。

沧浪亭的漏窗被陈从周先生评为“品类为苏州诸园冠”，号称“一百零八式，式式不重样”。请各位游客靠近些，仔细欣赏漏窗，它们主要是以方形为主，边角纹样为直线形的图案，有万字纹、冰裂纹。中心纹样则多为曲线形图案加以变换，有海棠花纹、灵芝花纹、牡丹花纹、双喜纹、寿字纹等。当这些图形加以组合，呆板的墙壁顿时变得生动起来，它们相似但是不同，每个漏窗的大小、间隔，或相同或相近，从而产生韵律感、节奏感，取得了统一中求变化，变化中又统一的图案美效果。

透过漏窗欣赏沧浪亭水上、陆上的风光是另一种兴致。变化多端、含蓄精巧的漏窗，使园内园外似隔非隔，青山绿水欲断还连，面面成景，处处有情。站在里侧，透过花窗可见园外葑溪的一池碧水，领悟沧浪亭名字的来历，“沧浪之水清兮，可以濯吾缨”。站在外侧，透过花窗窥见园内黄石假山的一角，则可体验“远山近水皆有情”的诗意。 在午后的阳光里，远远看来，黄石的色泽使沧浪亭这个古老的园林充满了自然的风韵，气氛宁静深远，显示了中国古典园林崇尚自然、追求意境美的文化特性。

透过漏窗看园林，我们能感受到自然美、图案美、意境美，透过漏窗看世界，我们能读出人生百态。这里有诗人欧阳修“清风明月本无价，可惜只卖四万钱”的调侃。这里有抗金名将韩世忠生活的影子，改建的痕迹。这里有沈三白夫妇小轩窗内，洞房花烛的浓情旖旎。甚至乾隆皇帝下江南时也在此小住，倾听白蛇传的故事……这时的窗便不再是一面花窗，而是一座岁月的舞台，一幕幕人生故事在此上演。人生，就好比透过“漏窗”隧道，像“万花筒”那样，从这一端的“小孔”，观看那一端的“图像”，可谓瞬息万变，层出不穷。

21扇窗，如21幅动态的画，在不同的欣赏角度，在不同的时间欣赏，获得的不同美感。要深入发掘园林之美，就要独到的眼光。这独到的眼光，便来自每个人自己心中的漏窗。

这篇苏州沧浪亭的导游词一开篇就三个同样句式的句子抛出来，马上就能吸引游客的耳朵。后面两组同样结构的排比段出现，也为导游词增加了气势。读来朗朗上口，讲来绘声绘色。

明计成在《园冶》中说到漏窗的性质特征及形式，“凡有观眺处筑斯，似避外隐内之义。古之瓦砌连钱、叠锭、鱼鳞等类，一概屏之……”语虽不多，但已道出了漏窗之大概。漏窗有“避外隐内”之意，也正因为墙上设置漏窗，才增加了古典园林的内向性和内涵的丰富性，同时为了与高雅文秀的园林气质相合，所以“连钱”“叠锭”“鱼鳞”等形式，一概不用，以免俗气。粉墙漏窗既为我们框出了一方美景，又成了墙面本身的装饰。通常我们常见的漏窗以几何形造型为主，如方格、菱形、三角等，并大小搭配，美在图案。而沧浪亭之漏窗妙在造型、题材多变，不仅形式美观而且意象丰富。沧浪亭最具代表性的当数四孔植物漏窗，分别是海棠花、荷花、石榴和桃，这种写实的表达方式在漏窗的造型中实属少见，其寓意又十分丰富。

以空寓虚，借物寄实的巧妙。所谓“空”，就是留出空间把封闭的园内景色寓于其中，成为一幅框定的美景。园林的艺术贵在含蓄，有藏有露，使景色更为生动迷人。漏窗便在空间手法上起到穿针引线、引人入胜的妙用，充分体现了园林艺术的魅力。园林又像是一幅幅山水画，具有多空间、多视点和连续性变化的特点，是实实在在的空间艺术，因此处理空间序列的手法也是多种多样的。

风雅与吉祥的寓意。风雅的植物题材在漏窗的装饰中所占比重较大，象征光明的拟日纹、卐字纹也是装饰的主角。另外，有吉祥寓意的盘长、方胜、如意等也会让我们眼前一亮。以“卐”字或“软脚万”字为中心，嵌入如意头纹饰，再用简单的曲线撑住四角，这样一孔漏窗既简洁又富有动感。

品读漏窗就是在品读中国的传统文化，不仅看到其对称或均衡的美感，更重要的是分析其蕴含的文化寓意，这样才能更加饶有兴致地感受园林带给我们的乐趣。漏窗是园林艺术的点睛之笔，其风雅与吉祥的寓意也是园主人的期许和愿望，更为现代的游园者带来了视觉与精神的双重享受。

3. 合理的引用，增强导游词的感染力

庄子曰：“判天地之美，析万物之理。”这就是哲学，就是科学，就是艺术。如果置之旅游，就是导游的最高标准。三流导游是不需要读诗歌和哲学的，但一流导游一定要有诗人和哲人的气质。

风景名胜与旅游文学一直以来具有共生关系，两种美互相烘托，相得益彰。导游讲解要善于引用文学作品。可以说，文学作品是导游员学习和运用语言的最好教材。这种学习和运用，我们可从如下三方面着手。

第一是“引”。所谓“引”，是指在导游讲解中直接引用文学作品。当讲解对象是名胜古迹时，这种地方有较长的历史，从古至今曾吸引过大批名人雅士，留下了诗赋游记、题名碑刻。名人的光环效应能使游客的美感得到强化。

第二是“借”。所谓“借”，就是借用相关诗义，用来描绘导游所介绍的景观。这类景点，或者是新发现的，或者是处地偏僻以及基于不同时代的人们在欣赏趣味上的差别，确实找不到较有影响、较有质量的文学作品，可以直接引用到自己的讲解中来。游人在听这样的内容时，也难以产生与名人类同的心理效应，但是，失之东隅，收之桑榆，只要运用得当，同样可以产生很好的效果。

第三是“化”。文学作品对景色风光的描写，有着十分丰富的、精深的内容。上述两种方法虽然比较直接，也很有效，但毕竟有一定的局限性。要充分发挥祖国丰富的旅游文学遗产的有益作用，更重要的是广泛汲取其中的精华，通过认真的理解、深刻的记忆，真正化为导游自己的东西，在创作的内容和形式上提高到一个新的层次。“熟读唐诗三百首，不会写诗也会吟”，这样的自由王国，就使导游讲解对文学作品的运用进入一种“无意识”的境界。

导游员不仅要用头脑思考，还要学会用心灵思考。导游词应当把景点、审美、文化、民族特色和语言技巧有机结合起来，使导游工作变成追求更高层次生活质量的印记。

案例：都江堰南桥

各位游客朋友们：

大家好！我们现在所处的位置是都江堰景区最能体现成都慢生活的景点南桥。

中国山川众多、江河纵横，是个桥梁大国，在古代无论是建桥技术，还是桥梁数量都处于世界领先地位。"桥梁贯穿历史，人情贯穿桥梁。"千百年来，桥梁早已成为人们社会生活中不可缺少的组成部分。我们眼前的南桥被誉为"天府源头第一桥"，这一称号奠定了南桥在整个成都平原众多桥梁中的江湖地位，而南桥的魅力则体现在它的端庄、谦恭和娴静。

请各位游客顺着我手指的方向看向南桥的顶部，桥身上架构了如屋顶一般的结构，四面飞檐翘角彩画楹框，这种桥在古代桥梁类型中称为廊桥，南桥的美也就在藏身于廊顶中的字书、楹联、彩画和木构中。在主廊两头有8幅描绘都江堰、青城山风光的字画，这些画展示了成都平原西北部自然和人文相结合的秀丽风光，与桥身的雕梁画栋相映成趣，整座桥就是诗书画合璧的艺术长廊，南桥的端庄也就通过这些艺术性的表达而呈现出来。

南桥最初的修建是在清光绪年间，四川总督丁宝桢大修都江堰之后还有银两结余，县令陆葆德为这笔钱怎么用陷入了沉思。最后，他决定修桥，用一万两银子沟通了内江两岸的文明。一年后，一座木结构，瓦盖房廊，飞檐翘角的"通济桥"在内江上建成了。通济桥"雁齿凌空，直指南道"，于是人们便称她为"南桥"，也就是我们眼前这座南桥的前身。后来南桥几经损毁，最近的修建是在2008年地震之后，经过一番精致的修复，一座雄伟壮丽的廊式古桥重现人间。今天，当我们被南桥的美丽所感动的时候，一定不能忘了历史上数代的修桥者，他们挺立的脊梁为世人弯成了一座桥，这种谦恭的姿态才是富庶一方的人文支柱。

今天，都江堰的交通四通八达，南桥作为要道的作用已经淡化。每当夏日有很多人在南桥上小憩、纳凉、聊天、喝茶，构成了一幅活色生香的成都休闲生活画卷。站在南桥上我们望向江水的来处，宝瓶口俨然是一道铜墙铁壁的关口，护卫着成都平原的安定祥和。刚才我们站在鱼嘴分水堤之上感受了岷江的激流暗涌，此时我们换一个角度再来看看它，眼前的岷江水如丝绸般滑过，静若处子，再也没有了之前的桀骜不驯。如果说宝瓶口之外我们感受的是大江东去的豪气，那么此时则进入了阴柔的慢板。同样是横跨在内江上的桥梁，安澜索桥在波涛汹涌的岷江之上保护了渡江民众的安全，像是战将；而南桥则架设在内江两岸，促进了地区经济文化交流，像是家眷。南桥的娴静在这种时候也才让人体会至深。

傍晚时分，当璀璨的灯光点亮整座桥身时，南桥犹如一条美丽的光带横跨在引水河道之上，它照亮了河岸边休闲安逸的人生百态，也彰显了都江堰不可思议的水利哲学。这，就是都江堰！

我国的水利历史悠久，内容博大精深，具有非常深刻的文化意义。自“大禹治水”以来，中华民族在兴水利、除水害的长期历史过程中，取得了辉煌的成就，这些成就充分体现了人民的智慧和历代科技的先进水平。而治水文化，就是伴随着这一历史过程而逐步形成的一系列文化现象。

成都平原的繁荣兴盛是因为都江堰水利工程的修建，这篇导游词重点想突出都江堰水利工程带来的变化，哪怕是只隔个宝瓶口的内江一侧，宝瓶口前和宝瓶口之后就是两个不同的世界。所以导游词采用了对比的方法，开篇引用了魏明伦廊桥赋中的句子“桥梁贯穿历史，人情贯穿桥梁”作为引入，让游客对都江堰南桥的认识上升到一个新的层面。

二、运用思维导图提升创作力

思维导图能够协助的，主要是主题掌握、逻辑统整、灵感触发、文章架构、思考变换等层面，至于对生命的感受与体悟、文字的敏锐与嬗变、自身学养与修为等无法仅通过思考、整理获得的部分，就不是思维导图可以作用的。思维导图提供方向、指南，能不能抵达彼岸，皆看掌舵人的修为与智慧，所以多阅读、多尝试、多观察，让自己的生命有一定的厚度，再辅以思维导图的思考模式，才能让自己的文章有条不紊且文情并茂，这是学习思维导图写作的人应该要了解的内容。

思维导图是一种非常自在的辅助工具，还可以被用来融合各家说法，也可以自由出入各领域之中。在学习思维导图写作时，如果能抱着“一法通万法通”的轻松心理，你会发现：其实很多原理原则都似曾相识，只是自己从来都没有想过可以这样做；很多说法其实换个理解方式，不用思维导图也可以，只是思维导图让想法更有逻辑，更利于统整、更便于理解与说明；而且很多领域都可以用思维导图来解释，而并不一定局限于写作。

思维导图法（Mind Mapping）是一种提升大脑思考与学习能力的方法；思维导图（Mind Map）则是思维导图法最主要的工具。它将文字、线条、图像、色彩以放射形的思维结构，巧妙呈现在 360° 的空间里，让想象力、联想力自由奔放，结合过去的经验与当下的创意，开启思考的无限可能。

思维导图法的树状结构与网状脉络，让思绪的层次更为分明，更加结构化，也提升了逻辑与批判力；加上图像色彩的使用，更滋长了审美的素养与创意的激发。因此，思维导图法是一种在阅读写作时，有助于理解、分析、综合、评鉴、创造的好方法，对记忆力的提升也有很大的帮助，特别是由作者自已通过绘制思维导图的过程，将内心的想法呈现出来，进行自主且有意义的学习，这对阅读理解与写作构思都有意想不到的效果。

利用思维导图进行写作，可以让文章的结构更清晰，能融合许多题材与介绍，井然有序。使听众毫无负担。利用思维导图法写作，可以快速整理思绪，先大致归纳好脑中的想法，画出思维导图的同时，就能确认文章的结构，掌握文章的长度，还能避免虎头蛇尾或者偏离主题。对我们而言，思维导图并不是画出来局限自己创作的，它的作用是在协助归纳。在写作过程中，思维其实是没有停止转动的，当突然冒出一个想法时，我们会立即补在思维导图上，让题材更加丰富；而当新想法虽然不错，却和文章的走向不相符时，我们也能马上通过观察思维导图发现，此时我们便会提醒自己必须舍弃新的想法，避免文章出现牛头不对马嘴的现象。

（一）认识思维导图法

思维导图法是一种方法，所谓“方法”就是解决问题的步骤或过程；思维导图是一种工具，所谓“工具”就是解决问题的步骤或过程中所使用到的东西；思维导图是一种兼具逻辑创意的工具。虽说每个人所认知的重点、拥有的知识不尽相同，画出来的思维导图可能不完全一样，但对于重点的掌握应该不至于相差太多。再说一张概念正确、逻辑清楚的思维导图，只要阅读者对思维导图的基本原则，以及该思维导图所要讨论的中心主题有初步认知，应该就能大致读懂绘制者要表达的重点及内容，一张只有自己才能看得懂的思维导图，不是阅读的人不懂思维导图法，就是绘制的人基本观念错误。

建立正确的思维导图观念，不但有助于我们正确理解他人绘制的思维导图，同时也能强化我们逻辑思考的能力，而后者，是我们在写作上必须具备的重要利器。

1. 中心主题与 WIIFM 原则

所谓的中心主题（Central Image），就是整张思维导图要表现的主题，如果以导游词来说，它可能是题目，也可能是中心思想；如果以戏剧角色来比拟，那么中心主题扮演的就是主角。

中心主题既然如此重要，在绘制上自然也就不可忽视。中心主题的绘制要点有三个：一是图案不要随意性绘制，而是必须与主题相关；二是使用的色彩至少要有三种；三是若以 A4 白纸来说，中心主题的直径大小约 5 厘米。

之所以如此要求，是因为我们的脑袋是典型的“好色之徒”，若将显眼的中心主题放在纸张中央，就能够用色彩吸引大脑的注意，有利于大脑的思考；而大小适中的中心主题图像，除了凸显主题的重要性，也能让绘制者在思考时抓住问题的核心，避免离题。

每一次思考都由中心主题出发，就是在潜意识中不断提醒自己：我现在做这件事的目的以及动机是什么？

至于“WIIFM”，则是“what’s in it for me”的缩写，亦即“它对我的意义是什么”。这是在学习所有的事物及做任何抉择时，必须学会时时自问的问题。因为不同的意义会带来不同的态度去决定，也会造成不同的取舍。在绘制思维导图前，先针对中心主题自问“WIIFM”，能够帮助我们正确理解中心主题并决定此主题对绘制者的意义。

2. 分类

分类，是思维导图概念中最重要的基础能力，唯有具备清晰的分类概念，才能绘制出合乎逻辑、层次分明的思维导图。

分类有四个重点，第一个重点是最理想的类别数量是 4~6 组，最多不超过 9 组。另外两个重点则是两个“八字要诀”：一是“彼此互斥，绝不遗漏”；二是“同一位阶，同一逻辑”。最后一个重点是“高频优选”。

（1）理想分类数：4~6 组

为什么分类是分成 4~6 组最理想？根据研究，人的短期记忆一次只能容纳 7 加减 2 组的概念，也就是在短期记忆的运作中，普通人一次只能记住 5~9 个物品、概念、数字等，而令人遗憾的是，我们的短期记忆容量常常不是趋近 9，而是趋近 5。

由于这样的原因，所以如果只有 4~6 类，累计起来会比较轻松，大脑也比较容易接受。当然，如果物品量很少，就不用这么大费周折，分类是在信息庞杂需要整理的情况下才有必要。

（2）彼此互斥，绝不遗漏

所谓的“彼此互斥”，是指当你将几项物品归纳在某一类，并为此类别命名后，归在其他类别的物品就不适合出现在这一类。例如，人、猫、狗、鸡、虾、鱼，有些人可能会分成“人类”和“动物类”，但人也是动物，所以这个分类显然有问题；如果分成“可食”和“不可食”，那也会有很大问题，因为有些人认为人、猫、狗是不可食的，但不可否认的，还是有所谓的食人族、吃猫吃狗的人存在；如果分成“水中生物”和“陆上生物”，可能就会好一些，毕竟在一般人认知中，虾和鱼生长在水中，而人、猫、狗、鸡主要活动范围则是在陆地上，所以，分类除了要符合目的性之外，要尽量以争议性最少的方式为主。

至于“绝不遗漏”的概念则相对简单，就是列出的类别必须要能包含所有的物品，注意在分类上不要使用“其他类”，因为“其他类”就等同于“没分类”，在思维导图的分类概念上要尽量避免。

因此，“彼此互斥、绝不遗漏”的概念，就是类与类之间不能有重叠的概念，而且列出的类别必须要能包含所有的项目。

（3）同一位阶，同一逻辑

所谓的“同一位阶，同一逻辑”，就是在同一阶层的类别，必须具有相同的逻辑属性。例如，蔬菜类和动物类的“地位”相近，可以摆在同一阶层上，“西瓜”和“动物类”的阶层就不同，在分类时不能摆在同一阶层上。

蔬菜类和动物类属于同一位阶的大类；鸟类、爬虫类、哺乳类同属于动物类之外的小类；叶菜类、根茎类、瓜果类同属于蔬菜类之下的小类；麻雀、绿绣眼等属于鸟类之下的项目；小白菜、空心菜同属于叶菜类之下的项目。处在同一位阶的概念范畴，大抵上是差不多的，这就是所谓的“同一位阶、同一逻辑”的概念。但有时我们在制作思维导图时，会发现无法完全呼应这个要求，因为有些叙述方式本身就没有按照位阶、逻辑的概念去叙述，这时，只要让各主干之间及各主干之下的枝干在可能的范围内“同一逻辑”即可。

（4）高频优选

分类的方式没有标准答案，除了符合上述三个原则之外，就是比较“高频”率出现的分类方法，“优”先“选”择。

例如，自我介绍常见的方式是“教育背景”“兴趣爱好”“家庭状况”“工作经验”“自我期许”等，活动计划则是常以 5W2H 来分类构思各个事项。

3. 主干与枝干

绘制完中心主题后，我们就可以由中心主题出发，依据区分出的大类，开始画思维导图。一般来说，连接中心主题的线条成为主干，线条上书写出主要类别或概念；从主干延伸出来的线条成为枝干，线条上则书写次要类别和概念；枝干之后可能再延伸出更多的枝干，形成层层相关的阶层关系。在思维导图中，越上位阶代表越抽象或越重要的概念，越下位阶代表越具体的事项，重要性相对也没有那么高。

在画主、枝干时，有几个重点要注意：第一，相邻的两个树状结构不同色，以利于区别；第二，主干要由粗到细，如脑神经的形状，以利于视觉上辨识出由中心主题延伸出的几个主要概念；第三，线条必须弯曲柔和，太锋利、太直的线条，大脑是不太喜欢的；第四，主干绘制必须从中心主题出发，并且连在中心主题上才不会有断裂感；第五，同一个主干延伸出的枝干，色彩均和主干相同，代表它们属于同一大类；第六，主干的绘制，原则上从右上方以顺时针的方式开始画，阅读时也是从右上方开始的，但特殊情况则可做弹性调整。

4.“线、字、图”之间

思维导图除了图案和线条外，大多会在线条上加上文字和插图，才能赋予思维导图意义。手绘思维导图的线条、文字和插图时，要注意以下几个原则：第一，文字与线条颜色相同，所选择颜色要能够代表该类别的感受；第二，文字写在线条上；第三，文字的书写方向一律由左到右；第四，线条的长度与上方所要书写的文字长度差不多；第五，特别重要的地方，可加上能够与内容产生关联的插图，以凸显重点并强化印象；第六，每个线条原则上只书写一个关键词，除非是章节名称、专有名词或不可分割的概念。

5. 关键词

所谓的关键词，顾名思义，就是在文字叙述时，对阅读者具有重要意义的文字。

掌握关键词的基本原则就是：“名词为主，动词次之，加上必要的其他语词。”一张思维导图究竟要丰富或精简到什么程度？很多人都有这样的疑惑。简单来说，只要不影响文义，那些修饰词、连接词甚至部分的名词、动词都可舍去。

指陈具体人、事物或抽象概念的名词，让整篇导游词得以被认知、被定义，是导游词组成不可或缺的要素；而动词则使得静态的名词有了转向、前进、变化的可能。因此，在关键词的掌握上，首先要掌握的是名词，接下来才是动词。

至于其他的词性，就得视情况而定了。在“线、字、图之间”这个概念中的第六点，我们曾提到“每一个线条上只能有一个关键词”，之所以必须如此，是因为在取舍关键词及其上下位阶时，将使逻辑思考更缜密清晰，而且仅使用关键词，也会使思维导图更简单明了、更容易理解和记忆。因此，找出关键词能力的高低，是能否画出好的思维导图的关键。

6. 树状结构，网状脉络

“树状结构，网状脉络”的概念，乃是前面所提到的主干与枝干概念的进一步延伸。所谓的树状结构，就是以中心主题为根源，所有的主、枝干由中心主题向外延伸的结构；至于所谓的网状脉络，则是在不同的树状结构中的概念之间有重复性或关联性，那么就要用关联线来指出它们之间的关系。

检视树状结构，我们可以清楚地看出中心主题所呈现的主要、次要观点与细节内容；观察网状脉络，则能让我们找出各观点之间的联结。树状结构和网状脉络的组成，可以厘清分类结构与因果关系，并强化思维导图中观点与观点之间的联结。

（二）运用思维导图进行逻辑思考

在实际运用里面，创作者可以活用思维导图的概念，包括展开树状结构时，扩张广度与深度两种模式的水平思考（Lateral Thinking，Brain Bloom）与垂直思考（Vertical Thinking，Brain Flow），对联想内容是否设限的自由联想与逻辑联想、双值分析（Dyadic），以及六顶思考帽的操作方式。

1. 水平式的自由与逻辑联想

让思绪如花瓣般片片绽放，也就是我们一般说的水平思考，在思维导图法中的专有名词叫作“Brain Bloom”。水平思考可以拓展思考广度，使思考更具创造力。

Brain Bloom 的每一个联想，都是从中心主题出发，所以呈现的是同一主题，却能够发展出不同的思考角度，这也就是为什么多运用水平思考能够提升创造力的原因所在。

在运用上，Brain Bloom 可以分成自由联想和逻辑联想两种。所谓的自由联想，就是从中心主题出发，想到什么就写什么，只要和中心主题相关即可，不限制联想性质和范围；逻辑联想也是由中心主题出发，但所想到的事物，除了与中心主题相关之外，彼此之间还必须同属于一个逻辑之下。

什么叫作“同属于一个逻辑之下”呢？简单来说，就是除了中心主题这个“先天条件”之外，逻辑联想还会有一个“附加条件”。举个例子，我们以运动会为中心主题，Brain Bloom 的自由联想只要和运动会有关即可，但逻辑联想却还要附加一个条件，如果附加条件是“比赛项目”，所有的联想就必须与运动会的比赛项目有关；如果附加条件是“场地”，所有的联想就必须与运动会的场地有关；如果附加条件是“举办”，那么所有的联想就必须与运动会的举办有关。

2. 垂直式的自由与逻辑联想

按照一定思维路径所进行的思考方法，在思维导图法中的专有名词叫作“Brain Flow”，一般称作垂直思考，当思绪蜿蜒如流水，滑过之处便留下一条漫漫的思考轨迹，而绘制 Brain Flow，便是试图在轨迹溜过的瞬间，用文字留下记录，它有助于我们层层推演，深入思考，也让我们更能抓住事物的本质。

同样地，Brain Flow 也可分为自由联想和逻辑联想两种。Brain Flow 的自由联想原则和成语接龙异曲同工，但它更自由。不用成语、不限字数，由前一事物所引发的任何联想都可以接在这个事物之后，只要联想者能说出前一个事物与下一个事物的关联即可。这样的联想，有助于创新和记忆。假设我们以“旅行”为中心主题进行自由联想，从旅行想到了搭乘飞机，从飞机想到了天空，从天空想到了在天上飘浮的云朵，从云朵的形状想到了可怕的幽灵，从可怕的幽灵再想到那深埋的怨念。从这个例子可以看出，后一个事物联想的引发都和前一个事物有关，但和再前一个事物已无关联，这种联想方式便是 Brain Flow 的自由联想。

至于 Brain Flow 的逻辑联想，则是抓住中心主题某一角度“穷追猛打”，直到它山穷水尽，让背后的问题、价值、后果或意义无所遁形。换句话说，这样的逻辑联想，可以让我们把锁定的角度想得更彻底。

Brain Flow 的逻辑联想的核心精神就是“不断回顾”，不但回顾前一个词语，还要回顾第一阶（主干），也就是当初切入中心主题的角度。同时，联想还要与中心主题相关，思考才能紧扣主题，层层深入。

如果同样以“旅行”为中心主题，以“飞机”为切入角度，Brain Flow 的逻辑联想延伸出来的样貌会和自由联想大相径庭，从旅行想到了搭乘飞机，从搭乘飞机想到了应该要携带行李，搭飞机前行李要通过海关检查，海关检查出不得带上飞机的违禁品，这个违禁品有可能使机上乘客被视为恐怖分子。逻辑联想的思考是不停前进的路线，始终对“飞机”不离不弃，而且仍然和中心主题“旅行”有关，这种不偏离中心主题、联想和第一阶级及前一个词语环环相扣的思考方式，便是 Brain Flow 逻辑联想的要诀。

3. 双值分析

面对两难情境，不知道该如何抉择时，双值分析法是一种不错的选择，这种方法又称富兰克林分析法和理性分析成交法，在思维导图法中常以二元（Dyadic）分析法称之。

Dyadic 在思维导图上的操作方式是将所面对的两难情境写在中间主体的位置，接着右边主干写上 YES，指的是“如果这样做”；左边主干写上 NO，指的则是“如果不这么做”。写完之后，接着一层一层进行优缺点分析，将所有利弊罗列出来进行对比，通过优劣的比较取舍，得出最终结论。

举个例子来说，假如今天有一个学生进了新学校后，发现志趣不合，很想要休学，却又害怕休学衍生的种种问题，那么他就可以用 Dyadic 来进行分析，该生认为休学的优点主要有三点：可以找工作增加经济收入，可以整天打游戏没有学校束缚，还可以不用读书；缺点则是没有学历，可能导致工作机会减少，且失去了学习及和同学相处的机会。

至于不休学的优点也有三点：可以继续学习，以学生身份说“我不会”或犯错都是可以被包容原谅的，而且不用担心钱的问题；缺点则是功课压力大，考不好会被骂或生活很无聊。

将自己会在意的优缺点都写下后，依在意程度给予 1~5 分的分数，越在意的事项分值越高，接着可以将 Yes 的优点总分减去缺点总分，No 的优点总分减去缺点总分，最后得分较高的那边可能就是目前较好的选择。

Dyadic的最大用处在于训练双向思考能力，避免情绪性的直觉抉择或人云亦云，善用 Dyadic 可以增强思辨能力，避免偏于一隅；但它在使用上也有其限制，例如，可能在评估时考虑不够周到，导致部分因素未被列入等，所以所得出的结果不是科学化的数据，只能作为决策的参考，不能当作唯一的标准。

4. 六顶思考帽

六顶思考帽是由英国著名的心理学家爱德华·德·博洛所提出的一种水平思考模式。

什么叫六顶思考帽呢？简单来说就是认定六种代表不同思考方式的帽子，以颜色来区分思考方式。在思考、讨论事情时，我们必须假设自己正戴上某种颜色的帽子，当戴上某种颜色的帽子时，我们就只能扮演那顶帽子所代表的角色。

这很像我们传统角色扮演的游戏，所不同的是，它只有六种颜色，而且每种颜色所代表的思考方式是固定的。

这六种颜色分别是白色、红色、黑色、黄色、绿色和蓝色。

白色代表客观、中立。当戴上白帽后，我们只能说出客观的事实、数据，在收集数据以及信息时，必须戴上白帽。

红色代表情绪、直觉。一旦戴上红色帽子，我们允许情绪性的宣泄、批评，或无法以逻辑解释的直觉。红帽的目的，乃是为了让隐藏在每一个人观看事物背后的情绪及价值观有合理表达的机会，避免情绪因缺乏合理出口，在讨论的过程中出来搅局。

黑色代表负面、否定。但它的负面否定并非情绪性，而是针对事实提出理性的批判质疑及评估风险。

黄帽代表乐观、愿景。戴上黄帽时，我们必须以正面的角度看待、评估事物，找出可行性及机会，即使是投机的想法，只要有可行性，都可以被提出。但它的乐观、愿景后面必须有一定的逻辑，若成功的概率不高，必须在方案后面注明是乐观建议，否则就会掉入红帽盲目乐观的情绪陷阱。

绿帽代表创意思考。戴上绿帽时，我们借由刺激，不断转移、跳脱惯常思考方式，试图找出新的替代方案。此外，我们还可以在思考流畅无碍时来个“创造性暂停”，让思考切入绿帽模式，试着思考若是不照目前的模式走，是否还有其他的可能。要特别注意的是，绿帽和黄帽不同，绿帽提出的方案强调转移、创意，黄帽则是找寻方案的建设性和可行性。

蓝帽代表控制、冷静、统整。讨论开始时，我们常用蓝帽来制定步骤、界定问题、指派思考任务；在讨论过程中，蓝帽负责监督思考是否集中在焦点，在结束时，我们则常用蓝帽来统整前面的看法。

六顶思考帽出现的顺序，可以视需求不同而调整，也可以反复出现，更可以只出现某几项，但“面对新点子，黄帽应永远先于黑帽登场”，这种以问题为出发点，从各种角度探讨可能性的思考方式，与思维导图从中心主题出发，进行整体性思考的概念相类似，此方式常被应用在企业会议的创意开发及问题解决上。

（三）运用思维导图进行导游词创作

如果运用思维导图进行乐山大佛的导游词创作，在主题的选择上应该将水平式逻辑联想与垂直式逻辑联想综合在一起使用，主题在选择上主要参考水平式逻辑联想，而在内容的铺设上则要使用垂直式逻辑联想。

如图 5-1，我们在进行乐山大佛导游词创作的时候，通过水平思考在思维导图上呈现了 6 个平行要素：外观、修建时代、修建背景、宗教内涵、设计科学性、实际功能，在 6 个要素中贴合游客能观测到的最重要的一个主题是外观，所以选择外观为主题，在外观这一子主题运用垂直思考模式继续构建了“大”这个主题词，而对“大”的描述可以通过三个平行主题呈现：工程量大、形体大和时代背景宏大，并在工程量大的主题上纵深发掘了时间跨度要素。这样，创作乐山大佛导游词的关键主题已经呈现出来，剩下的就是选取合适的素材进行创作了。

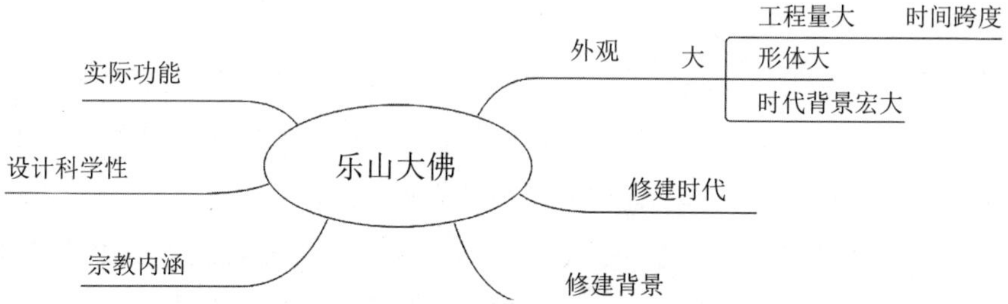

图 5-1　乐山大佛导游词创作思维导图

案例：乐山大佛

各位朋友：

如果您要问我，究竟站在什么角度才是观赏乐山大佛的最佳位置，我一定会毫不犹豫地告诉你，那一定是船行江中。此时此刻我们站在船中，遥望那敬慕已久的乐山大佛，耳边不禁回响的是诗人戈壁舟的那句经典诗句“山是一尊佛，佛是一座山”。当我们的眼睛被眼前这尊高大佛像所深深吸引之时，又有多少人会用心读懂这“大”字的含义呢？

说起乐山大佛，游历到此的人无一不被它的体量之大深深震撼。作为世界第一大佛，它开凿于凌云山栖鸾峰的峭壁临江处，通高 71 米的大佛头顶苍穹，足抵江水，观三江风涛，看大千世界。而前来参拜它的朝拜者远在几千米以外都可以清晰可见。和国内其他著名的石刻佛像相比，乐山大佛比山西大同云冈石窟内最高的佛像要高出三倍，比河南洛阳龙门石窟中的卢舍那大佛也高出三倍。放眼世界，乐山大佛比里约热内卢的基督像高一倍，比美国的拉什莫尔总统山大三倍，甚至连著名的自由女神像在它的身边也会相形见绌。由此可见，乐山大佛是名副其实的世界之最。难怪乎无数游人在瞻仰大佛之时，无不惊叹于大佛的开凿者们在设计和雕琢这尊佛像时所表现出来的伟大魄力和惊人智慧。

但乐山大佛的“大”绝不仅仅是用眼睛来丈量的！当我们今天为它的世界之最而扬扬自得的时候，我们可曾感慨我们的祖先是如何在距今 1200 多年前开凿出这个近 4 万平方米、10 万立方量的庞大工程。这个在当时号称唐王朝第一大工程的大佛工程因其开凿之难、耗时之久、跨代之多、投入之大而留给后人太多的惊叹与敬佩。据唐代韦皋《嘉州凌云大佛像记》和明代彭汝实《重修凌云寺记》等书记载，佛像开凿于唐玄宗开元初年，也就是 713 年，由凌云寺的和尚海通发起造像，后经剑南节度使章仇兼琼个人捐资及奏请朝廷拨专款续建，再由剑南西川节度使韦皋在唐德宗贞元十九年，即 803 年完成。试想，在四川乃至中国古代历史上究竟有哪个单体工程的修建能历经三代建设者跨越整整 90 年？又有哪个工程能在一个皇朝中前后引起四代皇帝的持续关注？还有哪个工程能汇集了宗教募集、民间筹资、官员捐薪和政府投入等多方资金来源？由此可见，乐山大佛是融合了来自全国无数能工巧匠的用心雕琢、汇集了社会各个层面的高度关注、经历了漫长岁月的历史考验的中国古代伟大工程。

今天当我们走近乐山大佛这个伟大遗产的时候，大佛深邃的目光也把我们引向了1200多年前的那个伟大时代——唐朝。如果没有大唐王朝的经济发达与国力繁荣，或许就没有眼前的这尊世界之最，或许就更没有大佛本身所彰显的这种博大胸怀的气质与超凡脱俗的淡定。在我看来，乐山大佛的“大”绝不仅仅只体现在佛身体量的高大，它还包含了佛像开凿工程本身的庞大，以及乐山大佛所诞生的背景时代的宏大。就让我们矗立江中，静静地去欣赏真正意义上的乐山大佛吧！

又如我们选取蜀南竹海忘忧谷为讲解对象，核心景观就是“竹”，围绕着竹的主题我们可以通过思维导图想到很多事物（图5–2），平行思维可以产生食物、兵器、生活器具、交通工具、工艺品、建筑材料、文房用品子主题，每个子主题又可以在垂直逻辑思考下出现很多关键词，一篇导游词只需要确定其中的2~3个子主题进行详讲，其余带过或不提，就可以创作出一篇较高质量的导游词了。

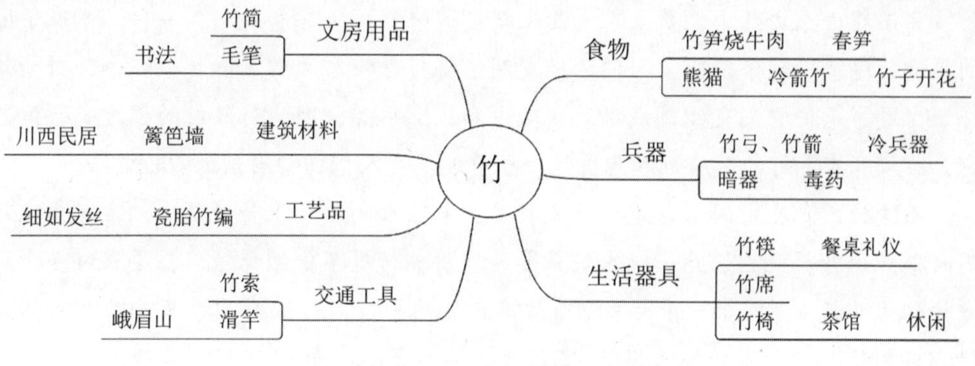

图5–2 蜀南竹海导游词创作思维导图

案例：蜀南竹海忘忧谷

各位游客朋友：

大家好！“华夏竹文化，上下五千年，衣食住行用，处处竹相连。”欢迎大家来到竹的海洋、绿的世界——蜀南竹海。

蜀南竹海距离宜宾市区大约60千米，是一个以万顷竹林为主要特色，兼有文物古迹的风景名胜区。景区面积近120平方千米，大约有4667平方米翠竹，竹类品种更是多达数百种，是国内唯一一处集山水、溶洞、湖泊、瀑布于一体，兼有历史悠久的人文景观的原始“绿竹公园”。从1988年至今，蜀南竹海先后被批准为“中国国家级风景名胜区”“中国旅游胜地四十佳”“中国生物圈保护区”“国家首批4A级旅游区”。前国务院总理李鹏同志还赋予了它“蜀南竹海天下翠”的美誉。

各位游客，现在我们已经进入蜀南竹海的忘忧谷，这里是地处竹海深处的文化街，整条街道是用天然的红砂石铺成的，在我们的右侧生长着葱郁的绵竹、慈竹和楠竹，左侧是依山而建的一排竹廊。竹乡人在竹廊里摆的是竹筷、竹车、竹椅等琳琅满目的竹制工艺品，走在这竹文化街上，让我们彻底地感受到中华文化浸透了竹子的痕迹，英国著名学者李约瑟在《中国科学技术史》中说道，东亚文明过去被称为“竹子”文明，中国则被称为“竹子文明的国度”。那就让我们来看看竹子是怎么联系着人们的衣、食、住、行、用呢?

首先来说说竹服饰，我国古代秦汉时期就出现了竹制的布、竹制的头冠、用竹做的防雨竹鞋和竹斗笠，古代人还使用竹子做的头饰，如竹簪和竹篦。震惊中外的长沙马王堆出土文物中，墓主人发髻上就插着竹笄、角笄和玳瑁各一件，体现了他们对美的追求。到了现代，人们已经发明了将竹纤维与纯棉、真丝合成一种新型的纤维，或者是将它们交织制成服装、毛巾和床上用品，因为竹纤维的强度高、弹性好，所以具有更好的耐磨性和悬垂性，也更能满足人们回归自然的心理需求。

而这竹饮食在中国就更是源远流长了，中国人的餐桌上竹笋是一位常客，从西周时期开始竹笋就已经是一道人们钟爱的佳肴，竹笋不但滋味清新，柔嫩鲜美，历来被称为“蔬中第一品”。大家都听过苏东坡的一段名句:“宁可食无肉，不可居无竹。无肉使人瘦，无竹使人俗。”不过，这后面还有一句:“不俗加不瘦，竹笋加猪肉。”看来竹笋除了是美食之外，还称得上是雅食。

说到这竹建筑，请大家放眼望向四周，竹篱笆、竹围墙、竹楼、竹亭、竹寨、竹桥、竹廊和周围的竹林组成了一幅绝妙的风景画。在川西坝子，竹子用在建筑上是一个非常普遍的做法，家家户户的屋墙都是用竹子编成篱笆，再在上面糊上黄泥稻草，刷上白灰，实用而简便的墙就形成了。在建筑的局部材料使用上，竹子也是备受青睐，以竹做瓦、以竹做门、以竹做窗，简直就是非竹莫属，中国竹建筑体现了中华民族以农立国的生活观念和崇尚简朴的生活情趣。

在后面的游览中如果有游客走累了的话，可以体验一下我们竹海的特殊交通工具——滑竿，在西南地区，这种古老的以人抬杠的竹制交通工具现在仍然在广泛使用。竹子中空可以漂浮在水面上，把竹子捆扎在一起做成竹排，就成了水上的交通工具。竹交通工具除了这地上用的，水里漂的，甚至还有空中飞行的，以竹子做骨架的风筝，算得上是世界上最早的重于空气的飞行器。中国的风筝在14世纪传入欧洲，对后来滑翔机和飞机的发明起到了重要的作用，所以英国博物馆把中国的风筝称为“中国的第五大发明”。

那最后我们来看看竹的生产生活用具，这可就多了！中国最早的书写工具就是竹笔，湖笔、宣笔、湘笔等名笔的笔杆都是竹子制成的。没有纸之前字就写在竹简上，纸张出现以后竹子也是造纸的重要原料。家家户户厨房里的那一套生活器具也大多是竹子制成的，竹筷、竹筒、竹篮、竹勺、竹篓、竹碗、竹碟、竹杯、竹簸箕，构成了一幅别致的中华民族生活风俗图。竹子还可以做兵器和乐器，竹弓、竹箭都是冷兵器战争年代的宠儿，竹也是中国古代音乐分类“八音”之一，甚至常用“竹”代表管乐，用“丝竹”代称音乐，显示了中国传统音乐简明灵活的特征。

各位游客，行走于这忘忧谷中，既可让我们回味感叹竹文化的博大精深，也可体味到此时眼耳神心的悠然清灵，忘忧谷，是大自然精华灵气的结晶，使人忘却了尘寰的纷繁，正如门口楹联上的那一句“万竿翠竹扫去滚滚红尘”，希望各位游客都能忘却烦恼，开怀舒心。

竹，主要分布在世界的热带、亚热带气候较为湿热的地区，全世界共有500多种。我国的竹类资源极为丰富，种类达26属，400余种，是世界上竹类资源种类最多、数量最大的国家，也是世界上开发利用竹类资源最早和最广泛的国家，被誉为“竹子文明的国度”。竹林有调节气候、涵养水源、保持水土、净化空气等环境效益。竹，风姿绰约，具有很高的观赏价值。竹的材质坚硬，是理想的建筑和装饰材料，并可制作竹鞋、竹伞、竹箍等竹器制品和竹车、竹筏、竹轿等交通工具。竹笋和竹荪是人们喜爱的绿色保健食品、美味山珍。同时，竹根、茎、枝加工制成的竹菇、竹酒作药用，治疗效果显著。正如苏东坡所云：“食者竹笋，庇者竹瓦，载者竹筏，炊者竹薪，衣者竹皮，书者竹纸，履者竹鞋，真可谓不可一日无此君也。”此外，竹还可制作竹根雕、竹黄雕、竹编等竹工艺品。发展竹文化旅游，不但可满足人们游览观光、度假休闲，还为游人提供竹制生产和生活用品及旅游工艺纪念品，满足购物及审美需求。竹，虚心有节，不畏风霜雪压，随处而安。这与中国传统文化的审美趣味、伦理道德、意识发生契合，成为我们民族精神和品格的象征。松、竹、梅被赞为“岁寒三友”，竹、梅、兰、菊被喻为“四君子”。苏东坡亦曾有“宁可食无肉，不可居无竹；无肉令人瘦，无竹令人俗”的感慨。从《诗经》时代开始，历代皆有咏竹、赋竹、赞竹的诗文佳作，形成独特的竹文学。中唐时期，竹已成为专门的绘画题材，北宋的文同还开创了“湖州竹派”，因此，画竹艺术至今仍保持着长盛不衰的势头。竹还是制作乐器的重要材料。晋代就以“丝竹”作为音乐名称，唐代还把演奏乐器的艺人称为竹人。竹在民俗文化中也具有重要作用，对宗教文化产生重大影响。发展竹文化旅游，不仅继承和发扬了我国竹文化宝贵遗产，还为美学、文学、绘画、音乐等专家和爱好者提供了创作源泉，也对广大旅游爱好者和游客起着陶冶情操、增长知识的作用。

同样写竹，还可以从另一个角度来写，就是竹的生长过程，比如下面这个例子。

案例：蜀南竹海翡翠长廊

各位游客：

大家好！从墨溪景区乘坐了30分钟的观光索道后，现在我们已经来到蜀南竹海第一个核心景点，景区的最高处，也是看海的最佳位置——观海楼。

首先，请各位游客观海，你会感受到上帝视角俯瞰大地带给你的惊艳与震撼。500多个山头、4667平方米的青青翠竹随山势起伏，如大海奔腾，绿波荡漾。当年，北宋大诗人黄庭坚，在见识了不少名山大川后，在这里被壮丽的景观所震撼，以致乡人来献酒时，竟说出了“秀色已使我醉了”这样的痴语，更在石壁上题了他的千金墨宝“万岭箐”，这就是蜀南竹海在历史中的亮相。

从古至今，竹子和我们保持着熟悉亲密的关系，攻城有箭、报告有简、储物有筒、吃饭有笋、音乐有笛。但是，平凡的竹子在这里变得有些陌生，宏观的海是怎么形成的？微观的竹在海中是怎样生长的？竹下的人又是怎么生活的呢？让我们收回视线，从离我们最近的一根竹子出发，由竹尖到竹茎最后深入土里了解这个熟悉又陌生的世界。

是的，我用了根这个量词，与形容树的量词棵完全不同。竹子不是树，它属于禾本科，应该被称作身材高大的大草。所以在生长方式上与树完全不同。一般来说，树的生长点几乎都是在树的顶端，那里云集了大量特殊细胞，会不断分裂，让大树一点一点地伸向云霄。但竹子的生长点并不在枝干顶端，而是在每个竹节里。打个比方，如果把树木生长比喻成普通的火车只有顶端一个牵引动力，那么竹子就像动车组有很多牵引动力，每一个竹节都是一节动车厢，这些车厢一起发力，就可以在很短的时间内让竹子迅速地生长。实际上，竹子是世界上生长速度最快的植物之一，一个20厘米高的竹笋会在一夜之间变成2米高的竹竿。据说在春天的夜晚，如果你再来观海楼，能听到竹子拔节生长的声音。要知道，一棵10米高的树可能长成需要50年，而同样高的竹子却只需约50天，不到5年便可利用，这种超强的生长速度为竹海的形成创造了先决条件。

在赞叹竹子生长速度的同时，如何成片最终成海，也是我们疑惑的问题。让我们把视线往下移，仔细观察你会发现一些袒露在地面的像根一样的东西。但这不是根，而是竹子的地下茎，也叫作竹鞭。竹鞭为竹林快速生长，储存、提供大量养料，也是扩张竹林领土的核心力量。在适宜的条件下，种植一根竹子，通过其竹鞭的延伸及发笋成竹，不需要耕地播种，一二十年就能发展到数万根，这是非常让人吃惊的数字。竹连鞭、鞭生芽、芽生笋、笋长竹、竹又养鞭的循环链条，只有及时砍伐成材的竹子，才能给新竹子腾出空间。竹鞭这位高产的母亲，给我们带来了壮美的竹海景观，部分解释了在世界森林资源不断衰退的今天，竹海的竹不仅砍不败，甚至会越砍越兴盛的内在原因。

接着，另一个问题出现了。既然竹子有强大的竹鞭繁殖系统，生命力又如此旺盛，为什么只在这里形成了烟波浩渺的竹海，没有扩展到其他地方呢？说到底得益于蜀南竹海自然条件。继续往下看，会发现在竹鞭周围是红色的土壤，这种土壤偏酸性，氮和磷丰富，质地比较疏松，透水性良好，有利于竹鞭伸展手脚，能为竹子的快速生长提供营养保证。同时，竹子对温度的要求也很高。如毛竹在土壤温度达到8~10℃的时候开始萌动，到10~15℃的时候开始长出竹笋，高于16℃之后就不再有竹笋冒出头了。幸运的是这里的土壤温度常年保持在8~15℃，非常适合竹林的生长繁殖。再加上，1000~2000毫米的年降水量，为竹笋的孕育、萌发、拔节提供了重要的水分。蜀南竹海就在这得天独厚的地理环境中逐渐形成。

竹子强大的繁殖能力、生长速度，以及竹海适宜的生长环境，让竹子常砍常新，有人笑称“年产十亿竹产品，不少竹海一根竹”。生活在这里的人，对竹海不陌生，并且很亲密。对他们来说，竹子实在是太好用了。住可是竹楼、竹亭、竹墙、竹长廊。吃可吃竹笋、竹荪、竹花、竹筒饭。行可架竹桥、坐竹筏。用可戴竹笠、铺竹席。甚至平时的消遣也来自一片竹叶或一支竹笛的吹奏。这片天然可持续发展的竹海，为生活在这里的人们带来了更多的空间和希望。

在离开观海楼前，让我们再次俯瞰竹海，很容易涌出一句很流行的感慨：明明可以靠颜值，却偏偏要拼内涵。

接下来，给大家15分钟的时间欣赏高颜值又有内涵的竹海，之后我们会去到下一个景点翡翠长廊，感受红翡绿翠，同时了解竹文化对中国的影响。

这篇导游词在创作主题上选择了“竹的生长”，从另一个角度来诠释了竹文化，刻画地生动有趣，是符合导游语体的导游词创作范例。

三、合理运用各种导游技巧进行导游词创作

导游词是导游同游客交流思想、向游客传播文化知识的工具，也是吸引和招徕游客的重要手段。随着各地旅游业的蓬勃兴盛，竞争也日显激烈，这无疑对导游词的创作提出了更高的要求。旅游行业在不断挖掘各种旅游产品的同时，业内人士都不同程度地认识到导游词创作的质量影响着人们对一个地区旅游资源开发质量的评价。因此在撰写导游词的时候，写作者理应在写作技法上下一番功夫，切实做到既宣传旅游产品又传播民族文化，而且还能娱悦游客。

（一）突出重点法

突出重点法就是在讲解时避免面面俱到，而是重点介绍游览景点的特征及与众不同之处，突出景点价值的导游方法。导游员在讲解时要突出下述四个方面：

1. 突出景点中具有代表性的景观

游览规模大的景点，导游员必须做好周密的计划，确定重点景观。这些景观既要有自己的特征，又能概括全貌。在现场，导游员主要讲解这些具有代表性的景观。如在北京故宫中选取太和殿作为重点，在陕西华山选取地势险要的千尺幢和苍龙岭作为重点，在澳门选取葡京大酒店赌场作为重点等。

2. 突出景点的特征及与众不同之处

如在陕西乾县乾陵中选取“无字碑”作为重点，在安徽黄山选取黄山奇松作为重点，在湖南土家族风俗民情中选取“哭嫁”习俗作为重点等。

3. 突出旅游者感兴趣的内容

旅游者的兴趣爱好各不相同，但从事同一职业的旅游者往往有共同的职业爱好，导游员要了解情况，在游览时应突出讲解旅游团内大多数人感兴趣的内容。投其所好的讲解手法往往能产生良好的导游效果。如在河北山海关中选取孟姜女庙作为重点，在浙江杭州西湖选取断桥作为重点，在云南傣族民俗风情中选取“泼水节”习俗作为重点等。

4. 突出“……之最”

在参观某地、某一景点时，导游员可突出介绍世界（中国、某省、某市、某地）最大（最长、最古老、最高）的内容，这样的介绍可突出景点的价值，可给旅游者留下深刻的印象，激发他们的游兴。不过，在作“……之最”介绍时要实事求是，要有根有据，绝不能杜撰。

以上四条标准并不矛盾，在同一个景点可以根据不同的标准同时选取不同的内容作为讲解重点。但要注意，除了重点之外的其他非重要内容讲解时一定要简略，否则无法突出重点。

案例：湖南凤凰古城

一说起凤凰古城，大家肯定好奇“凤凰”一名从何而来，请允许我一一道来。首先，凤凰古城的得名源于附近的凤凰山。据《湖南省志》中记载：“凤凰营，即凤凰山。在县治西50里。”由此可见，凤凰古城因山而得名。据说这座叫凤凰山的地方因形似展翅的凤凰，所以苗人祖先用凤凰为其命名。那么天下动物之多，苗人为何独爱凤凰呢？这就要源于苗族的凤凰崇拜。凤凰作为神鸟，居百鸟之首，是美好和平的象征。因此正是源于对凤凰的热爱，无论是古城的命名，还是古城当中苗族服饰上随处可见的凤凰纹样，都可以看出人们对凤凰的热爱。不仅如此，这个被称赞为中国最美丽的小城的确也在近代历史上展翅高飞过一只中国文学史上的凤凰——沈从文。沈从文由于家族民族身份复杂，早年的他选择做一名汉人，但晚年他重新选择做回苗族，这应该是最独特地表达对家乡感情的方式，因此，他不愧是凤凰人民的骄傲。

湖南凤凰古城是一座典型的文学旅游地，因为沈从文及他的《边城》，让这座古城名声大噪。近年来，随着大众旅游的兴起，出于经济效益的考量，政府和开发商们通过沈从文及其文学作品如《边城》等对凤凰古城进行旅游宣传，在国内掀起湘西旅游的热潮。通过旅游行为，凤凰古城作为一个极具湘西特色的小镇首先被构建成为“旅游地空间”。在这个过程中，湘西风格的文学作品作为“文学空间”给旅游者们带来了极大的想象空间和旅游驱动力。在广大旅游者的心目中，凤凰古城是湘西的代表，而“边城”则成为凤凰古城的代称，凤凰古城成为旅游者进行文学朝圣的胜地。因此，凤凰古城又成为国内一个典型的“文学旅游地空间”。

自 1999 年起，湘西举全州之力，大力发展湘西旅游，其中凤凰县作为其核心区域被重点培育，旅游迅速成为凤凰发展的经济支柱，旅游随之成为凤凰的标签。时至今日，凤凰沿江的吊脚楼不再是纯粹的“吊脚楼”，而是旅游开发者眼中的“旅游招牌”、旅游者眼中的“沈从文笔下的湘西地标”。

作为与文学作品《边城》中故事真实背景相似的地方，凤凰古城勾起了旅游者很多关于《边城》故事情节与主人公等的联想，并引发了旅游者对沈从文的回忆、追思和热爱；他们怀着对沈从文的敬仰与热爱和《边城》所描述故事和故事主人公的向往，追寻沈从文踪迹和体验《边城》所描绘的意境而来。同时，伴随着大众游客的到来，加之开发者对不同发展阶段的旅游吸引要素的多样化要求，旅游者在凤凰古城的旅游体验表现得更为多元和复杂：与文学作品有关的地方旅游体验更为单纯，更多联系到的是文学作品故事本身，而很少会联想到作者；与文学家有关的地方旅游体验更为复杂，对游客有更强的吸引力，能够引起游客的联想更为丰富，因为这些地方不仅有与作家本身有关的联想，还包括对其文学作品所描绘故事、主人公、发生背景地等的联想，旅游者在此类地方旅游关于真实性的疑问更多，真实与想象之间的界限更为模糊，游客很难分清楚虚拟与现实，虚拟与现实始终交织于整个旅游活动过程之中。

（二）虚实结合法

虚实结合法就是导游讲解中将典故、传说与景物介绍有机结合，即编织故事情节的导游手法。即导游讲解要故事化，以求产生艺术感染力，努力避免平淡的、枯燥乏味的、就事论事的讲解方法。

虚实结合法中的“实”是指景观的实体、实物、史实、艺术价值等，而“虚”则指与景观有关的民间传说、神话故事、典故、趣闻逸事等。“虚”“实”必须有机结合，但以“实”为主，“虚”为“实”服务，以“虚”烘托情节，以“虚”加深“实”的存在，努力将无情的景物变成有情的导游讲解。

虚实结合法在讲解自然景观时运用得相当普遍，是丰富讲解内容、活跃游览气氛、提高欣赏美感的有效方法。许多导游员在讲解普通的山水景观时痛感讲解内容不多，对景物的描绘缺乏生动性，就可以采用虚实结合法，通过讲故事、“侃大山”等方式来使景观形象丰富起来。

案例：上海城隍庙

一说到上海城隍庙，我们首先产生的就是一种熟悉而陌生的感觉。因为作为中国传统文化的代表符号，中国各个地方都有属于自己的城隍庙，那么上海的城隍庙有何特色？我想应该归功于它特殊的保护职责。首先，城隍的“城”原指挖土筑的高墙，“隍”原指没有水的护城楼。古人造城是为了保护城内百姓的安全，古人认为与人们的生活、生产安全密切相关的事物，都有神在的，于是城和隍被神化为城市的保护神。上海的城隍和国内其他城隍相比，又多了一层神奇的职责——护海。众所周知，上海的地理位置在整个中国可谓得天独厚，它位于长江三角洲，东海入海口，作为沿海城市，它的海路可直通日本、美国等，作为长江下游城市又可从水路深入中国腹地，正因此在19世纪中叶，上海成为商贾云集的繁华港口。上海城隍在清代同治年间被加封为“护海公”，从此以后，它的工作职责又增加了庇护各类商船。这也形成了上海城隍独特的工作名片。

城隍的身份是虚，但城隍庙的存在却是实，在虚与实之间，通过合理的尺度拿捏，给游客呈现最好的表达效果。

“上海城隍庙的风景，在很久以前就享着盛誉，许多来上海逛逛的人，大半都要到邑庙去观光一下，因为邑庙是上海市的名胜之一，它不但是善男信女奉神的所在，而且还是南市中最大的商场和游乐场。”半个多世纪前的这段话语，恰如其分地定义了上海城隍庙的内涵，时至今日，我们的描述仍无出其右。城隍庙社区的发展，一定程度上伴随着城隍信仰的功能变迁。直到20世纪二三十年代，上海城隍庙已超越单一的信仰空间，成为商场、娱乐场甚至整个城隍庙社区的代名词。

中国的城隍信仰，经历信仰对象从自然神到社会神、信仰范围从地方到全国、信仰受众从民间到官方的过程，在明初实现制度化，并随着明清城市的发展而广具影响。明清（晚清以前）统治者把城隍神作为国家祭祀的对象，赋予其保城护民、督官摄民的“神职”，于是，在官吏士绅心目中，城隍信仰是正统的“礼制”。但对于民众而言，城隍信仰的意义未尽于此。中国人信仰中的功利性和近地性，加之城隍信仰中鬼神信仰的成分，使民众的城隍信仰带有浓郁的民间信仰倾向，且随着国家行政干预的减弱，其民间信仰的成分愈加凸显。

案例：黄龙五彩池

各位朋友：

大家好！在见过了长达3.6千米沟谷内的金色钙华，我们现在所处的位置是黄龙景区最浓墨重彩的景点——五彩池。五彩池位于黄龙景点最高处，海拔约3900米。大部分人都有了类似初恋的感觉，怦然心动、头晕目眩、心跳加快、呼吸急促。今天我们欣赏五彩池的主题就是一起找寻初恋的美好。

五彩池是黄龙最大的彩池群，共有彩池693个，被誉为“人间瑶池”，绝非浪得虚名。水本无色，而这里的水，却是有着春一般的颜色，淡绿、翠绿、墨绿……但凡你想得到的绿在这里都能寻找到，这就是一个绿色色盘！这些绿，绿得那么干净，绿得让人头脑里也澄澈得一片空灵，如初恋般纯粹。水本无声，而这里的水，却能奏出春一般的乐章，那是水流行进的快乐乐章。水从池底浸出，在池面形成无数的波纹。山间树叶、野花跌落池中，随着水的节奏旋舞起来。水顺着山势流动着、跌落着、前进着，如初恋般欢快。

金色是五彩池的另一种颜色，池里钙华铺陈、堆叠，形成了一组组相邻的像鱼鳞的石坝彩池群。这些钙华景观，虽是天造，宛若人作，置身其间还以为是某位艺术家的陶艺坊，仿佛上演着《人鬼情未了》那经典的一幕：男女主人公在袅袅升起的音乐声中，以灵活柔软的双手做着陶艺，陶胚在旋转中逐渐成形。黄龙的五彩池被称作初恋的味道，也许就在于此。

黑色是池中石塔和石屋顶的颜色，它们讲述了一个久远的故事。相传唐代程咬金之孙程世昌，曾任松潘士官。上任的第三天便携夫人程高氏来黄龙烧香祈福，并愿身后长留在黄龙秀色之中。后来其墓被水淹没，人们建塔以示墓址。现在，石塔大部分已经被钙华沉淀埋没，只留下两对石塔尖和翘檐石屋顶静立于碧绿的水中，百年相守，终生相依。

剩下的蓝白二色来自天空，碧蓝、湖蓝、海蓝、浅蓝，乳白、米白、雪白、月白，通通被收进了池里，可以说“此景只应天上有”。传说黄龙真人修道成功，即登天宫之时，西王母急欲将五彩池搬到天宫。为了留下这美丽的“人间瑶池”，雪宝鼎山神夏旭东日的女儿达美，悄悄取下父亲神杖柄上的五颗珍珠，变作“五彩池”让西王母带回了天宫。真的五彩池保住了，达美姑娘松了一口气，阵阵疲倦袭来，她满足地进入了梦乡。碧蓝的五彩池，静静地流淌着，永远是那样艳丽夺目，它执着地陪伴着睡美人，耐心等待她的醒来。

请大家抬头看对面巨大的山梁，那就是我们寻找的姑娘。蓝天白云之下，她静静地躺在群山怀抱里，身着藏族长裙，头佩饰物，头、胸、腹及腰身都惟妙惟肖，甚至挺拔的鼻梁、微笑的嘴唇也清晰可见。她静静地欣赏着黄龙的美景，千年的守望，她陪伴着它。

五彩池有五彩，又不止五彩，纷繁多样又纯净美好，是一个寻找初恋的地方，是一个真实的如梦如幻的地方，欢迎你常来。

这篇导游词在虚实结合技巧使用上处理得比较巧妙，黄龙主景区五彩池在作者的笔下通过五种颜色来创作，在其中巧妙嵌入了《人鬼情未了》、程咬金之孙程世昌和黄龙真人的故事。在结尾部分还使用了拟人的方法，在自然景物的描写上体现了生动有趣的表达方式。

（三）触景生情法

在旅游者的旅游活动中，获得听觉和视觉刺激仅仅只是最肤浅的旅游感受，也是导游员带领游客进入的最低层次的旅游审美境界。成功的导游服务应该能够引导游客从对旅游景观表象的欣赏进入到对其内涵的探究，也即是从“悦耳悦目”的审美境界上升到“悦心悦意”和“悦志悦神”的审美境界之中。这种审美境界的提升不是单纯传递旅游景观自身的信息能够达到的，需要导游员在介绍景观的同时借题发挥，利用所见景物制造意境，适当抒发感慨和议论，从而使游客产生联想，领略到更高层次的美感。这种导游讲解的方法就是触景生情法。触景生情贵在要自然、正确、切题地发挥。导游员要通过生动形象的讲解，有趣而感人的语言，赋予死的景点以生命，注入情感，引导游客进入审美对象的特定意境，从而使他们获得更多的知识，更多美的享受。

在实践工作中，触景生情法主要有三种运用形式。第一种是在说明景物的时候，绘声绘色地描述历史史实，发表感慨，激起游客反思，心头涌上或喜或悲的情怀；第二种是在描绘景物的时候改换身份，模拟景物中所反映的时代和人物，让游客设身处地去想象当年情况，真切地感受到当时的气氛；第三种是讲解景观时通过引人入胜的层层剖析，发动游客思考，使之参与到对景观的研究和探索中来，增添欣赏的情趣。

案例：剑门关景区《蜀道难》壁题

各位朋友：

大家好！从游客中心出发，我们来到了剑门关景区的第一个景点《蜀道难》壁题，1000 多年前，唐朝大诗人李白的一句“蜀道之难，难于上青天”让这条深藏在崇山峻岭中的道路名扬天下。古蜀道是历史上由中原通往四川道路的统称，而人们常说的蜀道，主要就是指我们脚下这条途经广元剑门关的剑门关蜀道，它一直是中原与四川盆地之间的主通道，比意大利的古罗马大道还早。剑门关蜀道有文字记载的历史，可以上溯到 2300 多年前的五丁开道。这条蜿蜒的道路，南起成都，北上经广元出川，进入陕西汉中，直通八百里秦川，剑门关蜀道的精华，主要浓缩在了广元境内。在这条古道上，曾经走过唐明皇李隆基与杨贵妃生离死别后沉重的脚步，还有在这条古道上南宋诗人陆游在细雨蒙蒙中感叹：“衣上征尘杂酒痕，远游无处不消魂。此身合是诗人味，细雨骑驴入剑门。”剑门关蜀道，在岁月变迁中，留下了雄关、漫道、古城和大量的历史故事，它如同一条光焰夺目的金线，把星罗棋布沿线散落的历史文化珍宝一一串联起来，还包罗了雄、难、幽、奇、独具魅力的诱人风光，升华为闻名遐迩的文化与自然遗产，剑门关蜀道这条金线上的其中一颗珍宝就是这幅壁题。诗和书在这里连壁，为山河增色。

眼前这幅书法石刻是灾后重建中，以我国著名书法家何应辉先生的墨宝来制作的。从书法的角度来审视：这件作品以汉隶为主，融于右任的草书笔法，汉代隶书的结体，先秦大篆的造型于一炉，一气呵成、磅礴大气、古朴豪放，实乃当今隶书精品之一。

李白《蜀道难》具体写作时间已经不可考证。一般认为，这首诗可能是李白于天宝元年（742年）前后在长安所写，目的是规劝入蜀的好友王炎不要羁留蜀地，早日回归长安。《蜀道难》全诗294个字，以山川之险言蜀道之难，给人以回肠荡气之感，“蜀道之难，难于上青天”“剑阁峥嵘而崔嵬，一夫当关，万夫莫开”等是脍炙人口的千古名句，也让无数人望而却步，那么，从《蜀道难》来看蜀道究竟“难”于何处呢？

现在请大家看我右手边的第一句：“蜀道之难，难于上青天。蚕丛及鱼凫，开国何茫然！”出蜀之难！诗人感叹太高了！蜀道艰险啊，如上青天般困难。自从“蚕丛”和“鱼凫”两个蜀王开国后，经过48000年，才和秦地的人有了往来，才有了交通。西边挡着太白山，只有鸟道。直到地崩山塌壮士都被压死，才有天梯与石栈相互连接。上面即使有拉车的六龙也要绕弯的最高峰，下面有冲激高溅的波浪逆折的漩涡。高飞的黄鹤尚且飞不过去，猿猴想过去，发愁没有地方可以攀缘。青泥山迂回曲折，很短的路程也要转很多弯，盘绕着山峰。上去的人屏住呼吸伸手可以摸到星星，用手摸着胸口空叹息。足以看出，要从鸟道般的山路出蜀，真是比登天还难。

请大家看向第六列的第四行，不妨大家一起读一读：“蜀道之难，难于上青天！使人听此凋朱颜。”入蜀之难！诗人感叹蜀道真难啊，难于上青天，人一听到这，美好的容颜就憔悴了。群峰连绵，离天不到一尺，枯松倒挂，依靠在悬崖绝壁上。飞泻的急流瀑布争相咆哮喧腾，冲击山崖，翻转石块，好似千万条山谷中巨雷轰鸣。面对这样的地方诗人开始犹豫，也开始退缩，便感叹友人何苦要冒此风险入蜀。足以看出，要从群山峻岭中入蜀，真是比登天还难！

请大家看最后一句：“蜀道之难，难于上青天，侧身西望长咨嗟！”居蜀之难！诗人侧过身向西望着，长长地叹息，蜀道难啊，难于上青天！在蜀道上一路跋涉，不仅有天险，还要防备歹人与毒蛇猛兽的攻击。足以看出，要想在地势险要、人事复杂的蜀地居住，真是比登天还难！

难！难！难！感慨“蜀道”难，千百年前古蜀人为开拓蜀道付出大量的血汗。蜀道连接的是秦与蜀，把中国历史上关中平原和成都平原，两个“天府之国”紧紧连接起来，而且正像有的专家所说："它使黄河、长江两大流域的文明得以交汇，中原和大西南得以沟通，祖国版图得以统一。没有它，也许就很难出现强汉盛唐，历史可能就会改写。"古蜀道一部用脚走出来的历史。我们脚下的每一块石板都有一个故事，等会儿我们将游览细雨廊，在那儿我将给大家介绍陆游骑驴入剑门的典故。

这首《蜀道难》，李白从蚕丛、鱼凫开国的古老传说落笔，追溯了秦蜀隔绝、不相往来的漫长历史，指出由于五位壮士付出了生命的代价，才在不见人迹的崇山峻岭中开辟出一条崎岖艰险的栈道，强调了蜀道的来之不易。写法上有三点值得注意：一是"发唱惊挺"。开头就连用三个浸润着强烈感情色彩的感叹词，直接表现对蜀道之难的感叹，具有极强的震撼力和吸引力。二是采用对比手法。人们都说世界上最难的事情就是登天，李白说走蜀道比登天还难。在人们熟知的道理上推进一步，既容易理解，又触目惊心。三是引用蚕丛、鱼凫开国和五丁开山的神话传说，为蜀道增添了一层神秘诡谲的色彩，烘托出艰险离奇的气氛。

第二部分写蜀道行路之难。可以分为两层：第一层描写山势的高峻与道路的崎岖。采用了直接描写和侧面烘托的方法。列举六龙、黄鹤、猿猱这些善于飞腾攀登的鸟兽面对蜀道尚且无可奈何的情况，来反衬人要通过蜀道谈何容易。其次是采用夸张手法，差不多每句都含有夸张意味，而最后两句尤为形象生动。意为在高险的山路上行走，从陕西到四川，就好似仰面朝天，屏住呼吸，摸着星宿前进。抚膺，手按着胸脯，心脏因紧张而激烈跳动，跳动而需按住，以免其跳出，极写行人的惊恐。第二层描绘了悲鸟、杜鹃、古树、夜月、空山、枯松、绝壁、飞湍、瀑布等一系列景象，声形兼备，动静相衬，以渲染山中空旷恐怖的环境和惨淡悲凉的气氛，情调凄厉，进一步写出蜀道之难。依然使用了夸张手法。"使人听此凋朱颜"是缩小的夸张，说瞬间人就变得憔悴衰老，属于时间范畴。"连峰去天不盈尺"是扩大的夸张，属空间范畴。

第三部分从社会人事方面写蜀道之险：剑门关雄峙蜀道之上，形势凶险，护卫着成都。如果不是亲信把守，一旦谋反，后果是灾难性的。猛虎长蛇，既指自然界的毒蛇猛兽，也隐喻叛乱者。这段描写，阴森彻骨，令人不寒而栗，表明锦城实非乐土。

这篇导游词用了三个排比段落发出感叹“真是比登天还难”，从结构上迎合了原作《蜀道难》的开篇风格，有一脉相承之感，引人入胜！

（四）问答法

问答法是一种常用的导游手法，就是在导游讲解时导游员向游客提问题或启发他们提问题的导游方法。它不仅可以避免导游员在讲解过程中“一统天下”的局面，而且还能活跃气氛，使客、导之间产生思想交流，使游客获得参与感或自我成就感的愉快。问答法有多种形式，主要有：

1. 我问客答

最常见的问答交流形式就是导游员向游客提出问题，经过导游员的启发和游客的思索，最后由游客来解答，这就是我问客答的问答交流法。

导游员在提问时必须掌握提问的技巧，根据游客的知识水平和兴趣爱好来提问。导游员所提的问题既要让游客可以想出答案，又不能过于浅显幼稚。提出问题后导游员要适当停顿一下，以眼神、手势等方式诱导游客思考和回答，不论其回答正确与否都不可讪笑，实在得不到回应也不要强迫游客作答，以免游客产生抵触情绪。游客回答后导游员应当给予点评，适当加以鼓励。

2. 自问自答

有时导游员所讲解的景点有一定的深度，需要相当的学识或相关的经验才能理解。这时导游员不妨提出问题后不强求游客做出回答，而是自己来解释所提的问题，这就是自问自答的问答交流法。导游员提出问题，并作适当停留，但并不期待旅游者回答，只是为了吸引他们的注意力，促使他们思考，激起兴趣，然后做出简洁明了的回答或作生动形象的介绍，以求给游客留下深刻的印象。

3. 客问我答

导游员要善于调动旅游者的积极性，让他们提出问题。游客提出问题证明他们对某一景物产生了兴趣，进入了审美角色。对他们提的问题，即使是幼稚可笑的，导游员也不能笑话他们，更不能显出不耐烦。但是，对旅游者的提问，导游员不要他们问什么就回答什么，而要有选择地回答一些与景点有关的问题，或将部分问题融入导游讲解之中，注意不要让游客的提问冲击正常的讲解，打乱讲解安排。

4. 客问客答

当无法回答游客提出的问题时，导游员可以采用两种方式来处理：其一是坦率承认自己不懂，同时表态将尽力为游客寻求答案；其二是打“擦边球”，将问题转回游客方面，这就是客问客答的问答交流法。

案例：粤菜

有一句话说得好，唯有时光与美食不可辜负，那咱们这度假时光的美食就更不能辜负了。当我们夸一种美食时都赞其色香味俱全，当然这“味”肯定是重中之重。各种菜系都有其独特的味道，因此今天就让我们来共同品味粤菜的特色。

一说起粤菜的味道，我想大家都会不约而同地想到一个词——清淡！但大家可能不知道粤菜为什么清淡，为什么追求本味的原因。那接下来就让我从广东的天文和广东的人文两个方面来给大家解释一下。首先广东位于我国大陆最南部，纬度低且临海，雨水充沛，空气湿度大，再加上气温高，所以广东的湿热很严重。炎热又潮湿的天气导致体质和其他地方的人不一样，所以一不小心吃多了热的东西就会湿热，上火生疮等。所以广东的食物以保持其鲜，以清淡养生为主。这种追求清淡、追求鲜嫩、追求本味的特色，区分“寒性和热性”，既符合广东的气候特点，又符合现代营养学的要求，是一种比较科学的饮食文化。其次广东人追求自然，不急功近利，不温不火，不急不躁，他们本真和慢悠悠的性格展现得淋漓尽致。所以粤菜的清淡、追求本味也是广东人性格最真实、最形象的体现！

粤菜源远流长，历史悠久，是中国四大菜系之一，是广东饮食文化的亮点，更是中华饮食文化的一个重要组成部分。粤菜的形成和发展与广东的地理环境、经济条件和风俗习惯密切相关。广东地处珠江三角洲，自然地理条件得天独厚，自清代中后期就成为富饶之地，饮食资源丰富，而且广东人对饮食讲究，自古就有“食在广州”的美誉。但是广东地处亚热带，濒临南海，北隔五岭，气候炎热潮湿。世代生活于此地的人们嘴边常挂着“湿热”的说法，他们认为“食能以时，身必无灾”，因此在长期的生活实践中，因地制宜，善于变通，在粤菜中成功运用了中医药膳养生理论，创造了一些适合一年四季食用的食物，通过日常饮食达到解热毒和去湿气的养生目的。

导游词一开篇提出的两个问题也就有了答案，提问可以吸引游客的注意力，并可以引导对方思考，只要问题的设置合理而自然，所起到的作用是显而易见的。

（五）制造悬念法

导游员通过提问，给予启示，巧妙安排，激起游客的兴趣、使其产生悬念的方法称之为制造悬念法。

通俗地讲，制造悬念就是导游员在讲解时提出令人感兴趣的话题，但故意引而不发，激发起旅游者急于知道答案的欲望。使旅游者产生悬念的方法即称为“制造悬念法”，俗称“吊胃口”“支关子”。这是一种“先藏后露、欲扬先抑、引而不发”的手法，一旦“发”（讲）出来，会给游客留下特别深的印象，而且导游员可始终处于主导地位，成为游客的中心。

制造悬念的方法很多，例如问答法、引而不发法、引人入胜法、分段讲解法等都可能激起旅游者对某一景物的兴趣，引起遐想，急于知道结果，从而制造出悬念。制造悬念是导游讲解的重要手段，在活跃气氛、制造意境、增加旅游者的游兴、提高导游讲解效果方面往往能起重要作用。但是，再好的导游方法都不能滥用，“悬念”不能乱造，以免起反作用。

案例：峨眉山伏虎寺

各位游客：

大家好！《峨山图志》中有这样一段话，“凡伟大民族之历史每与其山岳有密切之关系，奥林帕斯山之于希腊，坤钦景加山之于印度，关乎中国，何独不然，有五岳名山，亦有佛教圣地。”峨眉山就是其一，它耸立在四川盆地西南边缘，是大峨、二峨、三峨山的总称。峨眉山是驰名中外的中国佛教名山，素有“植物王国”“动物乐园”“地质博物馆”之称和“峨眉天下秀”之赞誉。在1996年12月6日，乐山大佛与峨眉山同被联合国教科文组织批准为“世界自然与文化双遗产”，正式列入世界遗产名录。

俗话说“自古名山僧占多”，得天独厚的峨眉山，是佛教徒向往的理想建寺之地。历史上峨眉山寺院最多时曾多达110余座。其中最大的一座寺院就是我们现在参观的这座寺庙——伏虎寺。关于伏虎寺名字的由来，主要有两种说法：一种说法认为，伏虎寺后面的山势形似一只伏卧着的老虎，因此得名；另一种说法认为，宋朝时这里虎狼为患，修伏虎寺是为了镇压虎狼，故僧人将寺取名伏虎寺。

一路走来我们欣赏了三桥二坊，虎浴、虎溪、虎啸，布金林坊、伏虎寺坊，它们共同的特点都深藏在密林深处，落英缤纷，但是当我们走过虎溪精舍到达现在所处的普贤殿后，会有一种很不一样的感觉。请各位游客环顾四周，你会发现，殿堂四周都是高大的朴树，可是在房瓦上，却很少有积叶，好像被人打扫过。尤其是普贤殿和大雄殿构成一个大天井，四周高树笼罩，屋面上无枯枝败叶，整个寺院无尘无垢、干干净净，这就是伏虎寺的神奇之处。这种现象连清朝康熙皇帝都感到惊奇，赐名“离垢园”。请大家抬头仔细看这块匾，中间的“垢”字上方，有一枚小小的红印章，内容是“康熙御笔之宝”，墨宝是在康熙四十一年（1702 年）11 月 25 日钦差郭齐哈等四大臣来峨眉山降香时送来的，从此以后“离垢园”这一金字横匾就一直悬挂在普贤殿前。

难道是周围的树有什么问题吗？伏虎寺的周围都是参天的大树，专家说，这片茂林可以说是峨眉山最大的人工林，早在唐代时，寺中的僧人们按照佛教《大乘经》的字数在寺院周围种植了榛木、楠木、杉木等树木共计 195048 棵，寺院周围大片的林木把寺庙掩藏得严严密密。丰富的落叶是客观存在的，但为什么就不会掉到屋顶上呢？

这个秘密就藏在伏虎寺的建筑里，伏虎寺依山而建，越往里越高，每一重大殿都构成一个四合院的格局，隐没于十万株密林森森之中。这是当年建寺设计者按佛家意境，“清静无为”的构造意图构建的古刹禅林。正是这种建筑方式，让寺内建筑与寺外的密林只有一墙之隔，风从山门进入到院落中，如果院落封闭，风便不能顺畅前行，只能在院落外循环往复，带着落叶和尘垢旋转升空，最后，落叶随着风又回到了密林里，而离垢园的院落就是一个相对封闭的环境，离垢园的落叶和尘垢，被风带回了密林里，因此在林海之中的伏虎寺，房顶瓦上终年不见一片落叶。

人们说这里是佛家圣地，赐名离垢园还有一层意思是不染纤尘、远离尘垢的佛门净地。在这里修行的是一群身心如莲花般清净无垢的比丘尼。佛教称女性出家人为比丘尼或僧尼。峨眉山最大一座比丘尼修行的寺院就是伏虎寺。谈到比丘尼，人们会联想到金庸先生在武侠小说里写的峨眉派，比如灭绝师太、周芷若等，认为峨眉山的比丘尼个个武功高强，小说中将峨眉武术描写得出神入化，飞檐走壁，剑之所及，无有不灭，实在是与真正的峨眉功夫有着天壤之别。实际上峨眉山的僧尼，很少习武，小说和现实还是有差距的。僧尼们自古以修正自己的德行为生活内容，他们的许多生活对我们来说充满神秘感。但在大多数时候，这些人与我们没有什么不同。每天的作息时间安排很紧，或殿堂上礼佛敬香做法事，或居所内打坐参禅静修思，或奔忙于殿堂之间，或结缘于十方信徒，没有时间与精力来练武。对于这里的修行人来说，隐于深山中的佛教圣地，并不是侠影仙踪的想象，而是晨钟暮鼓的现实。在佛的世界中，获得的是一种平和的心境和看待世界的智慧。

伏虎寺是峨眉山众多寺院的一个缩影，在上千年的历史中，峨眉山保留下了丰富的历史遗存，也留下了无数耐人寻味的传奇故事。

这篇导游词的悬念在离垢园没有枯叶的神奇现象，并通过提问加深悬念，层层递进，最后解释清楚离垢园无垢的原因。针对这个讲解题材来说，选取制造悬念的方法是最合适的，堪称制造悬念的典范之作。

（六）类比法

所谓类比法，就是以熟喻生，达到类比旁通的导游手法。即以旅游者熟悉的事物与眼前的景物比较，便于他们理解，收到事半功倍的效果。

类比法分为同类相似类比和同类相异类比，不仅可在物与物之间进行比较，还可作时间上的比较：

1. 同类相似类比

将相似的两物进行比较，便于旅游者理解并使其产生亲切感。例如将北京的王府井比作日本东京的银座、美国纽约的第五大街、法国巴黎的香榭丽舍大街；把上海的城隍庙与日本东京的浅草相比；参观苏州时，可将其称作“东方威尼斯”；讲到梁山伯与祝英台的故事时，可称其为中国的罗密欧和朱丽叶等。这种类比便于游客理解并使其产生亲切感。

2. 同类相异类比

这种类比法可将两种风物比出规模、质量、风格、水平、价值等方面的不同，例如中国长城与英国哈德良长城之比，中国故宫和日本皇宫之比等。使用这种类比法还可比出两种风物在风格上的差异，例如，参观北京故宫时，与法国的凡尔赛宫作比较，游览颐和园时，与凡尔赛宫花园进行比较。这种东西方宫殿建筑和皇家园林艺术之比，西方游客听了不仅享受到中国宫殿建筑和皇家园林的艺术美，也对东西方文化传统的差异有了进一步的认识。

3. 时间之比

可将处于同一时期的不同国家的帝王作类比，也可将年号、帝号纪年转换为公元纪年。例如，在讲解唐代长安城的宏大规模时，导游员可将唐长安同东罗马帝国的首都君士坦丁堡相类比，它是君士坦丁堡的7倍；同阿拉伯帝国的首都巴格达相类比，它是巴格达的6倍。

正确、熟练地使用类比法，要求导游员掌握丰富的知识，要对相比较的事物有比较深刻的了解，并针对来自不同国家的旅游者，将他们熟悉的风物与他们所看到的景物相比，切忌作胡乱、生硬的比较，而且使用时要谨慎，不要伤害游客的民族自尊心。

案例：云南路南石林

各位游客，现在我们所处的位置是能观看大石林全景的望峰亭，这个亭子是建在30米高的石峰顶上。站在这里，远远近近，高高低低，形态各异的怪石尽收眼底，我想每位朋友都惊叹于这里的奇异景色，感慨这大自然的神奇力量。路南石林的永恒也就蕴藏在这每一块山石之中。这里的石头都有着2亿~3亿年的历史，与人类存在的时间相比较，这是一个相当漫长的时间。如果把石林从最初形成到今天浓缩成一天，那人类的存在只占了15分钟。这壮观的石林景观又是如何形成的呢？我想说：这是大自然用时间雕刻的艺术品。

这是之前用过的一个案例，截取其中的一段，这段在技巧方法上就使用了类比法。把石林的形成如果浓缩成一天的话，人类在这一天中只占到了15分钟，通过这样的处理，游客对大自然景物形成的漫长瞬间就有了直观的认识。

第六章

导游词创作案例研究

一、地文景观类旅游资源导游词案例及评析

（一）峨眉山金顶

各位游客：

大家好！

每天清晨，当五台山上飞鸟开始啼鸣，九华山下香客云集，普陀山中茶叶飘香的时候，在3000米的峨眉山顶，通体饰金的普贤已经穿透了厚重的流云，站在如雾海中的蓬莱仙岛上向四面十方展露宝相庄严的金色身姿，现大光明瑞相，这里就是峨眉极顶——金顶。

大家可曾知道，被称为大光明山的峨眉山，地质史上历经了三落三起的造化，借自然之奇用大山之力，垒筑起了举世无双的三层须弥座一样的神山仙台，造就了绝无仅有的景观和文化的极、绝之顶。

早在中生代末期及以前，印度洋板块运动和燕山运动为峨眉山奠定了坚实的石灰岩基座，它就是咱们整个云贵高原、四川盆地构筑起的第一层须弥座。

到了喜马拉雅造山运动时期，逆掩断层中的白云岩成为峨眉山的主体，第二层须弥座凸显了出来，幻化出“黑白二水洗牛心”“山水之间有清音”的峨眉山中山带自然奇景，几乎涵盖了峨眉山26座闻名天下的佛教寺庙中的大多数：比如报国寺的晨钟、伏虎寺的暮鼓、洪椿坪的禅境、洗象池的夜月，它们与峨眉山3200种

植物和 2300 种动物一起，在峨眉山极具巧合地构成了人间万象。

再往上就是我们现在所站的峨眉最高处——金顶。这里的岩石构造竟然是古生代玄武岩，从地底深处喷发的岩浆凝结而形成的玄武岩，本该属于地壳底层的岩石经过地质翻转，跃然山顶，“云自几时升起，风从何处飞来”！按照传统意识：玄即黑色，主北方，寓生死。这里是峨眉山的最高点，也是须弥座的最高层，是人生命的理想境界，也是佛的天国之土。

除此以外，最让人惊叹的，还不仅仅是这三层无形的须弥座，而是这玄色高台上的金银铜三大殿，好像蓬莱、方丈、瀛洲仙岛，托起的是眼前巨大的四面十方普贤宝相。

作为佛教文化的践行者，我们眼前的这尊世界上最高大的金佛通高 48 米，代表的是阿弥陀佛的 48 个愿望。总重量达 660 吨，是由台座和十方普贤像组成，“十方”一是意喻普贤的十种广大行愿，二是象征佛教中的东、南、西、北、东南、西南、东北、西北、上、下十个方位，意喻普贤无边的行愿能圆满十方三世诸佛和芸芸众生。我们眼前的普贤：神圣威仪，将西蜀大地、雪域高原庇佑怀中，承天感地，教化众生。

今天当我们站在金顶，回望来时的路，我们会发现，峨眉的奇绝自然和浓厚人文积淀成就了云上金顶，而我们人的成长也需要广博的知识累积和丰富的社会实践，才能到达人生的顶点。人生如同登山，如果我们能受观音菩萨之教化，心存怜悯；受地藏菩萨之教化，执着理想；受文殊菩萨之教化，勤于思考；受普贤菩萨之教化，勇于实践。那么，我们终将登上人生的金顶！

所以人们常说千年秀山，云上金顶，众生普贤，天下峨眉。

【评析】

峨眉山为中国佛教四大名山之一，山体巍峨雄伟，树木葱茏，风景秀丽，有“秀甲天下”之美誉。峨眉山是人类文化的宝库，文化遗产极其深厚，是中国佛教圣地，被誉为“佛国天堂”，是普贤菩萨的道场。早在 1996 年被批准列入联合国教科文组织世界遗产名录，成为全人类共有的文化与自然双重遗产。

本篇导游词在创作时，没有另辟蹊径、避重就轻，选择了每个游客都希望了解的金顶作为讲解对象，不仅能作为参赛稿件使用，同时也有很强的实践性，供一线导游使用。

开篇，“每天清晨，当……已经……这里就是峨眉极顶——金顶”，为游客营造了峨眉山金顶自然与人文的曼妙统一。这是一段让游客听来，有点陌生，又有点熟悉的话。原因是作者在创作时，使用当前国内非常流行的“舌尖体”，这种流行元素的嵌入让整个导游讲解对象即使是充满了历史感、神秘感的宗教，也不失新鲜、活泼的时代感，由此可以看出创作者的良苦用心。

金顶是峨眉极顶，极目远望，日出、云海、佛光，令人心旷神怡；西眺皑皑雪峰、贡嘎山、瓦屋山，山连天际；南望万佛顶，云涛滚滚；北瞰百里平川，如铺锦绣，大渡河、青衣江尽收眼底，视野宽阔无比，景色十分壮丽。创作者为了展现这种大场面，在主体部分写作上采用了层层铺就的手法，在内容的安排上也采用层层铺就的手法，达到了写作方法和内容的高度统一，让整篇导游词一气呵成，而又气势恢宏。

第一层介绍了无形的须弥座。首先，讲地质史上三落三起，即早在中生代末期及以前，印度洋板块运动和燕山运动为峨眉山奠定的石灰岩基座，云贵高原、四川盆地构筑起第一层须弥座。其次，喜马拉雅造山运动时期，逆掩断层中的白云岩成为峨眉山的主体，喻为第二层须弥座。古生代玄武岩，从地底深处喷发的岩浆凝结而形成的玄武岩喻为无形须弥座的最高层。这一部分充分显示了创作者的机智，导游词巧妙地将地质演化与佛教文化结合在一起，避免了一般讲解中地质讲解的枯燥，佛教文化讲解的晦涩。

第二层介绍了有形的须弥座。即玄色高台上的金、银、铜三大殿，恍若蓬莱、方丈、瀛洲仙岛。虚实结合的手法在这一部分得到了很好的运用，让人觉得言之有物，言之有理。

前两层的铺垫，是为了烘托了出世界上最高的金佛——四面十方普贤菩萨。然而，本段讲解词没有如演讲稿那样的激昂澎湃，完全从游客的知识需求出发，非常平实地阐述了金像的基本数据，例如，通高 48 米，代表的是阿弥陀佛的 48 个愿望。总重量达 660 吨，是由台座和十方普贤像组成等，是一篇非常规范的导游讲解词。

游客站在这样一个特殊的位置，往往会对这座神山仙台发出感叹，会对人生理想展开联想。创作者用“人生如同登山，我们终将登上人生的金顶”一语双关，合理而又自然地解决了游客情绪抒发的需求。

本篇导游词存在的问题是，在营造一个宏大的场景，体现核心景点价值的同时受篇幅的限制，在部分段落的遣词造句上稍显艰涩，形成了一定的听觉障碍。例如“神圣威仪，将西蜀大地、雪域高原庇佑怀中，承天感地，教化众生”，如果在实际讲解中能用口语的方式讲解，效果会好一些。

（二）武陵源

游客朋友们，经过一番奔波，我们终于来到武陵源的梦幻世界——黄龙洞。大家先在这里休息片刻，看我开始揭开它那神秘的面纱。黄龙洞虽为山洞，但在它的内部却是典型的喀斯特岩溶地貌，加上大自然的巧夺天工以及时间的细细修饰，如今已经在洞内形成了一库二河三潭四瀑十三大厅九十八廊以及几十座山峰，上千个白玉池和近万根石笋的奇景。

黄龙洞在五彩灯光的交相辉映下，宛如人间仙境，异彩纷呈。等会儿大家就会惊叹于这里的奇异景色，感慨大自然的神奇力量。黄龙洞的永恒也就蕴藏在这每一块山石之中。然而沧海桑田、数易春秋，这里的石景矗立了数万年之久，才企盼到人类的到来，期待人类赋予它们灵魂和神采。

由此看来，虽说这里的一石一水都是清水出芙蓉、天然去雕饰。但是，在人类的复杂思维下，这些纯粹的岩石又被凝固成不同的回忆，定格出不同的想象。各位游客请看，这里的石头有些像动物、有些像水果、有些像人，还有些像建筑。可见，其实没有纯粹的风景，一切美好的风景都源自我们的内心，大自然用漫长的时间塑造出神话，而人类却用智慧在有限的时间内创造着传奇。人与自然是息息相通的一体，“天人合一”四个字就总结出人与自然的辩证统一关系。我想，这就是黄龙洞带给我们的思考和启示吧！

【评析】

整篇导游解说词文字生动，表述清楚，内容翔实，设计精巧，让人仿佛身临其境，置身于黄龙洞中，浮想联翩。

黄龙洞属于典型的喀斯特岩溶地貌，大自然的沧海桑田造就了现在的景观。景区洞中有洞，洞中有河、石笋、石柱、石钟乳，各种洞穴奇观琳琅满目，但是如果没有导游精彩生动的解说，会显得非常单一和枯燥。相反，有了导游生动的介绍，原本单调的溶洞景观就成了“活景”，能更好地激发游客的想象力，使游客对喀斯特岩溶地貌的认识更加深刻、全面。因此，听景是观景的拓展、深入和延伸。正如导游词中所说：“其实没有纯粹的风景，一切美好的风景都源自我们的内心，大自然用漫长的时间塑造出神话，而人类却用智慧在有限的时间内创造着传奇。”的确如此，境由心造！游客任思想的触角伸向远古，一定会有穿越历史、感受自然沧桑巨变的震撼。

导游是旅游产品直接的推销员和呈现者，导游服务质量是衡量旅行社整体服务质量的主要标准，而精湛的导游语言艺术是导游工作的必备工具。优质的导游讲解语言艺术能传播知识、传播美；创造更多的经济效益、社会效益和环境效益；能起到激发游客对旅游产品认知渴求的作用，取得游客的信任和欣赏。

该篇导游词用简单明了的语言高度概括了黄龙洞的神奇，能吸引游客的注意力，激发他们的好奇心和想象力。亲切的语言拉近了与游客的距离，同时也很好地将自己的感情融入其中，这是一篇优秀的导游词。

（三）九寨沟

“瑶池本是在人间，堪笑凡夫安学仙。有路天堂通九寨，此中仙境任盘旋。”

各位游客，咱们现在就位于树正群海景区，群海中有一道浅桥跨浅滩而过，浅桥边有一座磨坊，磨坊边还有转经房，大家顺着瀑布水流方向看去，想必大家已经看见远处的那座转经房了吧，上面用瓦盖成简易的屋顶，中间放置两个大的转经筒，不知大家是否注意到这样一个细节，转经筒是因水的流动而长转不息，水则因转经筒的存在更显得神圣而灵动。

因此转经房依水而建更体现藏族人民“水乃万物之灵”的思想。将自己的心意与自然的力量合二为一，尽情抒发着自己的喜、怒、哀、愁、祈盼与祝福。而佛经中又云“一切世界间大地的微尘可一一数尽，手转一次六字真言的福德却不可胜数。”他们便是怀着这样的信念，将自己对今生的幸福乃至来生的希望，都寄予在这小小的转经筒中，寄予在那喃喃的六字真言中，寄予在自己虔诚拨动转经轮的心意中。转经房，是藏族人民心中佛祖与他们沟通、联系、融合的桥梁。

藏族人民在千百年前就知道水具有这样的灵性，才借助它的力量，带动更大的经轮昼夜不停地旋转，为自己修积更大的功德。这座瀑布脚下的转经筒伴着湍急的水流旋转不息，仿佛六字真言萦绕在我们的耳畔，现在让我们怀着一颗虔诚的心走近它吧。

【评析】

九寨沟于1991年被列入联合国世界遗产名录，1992年12月又由联合国教科文组织批准，正式列入世界自然遗产名录，从此登上世界旅游的宝座，成为中外游客向往的神奇“梦幻世界”。九寨沟因沟内分布着9个藏族村寨而得名。之前有许多现成的导游词，很难再有突破。但作者开篇以树正群海景区为切入点，以转经房的神圣灵动为整篇导游词的灵魂。在导游词中将藏族人民的民族特色和风俗与景区相联系，并引领游客在转经筒信念支撑下，变得更加的虔诚，将自己的心意与自然合二为一，尽情地抒发自己的情绪与祝福，让整篇导游词变得生动有内涵起来。最后以六字真言为结束语，上升到了一个新的思想高度，让导游词拔高到一定的思想高度。

民族的才是世界的，用民族的转经筒来诠释景区的文化特色，提升游客的游览品质是这篇导游词的精华所在。但题目显得有点大，不能准确地表达导游词的核心思想。整篇文章结构合理，逻辑思维严密，语言流畅，易于解说，不失为一篇佳作。

（四）五台山

俗话说，地下文物看陕西，地上文物看山西，此言不虚。我国保留至今的四座唐代木建筑都在山西省，今天我们有幸看到了五台山这极具代表性的唐代建筑佛光寺。

展现在我们面前的就是佛光寺的东大殿，它是佛光寺的正殿，在全寺最后的一重院落中，位置最高。此殿是由女弟子宁公遇施资，愿诚和尚主持，在原弥勒大阁的旧址上于唐大中十一年建成的。东大殿面宽七间，进深四间。用梁思成先生的话说，此殿“斗拱雄大，出檐深远”，是典型的唐代建筑。

如果只能选择一座唐代的古建筑，也许就是五台山的佛光寺大殿。它是中国目前发现的最有分量的唐代建筑，梁思成先生形容为“国内古建筑的第一瑰宝”。20世纪二三十年代，中国关于唐代木构古建筑的研究及发现几乎是一片空白。曾有日本学者断言，中国已不存在唐以前的木构建筑，要看唐代木构建筑，只能到日本的奈良去。然而建筑学家梁思成却不相信这一点，终于在五台山发现了这一建筑史上的扛鼎之作。

面朝佛光寺，我们看到的不仅是唐代的建筑，更能从建筑中看到中国历史上最鼎盛时期的繁华与庄重。大唐王朝以其开放宽和的姿态吸收了各家文化之长，自由不僵化的风骨体现在建筑上，传达出朴实、大方、简洁、明快的大家风范。

【评析】

五台山是内地唯一一处汉藏并行、青黄共存的佛教圣地，自元以来一直都是汉、满、蒙、藏等民族文化交会的地方。作为各民族佛教信徒向往的地方，在民族团结中发挥着重大作用。同时，五台山作为汉藏共存的文殊圣境，在政治、宗教、文化等方面有着巨大的吸引力。它与浙江普陀山、安徽九华山、四川峨眉山共称“中国佛教四大名山”。它与尼泊尔蓝毗尼花园、印度鹿野苑、菩提迦耶、拘尸那迦并称为世界五大佛教圣地。此篇导游词没有讲它的政治，也没有讲它的宗教，而是讲它的建筑，通过建筑讲历史、讲文化，是这篇导游词的独特之处。

佛光寺是在1937年日本侵略中国的炮声已经炸出弥漫硝烟的艰难岁月中，建筑学家梁思成、林徽因夫妇跋山涉水、苦苦寻觅的唐代遗构。它的存在印证了一代建筑学家的猜想，为今人提供了1000多年前唐代建筑的实物。单檐庑殿顶的屋顶举折平缓，正是我国早期建筑的标志之一，远远看去，仿佛一只雄硕的大鸟，权威地、胸有成竹地打开了它的双翅。由于屋顶坡度平缓，你站在殿前，是看不到顶面的，最抢眼的是檐下每个柱头上开出的结实的斗拱之花。它们的建筑学名字叫“双抄双下昂七铺作”，斗拱的总高度相当于柱高的一半，这种坚实有力的支撑，承托着伸出深远的屋檐，传递着梁架承载的殿顶荷重，将压力分解传递到各柱。它们比起后代如明清时期以装饰性为主的斗拱富有更多的结构性、力学性意义。此篇导游词作者以五台山极具代表性的这座唐代建筑作为主题讲点，可谓眼光独到、选题精准。

作者从“地下文物看陕西，地上文物看山西”一句精彩引入，点出陕西和山西各自的资源特色和极高的文化品位，提高了导游词的吸引力和游客的好奇心。整篇导游词现场感强，符合导游的讲解习惯和要求。作者引用了梁思成先生“斗拱雄大，出檐深远”的评价，道出了佛光寺的建筑风格与建筑特色。引用“国内古建筑的第一瑰宝”的名人评价，道出了建筑的历史沿革与称号品味。导游词的基本要素在此篇导游词中均有涉及，这在短时间短篇幅内的创作中并非易事，而此篇把握较好，堪称一篇优秀的导游词。唯结尾处就事论事，升华不够，若能从古说到今，用一两句话加以提炼、升华，此篇导游词则会更加出彩。

（五）武当山

各位游客：

大家好！武当山道教建筑群是一个经过精心设计的、氛围十分浓厚的宗教环境。从宏观地基的选择到建筑群的整体布局，无一不体现着道法自然、天人合一的道教色彩。眼前的金殿可以说是建筑的精华。

金殿被誉为降落凡间的天上瑶台金阙，环顾四周，大自然的鬼斧神工，造就了武当山七十二峰朝大顶的奇特山势，天柱峰上的金殿，旁无依附，一峰独尊，气势夺人。围绕天柱峰顶，建设者们用重达千斤的巨大汉白玉石块砌就高达 5 米的紫禁城墙，既洁白无瑕，又威武壮观，惟妙惟肖地把天上的白玉京再现到人间。符合道教经书的要求，天空中的神仙住在白玉京、黄金阙中，以显示其至高无上的身价和价值。把金殿建造在天柱峰顶，恰好体现了道法自然的宗教色彩。

请抬头看金殿，工匠们仿照木建筑的结构方式，用 300 吨精铜铸造了 3600 多个榫卯结构的精巧铸件，上山后再把铸好的构件插合在一起，一座巧夺天工的铜铸鎏金大殿就这样屹立在了万山之巅。这些精密的铸件连接得丝丝入扣、天衣无缝，丝毫没有铸造的痕迹。即使殿外山风呼啸，殿内依然密不透风，燃烧的香烛火苗平静安详、一丝不摇，这是天人合一最好的注解。

金殿，凝聚着华夏民族的古老智慧。道家文化的伟大思想，留给世界一个华丽灿烂的背影。

【评析】

武当山是中国武侠小说中出现频率非常高的一座天下名山。绝大多数游客都对此景点中涉及的人物、故事有一定的认识。如果在导游讲解中仅仅是讲讲故事、说说历史，会让人觉得非常平淡，甚至厌烦。景点讲解的切入点就显得非常重要，要么讲人所不知，要么讲人知不详。在两分钟的即兴讲解中，前者显然不可能实现，唯有知之不详，符合游客的实际情况。本篇导游词，选“点”在金殿，但非常注意提炼道家文化这个“面”。选点既不标新立异，却又有自己独到的见解，反映出作者巧妙的心思。

导游重要的工作就是通过导游词讲解，让游客在陌生的地方迅速了解其美的角度、原因、内涵，从而提高旅游的质量。本篇导游存在的问题是在语言的运用中。本篇导游词中四字成语、俗语较多，并且较多地使用附加成分和并列成分，例如

“瑶台金阙”“旁无依附”“奇特山势”“一峰独尊”“气势夺人”“威武壮观”“丝丝入扣”“天衣无缝”等，在面对面的交流中，这种词语无疑显得生硬，像读书背文章，既不利于导游记忆，也不利于游客理解。导游讲解与其他的演讲、讲课等语言表述方式是不同的，针对游客来说一个点位只会听一次讲解，导游词语言表述时就需要顺应游客的习惯，自然、随和、平易近人更容易拉近与游客的距离，让他们听得清楚、听得明白，获得有价值的信息。

（六）三清山

华夏大地上有这样一朵风景奇葩，兼具“泰山之雄伟、黄山之奇秀、华山之险峻、衡山之烟云、青城之清幽”，它就是三清山，实属亿载造化和千秋人文相融合的典范。现在，我们所处的位置就是三清山标志性景观之一的巨蟒出山，因形似一头硕大蟒蛇破山而出得名。这里本是一根冲天的峰柱，后经外界侵蚀慢慢形成现在大家所看到的形状。这不得不让我们感叹大自然的造物神奇。我们一路走来，看到最多的就是石头。三清山石头最大的特色就在于它的“奇”。

一“奇”在于它的逼真。如果说黄山的奇石景观是“三分逼真，七分想象”的话，那么，三清山的奇石就是“七分逼真，三分想象”。相较于黄山，三清山的石更对得起这个“奇”字。

二“奇”在于它的造型。“司春女神”“猴王献宝”“巨蟒出山”“观音赏曲”“老道拜月”等。真是不辜负清华大学教授朱畅中那句“五岳归来不看山，黄山归来不看岳，看罢三清和黄岳，三清定将胜黄岳”的高度评价。

石头千百年来受自然的洗礼，是人类发展不可或缺的重要物质。不管是宗教还是民族，石头都被赋予了一种功能，那就是人们内在的精神、情感和经验，能够使之成为永恒并予以传承。或许这就是三清山被称为“露天道教博物馆”的原因吧。

【评析】

“览胜遍五岳，绝景在三清”的三清山，因玉京、玉虚、玉华三峰峻拔，宛如道教玉清、上清、太清三位最高尊神列坐山巅而得名。作为世界自然遗产、世界地质公园、国家5A级旅游区、国家级风景名胜区，三清山境内有48奇峰、52怪石、232处石雕石刻，这些奇峰异石是10亿年的地质演化形成，是地壳运动对地质作用长期变迁的产物，也是三清山的绝景奇观。此篇导游词，作者抓住这一奇特之处，以三清山标志性景观、三大绝景之一“巨蟒出山”为讲点，运用“总结归纳法”创作出此篇讲解词，提升了讲解的现场感和游客的好奇感。作者用“奇”字当头，用“一奇在于它的逼真”“二奇在于它的造型”这两点高度归纳出“三清山石头最大的特色就在于它的奇”，前后具有条理性和逻辑性，看得出作者是煞费苦心。作者以“华夏大地上有这样一朵风景奇葩”精彩开头，以兼具“泰山之雄伟、黄山之奇秀、华山之险峻、衡山之烟云、青城之清幽”和“实属亿载造化和千秋人文相融合的典范”两句精练的话语点出了三清山的风格特点和景区品位，突出了创作讲解词的关键要素。“现在，我们所处的位置就是三清山标志性景观之一的——巨蟒出山”和“我们一路走来，看到最多的就是石头”两句较好地突出了讲解的现场感，这点对导游词来讲尤为重要。三清山与安徽黄山南北相望，相距不到200千米，作者利用了两者的地理关系，较好地运用了“比较法”，点出黄山的奇石景观是“三分逼真，七分想象”；三清山的奇石是“七分逼真，三分想象”，进一步说明三清山的石头“奇”在于它的逼真。运用“引用法”，将名人评价“五岳归来不看山，黄山归来不看岳，看罢三清和黄岳，三清定将胜黄岳”来进一步说明“奇”在于它的造型，加深了游客的满意度。

合理地运用多种导游讲解技巧方法和现场感是此篇导游词的优点。但是通篇只讲到自然景观中的石头，而没提及三清山的人文景观——道教，这样显得单薄，给人的印象不深，很难出彩。因为，自然景观的导游词在两分钟短时间内是很难精彩的。结尾处连三清宫都没提及，就说是“露天道教博物馆”，显得差强人意。若将自然景观和道教文化有机结合，结尾处进一步提炼升华，此篇导游词应该更加出彩。

（七）新疆天山

亲爱的游客朋友们，欢迎大家来到素有瑶池之称的天山天池，“五月天山雪，无花只有寒”这句诗提到天山的寒冷，而在新疆这块占有中国1/6的土地上，各种自然景观又岂是一种感觉能概括的。

天山的自然景观可以概括为一个“奇”字，这一奇就是炎热与寒冷并存，所以有“一日过四季，十里不同天”的说法，在气温变化上，山下是尚穿单衣的炎夏，到了山顶却冷似寒冬；这第二“奇”则是干旱与湿润并存，由于天山深居内陆，受海洋影响小，降水稀少，同时天山北坡受到来自大西洋的西风影响，在山地迎风坡形成地形雨，从而形成干旱与湿润并存的奇观；这第三“奇”是荒凉与秀美的景象共存，究其原因，跟降雨的稀少和雨水分布的不均匀有密切的联系；这第四“奇”是壮观与精致集为一体，在山麓地带，我们只能看到砾石遍地的荒漠，在低缓的山坡上，开始出现绿油油的草地，而山腰以上，常常分布着茂密的森林，大多数为耐寒的针叶林，这山上不仅有巍峨的雪峰，广阔的荒漠、戈壁，还有茂密的针叶林和清澈的天池。

天山的美体现在它能把两个看似矛盾的特质和谐奇妙地融合在一起，大自然以它恒定持续的影响力及海涵地负的包容度缔造出了气象万千的大美世界。

【评析】

这是一篇没有描述天山具体景色，而是介绍天山风光总体特色的导游解说词。解说词语言简练，思路清晰，设计精当。从古诗入手，将游客的注意力凝聚到“五月天山雪，无花只有寒”上，然后以一个“奇”字为统领，引人入胜，通过高度概括天山风光之“奇”，给人留下深刻的印象。

天山是世界七大山系之一，呈东西走向，绵延中国境内 1700 千米，占地 57 万多平方千米，占新疆全区面积约 1/3。“新疆天山”更是在 2013 年成功申请成为世界自然遗产。如此蔚为壮观的大地之美，神秘莫测的异域风光，丰富多彩的民族文化，想要简单精练地通过导游词讲述出来，具有一定难度。该同学创作导游词时能高度概括天山景观之“奇”，可见是收集了大量资料，对天山景观做了翔实的了解。

文中提到天山景色有四奇，分别是“炎热和寒冷并存”“干燥与湿润并存”“荒凉与秀美并存”“壮观与精致并存”。这种表达方式是导游讲解中非常重要的方法——对比讲解方法。通过矛盾的对比，让人产生感知的撞击，从而给人留下更加深刻而独特的印象。

导游讲解是一种艺术性很强的活动，同样的内容，以不同的形式和方法进行讲解，会收到不同的效果。导游讲解方法有多种，比如详细描绘法、分段讲解法、点面结合法、虚实结合法、内容升华法、设置疑问法、创新立意法、名人效应法、制造悬念法、以熟喻生法、转换数字法等。除了要学会灵活运用多种讲解方法外，还要学会巧用修辞，正确的修辞会让你妙笔生花。修辞技巧是锤炼语言的一种手段，可以赋予导游词更多的生机和活力，使导游讲解充满魅力和感染力，使旅游景观充满吸引力，给游客带来旅游的快乐。该篇导游词运用了名诗效应、制造悬念等手法，使人耳目一新，从特征的高度更好地认知新疆天山的自然之美。

（八）浙江江郎山

从第一件工具的使用开始，就奠定了人类大石崇拜的基础，而这种精神层面的影响一直持续至今。

各位游客，我们今天看到的这三块巨石就是江郎山最负盛名的“三爿石”，三块巨石拔地冲天而起，高360多米。仿佛似被刀砍斧劈，自北向南呈“川”字形排列，依次为：郎峰、亚峰、灵峰。从地质学上来讲，三爿石是丹霞景观从方山演化为石柱、石墙、石峰等终结形态的突出例证，说通俗一点，就是丹霞地貌演化到“老年期”的最典型代表。在中国丹霞世界遗产提名地中，江郎山是最小的地点，但却在国际上备受瞩目。原因就是这三爿引人为傲的“孤石”。

唐代诗人白居易有诗赞道：“安得此身生羽翼，与君来往醉烟霞。”话虽如此，不过也只有神仙才能在三爿石顶上飞来游去。传说古时候三个姓江的兄弟登上山顶变成三块巨石，所以这座山又叫江郎山。

江郎化石的神话反映出人们对石头神秘力量的敬畏，在一块块的大石背后也诞生了若干的传说，青埂峰下一块顽石化作了红楼一梦，成就了中国古典四大名著之一《红楼梦》；石纽山上一块圆石生出了大禹，诞生了富有传奇色彩的大禹治水；而那只从石头缝里蹦出来又被石头压在身下的猴子，更是丰富了中国几代人童年的时光。大石崇拜影响了中华民族的生活方式和信仰思维，也传承着深厚的中华文化底蕴。

【评析】

丹霞地貌是我国目前已经确定并命名了的五大岩石造型地貌之一，它在我国发育较为广泛而在国外分布相对较少，因此是我国重要的地质旅游资源。目前我国丹霞地貌有780多处，形成了东南—西北走向的“丹霞走廊”。而浙江江郎山就是这个走廊上的一颗璀璨明珠，也是“中国丹霞”世界自然遗产中唯一的老年发育期岩石地貌。这篇自然风光类的名山峻岭导游词，选取了江郎山三绝之一的“三爿石”作为讲解点，凸显了江郎山丹霞地貌的审美特色。

作为自然景观导游词，其主要的讲解方法是要紧紧抓住景观特点加以讲解，但是本文作者独辟蹊径，在简单介绍“三爿石”之后，抓住江郎山在国际上备受瞩目的原因在于“孤石”的引以为傲，荡开笔去，深入挖掘“三爿石”之人文底蕴，融入旅游诗歌和传说故事，极大地激发了游客的旅游兴趣，是自然景观的人文化讲法。如果说作者仅仅停留在这个层面，这也是一篇中规中矩的导游词。但作者从“三爿石”这一岩石地貌具体形态，延伸到人类对大石崇拜抽象的精神层面，进而将抽象的大石崇拜解构成“禹产于石”“花果山仙石化猴”“青埂峰下顽石偈”等中国著名的文学经典片段，极大地深化了这篇导游词的内涵，让人听得荡气回肠。

总的来说，这篇导游词选点精当，匠心独运，篇幅短小，内容丰富，意蕴深厚，充分展现了导游人员的杂家风采！

（九）青城山

一说起青城山，大家首先联想到的就是青城天下幽的特点。要体会“幽”的特点我们可以从这一山一水来入手。首先，青城山的满山青色格外引人注目。作为道教第五大洞天，青城道家从古至今热爱植树造林，爱树护树，世代相袭，造就青城天下名山却是不争的事实。青城山的植被覆盖率达到95%，是成都平原的150倍，而负氧离子天然含量高，可谓是一个绿色天然氧吧。青城山有一棵灵山树王，树龄就有1800余年，巍巍然高达50余米，赫赫然胸围阔至7米，树围最大处20余米，需六七人才能合抱。再来说说青城山的水，水在青城山的存在不仅是有形的自然山水，更是无所不在的虚幻形态，正因此青城山道士张孔山在加工整理《流水》时，有感于青城山水的奇险幽美，才改写出绝世的古琴乐曲《流水》。青城山的自然之水在《流水》一曲中时而凝滞，时而惊涛拍石，千变万化，直撞胸臆，常使弹者忘形，听者神游四方。由此可见，青城天下幽名不虚传。

【评析】

道教是植根于中国传统文化土壤中的一朵奇葩，自张陵创立天师道距今已有近1800年的历史。道教以重生贵德作为其教义的核心，提出“生道合一”，认为养生即是修道。养生理论和方法既是道教文化的重要组成部分，也是历代道教信徒为追求体道合真的宗教信仰所遵循的修身养性之法。“方”指长生不死的药方，“仙”指神仙，修炼此道的人称为方士，以长生不死、得道成仙为终极目标。

青城山显然就是这样一处可以寻仙问道之处，由于青城山清幽的自然环境，在历史上吸引了大量知名道士前来修道，丰富了青城山道家文化。导游词站在这样的角度进行创作，虽然短小，但内容还是很丰满。

二、水域风光类旅游资源导游词案例及评析

（一）武夷山——九曲溪水

亲爱的游客：

你们好！现在我们所在的位置就是武夷山的九曲溪，九曲溪有一曲一景的美丽景致。“水皆缥碧，千丈见底。游鱼细石，直视无碍。”九曲溪的水，用吴均的这句话形容一点都不过分。九曲溪景观丰富多彩，变化无穷。各具特色的景观画面由一条九曲溪盘绕贯穿。乘坐一张竹筏顺流而下，即可阅尽武夷秀色，这真是武夷山景观的精华，堪称世界一绝。

不知不觉间，我们的竹筏已到了二曲。各位游客请看这一尊秀美的山峰，坐在竹筏上从水上望去，俨然是一位秀美绝伦的少女，这便是武夷36峰中最迷人的玉女峰。“插花临水一奇峰，玉骨冰肌处女容。”这就是玉女峰风采神韵的真实写照！玉女峰的对岸就是大王峰，这两峰相望像一对脉脉含情的恋人，而这座铁板嶂横亘其间，好像故意从中作梗。玉女峰上三块削岩间，前者石壁突出，中间峰顶则古木苍翠，而最高的一块刚好面向大王峰，当地人戏称为：三妹大肚子，二姐爱插花、大姐爱大王。玉女峰素来无径可攀爬，但在峰壑半壁却留下了先人生活的遗迹。

“三三秀水清如玉”的九曲溪，与“六六奇峰翠插天”的三十六峰、九十九岩的绝妙结合，使这里的景色异于一般自然山水，是以奇秀深幽为特征的巧而精的天然山水园林。

【评析】

九曲溪是武夷山脉的主峰——黄岗山西南麓的溪流，因它有三弯九曲之胜，故名为九曲溪。

该篇导游解说词短小精练，句丽词清，通过优美的文字语言将九曲溪风光解说得更加生动美丽，仿佛身在其中，沁人心脾。

导游词是导游员在游客游览时的讲解词，是为口头表达而写的，因此要求语言生动、形象、富有感染力。不仅要将眼前展现的景色加以修饰描述，更要将风景背后的神话、传说、故事用简单明了的语言讲解给游客。

该篇导游词巧妙地运用了多种修辞手法，如比喻、夸张、引用、拟人等，让讲解词更加生动，富有趣味性，是一篇比较合理规范的导游词。

九曲溪是武夷山水的代表景点之一，建议应该用更加丰富的语言对景点进行描述，同时多引用名人名言。郭沫若就曾有诗曰："九曲清流绕武夷，棹歌首唱自朱熹；幽兰生谷香生径，方竹满山绿满溪。六六三三疑道语，崖崖壑壑竞仙姿；凌波轻筏觞飞羽，不会题诗也会题。"通过此诗可以看出郭沫若对九曲溪风光评价很高，非常喜欢。自然之美只有融入了文化的元素，才能让人感受到自然的人文之美，才能引导游客思接千载，畅游历史长河。通过名人的评价和名诗名词的引用，不仅可以增加景点的文化气息和人文之美，也可以增加游客的认同感和文化感知力，引起大家对审美的共鸣。

（二）九寨沟五彩池

各位游客：

大家好！欢迎各位在这金秋的时节来到色彩的世界——九寨沟。九寨沟位于四川阿坝藏族羌族自治州九寨沟县中南部，因沟内有9个藏族村寨而得名。在这总面积720平方千米的万山丛中，大自然创造了一个无与伦比的仙境。这里分布了雪山、森林、瀑布、湖泊，还有世代与九寨沟相依为命的藏族人民，这里是童话世界、人间仙境。但各位游客肯定不曾想到，这样一颗璀璨的明珠曾经也遭受过灭顶之灾。20世纪60年代的九寨沟因为原始森林资源丰富，成了国家伐木区，近千名工人向森林开战，大片的原始森林被砍成了光秃秃的山坡，如果伐木一直持续下去，九寨沟的森林到1985年就会被砍光。万幸的是与此同时九寨沟的绝美景色也打动了世人，为了保住九寨的美景，1978年年底，国务院下发了两份文件，把九寨沟划为自然保护区和大熊猫驯育保护区，并停止采伐森林，九寨沟终于得救了。并且在这之后连得三项桂冠，1992年被列入世界自然遗产名录，1997年被联合国纳入世界人与生物圈保护区；2001年取得"绿色环球21"证书。从九寨归来的人们也都发出了"九寨归来不看水"的感慨。能在这样的世界一流景区饱览自然美景确实是人生的一大幸事。

九寨的美景镶嵌在"Y"字形的群山中，由树正沟、日则沟和则查洼沟组成，我们现在来到的是位于则查洼沟中的五彩池。眼前的这个池子是九寨沟最小的，然而它的色彩却是最为斑斓，它长不过100米，宽56米，这小小的一方水域里，汇集了蓝、白、红、绿、黄等色彩，说是五彩但又岂止五彩，每一种颜色都有深浅不同的变化，五彩池就是一个庞大的颜料盆，盆中有三原色、间色和套色。在周围的森林和山地里，堆放着各色的彩笔。这里集中了各种画派的图画，有“元四家”“吴派”；有前后两个时期的印象派；还有各种画种，有油画的明丽，有水粉的重染，这里没有文学的一席之地，因为语言显得太苍白。这里是色彩的世界，这一方天地深刻地影响着人们的视觉感受。

蓝色，是五彩池映入眼帘最耀眼的颜色。九寨沟湖水水质的洁净度和透明度极高，加上钙、镁等离子的含量高，对太阳光中蓝色和绿色波段的光散射、反射和吸收最强，所以湖水呈现出这亮眼的蓝。碧蓝、湖蓝、海蓝、浅蓝尽收池底，与九寨碧蓝的天空相映成趣，让人一投身其中就马上安静下来，静静享受自然带来的沉静和理智。

水本无色，而这里的水，却有着春一般的色彩，淡绿、翠绿、墨绿……但凡你想得到名字的绿在这里都能寻找到，这些绿，绿得那么干净，绿得让人头脑里也澄澈得一片空灵。水本无声，而这里的水，却能奏出春一般的乐章，那是水流进的快乐乐章。水从池底浸出，在池面形成无数的波纹。山间树叶、野花跌落池中，随着水的节奏旋舞起来。水顺着山势流动着、跌落着、前进着、欢快着。

这里的水会笑，笑起来脸红一阵、紫一阵、黄一阵、蓝一阵。五彩池中的红色就是这个季节的馈赠，彩林像一支画笔渲染了湖水。红色是太阳的颜色，洋溢着生命的激情，就像与这里山川相伴的藏族人民，性格当中的热情和豪爽就是这一色彩的体现，他们是九寨沟的守护者，世世代代居住在这里，带着敬畏的心转山拜佛，守护着九寨沟的山山水水。

黄色，是因为生长在五彩池底的黄绿色藻类对透射光的选择性吸收和反射，增加了湖水色彩的层次和变化。在藏民族的信仰中黄色代表土地，是人们生存的根本。在中国古代阴阳五行理论中，黄色象征龙，指中央。所以从唐朝开始黄色就成为皇室专用的色彩，皇宫寺院也用黄、红色调。五彩池中的黄色呈现在池底，衬托出池水上方的蓝和绿，在衬托池水变幻多姿的同时，表达出了黄色稳重大方如母仪天下般的高贵。

还有一个白色，就留给飘在天空中的云吧，它们是九寨山水滋养出的自由灵魂，白云飘荡在蓝天之下无拘无束，难怪在藏族、蒙古族等民族的歌唱中表达出对白云的无限崇敬，他们歌唱蓝天、歌唱白云，歌唱出心目中美好的生活画卷，企盼人间太平生活幸福。看到五彩池就让我们联想起藏族的经幡，由固定顺序的蓝白红绿黄彩色布条缝在长绳上，悬挂在两个山头之间或者寨子之前，它们不是为了美化环境，而是祈求福运隆昌，消灾灭殃。

大自然的色彩被人们赋予了特殊的含义，五彩池就是我们寄托情感的归属地，接下来的时间就留给大家好好感受，让我们彻底浸润在这斑斓的色彩之中。

【评析】

九寨沟五彩池虽然面积小，但却是九寨沟最美丽的湖泊。九寨沟的水体颜色美丽多变的原因是水体选择性吸收效应及大气和水体的瑞利散射效应。

景区为碳酸盐岩分布区，发育有大量钙华湖泊和瀑布，是纯净水体形成的主要条件，有利于色彩的反射透视。同时景区内地形的高低起伏，也有利于人们对蓝色水体的感知。九寨沟五彩斑斓的水还由特殊的自然环境所决定，其中包括洁净的空气、植被、藻类及含色素离散等；较高海拔也是其原因之一；人类视觉中的某些规律也是其色彩特征形成的有利因子。

这篇导游词并没有完全从纯科学的角度深入剖析九寨沟水体颜色形成的原因。而是用拟人的手法赋予了九寨沟水以生命，探寻每种颜色的文化内涵，并将他们跟九寨沟地区特殊的民族风情结合起来，在表述手法上灵活有趣。

（三）九寨沟树正群海

各位旅客朋友：

大家好！现在我们来到了位于阿坝藏族羌族自治州的九寨沟景区。景区面积62平方千米，景观分布在呈“Y”形的树正沟、日则沟、则查洼沟3条主沟内，总长50余千米。每一个到达此处的人都会无限惊叹于它的美丽。它以神妙奇幻的、无法尽览的自然与人文景观，成为全国少有拥有“世界自然遗产”和“世界生物圈保护区”两顶桂冠的胜地。今天让我们一起走进人间仙境、童话世界——九寨沟。

现在我们来到树正景区的栈桥，九寨沟的第一道风景，精美绝伦的自然风光在这里达到一个高峰。绵延数里的树正群海，由二三十个大小海子呈梯田状群集而成，上下高差近百米。柏、松、杉等翠绿树木密布于湖泊周围。上游树正瀑布的水流从扎根在岩缝中的树木丛中奔腾而出，与海子里的水一动一静，奇特却又不失和谐。第二道风景，浓郁的藏羌风情在这里也拉开大幕。

藏地文化的构成是多元的，包含藏地原始神灵崇拜、苯教的天神崇拜和佛教的佛陀信仰。我们眼前的转经房便是这藏地文化的组成之一，它是藏族同胞们用来消灾避难、修积功德的重要法器。接下来，让我们仔细欣赏这座具有独特美学价值的转经筒。

首先，转经筒转的是身心和谐之美。转经筒上涂有和雕刻着藏民族独有的宗教图案与颜色，随着转经筒的快速旋转，转经人认定，他的功德也在快速地积累。各位请往右看，上游的瀑布已经形成一道汹涌的水流，强劲地冲击着水里的木轮，从而带动上面转经筒的旋转。所以，虔诚的藏族同胞常常来此拜神念经，绕转经房步行转经。看到这里，大家是否正在好奇，转经房为什么要修在水中呢？在《水知道答案》一书中写道："水能听，水能看，水知道生命的答案。"而藏族同胞们正是知道水具有这样独特的灵性，才选择借助它的力量，带动更大的经纶自白天到黑夜不停旋转，为自己修积更大的功德。有游客可能会认为他们是在借外力以求自身功德圆满，但这只能说是他们不了解佛教内涵的个人看法。佛教修行中是不允许存在这种投机主义的心理和行为的。其实，水转经筒是藏族万物有灵论的体现，他们希望借助自然界的力量转动转经筒，让万物也都可获得功德。

其二，转经筒的经，讲述着咒语似的神秘之美。转经筒就是把需要念诵的经书或者六字真言放入筒内，包起来后转动，每转动一次就相当于念诵经文一次，表示反复念诵着成百倍千倍的佛经。将自己的心意与咒语的力量相结合，尽情抒发着自己的喜、怒、哀、愁、祈盼与祝福。而佛经中又有云：一切世界间大地的微尘可一一数尽，手转一次六字真言"唵嘛呢叭咪吽"的福德却不可胜数。藏传佛教把这六字看作经典的根源，主张信徒要循环往复吟诵，才能积功德，功德圆满，方得解脱。据说，藏学家的最新研究成果，认为六字真言意译为"啊！愿我功德圆满，与佛融合，阿门！"还有的藏医学著作认为六字真言的诗意解释是"好哇！莲花湖的珍宝"。经典上教导我们"但取其声，不取其义"。这才是学习陀罗尼真言的正确法门，每一个字都代表观世音菩萨的微妙本心，不可以凡情世俗之智去分解字面。一心持咒，观听咒音，心念系于咒音，乃至咒即我、我即咒。他们便是怀着这样的信念，将自己对未来幸福生活的祈盼乃至自己来生能到达快乐世间的心愿，寄予在这转经纶的生死轮回中，寄予在那喃喃的六字真言中，寄予在自己虔诚拨动转经纶的心意之下。因此，在我们眼里毫不起眼的转经房，是藏族人民与佛祖沟通的神秘桥梁。

其三，转经筒的筒有着永恒的圆融之美。转经筒筒身的中空圆柱形设计，实用层面上满足存放经书之需要，同时可绕轴心永恒旋转，结合佛教教义，很容易形成佛教圆融观。圆圆的转经筒在水的推动下日夜不停地转动，也将九寨沟三条沟、经过树正瀑布的融合后，圆满无缺地纳入其中，所以，将转经房修在这里不是偶然而是理所当然。曾有人评价九寨沟“树在水中生，水从树中流，相依相融”。树正瀑布翻滚的瀑布与苍劲的树木，层层叠叠，有着强烈的对比，却能让人感到融合后的美妙。如果没有水的滋养，树木不能生长；如果没有水的冲击，树木不会深根于岩缝中；如果没有树木的陪衬，这里的瀑布便不足以成为九寨沟的缩影。这样交融的关系，映衬出转经筒与藏民们相辅相成、密不可分的关系。

于是，这座瀑布脚下的转经房伴着湍急的水流旋转不息，信仰者的心也随之圆满。

【评析】

九寨沟主沟及其支沟呈“丫”字形分布，湖泊、瀑布等景观在谷中呈阶梯状相间分布，个翠海、挂群瀑、处滩流、眼清泉、段湍流，沿沟层层叠叠分布，构成“层湖叠瀑”景观，使九寨沟独领风骚，其中，树正群海属于典型的“层湖叠瀑”。

湖泊的形成需要有湖堤和蓄水洼地，其形成主要有两方面因素：冰蚀洼地自然蓄水和底冰炭或泥石流、崩塌物等提供蓄水空间，常有钙华堆积作用参与。九寨沟仍保留了较好的原始冰炭地貌，洼地与堤坝层层分布，有利于水的蓄积。因此，“层湖叠瀑”不仅是九寨沟景观精华所在，也是九寨沟景观得以形成的重要原因。

九寨沟湖泊水均来自大气降水，在复杂的水循环系统中来自于降水的地表水与地下水频繁转换并集中于一定地域日则沟排泄，从而形成树正群海源源不断的水源补给。

自然景观的导游词创作难度相比人文景观要高一些，如果想要达到较高的创作水准，就要思考如何让自然的景观拥有人文的内涵。这篇导游词从树正群海的转经筒与水的关联入手，讲水也讲经，赋予了树正群海人文的美。在自然景观的导游词创作上给我们提供了借鉴性参考。

三、生物景观类旅游资源导游词案例及评析

（一）大熊猫栖息地

亲爱的游客朋友们，大家好！欢迎大家游览成都大熊猫繁育研究基地，我们面

前的大熊猫看起来都是一副萌萌的样子，可爱至极！但是，它却是全球自然保护事业的标志和“旗舰”物种，是进化史上的奇迹。大熊猫之所以享誉全球，就在这一个“奇”字。

第一“奇”就奇在饮食，从它的生理构造来看，大熊猫完全是食肉动物，但是它却抛弃了“大鱼大肉”改而吃竹子，这一从荤到素的饮食结构巨变也许正是大熊猫存活至今的因素之一，让它在物种快速灭绝的第四纪冰期能够挺过来，将800万年前的古老面貌展现在今人面前。

第二“奇”就奇在繁殖，大熊猫每年只发情一次，大多每次只生育一只幼崽，面前的大熊猫体重大约有100公斤，而熊猫的幼崽生下来只有100克左右，仅为母亲体重的1/900。就是这么脆弱而娇小的生命，却承载了进化史上的奇迹。

大熊猫已经走过了800万年的风风雨雨，它能否继续走下去，就看我们能否给它生存的空间。就如四川大熊猫栖息地，不仅是地球历史与地质特征研究的典型区域，自然景观和美学景观集中的区域，具有生物多样性与特有物种栖息地的全球性典型代表，更是我们人类与生物共同生活的家园。

【评析】

大熊猫栖息地作为中国的一个世界遗产也是四川的骄傲。四川很多地方都是大熊猫的栖息地，而成都大熊猫繁育研究基地却是人工圈养大熊猫的聚集地，成功圈养着世界上最多的大熊猫，也是中外游客来四川必去的一个去处，因为只有在这里可以看到最多的大熊猫。大熊猫可以说是全球唯一一个公认的无国界的“外交型”动物。该篇导游词整体结构完整，框架清楚，采用总分总的结构条理清晰。该导游词从概况的角度用一个“奇”字精妙地提炼总结出大熊猫的与众不同，区别于通常对大熊猫的描述总结，诸如“乖”“憨”“萌”等。全篇导游词分别从饮食和繁殖两个方面来突出大熊猫的“奇”，选择的面是很精准的，也实实在在地讲解出与一般动物的区别，也凸显出作为有特殊意义的国宝那不同寻常的生活成长历程。并且灵活运用对比法、数字列举法等导游讲解方法更透彻、更直观地向人们传递了非常明确的信息，形成强烈反差的同时，达到点题“奇”的目的。

但该篇导游词也存在开头和结尾呼应不够的问题，作为结尾虽提示人们对大熊猫生存空间的思考，但语言力度不够，与开篇的内容欠缺很好的回应。

（二）黄山松

亲爱的游客朋友们：

“黄山有奇松，此物最多情，恭迎天下客，笑送万世卿。”

阳光、风、温度，黄山松的千姿百态都与黄山的大自然环境有着莫大的关系。黄山松的种子是被风送到花岗岩的裂缝中去的，以无坚不摧、有缝即入的钻劲，在黄山之巅发芽、生根、成长。

大家现在所看到的是迎客松，迎客松屹立于玉屏楼左侧，树高9.91米，树龄最少已有800年的历史，如今，这棵迎客松已经成为黄山奇松，乃至整个黄山的代表了。树干中部伸出长达7.6米的树枝，如同伸出臂膀欢迎远道而来的客人。

迎客松以顽强、神奇的面貌向人们展示着它的壮美，于是人们为它总结出了一种精神，那就是“顶风傲雪，坚韧不拔的自强拼搏精神、众木成林的团结精神、百折不挠的进取精神、广迎四海的开放精神、全心全意的奉献精神”。咱们不仅感受到了黄山松的美丽和坚强，更从中感受到了黄山松精神。而黄山松精神正是一种民族精神，一种时代精神。我们应该学习黄山松精神，颂扬黄山松精神，让黄山松精神代代相传。

山顶上，陡崖边，处处都有它们潇洒、挺秀的身影。正所谓“奇松傲立玉屏前，阅尽沧桑色更鲜。双臂垂迎天下客，包容四海寿千年”。黄山迎客松以它那倔强的生命为大自然创造了一方乐土。

【评析】

“五岳归来不看山，黄山归来不看岳”，在中国各大名山中首当其冲值得您前往的就是黄山，而黄山的“奇松、怪石、云海、温泉”四绝中最令人称奇的当然是黄山的松树，该篇导游词中，作者选取松为题材是抓住了黄山的主要特色，而又以黄山众多松树中大名鼎鼎的迎客松为讲解对象。开篇阐述黄山松的千姿百态与黄山的大自然环境有着莫大的关系，自然给予人类，人类回馈自然，可视为总启，从自然层面和写实角度讲解迎客松自然态的树高、树长、树龄，并由迎客松的自然形态引申到隐喻人类的精神，将人的精神总结为“自强拼搏精神、团结精神、进取精神、开放精神、奉献精神”。引导游客在惊叹黄山松奇的同时更应该体会黄山松对人们坚韧拼搏向上的激励，由写实到写意，由松生长的精神提到人生活的精神，但讲解的语言力度还可以再做强化。

该篇导游词开头、中间、结尾的衔接过渡不是特别流畅，缺乏层层递进或环环相扣，还可在结尾处体现出对导游词主题的升华，并回扣开头，更为完整。

四、天象与气候景观类旅游资源导游词案例及评析

（一）峨眉山萝峰晴云

峨眉十景，各有千秋。但如果你要问我十景当中谁最浪漫，我觉得萝峰晴云当之无愧。

要欣赏萝峰晴云的美，请各位一定要先随我做一个浪漫的想象，想象我们就是萝峰山峦上的一株古松，谁也说不清我们究竟在这里站了多少年，数不尽沧海，但是我们看得见桑田。大家请看，作为鸟瞰峨眉平原的最佳所在地，登峰远眺，峨眉平原的人间百相尽收眼底。

而关于萝峰晴云的第二个浪漫想象，请大家抬头看——云。有很多游客不解，这云究竟有何玄妙之处？众所周知，四川是一个典型的盆地，四面环山，又位于亚热带湿润气候区，这里降水多、湿度大，因此湿气大量聚集的盆地上空却受山脉阻挡，这些湿气不能与外界空气对流，四川盆地自然就形成了多雾的气候特点。但同样也是因为空气不流动的缘故，在四川要看到白云，特别是流动的白云就实属不易了。大家请看，这萝峰上的晴云，就像是老天爷赠送给蜀地人民的一份特殊的恩宠，让我们在海拔仅630米左右的地方就能看到川西北高原上流动的白云。而赏云的最佳时机是在每年夏季雨后初晴的时候，烟云从涧谷袅袅升起，或从蓝空缓缓飘过，从密簇簇的松林中望去，变幻百出：有时朵朵白云从伏虎岭飘下，飘到萝峰顶上，飘到游人身旁，缠绕在松树之间，时而飞舞轻游，时而飘向岭下的峨眉平原，显示出峨眉云彩多变的流动美。此时闭上双眼，真不知我们究竟是身处人间，还是飞升仙境，顿有天上人间之感。因此萝峰晴云不愧是峨眉山最浪漫的经典。

【评析】

萝峰晴云是峨眉十景之一，以云资源景观为主体。萝峰是鸟瞰峨眉平原的最佳所在地，登峰远眺，峨眉平原的勃勃生机尽收眼底。古人把登高望远视为人生最重要的一种状态，每当此时总会发出如“登泰山而小天下”的声音。当轻云从伏虎岭飘过萝峰，飘下峨眉平原时，游者身在云中，顿有天上人间之感。萝峰景色素为古人向往留恋。

山峦上，数百株古松奇枝异态，苍劲挺拔，是峨眉山上少见的松树聚生地。山风吹过，阵阵松涛回荡在山谷之间，颇有“松威”气势。少有导游词会涉及萝峰晴云，在峨眉十景中算是比较冷门的一个，但这篇导游词抓住了这一点位最典型的特征，点出了以“云”“松”为主体的资源要素，形成了一篇具有美感的景点导游词。

（二）峨眉山象池夜月

各位游客：

大家好！中国人一直崇尚“花未开，月不满”的道理，今天是农历的九月十二日，离月圆还有三天，正是欣赏峨眉十景之一——象池夜月的好日子。

洗象池的月到底是怎样的呢？它与诗情的姑苏月、画意的西湖月、阳刚的长城月、皎洁的西昌月有什么不同呢？我认为“天人合一”是它最大的特点。

洗象池位于峨眉山高山区，面积约3平方米，从中能看到月亮的东升西落、阴晴圆缺，李白曾叹“峨眉山月半轮秋，影入平羌江水流”，如姑苏月般诗意盎然。这里的月是悬在坚硬的冷杉上的，比起挂在西湖柳梢上的月，多了几分长城月的阳刚之美。细心的游客可能感受到了，洗象池的周围似乎总是云雾缭绕，但这云雾非但没有阻挡月光，反而把它衬托得如西昌月般皎洁明亮。

说了这么多的天作之合，一个传说成就了它的地设之缘。相传普贤菩萨曾骑六牙白象路过此地，就在我们眼前这六方水池中积水洗象，这可是件了不得的大事。为什么？普贤是谁？普贤乃佛教四大菩萨之一，峨眉山是他的传道场，洗象池是菩萨现身显灵的圣地。

于是人们把美景与圣地合二为一，峨眉十景中最富感情色彩的一景便应运而生了，可谓自然与人文的完美统一。

【评析】

“象池夜月”是峨眉十景之一，在不到3平方米的水池中，倒映着天上的一轮明月，天上的月灿若明霞，象池的月通透如镜。这里的月仿佛是悬挂在冷杉上，缭绕的云雾不仅没有遮挡住月光，反而增添了几分柔和。“明月松间照，清泉石上流。”在夜色的朦胧中，叮咚作响的泉水为峨眉山形成一种空灵、浓厚的佛教文化添上一层神秘的面纱。

作为我国佛教的四大名山之一，这里也是普贤菩萨的道场。普贤菩萨是大行菩萨，教化我们虔诚地去践行人生的真谛。世间的万物是流动变化的，正如这象池夜月的美景，但是我们的佛法、我们的心，却是明亮空灵的。

自古以来写月、咏月的文学作品非常多，作为一篇导游词来说，可参考的资料很丰富。但是越丰富的背景资料就越需要进行评价和选择。在创作此类导游词的时候可以在资源评价的基础上，佐以思维导图进行关键要素确定，一篇有主题且佐证资料丰富的导游词就出来了。

五、遗址遗迹类旅游资源导游词案例及评析

（一）内蒙古元上都遗址

各位游客朋友们：

大家好！当我们踏上这片草原的时候，内心已被策马扬鞭的英雄气概所充盈，“混沌草原闻鹫鸣，翱翔天际世皆惊。纵横捭阖平欧亚，大略雄才傲杰英。一代天骄威永在，无穷碧落月长明”。而我们现在所处的位置，就是被称为中世纪的一次“全球化”的中心——内蒙古元上都的遗址。

1259年这里建成并命名为开平，第二年忽必烈就在这里登上大汗位，1263年忽必烈下诏将开平更名为上都。在这里，一共有11位元朝皇帝执政并接受外国使节和蒙古宗王的朝觐；在这里，蒙古帝国的版图扩展到了从太平洋至黑海之间的广阔地域；也是在这里，一个横跨欧亚大陆的世界性帝国开创了中国古代史和游牧民族史的新纪元。

作为大蒙古国统治中心的元朝国都城址，元上都以宫殿遗址为中心，分层、放射状分布，即有土木为主的宫殿、庙宇建筑群，又有游牧民族传统的蒙古包式建筑，体现了农耕文明与游牧文明的融合。这里有保存良好的宫城、皇城、外城城墙、整齐对称的街巷、错落有致的建筑遗迹、自然生态良好的草原，构成了中国目前保存最完整的大型古代都城遗址。这里是游牧文明的发祥地之一，是人类历史上辉煌壮美、璀璨绚丽的中华文明和游牧文明进程中一个重要里程碑。

【评析】

在内蒙古这片浩瀚辽阔的草原上，不仅有美丽的蓝天、白云和绿草，更有着悠久长远的历史。位于内蒙古自治区锡林郭勒盟正蓝旗政府所在地东北约20千米处、闪电河北岸的元上都遗址，正是深厚历史的见证之地。由我国北方游牧民族创建的这座草原都城，被认定是中原农耕文化与草原游牧文化奇妙结合的产物，史学

家称誉它可与意大利古城庞贝媲美。此篇导游词以“七律·题成吉思汗”引入我们现在所处的位置，就是被称为中世纪的一次“全球化”的中心——内蒙古元上都的遗址，突出了导游讲解词的现场感和讲解景点的地位，一首七律使导游言词富有激情，干净利落，使游客产生浓厚兴趣。

由于元上都地理位置特殊，它“控引西北，东际辽海，南面而临制天下，形势尤于大都”。上都距原蒙古汗国的政治、军事中心和林较近，是沟通南北东西的重要枢纽。对联络、控制拥有强大势力的漠北蒙古宗亲贵族，在政治、军事上均占有举足轻重的地位。此篇导游词作者写到元上都的历史沿革，但是对“一个横跨欧亚大陆的世界性帝国，开创了中国古代史和游牧民族史的新纪元”的政治、军事重要地位突出不够。导游词第三段内容流于表面，不深入（虽然在短时间内讲解并不容易），应该介绍元上都遗址的宫殿遗址、民族遗迹、风格特点、后世影响等，让游客留下深刻印象、激发游客情感、提升游客满意度。

一篇优秀的导游词是反映创作者文学功底和导游艺术相融合的精彩篇章，是理论与实践的智慧结晶，既要有丰富多变、幽默诙谐的导游语言，又要有亲切柔婉的文学艺术手法。写历史要有不同的切入点，要把景观历史内涵挖掘透彻，引人入胜，激发游客最深层的热爱情感。此篇导游词虽然讲到了历史沿革、景区品位等方面，但更像是景点的概况介绍，写作手法较单一，最后收尾缺“点睛”之笔，若在结尾处用一两句话加以提炼、升华，尽量使游客产生意犹未尽之情，生发出故地重游的欲望，则会成为一篇优秀导游词。

（二）万里长城

游客朋友们，我们所在的位置便是至今保存得最为完好的八达岭长城了。

众所周知，长城是世界七大奇迹之首。修建时间之长，规模之大，说它是“上下两千年，纵横数万里”，其实一点儿也不为过。而它的最高点，就是这座八达岭长城了。在明代的《长安客话》中就有提到“路从此分，四通八达，故名八达岭，是关山最高者”。另外，古人还曾评价说“居庸之险，不在关城，而在八达岭”。因此，这里又被称为“天险”之地。

或许有游客会问:“这么高的地方，古人是怎么修建的呢？”其实，关于这个问题的答案版本还挺多的，不过最为有趣的，就要数通过“修城八法”而修建出来的。据说，在这里修建的长城要转八道弯，越过八座大山岭，因此当年修建很是艰难，最后来了一位仙人，通过他的指点，即“虎带笼头羊背鞍，燕子衔泥猴搭肩。龟驮石条兔引路，喜鹊搭桥冰铺栈”的修城八法，才将建筑材料运送到山上。

当然，这种说法没有确切的文字记载，难以考证。若真要说的话，长城自古就被视为中华民族的伟大象征，若连这点儿困难都克服不了，又如何抵挡边塞的千军万马，又如何在历史长河中挺胸傲立，又如何成为世界上的一大奇迹呢！

【评析】

本篇导游词作者是下了很大功夫的。我国众多的旅游景观大都沉积着一定的神话传说和民间故事，长城也不例外，作者将其中的典故、传说与景物介绍有机结合，努力避免平淡、枯燥乏味的表述方式。通篇引用了多方面的观点与评价，以多家之言为自己服务，笔端充满感情，文笔酣畅淋漓，最终提炼出建筑奇迹这一主题，反映出作者良好的文化积淀。全文句式结构比较松散，短句多，读起来朗朗上口，听起来简明易懂，符合讲解语言的口语化要求。

本篇导游词在讲解的详略安排上存在得明显的问题。导游在讲解中，有一半的时间在讲述传说故事，并且以此作为修建长城的主要方法，忽略了人在长城修建中的关键作用，稍显考虑不够周全。如果在第三段能够将内容从传说入手最终引申到古人的建筑智慧上，那么，最后一段中提及的“中华民族”“挺胸傲立”也就显得顺理成章，合情合理。

六、建筑与设施类旅游资源导游词案例及评析

（一）都江堰鱼嘴

在中国古代军队的行军过程中，诞生了一句耳熟能详的俗语：“逢山开路，遇水架桥。”然而令人不可思议的是，在战国时期的成都平原上，一座最初为军事运输而修建的水利工程居然改变了一条大河的流向，并且在以后的2000多年中，为成都平原赢得了天府之国的美誉。这个水利工程就是都江堰。

各位游客，我们现在所处的位置就是都江堰渠首三大工程之一的鱼嘴，因其酷似大鱼的嘴巴而得名，都江堰是公元前256年由蜀郡太守李冰主持修建而成。为什么中国古人因为战争目的而修建的水利工程能够经历2000多年时间仍然被现代人所使用，工程中的设计有着什么样的奥秘呢？问题的答案集中体现在一个字上，那便是“巧”。

都江堰的第一巧就是巧借形势，整个水利工程的渠首部分位于岷江的出山口，发源于松潘弓杠岭的岷江从海拔3000多米的地方一路咆哮而下，经过2000多米海拔的骤降在这里进入了平缓的地区。都江堰当初修建的目的是为了将岷江水引入成都平原，解决成都平原的航运问题，而这个位置位于成都平原的最高点，在此引水是最合适不过的。细心的朋友可能已经发现，我们所站立的鱼嘴及背后的分水堤外观呈弧形，是位于河床的弯道之上，鱼嘴分水堤立于江中心，将岷江水一分为二，在我们左侧是外江也就是岷江的正流，而右侧就是内江，江水经宝瓶口流入成都平原。由于弯道环流，形成了“凸岸沉沙、凹岸取水”的奇特自然现象，李冰正是利用了这一自然规律将工程选择在弯道上，泥沙多的河水自然被分入外江归于正流，保证了进入成都平原的河水含沙量较少。一个朴实的设计、一个巧妙的运用就解决了让现代水利工程都为之头疼的泥沙问题。

都江堰的第二巧就是工程设计的巧夺天工，整个水利工程由渠首和下游渠道两个部分构成，渠首有三大主体工程：鱼嘴分水堤、宝瓶口和位于分水堤尾部的飞沙堰。这三大工程各自独立又浑然一体，鱼嘴分水分沙，宝瓶口引水控水，飞沙堰排洪排沙，宝瓶口引水依赖鱼嘴的分水，飞沙堰的排洪排沙又要依靠宝瓶口对江水的控制，它们自上而下形成了一个有机的统一整体，千百年来发挥着巨大的功效。

各位朋友，2000多年后我们仍然能看到都江堰历尽沧桑的朴素外貌和沉着流淌的汩汩清流，这座最初以战略航运为目的修建的水利工程，在完成了当年的统一大业之后，依然发挥着分洪减灾和灌溉兴利的作用，最为可贵的是，相比现代水利工程寿命最多不超过100年而言，都江堰俨然是一位古稀高寿的老人了，并且现代水利工程大坝的修建对整条河流生态的负面影响是非常巨大的。而我们眼前的岷江依然有一条完整、连贯的河床，河流生态得以保持，两岸山水风光依旧，都江堰向世人展示着它不可思议的水利哲学和灵动悠远的灿烂文明，而这就是它大道天成的自然之巧。

【评析】

本篇导游词最大的特点是结构紧凑、说明性强。

首先在结构上，一目了然的是使用了总分的结构方式。先以提出一个“奇迹”开场，推出“都江堰”的与众不同，继而落脚在“都江堰渠首三大工程之一的鱼嘴”，通过设问将全文重点置于一个“巧”字上，并以此架构下文，从三方面详细说明了都江堰的设计之“巧”。这样的结构使得整篇导游词重点明确、脉络清晰、逻辑性强，既易于导游记忆，更有助于听众接受。在导游词写作中，这种清晰的逻辑思路和明确的内容安排，是十分值得肯定和推广的。如果导游词是使用在特殊场合，比如导游讲解比赛，由于可供表述的时间较短，内容不能面面俱到，而且讲解的对象与普通游客不同。因此，逻辑清晰、结构紧凑的讲解显得尤为重要。其次在内容方面，本篇也是重点突出、详略得当、紧扣主题，且能一定程度地结合现实，有较强的知识性和一定的文化内涵。本篇的语言也与结构内容有着一定的统一性，较为理性、严谨。可以说，这是一篇经过精心设计编写的导游词。

（二）**剑门关细雨廊**

各位游客朋友们：

大家好！金牛蜀道上，剑阁细雨廊。现在我们参观的就是细雨廊景点，它的名字来源于宋代诗人陆游的诗篇《剑门道中遇微雨》。我们得往里看，每一个景点都是一本史书，那细雨廊给我们道出了什么？为何要在这儿修细雨廊呢？这个答案我们将从接下来的“一联”“一碑”“一人”中找到。

大家请看这副廊前的楹联：“一卷奇峰太白赋，千秋细雨放翁诗。”句中的太白就是“李白”，“翁”指的是陆游。古往今来，许多诗人都对剑门关发出过感叹，可是每每提到剑门关，人们脱口而出的，还是诗仙李白的那首《蜀道难》。“连峰去天不盈尺，枯松倒挂倚绝壁”也成了许多人对剑门关的印象，是宏伟，是荡气回肠。但唯独陆游，却在这闲情雅致的细雨中销魂了一番，在他的诗句中，剑门关更多了几分柔情。从此，“剑门细雨”就和这“峨眉新月”“巫山晨雾”“青城夕阳”并称蜀中四大佳景。也许是后人的感激，感激诗人对剑门关所做的贡献，便在此修廊纪念吧！

我们前面的这块碑，碑刻的正是陆游的《剑门道中遇微雨》：“衣上征尘杂酒痕，远游无处不消魂。此身合是诗人味，细雨骑驴入剑门。”现在我们就要从这块碑中，找到这个人。陆游当年骑着毛驴，风尘仆仆，远道而来。他一路前行，一路饮酒，倒也潇洒自在。表面上看似别致、浪漫，富有情趣，但实际上他内心却是隐隐作痛。陆游48岁时，应四川宣抚使王炎之邀，从夔州前往当时北伐前线重镇南郑军中任职，度过了8个多月的戎马生活。那是诗人一生中最值得怀念的一段岁月。但不久王炎被调离川陕，陆游也被调回成都，本应骑着战马驰骋沙场，却骑着驴子离开前线来到这剑门后方。对于一心要为国立功收复失地的陆游来说，这难道不是十分悲痛的事吗？而这种抑郁和悲愤却只能隐藏在诗中。他怀着壮志难酬的心情进入剑门关时，也许是想到了当年“一夫当关万夫莫开”的守关将士，也许是感叹诸葛亮“出师未捷身先死”的悲惨结局，想到几个月前自己也是那战场上的一员，如今却也只有跟诸葛丞相一样遗憾终身了。

今天的游览，通过细雨廊“这副联”“这块碑”“这个人”，跟我们进行了跨越时空的对话。我们看到不同的时代、不同的人物背景下，怀有同样爱国热忱的人们，走在这同一条充满历史风采的道路上，谁都会有所感悟的！

好了，各位游客，请大家慢慢往前行，下面我们将游览五丁坪，在那儿我将给大家介绍五丁开山的神奇壮举。

【评析】

剑门蜀道历史悠久，享有“剑门天下雄，剑门天下险”“天下第一关”“西蜀门户”等美誉。剑门关是一个从未被正面攻破的关隘，是一部用脚走出来的历史。古蜀道是历史上由中原通往四川道路的统称，而人们常说的蜀道，主要是指途经广元剑门关的这条剑门关蜀道。它一直是中原与四川盆地之间的主通道，比意大利的古罗马大道还早，剑门关蜀道有文字记载的历史跨越3000余年，肇始于西周，使用至民国，民间至今仍在使用。剑门关蜀道在岁月变迁中，留下了雄关、漫道、古城和大量的历史故事。它如同一条光焰夺目的金线，把星罗棋布沿线散落的历史文化珍宝一一串联起来。

在这条古道上，曾经走过唐明皇李隆基与杨贵妃生离死别后沉重的脚步，还是在这条古道上，南宋诗人陆游在细雨蒙蒙中感叹。本篇导游词选择的正是与陆游《剑门道中遇微雨》息息相关的细雨廊景点。这个景点是游客进入景区后重点欣赏的第二点位。相较于剑门关的其他景点，细雨廊这一景点，熟悉的游客不多，如果没有导游的讲解，往往会与景点失之交臂。即便知道景点典故的游客，在看了名声在外的细雨廊实景后，也常常感叹名不副实。于是，导游的精彩讲解就显得至关重要。

本篇导游词创作者像一个侦探，以“一联”“一碑”“一人”为线索，完成了一场寻找宝藏的游戏，通过现场留下的蛛丝马迹，环环相扣、仔细分析后，将平淡无奇的细雨廊化腐朽为神奇，为游客寻找到了一段历史的遗珍。

首先，以眼前能够见到的楹联为证据，将涉及的唐代诗人李白、宋代诗人陆游对剑门关的贡献进行对比讲解，古往今来，许多诗人都对剑门关发出过感叹，可是每每提到剑门关，人们脱口而出的还是诗仙李白的那首《蜀道难》。“连峰去天不盈尺，枯松倒挂倚绝壁”成了很多人对剑门关的印象，是宏伟，是荡气回肠。唯独陆游，却在这闲情雅致的细雨中销魂了一番，在他的诗句中，剑门关更多了几分柔情。一柔一刚从两个历史名人的举动分析同一景点，让细雨廊的内涵变得丰富起来。

其次，创作者引入了一块碑作为证据，找到了对联中提及的那个人，让游客穿越时空，回到了几百年前与陆游有了一次清晰的相遇，“陆游当年骑着毛驴，风尘仆仆，远道而来。他一路前行，一路饮酒，倒也潇洒自在”。并以此为切入点，抽丝剥茧地给游客还原了陆游的人物形象。一位年过半百的老人，虽然长途跋涉、壮志难酬，但依然洒脱的诗人形象跃然纸上。这种带入感极强的描摹讲解方式，让眼前平淡的景点一点点变得生动、变得精彩。

最后，导游话锋一转，从历史回到现实，“通过细雨廊这副联、这块碑、这个人，跟我们进行了跨越时空的对话”。简洁的总结前文所讲内容，同时又留下了“不同的时代、不同的人物背景下，怀有同样爱国热忱的人们，走在这同一条充满历史风采的道路上，谁都会有所感悟的”这样一句意蕴深远的话，让人回味无穷。这就是本篇导游词创作者的高明之处，像一个侦探家一样，透过现象发现本质，不断引起游客的兴趣，去挖掘历史的遗珍，为后面的高质量游览奠定了基础。

（三）龙门石窟

各位游客：

现如今人们一说到龙门，首先想到的是窟龛星罗棋布的西山和香火鼎盛的东山。来来往往的游人也只是沉醉于这里的水光山色和卢舍那大佛那迷人的微笑。他们似乎都忘却了曾经的洛阳八关之一的伊阙。这实在是不应该。各位游客抬头请看，莲花洞旁崖壁上的“伊阙”两个字。

论资历，伊阙所属的被赞为“东方的两河文明”之一的伊河甚至比洛阳建城的时间都要早得多。关于伊阙的形成，虽然考证为龙门山不断抬升和伊河下切侵蚀作用的长期过程中逐渐形成的。后经大禹、白居易等率众辟凿，方为今伊阙龙门之势。这是天功与人力的杰作。

论地位，北魏孝文帝选择在这里建造龙门石窟，伊阙功不可没。伊阙是拱卫洛阳的东汉八关之一，自古都是兵家必争之要害。据史料记载，早在周公建立周王城时，伊阙就是城南的重要隘口之一。这里还发生了以少胜多的著名战役——伊阙之战。可见，它的地位是不可撼动的。

佛说：有因必有果，龙门石窟的建造也是因为有伊阙的存在。伊阙将香山和龙门山一分为二，远远望去犹如一座天然门阙。它默默地流淌着，不急不躁。

【评析】

《水经注·伊水》云："两山相对，望之若阙，伊水历其间北流，故谓之伊阙矣。"这里的两山就是指距洛阳之南 5 千米处的龙门山和香山，山壁陡峭，隔伊河夹岸对峙如门阙，伊水经其间北流，所以这里古称"伊阙"。伊阙是拱卫洛阳的东汉八关之一，自古为军事要塞和交通咽喉。阙，是我国古代建筑在城门、宫殿、陵墓、祠庙前的两个高大对称的建筑物，两物之间空缺如门，作为道路，称之为"阙"。阙的用途主要是表示大门。伊阙在国都之南，若天然的大门。"龙"是封建君主的象征，故又叫作"龙门"。龙门石窟的选址与伊阙的自然地理环境因素密不可分。

本篇导游词在选点上避开了龙门石窟最负盛名的卢舍那大佛，选择了对龙门石窟选址具有至关重要影响的伊阙，角度新颖、颇为用心。开篇先罗列龙门石窟脍炙人口的主要景点，继而以一句"这实在是不应该"强调伊阙的重要性，并引起听众思索伊阙如此重要的原因，一句通俗的口头语言简洁明了地表达出作者的意图，游刃有余。继而作者从"资历"和"地位"两个方面对伊阙的自然和历史成因及军事地位进行讲解，囊括了该景点的主要文化内涵，这种讲解方法结构紧凑、逻辑清晰、重点突出，容易引起游客注意，是一种非常值得推广的讲解方法。

一篇 2 分钟的讲解词要求在结构上短小精干，内容上要做到完整充实，立意要高远，确实很难。本篇导游词也存在常见的一些问题，由于时间紧迫、信息量巨大，对讲解内容深入浅出的解析稍显不足，伊阙形成的自然和人文原因基本上是一句话带过，很容易造成听众一知半解的结果，普通游客对"阙"的含义较为陌生，对"伊阙"一名更是难以理解，但本篇导游词并未对此进行说明。导游词结尾部分稍显仓促。

导游讲解是一种说明性的讲解，对所讲内容要以通俗易懂的方式呈现，切忌留有疑问和理解难点，否则听众就会云里雾里。讲解内容要生动，做到游客能听、想听、听后还能留有余味，这是对创作者的超高要求，也是本篇导游词留给我们的一个思考。

（四）云南红河哈尼梯田

如果把哈尼族比作一个艺术家，那么哈尼梯田就是他的成名作；如果把哈尼梯田比做一幅世界名画，那么哈尼族就是那位伟大的画家。纵观悠悠历史长河，最长的周朝不过800年，盛极一时的唐朝也不过300年，然而哈尼梯田却有1300年之久。这是哈尼族祖祖辈辈辛勤劳动的成果。

我们现在所位于的地方就是元阳梯田。元阳梯田可以归纳为四点：高、大、陡、多。高在于它海拔高，到达水稻所能生长的上限；大在于它的面积大，放眼望去，沃野千里，绵延不绝；陡在于它15° 缓坡到75° 陡坡的过渡；而多在于它罕见的3000多级阶数。

人的命根子是田，田的命根子是水，水的命根子是森林和树木。智慧的哈尼祖先选择在向阳而又水源充足的半山腰上建寨，以梯田田埂和水渠为沟通村寨之间的交通要道。利用经过的流水建成水碾和水磨，充分节约了劳动力。哈尼人又发明出“自然充肥”法，通过水沟，将肥料化于水中，利用天然坡度惯性，将肥水冲到田里。正是如此，哈尼人民崇尚自然、顺应自然、合理利用自然，将生态资源与环境保护互相结合起来，是人与自然和谐相处的典范。现在就让我们涉足而上，慢慢通往人与自然和谐相处的天梯吧！

【评析】

云南省的“红河哈尼梯田”是2013年6月被联合国教科文组织列入世界遗产名录的“文化景观”类遗产，梯田在丘陵山区司空见惯，为何“红河哈尼梯田”能成为世界遗产？作者只用了短短461个字就告诉了我们其中的奥秘。文章的开始把哈尼族人民比作艺术家、画家，哈尼梯田是哈尼族人民的杰作，比喻生动而贴切。接着通过对比的手法，让我们了解了哈尼梯田悠久的历史。“高、大、陡、多”四个字准确而形象地概括了哈尼梯田的特征。最后从山寨的选址、交通要道的构建、“自然充肥”法的运用几个方面提炼出红河梯田是哈尼族人民勤劳和智慧的结晶，是自然与人类的共同作品。纵观整篇文章，结构严谨、文笔流畅，不失为一篇佳作。

（五）沈阳故宫

一朝发祥地，两代帝王都，在这片绚丽多彩、雄伟多姿的建筑群中，我们当前所在位置的大政殿最为神圣、庄严。

大政殿位于中轴线上面南而居，前面的十座宫殿分两列于大政殿前两侧成“八”字形布局，直观而有内涵，却是将象征性手法与合署理政的功能要求成功结合的产物。此外，皇帝理政的大政殿打破常规选择了八角形的平面和八角重檐攒尖顶的建筑造型，强化了“八”的内涵。房脊上饰有八个蒙古力士，牵引着八条铁链，明显地表达了他们对“八”的崇敬和喜爱，使宫殿群取得了更加威严的皇权气氛，塑造了一个近乎完美的建筑群空间！那这无处不在的“八”象征什么意思呢？“八”在中国古代尤以吉祥寓意多。八面威风、八面五花、八方风雨，这些成语都看出“八”代表着一个国家或者一个位置周围的东南西北，上下左右。在努尔哈赤眼里是“八方归一”权力的象征，他为适应满族社会发展的需要，创建了八旗制度，正是靠着这种军事组织制度，于1636年建立清朝。

站在大政殿前，仰起头，我们仿佛可以看见努尔哈赤当年威坐高椅，商讨着一条条南下中原的大计，又仿佛感受到了他要一统八方、夺得天下的夙愿。

【评析】

这是一篇典型的运用“重点突出法”进行讲解的导游词。沈阳故宫历史文化精深、建筑规模宏大，游客在游览过程中往往希望通过导游的讲解了解其深厚的内涵。然而，旅游的时间性决定了游客不可能在一个景点长时间停留。一篇好的导游词一定有一个明确的主题，围绕主题选择的材料要具备一定的知识性、文化性，再运用一定的写作技巧最终完成一篇游客愿意聆听的导游词。于是，作者对整个导游词进行全盘考虑，从“八”字入手，由表及里，多方位地为游客展示了清朝军事、民俗、建筑、历史等多方面的内容，这种讲解方法值得称赞。

此外，作者在结尾处努力地为游客构建了一个场景，“我们仿佛可以看见努尔哈赤当年威坐高椅，商讨着一条条南下中原的大计”。这种非常直观的细节描述，令人印象深刻。长久以来，导游讲解比较偏向于编年大事记，属于宏大叙事，游客获得的常常是类似于“朝代”“起义”“盛世”“衰落”等概念化的信息，而忽略了对细节的展示。事实上，要对一个时代或者一个人真正有所了解，细节才是最重要的。

本篇导游词存在的问题是在运用“重点突出法”时，没有顾及讲解结构与内容的处理。具体表现在，导游词的第二段层次不够分明，内容安排比较随性，作为一篇比赛用稿来说不利于选手的记忆。如果在讲解中能够以方位为序，从上到下或由近及远，多方位考虑游客的参观习惯，导游的讲解效果会更好。

“触景生情法”就是导游讲解与所叙述的景物达到和谐统一，做到景中有情，情中有景，情景交融。触景生情贵在发挥，要自然、正确、切题地发挥。

（六）平遥双林寺

各位游客：

大家好！几乎每一座寺庙里面都有韦驮塑像，唯有双林寺千佛殿里的这尊“不动之动”的韦驮，被誉为“中国第一韦驮”。

请大家仔细看，一条“S”形从头到脚贯穿于韦驮全身。他腿部动作为正面站立，身体重心基于左足，右腿放松微向外伸出，这种姿态符合为佛站岗护法的特定身份，但这样处理，一般极易被塑得呆若木鸡。双林寺韦驮高明之处，就在于打破了一向程式的限制，使韦驮上身向右扭曲，左臂抬起，用上身的动作打破了下肢的静立呆板，形成了连续性的第二动作，很像一节麻花，人们从这种艺术夸张变形之中，能感到一种强大的力度和动势，即不动之动。

而最为精彩的是韦驮眼神与头部方向的反向关系。按照人的自然生理动作，头部向左侧扭转，眼睛必向左侧看，头向右侧扭转，眼珠也必然向右侧转动。而韦驮眼珠位置的处理恰恰又打破了这种常规，其头部、身躯皆向右扭动，而眼睛却偏偏望着左方！

我们试着来模仿一下韦驮像的动作和眼神，就能体会到这确实是神来之笔。纵观韦驮整个身姿，从下肢的稍息站立，到上肢的扭转和扭动，再到眼珠的反向转动，形成了三个动作节奏，极大地增强了动作的连续性——韦驮塑像的“不动之动”便产生了。

【评析】

明代时期的平遥双林寺造像是明清雕塑的一次崛起，一扫以往萎靡之风，而其中又以“韦驮”塑像最具代表性。双林寺“韦驮”像艺术特征的精髓体现在这尊雕塑所展现出来的生机勃勃的内在活力和“不动之动”“蓄而不发”的态势，是中国古代以“温柔敦厚”为诗之旨的哲学思想、伦理、道德观念及其他文化因素所衍生出来的产物，是这个时代儒家、道家、佛家思想的结晶。韦驮塑像是一尊典型的写实兼写意集一身的雕塑代表作，充分体现创作者追求一种内在美和大巧若拙的哲学精神境界。“韦驮”塑像的魅力主要在于动与静的完美结合和宏观与微观上的共存和互动。

“韦驮”虽不是双林寺的主佛，但却是全国同类题材中的精品，可见作者选材眼光独到。整篇导游词抓住“不动之动”这一韦驮造像的最大特征，从艺术鉴赏的角度对韦驮的整个身形姿态进行了细致描写，在导游讲解技巧上运用了“归纳法”，以“不动之动”贯穿了全篇讲解；内容上从韦驮的腿部动作到上身扭曲、从“S”形身形到手臂抬起、从头部扭转到眼睛反向转动，自下而上对韦驮全身内敛的巨大气势进行了渲染，“韦驮”塑像寓动于静、破静为动的动势是它的独到之处，这在很大程度上来自于雕塑高度夸张的扭转身体，作者抓住了这一关键性特征，让整篇导游词结构紧凑、重点突出、描写细微、引人入胜。全篇导游词语言通俗易懂，运用了诸如“麻花”这样生活化的词语，读来朗朗上口、听着简单形象，是一篇优秀的带团导游词。

本篇导游词本文存在的问题主要在结尾部分，对韦驮塑像动静结合的艺术内涵提炼和升华还不够，韦驮塑像身高只有1.6米，展示出来的体量事实上要比在雕塑本身上观察到的体量感觉要大很多，雕塑家用适度夸张的原则使塑像呈现出了极大的跨度和张力，小中见大的艺术表现手法在韦驮塑像上得到了完美的诠释。

（七）福建土楼

刚才咱们在车上远远地看到4个大圆土楼簇拥着中间一座方形的土楼，当地人幽默地称为“四菜一汤”，经过一段山路，咱们现在正式来到有着“土楼王”之称的承启楼，就让我们来品尝这一道头菜吧。

可能你们会问，为什么这里的楼像“天上掉下的飞碟，地上长出的蘑菇”，都是圆形的呢？

没错，圆形土楼之所以在永定应运而生，是有其地理、防卫、生活等诸多客观因素。在当时，客家人与当地土著人混居一处，摩擦冲突，火拼争斗在所难免，从防御的战略上看，方形土楼的四个角存在防守“盲区”，对方往往以此为突破口，攻城略地。而圆形土楼则具有更广阔的射击视野，而且四周等高同厚，犹如铁桶坚硬，没有薄弱环节。

其次是生活因素，这里群山环列，日照时间较短，阳气不足阴气有加，方形土楼有阴暗寒冷的“死角”，房间不适合人居住亦不利于分配，圆形土楼则巧妙地消灭了“死角”房间，有利于公平均等分配。再次受咱们根深蒂固的儒家传统观念影响，聚族而居更是聚集力量共御外敌的现实需要使然。所以咱们今天所看到的集居住和防御功能为一体的圆形土楼就这样产生了。

高四层，楼四圈，上上下下四百间；

园中圆，圈套圈，历经沧桑三百年。

土楼与山水交融，与天地参合是人类民居的杰出典范。

【评析】

福建土楼是客家人抵御山林野兽、土匪盗贼入侵，保全家族安全而发明的独特性民居建筑，在看似质朴敦实的土楼里其实暗含着客家人的诸多聪明智慧，所以一直以来都是建筑学者、游客以及摄影爱好者所钟情的对象。该篇导游词能运用比喻的方法将参观的四座圆楼和一座方楼形象幽默地称为“四菜一汤”，重点讲解其中的“头菜”承启楼，而其中又主要围绕“天上掉下的飞碟，地上长出的蘑菇”这样共同的特点——“圆”字来展开讲解，分别从地理、防御、生活、观念几个方面层层递进地阐述圆形土楼产生的原因，诠释了福建圆形土楼的优势，以此解释为什么土楼中以圆形居多。讲解条理、思路清晰，但在讲解的语言力度上稍显不够，欠缺多种导游讲解方法的运用。“高四层，楼四圈，上上下下四百间；园中圆，圈套圈，历经沧桑三百年”运用对仗的方式精练地总结承启楼的悠久历史和内部构造，在楼外看朴实无华，进楼内看别有洞天。最后点出土楼是天地参合后人类民居的杰出典范，突出人类生存过程中与自然以及人为的争斗中的智慧结晶。

该导游词仍存在开头和结尾缺乏照应，结尾显得较为唐突，没有呼应的问题。

（八）大足石刻

有人说这儿不适合做帝都，却是个地道的佛都。千百年来总是青烟缭绕，钟磬不觉。它就是我们中国晚唐石窟艺术的代表——重庆大足石刻。

各位游客，在我们面前的是第15号龛“父母恩重经变相”，何为“经变相”呢？实际上就是将经文的内容用图像的方式来呈现。这组造像的内容以中间一对夫妇“投佛祈求嗣息”拉开序幕，左右各展开5组雕像。从怀胎守护、临产受苦到远行忆念、究竟怜悯一共10组画像，把母亲育儿的心情及母爱的博大深厚表现得淋漓尽致，可称作宣扬儒家孝道的典范之作。国内石窟题材大部分都是以佛本生故事为主，像大足石刻这样展现了大量世俗题材的尤为可贵。

请大家看这第五组雕像——推干就湿恩。孩子晚上尿床了，妈妈正支起身来，小心翼翼地给孩子把尿，然后把孩子放在干处，自己睡在孩子尿湿的地方，表现出母亲对儿女无微不至的关怀和悉心的照料。工匠师们以他们在生活中观察到的父母养育子女的辛苦过程为主题，极为深刻地刻画了生动逼真的画面，母爱的无私和对孩子无微不至的关怀与照顾感动了每一个人。

百善孝为先，孝道是中华传统文化中伦理道德的核心，孝道的推广和延续从古至今都具有深远的意义，父母给儿女的爱是世间最崇高、最无私的爱，作为儿女的我们又该怎样回报自己的父母呢?

【评析】

中国的石窟艺术，以丝绸之路沿线的敦煌莫高窟、甘肃麦积山石窟和黄河流域的大同云冈石窟、洛阳龙门石窟最为著名，它们大多始于南北朝时期，盛行于隋唐。阎文儒先生在调查了全国石窟之后称“唐以后四川石窟居全国之冠”，至南宋时出现了中国石窟艺术史上的最后一个高潮，经过了汉、魏晋、南北朝漫长的历史岁月，至唐宋时期佛教已经深深地融入中国传统文化，佛教逐渐世俗化，出现了“儒、释、道”三教合流的趋势。大足石刻就是这一时期的典型代表。

这篇大足石刻导游词以“这儿不适合做帝都，却是个地道的佛都。千百年来总是青烟缭绕，钟磬不觉”作为开始，一个精彩的引入，激发了游客的求知欲望和听众强烈的好奇心。选取大足宝顶大佛湾的“父母恩重经变相”为主讲点，是大足石窟最具代表性的一组雕像之一，它与生活息息相关，它是我们日常生活场景的再现，它告诉我们父母之恩重于泰山。通过对“推干就湿恩”雕像这个生活中的小故事的介绍，展示了母爱的无私与伟大。以小见大，升华为“百善孝为先，孝道是中华传统文化中伦理道德的核心”。以提问的方式结束——“作为儿女的我们又该怎样回报自己的父母呢？”并引起听众的反思，让游客和导游在思想上产生共鸣。整篇导游词，短小精练，立意高远，反映出作者的良苦用心。

（九）开平碉楼与古村落

各位游客，我们面前的这栋就是有“开平第一楼”之称的瑞石楼。想象一下在

80 多年前的开平农村，有这样一幢 9 层高的碉楼傲然矗立，是多么令人惊叹的一件事！

瑞石楼全部是钢筋混凝土结构，外部总体造型是西式风格，有罗马穹隆顶、拜占庭穹隆顶等充满异国风格的建筑造型，而内部的布置、用具则是岭南传统的样式，门窗上都是雕龙附凤，有“富贵吉祥”“延年益寿”等中国传统的祝福字眼，充分体现楼主对西方文化所表现出的从容、自信、大胆接纳，以及洋为中用、兼容并蓄的心态。在开平，瑞石楼可以称得上是最华丽气派的碉楼。以开平为中心出现的碉楼群，是中国民众主动接受西方建筑艺术并与本土建筑艺术融合的产物，充分体现了他们面对外国先进文化时的一种自信、开放、包容的心态。他们把自己的所见所闻，加上自己的审美情趣，融合在碉楼上，使之成为留置于故土的一片精神守望地。

开平碉楼融合了中国传统乡村建筑文化与西方建筑文化的独特建筑艺术。成为中国华侨文化的纪念丰碑，也是那个历史时期中国移民文化与不同族群文化之间相互影响、相互交融、相互促进人类共同发展的最有说服力的历史见证。不同的旅居地，不同的审美观，才造就了咱们今天看到的千姿百态的开平碉楼。

【评析】

开平碉楼与村落在新西兰举行的第 31 届联合国世界遗产大会 2007 年 6 月 28 日审议通过，列入世界遗产名录。中国由此诞生了首个华侨文化的世界遗产项目。同时，它也是国际“移民文化”的第一个世界遗产项目。作者在一开始就用了对比手法，对比了在 80 年前的农村矗立着 9 层楼高的现代化的碉楼的强烈视觉差异，引人入胜。第二段作者能够用简洁、明了的语言概括开平碉楼的建筑特点：西方建筑艺术与本土建筑艺术融合，吸引游客的注意力与好奇心，并充分体现了楼主对西方文化所表现出的从容、自信、大胆接纳，以及洋为中用、兼容并蓄的心态。让游客在游览过程中既满足了视觉需要，也学习了中外建筑的精妙之处。最后一段以中国华侨文化所体现的不同族群之间文化相互影响、相互交融、相互促进人类共同发展为结语，体现了精神文明的高度升华。

（十）曲阜孔林

“千年礼乐归东鲁，万古衣冠拜素王”，我们终于来到了孔林的孔子墓前。

“墓古千年在，林深五月寒”，除却这一座座森严的坟墓，剩下的便是树了，孔林内现已有树10万余株，茂盛参天，此可称之为林，此林非彼林。实际上“孔林”是对孔子坟墓的专用称谓，因为在我国封建时代等级森严，不同身份地位的人其坟墓也是有严格规定的，如帝王坟墓称为“陵”，王侯将相坟墓称为“冢”，平民百姓坟墓称为“坟”等，而只有圣人坟墓才可以称为“林”。孔子的墓在孔林中央，墓东为其子孔鲤墓，墓南为其孙孔伋墓，墓前各有碑石。此墓似隆起的马背，称“马鬃封”，是一种特殊尊贵的筑墓形式，俗称“携子抱孙”，孔子墓有两碑；前为明碑，隶书“大成至圣文宣王墓”；后为宋碑篆书“宣圣墓”。孔林中的墓碑，除了一些著名的汉代石碑被移入孔庙外，尚存有李东阳、严嵩、康有为等历代大书法家的亲笔题碑，故而，孔林又有碑林的美名。

孔子创立的儒家及儒家思想，统治和影响了中国2000多年的封建社会，他的思想内容、思维方式、价值取向也早已融入我们民族的血液，沉淀在我们的生命中，铸成我们民族的个性。

【评析】

“千年礼乐归东鲁，万古衣冠拜素王”，导游词以这一经典名句开篇，起势很好。素王是孔子的众多称呼中的一个，关于孔子为什么叫素王的一种说法，古代帝王，一般都是方脸盘，鼻如悬胆，两眼外侧微微上吊，状如飞燕，从汉朝开始，不论怎么改朝换代，当皇帝的人一定是这个形象。汉朝人发现孔子的相貌很像汉朝的第一个皇帝刘邦的相貌，是皇帝脸，所以称孔子为素王，素王是虚龙假凤的意思。

导游词以孔林的概况性介绍为主，虽有明确点位但缺乏明确主题，从而导致整篇导游词结构较为松散、可读性不够高。纵观全篇内容，其存在的核心问题是作者对所讲景点不够熟悉，缺乏对孔林相对应背景文化知识的分析和整理。建议可以“大成至圣文宣王墓”碑为重点进行讲解，这是一块碑王，外观上，碑石的长度、宽度、厚度，全墓地3600多块墓碑与它相比，都不免略逊一色，低矮三分。最主要的是，它的分量来自碑主本人，如果碑下长眠的不是孔子，那哪来这座世界上延续时间最长的家族墓地呢？这块碑还流传着“拜孔不拜王”的传说，当游客驻足碑前时，一般会将“大成至圣文宣王墓”念成“大成至圣文宣干”，什么原因呢？

原来，孔子墓前原本无碑，这块碑是明正统八年（1443年）五十九代衍圣孔彦缙新立的，碑上刻有“大成至圣文宣王墓”八个大字，其中“王”字的一竖拖得特别长，导致后面的一横连同“墓”字都被环绕孔墓的矮墙遮住，露出“大成至圣”让后人参拜，至于“王不王”则不在乎了，这就是“拜孔不拜王”传说的由来。“拜孔不拜王”颇有些尊重知识、藐视权贵的含意，不管真实原因如何，这句话流传至今，为官者忌，为民者说，当予赞之。

孔子是世界上最伟大的哲学家之一，中国儒家学派的创始人。在2000多年漫长的历史长河中，儒家文化逐渐成为中国的正统文化，并影响到东亚和东南亚各国，成为整个东方文化的基石。曲阜的孔府、孔庙、孔林，统称“三孔”，是中国历代纪念孔子，推崇儒学的表征，以丰厚的文化积淀、悠久的历史、宏大的规模、丰富的文物珍藏以及科学艺术价值而著称。这样的圣地所蕴含的历史文化何其丰富！

（十一）明孝陵

亲爱的游客朋友们：

大家好！现在我们所在的位置就是地宫，俗称宝城，它不仅是朱元璋和马皇后的合葬陵，也是明初建筑和石刻艺术的最高成就。朱元璋曾咏赋诗句“天为帐幕地为毡，日月星辰伴我眠。”中国古代的帝王们在登临顶峰的另一件重要之事就是为自己百年之后选择一块合适的风水宝地，他们确信这是能让自己后代永握皇权的唯一保证。

话说到这儿，不得不提的便是马皇后给予朱元璋的无数帮助。马秀英也就是后来的马皇后，与朱元璋成亲后，追随朱元璋南征北战，精心辅佐朱元璋。朱元璋南下之时，马秀英曾负责往来的文书，并做得井井有条，同时还劝朱元璋不要扰民，更不要滥杀，深得朱元璋的赞赏。可以说，朱元璋最终统一国家，建立中国历史上的另一个大一统的明王朝，马秀英算得上伟大的功臣。

马皇后与朱元璋的相亲相爱所体现的便是家和，而最终正是因为这样的家和促进了国和、人和，使明王朝在历史上也有过276年的统治。而马皇后与朱元璋的合葬陵，“合”寓意“和”，不也道出了帝王对山河统一、江山永固的寄托吗？孝陵给后世留下的不仅是历史的见证，更是和的最高体现——家和、人和、国和。就让我们带着深深的尊崇之情去共睹这皇陵的别样风采吧！

【评析】

明孝陵是明朝开国皇帝朱元璋和皇后马氏的合葬陵墓，因皇后谥“孝慈”，故名孝陵。作为中国明陵之首的明孝陵壮观宏伟，代表了明初建筑和石刻艺术的最高成就。一般的导游词都是在讲述明孝陵的建筑的宏伟，或者是讲述地宫的由来。这篇导游词最大的成功之处是切入点很有特色，与当前的社会主义核心价值观相联系，体现了民主、和谐、平等的价值观。整篇导游词结构合理、语言简洁，适用于不同的旅游群体，是一篇经典的导游词。

开篇以简短的文字介绍了明孝陵的结构和特色，第二段话题一转，开始讲述了马皇后和朱元璋夫唱妇随的爱情故事，并为当前社会所提倡的“合”“和”二字找到了历史的出处，导游词的最后是高潮部分，从导游词提升到了思想境界，体现了和谐是中国传统文化的基本理念，是社会主义现代化国家在社会建设领域的价值诉求，是经济社会和谐稳定、持续健康发展的重要保证。

（十二）安徽古村落

各位游客：

大家好！这座布局之细、结构之巧、装饰之美、营造之精、文化内涵之深的建筑群就是罕见的堪称徽派古居民建筑艺术之典范的西递古村落。

我们现在就站在以孝著称的敬爱堂后厅。这里有个斗大的孝字，很值得细看。它是南宋理学家朱熹所书。此字从后看像是一个仰面拱手作揖、跪在地上孝敬长辈的俊俏后生；而从前看则是一个桀骜不驯的猴子嘴脸。字画一体，字中有画，画中有字，寓意即孝敬长辈则为好儿孙，反之就退化为猴子。其教育意义极为深刻，悬挂在敬爱堂里，又极为贴切，符合环境。也和堂中的一副对联“万恶淫为首，百善孝为先”相呼应，反映了胡氏家族一直把“孝”列为人伦之首，这就是敬老尊老的传统美德。中国人几千年以来都是以孝为先，《弟子规》上曾说“冬则温，夏则清，晨则省，昏则定”。

古人说“百善孝为先”。一切行善都是从孝开始。孝，是人一生中最深刻的亲情，它是人的根本。孝，无须惊天动地，无须甜言蜜语，小处著精神，微处见真情。孝当如此字，这就是敬爱堂西递胡氏宗祠存在的意义。

【评析】

古村落是人类历史生活最生动的现代遗存，在形式上保存了不同时期的建筑风格，折射出人们处理人与自然的大智慧。在村落中，最吸引现代人类的是其淳朴、自然的民俗风情，是人类追溯“我从哪里来”最佳答案之所在。西递古村落被誉为“中国传统文化的缩影”“中国明清民居博物馆”，是皖南民居中最具代表性的村落之一，其可圈可点的内容之多，难以胜数。作者开篇即说“这座布局之细，结构之巧、装饰之美、营造之精、文化内涵之深的建筑群就是罕见的堪称徽派古居民建筑艺术之典范的西递古村落”。作者大处着眼，小处着手，用这样一句高度概括之语后，看似随手采撷，实则颇为考量地选择了“文化内涵之深”的敬爱堂后厅。因为中国人以“孝”修身、齐家、治国、平天下，抓住“孝”字，就抓住了中国传统文化之精髓。作者从眼前之“孝”字起，到中国文化长河、国人日常生活中，条分缕析地解读了西递古村落的文化内涵，可谓独具匠心。作者对朱熹书写的“孝”字讲解，虽然着眼于“孝悌为根本”的中国传统文化的讲解，但游客在聆听这一文化解读中，定能强烈地感受到中国书画一体艺术之精妙，必将让国外友人震撼，而国人顿生豪放之气。

在导游词结尾，作者高度总结，孝“是最深刻的亲情”，精辟地点出行孝之道，“无须惊天动地，无须甜言蜜语，小处著精神，微处见真情”，引人深思。作者说“孝当如此字，这就是敬爱堂西递胡氏宗祠存在的意义”。但我想说，导游词当如此篇，这就是我们导游传递正能量，促进社会和谐而存在的意义。

（十三）敦煌莫高窟

游客朋友们，敦煌莫高窟是世界遗产之一，此时，我们就来到了它尤以著称的壁画跟前。这里是莫高窟的第237号洞窟，望着一幅幅精美绝伦的壁画，用“稀世珍宝，举世无双”来形容它们，实在最为贴切不过。它们被西方学者赞誉为“墙壁上的图书馆”，不仅是因为它的包罗万象，更因为这里是众多文化融汇与撞击的交叉点，是世界艺术的集萃地。并且，在其中，有一幅可堪称是莫高窟的名片，是敦煌艺术的标志，它就是我们头顶的这幅飞天壁画。抬头看壁画上的飞天，有的臂挎花篮采摘鲜花；有的反弹琵琶轻拨银弦；有的倒悬身子自天而降；有的彩带漂浮满天遨游；有的舒展着双臂翩翩起舞。

此时，我想大家心中都会有一个问题：“飞天是谁？”所谓的飞天，指的是佛教中的一位菩萨，因能奏乐，善飞舞，满身充满异香而获得了香音之神的美名。在历代王朝中，尤以唐代的飞天更为丰富多彩、气韵生动。它既不像希腊插翅的天使，也不像印度腾云驾雾的天女。中国艺术家通过绵长的飘带让她们得以在云天之间漫天飞舞。宋代著名词人陆游曾说“从今去，任东南西北，作个飞仙”，由此可见，飞天不仅体现了敦煌艺术的精髓所在，也让当时的古代人民为此有了信仰，而信仰是一支火把，它能最大限度地燃烧一个人的潜能，并指引人们飞向梦想的天空。

【评析】

莫高窟始建于十六国时期，据唐《李克让重修莫高窟佛龛碑》一书的记载，前秦建元二年（366年），僧人乐尊路经此山，忽见金光闪耀，如现万佛，于是便在岩壁上开凿了第一个洞窟。此后法良禅师等又继续在此建洞修禅，称为“漠高窟”，意为“沙漠的高处”。后世因“漠”与“莫”通用，便改称为“莫高窟”。另有一说为佛家有言，“修建佛洞功德无量，莫者，不可能、没有也”。莫高窟的意思，就是没有比修建佛窟更高的修为。其后莫高窟又历经了北朝、隋、唐、五代、西夏、元等历代的兴建，形成巨大的规模，有洞窟735个，壁画4.5万平方米、泥质彩塑2415尊，是世界上现存规模最大、内容最丰富的佛教艺术地，这其中以其壁画名气最大。这篇莫高窟选择以237号洞窟作为讲解点，就是要体现敦煌壁画的精妙技艺和文化含义，开篇用“稀世珍宝，举世无双”来形容这些壁画，对游客是极大的震撼，接下来用“墙壁上的图书馆”来说明壁画的人文价值，为下面的描写做好铺垫。第二段以“飞天是谁”设问，承接上文的基本介绍，并启后文内容，使整篇导游词结构严谨。后引用陆游的诗“从今去，任东南西北，作个飞仙”，使飞天从宗教人物变成了人们美好梦想的象征，整篇导游词得到升华。

此篇导游词对基本知识介绍详细、完整，结构严谨、逻辑严密、层层递进。

（十四）承德避暑山庄之普宁寺

各位游客朋友们：

大家好！以名寄情是中国人常用的表达愿望的方式。我们现在所在的位置，是承德避暑山庄的中部名——普宁寺的山门前。一个“避”字、一个“宁”字，暴露了清朝统治者的全部希冀。

避，避暑山庄的避，里面的辛字多了一横，据说是康熙故意为之，忌讳这个“避”字有逃避的意思，不吉利，所以他就大笔一挥加上一横，这样就绕过了逃避的意思。从历史的角度来看，1703年的康熙皇帝，已经取得了多个方面的胜利，收获了经济的、科技的、文化的辉煌成果。他确实不需要逃避，对未来充满了信心。

普宁寺的宁字，需要我们还原乾隆20年的历史。这年5月，清政府出兵剿灭了两股叛军。由于清王朝政府尊重各少数民族的信仰，把各民族的团结放在首位。乾隆为了纪念两次平叛的胜利，所以在山庄北部修建了清王朝第一座皇家寺庙“普宁寺”。安其居，乐其业，永远普宁，普宁寺的修建和取名表明了当时清政府的愿望，希望天下统一、人民安居乐业。

以名寄情，康熙帝避而不避，直面各种挑战。乾隆爷宁并普宁，追求天下太平。合内外之心，成巩固之业，最终成就了中国历史中赫赫有名的康乾盛世。

【评析】

承德避暑山庄曾是中国清朝皇帝的夏宫。距离北京230千米。有以下四个特点。第一个特点，承德是一个盆地，四周是山，按风水说是万象引领，众象朝揖。皇帝唯我独尊，天下都要朝中，所以他感到这个地势非常好；第二个特点，地势很高，空气很清新，适合于避暑；第三个特点，这个地方离北京不远，仅230千米，处理国家的政务，与宫中无异，比较方便；第四个特点，就是此地当时是蒙古的游牧场，不会侵占民田或者民居，而且这个地方有武烈河，有沼泽，有山有平地，选景可以有广阔的空间，便于大规模的营造皇家的园林。此篇导游词开篇以“以名寄情是中国人常用的表达愿望的方式”引入，点出了整篇导游词的主题，思路清晰，以一个“避”字，一个“宁”字展开内容，结尾部分应和整篇，使通篇导游词结构严谨。但是导游词对康熙使用“避”字的原因表述不够清楚，避暑山庄的名字与开篇所书避暑山庄的四大特点不无关系。并且当时清政府为加强对蒙古地方的管理，巩固北部边防，在距北京350多千米的蒙古草原建立了木兰围场，为解决皇帝一行人吃、住问题，在北京至木兰围场之间，相继修建21座行宫，热河行宫——避暑山庄就是其中之一，既然为了加强地方管理，“避”字如原笔写下自然不合时宜。

因此，此篇导游词结构完整，也有内容不够详尽的瑕疵。

（十五）澳门历史城区

各位游客朋友们：

大家好！也许在很多人心中澳门是一座物欲横流的赌城，但每一次来到大三巴牌坊的脚下，抬头瞻仰这个残垣断壁，心里都会产生一股朝拜的神圣之感，如同在默默地读一本立体的《圣经》。

大三巴牌坊，实际上是圣保禄教堂残存的前壁。这间教堂与火结下不解之缘，从其雏形开始到现在仅存的前壁牌坊，先后经历3次大火，屡焚屡建，见证了澳门的历史，这是它的长度。

大三巴牌坊上各种雕像栩栩如生，十字、铜鸽、太阳、星辰、圣婴、圣母、永恒之火、生命之树，中华传统象征狮子、牡丹丰富有序，既展现了欧陆建筑风格，又继承了东方文化传统，体现着中西文化结合的特色，是远东著名的石雕宗教建筑，这是它的宽度。

晚清洋务大臣郑观应在这里写下传世巨作《盛世危言》；民主革命的先行者孙中山及其一家都曾与这块土地息息相关；这里也是音乐家冼星海魂牵梦绕的故乡。事件的叠加，名人的荟萃，成就了它的高度。大三巴牌坊是承载中西方文化，长、宽、高的三度空间，是一本立体的《圣经》。让我们倾听着诵经的回响，欣赏着夜色下美丽的大三巴吧！

【评析】

自明朝以来的400多年里，澳门因为其独特的地理和历史原因，成为早期西方文化科技输入中国的基地和国人开眼看世界向西方学习的窗口。长期的多元文化交流与共融在澳门城市建设史上烙下了深深的印记，成为中西方文化珠联璧合的典范。2005年，由22个历史建筑和8个广场组成的澳门历史城区摘取了“世界文化遗产”的桂冠，成为我国第31个世界遗产，其内涵十分丰富。

作者开篇即抓住很多人对澳门的印象“物欲横流的赌城”而反弹琵琶，把游客的注意力转移到具有深厚文化内涵的大三巴牌坊上。这种开门见山的讲解方法对于只有两分钟的讲解来讲，是非常重要而关键的。在随后的讲解中，作者首先抓住了大三巴的历史，因为建造时间早，成为澳门400多年来的历史见证，从而带出了其“长度”的审美特色；然后从历史长河转移到眼前的大三巴，抓住牌坊上具有中西方文化特色的雕塑，挖掘出大三巴牌坊中西文化交融的文化底蕴，即第二个审美特色“宽度”；最后作者通过介绍澳门历史名人，重构了大三巴牌坊的第三个审美特色“高度”。这个重构是这篇导游词的创新。作者可以进一步探寻，在郑观应、孙中山、冼星海与大三巴牌坊之间建立起某种明确的关联，让大三巴牌坊的第三个审美特色“高度”更加水到渠成。

这篇以大三巴牌坊为讲解点的澳门历史城区导游词以“立体的《圣经》”开篇和结尾，首尾呼应，中间层次分明，详略安排恰当，反映了作者较好的职业素养。

（十六）丽江古城

亲爱的游客朋友们：

如果要问丽江哪里印象最深刻，最值得一去？仁者见仁，智者见智。

肯定有人会说是玉龙雪山，也一定有人会说是大研古镇。如果问我，我一定说是黑龙潭公园。现在我们所处的位置就是黑龙潭公园的锁翠桥。

目之所及，黑龙潭的水是有形的，汇集在山边，有恰当的广阔，可以看得到岸却未必是全部；有适宜的深度，能够栽树，也能游鱼。静静地躺在那里，这潭水，看似不动，却可以滋养生命。

低头请看，潭水清澈，能够见底。潭水明镜，能够倒影。你以为潭水止而不流，可底下却也有活泉涌动，只是不动声色，有的冒着气泡，有的直接成流。这潭水，看似不流，却可以侵蚀岩石。

凭水远眺，玉龙雪山尽收眼底。这一刻仿佛心灵也在清澈的水中洗涤得一尘不染。人生，可以远观山，近看水，是一种难得的惬意。

可以说，因为有了黑龙潭的水，这里才会有"高原姑苏"的美誉，因为有了黑龙潭的水，这里才会成为茶马古道的一个枢纽，因为有了黑龙潭的水，这里才会孕育了璀璨而独特的东巴文化。

这里是丽江水系的源头，古城的灵魂。

【评析】

丽江黑龙潭又名玉泉公园，位于城北象山脚下，从古城四方街沿经纬纵横的玉河溯流而上，约行 1 千米有一处晶莹清澈的泉潭，即为中外闻名的黑龙潭。潭水从石缝间涌涌喷出，依山斛清泉汇成 4 万平方米潭面。四周山清水秀，柳暗花明。依山傍水、造型优美的古建筑点缀其间。其流韵溢彩，常引人驻足流连。黑龙潭内随势错落的古建筑有龙神祠、得月楼、锁翠桥、玉皇阁和后来迁建于此的原明代芝山福国寺解脱林门楼、五凤楼，原知府衙署的明代光碧楼及清代听鹂榭、一文亭、文明坊等建筑。

丽江黑龙潭清泉潺潺，古楼林立，可以说是汇自然人文于一体，此导游词开篇以"如果要问丽江哪里印象最深刻，最值得一去"为引，充分调动游客的好奇，激发游客的求知欲望。此篇导游词从黑龙潭的自然风光入手，游客目之所及描绘的详尽，使游客融入景中。篇尾点出黑龙潭的人文价值但是不够具体，景区的自然风光游客可以尽收眼底，但是人文风情却不得不详细讲述。比如黑龙潭大门上的“黑龙潭”三个字是原省书法协会会长、纳西族书法家李群杰所题写。1963 年重修得月楼时，郭沫若应邀题写了“得月楼”三个字及两副楹联。1981 年，东巴文化研究所在黑龙潭成立，使黑龙潭集中国风景园林之大成，又兼有深厚的文化底蕴。

七、旅游商品类旅游资源导游词案例及评析

（一）东阳木雕

一说到东阳木雕，我们首先联想到的就是它作为中国四大木雕之首的江湖地位。那究竟是什么原因让它独步天下呢？就让我们从题材丰富、技法独特两个角度来解读。首先，东阳木雕作品的特点是无所不雕，从鸟兽鱼虫，到各式人物，其中，人物雕刻是东阳木雕的一大传统题材。在人物雕刻中既有神仙人物、又有古典名著中的历史人物。东阳木雕甚至开了以木雕刻古画的先河，其中最有代表性的是木雕版的吴道子《八十七神仙卷》。吴道子以擅画人物、衣纹著称，用木雕来再现原作的神韵，难度极大。雕刻者最终以木为纸，以刀为笔完成了这件作品。除了题材丰富，技法独特也是一大特色。东阳木雕兴起于宋朝的浙江，众所周知宋朝以后江南地区成为全国的经济中心，大量有钱又有品的富豪，对木雕的要求提出了更高的标准，在这种情况下雕工不得不在雕刻技艺上推陈出新，最终，东阳木雕在这样的时代背景下最终走上了四大木雕之首的宝座。

【评析】

东阳木雕，浙江省传统工艺美术保护品种，首批国家级非物质文化遗产代表作。东阳木雕是国内主要木雕流派中唯一因地而名的流派，之所以因地而名，是因为东阳木雕独特的地域特色和艺术风格与东阳地域环境和民俗文化有着密不可分的历史渊源，是东阳“三乡”文化中互为因果的一个部分。

东阳木雕以平面浮雕为基本雕刻技法，是一种装饰性浮雕。正是由于建筑雕饰的复杂性和多样性，促进和发展了东阳木雕雕刻技法在平面浮雕基础上的全面性和多样性，使得东阳木雕表现手法十分丰富，市场适应能力特别强。平面浮雕雕饰部位多寡简繁可以任意增减取舍，作品的形状大小可以任意拼接组合，凡能入诗画的题材均可雕刻，大到宫殿庙宇小至案头摆件几乎无所不能，巨大的市场空间，是东阳木雕生生不息的源泉所在。

东阳木雕以构图饱满大气、层次丰富细腻、图像写实传神、做工精雕细刻、清秀典雅耐看、欣赏与实用完美结合的艺术风格在中国木雕界独树一帜。这种艺术风格是建立在以平面浮雕和“白木雕”基础之上，同时，又随着时代发展和风尚变化与时俱进，在继承和创新中不断发展。

旅游商品介绍类的导游词主要以突出商品的特色为创作目的，为游客了解地方风物特产提供高质量的讲解服务。这篇导游词在紧扣主题的创作要求上做得很好，并列举典型作品增加导游词说服力，使用归纳法进行导游词结构塑造。

（二）茅台酒

一说起茅台，我们首先就能联想到它是我们的国酒。但是它的名气并不是一蹴而就的，而是经历了近100年的风雨。首先我们回到了1915年巴拿马万国博览会上，茅台酒获得了金奖，一展国人之气，为茅台成为国酒首开先河。其次在1935年，贵州茅台与史诗般的红军长征结缘，为遵义会议祝捷，遵义会议是中国共产党历史上一个生死攸关的转折点，这次会议，确立了毛泽东同志在党和红军中的领导地位，结束了王明“左”倾教条主义在党内的统治，从而使党领导的民主革命和革命战争转危为安，转败为胜，大大加快了我国革命胜利发展的进程，茅台酒可以说是大助军威。茅台也因此成了“开国第一酒”。在申办2010年的上海世博会时，茅台酒特意设计了“茅台碎瓶夺金”雕塑，请来国际展览局官员参观，以示中国与世博会已有近百年渊源，同时也是上海世博会的庆功酒。由此可见，作为国酒的茅台见证了中华民族一个世纪的兴盛与强大。

【评析】

茅台酒产于贵州省仁怀县茅台镇，以产地命名。它起源于何时，系何人所创，尚无文物资料可考证，相传始于1704年，迄今已有300年的悠久历史。

1915年，茅台酒在巴拿马太平洋万国博览会被评为世界第二名，声誉日增，誉为“酒冠黔人国”，逐渐被人们所赏识。1952年，我国第一届评酒会，茅台酒被评为全国八大名酒。1955年，亚非会议以后，茅台酒在南洋销路大增，被侨胞誉为“国宝”。周总理用茅台酒招待美国尼克松总统、日本田中角荣首相，在国内招待外宾或出国访问亦用茅台酒，享有很高的评价。茅台被称为我国的“外交酒”“国酒”。茅台酒与法国科涅克白兰地和英国苏格兰威士忌酒齐名，称为世界上三大蒸馏酒，因此名扬天下。

茅台酒名震天下，无人不知无人不识。天下名酒之多，茅台能被评为“国酒”，一定有除了酒品之外的因素。而这个因素就是茅台与中国历史上重要的历史事件关联在一起，突出了茅台的政治意义。这篇导游词在把握核心关键要素上稳且准，是其主要特征。

（三）祁门红茶

一说到红茶，大家头脑中首先联想到的就是印度这个红茶的著名产区，但是大家也许不清楚，在中国安徽黄山有个叫祁门的地方，有一款红茶顽强地克服了红茶生长的不利条件，最后脱颖而出，更成为英伦皇室贵族们下午茶桌上最时髦的饮品，它就是中国的祁门红茶。因此我们要了解祁门红茶的逆袭就要从温度入手。众所周知，红茶具有怕冻的生态特征，在13℃左右则生长停止，茶树一般只能忍耐 -5~-15℃的低温。如不耐寒的云南大叶种，气温低于 -5℃以下时，将受冻枯死。因此世界范围内的红茶多生长在温暖潮湿的低纬度地区。而祁门所在的黄山市冬季最低气温 -22℃，年均气温仅 7.8℃。善于观察和总结的黄山人民在栽种中发现了红茶中的一个特殊的品种——祁门槠叶种，又叫祁门种。它的适应性和抗逆性强，尤抗低温，气温在 9.3℃时，无明显冻害。因此红茶才能在黄山大范围地栽植开来并培育出有“红茶皇后”美誉的祁门红茶。

【评析】

祁红，即祁门工夫红茶，它具有独特的“祁门香”，与印度的大吉岭红茶和斯里兰卡的乌瓦红茶齐名而著称于世。“祁门香”的形成除产地的自然生态条件外，与茶树品种也不无关系。

祁门香从何而来，经过专家的研究，从祁红中可分离出 110 多种香气成分，约 40 多种主要成分已得到鉴定，占精油总量的 90.2%。其中己醛、1- 戊烯 -3- 醇、反 -2- 已烯醛、顺 -3- 已烯醇、芳樟醇氧化物 II、芳樟醇、香叶醇、橙花叔醇等成分含量较高，是构成祁门红茶香气的主要物质基础。

这篇导游词从祁门红茶的生长环境出发，讲述了这款名茶独特的地方，突出了其地域特色。随着红茶制作技术的不断发展，祁门红茶传统制作技艺也达到了红茶传统制茶工艺的最高水平，且具有鲜明的地理标志性，在其漫长的历史进程中深深地打上了古徽州文化烙印，具有珍贵的地域文化传承价值。

（四）蜀绣

一说到蜀绣，或许您并不知道，作为中国刺绣传承时间最长的绣种，至今已有3000多年的历史，尤其在汉唐时期，蜀绣更是大放光彩，甚至改写了一座城市的命运。早在东汉时期，蜀绣已誉满天下，作为珍稀而昂贵的丝织品，蜀地经常用蜀绣和蜀锦交换北方的战马或其他物资，从而成为主要的财政来源和经济支柱。为此，朝廷在成都设置了专门的管理机构“锦官”，建筑了锦官城，把织锦工人集中起来，由锦官进行管理。久而久之，成都就有了另外一个名称——“锦城”，这个称呼至今还在沿用。而在三国时代，诸葛亮在其《隆中对》中为刘备制定取益州三分天下的战略，他看中的就是以蜀锦蜀绣为代表的蜀地经济的繁荣。“决敌之资，唯仰绣耳”，可见蜀绣的生产在蜀汉经济中的地位。唐代末期，西南的南诏进攻成都，掠夺的对象除了金银，还有大量掠夺蜀锦蜀绣工匠，并将他们视为珍宝。由此可见蜀绣在唐汉时期不愧为一颗亮丽的汉唐文化明珠。

【评析】

天府之国——四川，古称“蜀”，因此四川成都的刺绣称之为“蜀绣”，蜀绣又称“川绣”，确切地来讲，蜀绣产于四川成都。蜀绣与苏绣、湘绣、粤绣齐名，为中国四大名绣之一。

最早记载蜀绣的文字，出于西汉文学家扬雄《补绣》一诗，诗中表达了作者对蜀绣技艺的高度赞誉。发展至距今2000多年的西汉，蜀绣已经具有一定技艺水平和民间基础。

蜀绣有针法12大类，每一大类又分数种，共计100余种，是四大名绣中针法最丰富的绣种之一。绣法之丰富多变是其精髓所在，常以表现点、线的针法与表现块、面的针法相结合，组合形式多样。蜀绣以“丰富多变的绣法、严谨细腻的针法、淡雅清秀的色彩、优美流畅的线条、中国绘画的格调”这五大特性区别于蜀地的其他绣种。

这篇导游词重点突出了蜀绣对蜀地的影响，在关键要素提取上归纳了“锦官城”“锦官”与锦绣成都关联紧密的元素。

（五）唐三彩

一说起“唐三彩”，人们首先联想到的就是它所焕发出的浪漫色彩，但很少有人知道，它的精彩本来属于另一个世界——冥界。它作为一种高级陪葬品，是由当时的社会风气和自身特别的属性所决定的。首先，唐代贞观之治以后，国力强盛，同时也导致了厚葬之风盛行，唐三彩也就应运而生了。当时上自官员下至百姓，都流行以唐三彩陶器陪葬，以此炫耀财富和身份地位，当然其数量和内容也与家庭的经济实力有关。唐三彩作为一种明器，陪葬的数量甚至根据官员生前的品级决定。例如明文规定三品以上唐三彩陪葬数量不超过90件；五品以上60件；九品以上40件，但实际上官员们随葬的唐三彩数量甚至是官府规定的数倍之多。由此可见唐三彩是唐朝厚葬之风的一个最有力的见证。同时，唐三彩由于它性脆易碎，并且含有铅毒，因而在当时的日常生活中没有多大意义。所以，这也是这颗艺术之星长眠于地下的一个重要原因。

【评析】

唐三彩的名称并未见于唐代及后代的历史文献，人们发现唐三彩是20世纪初的事情。考古发掘的唐三彩主要是用作殉葬的“明器”，盛唐之时，“王公百官，竞为厚葬，偶人象马，雕饰如生”。中外文化的交流是双向的，三彩陶器在唐代勃兴形成独特的艺术风格，与丝绸之路上的外来文化有着密切关系，学习借鉴金银器的形制，吸收外来装饰图案等，但另一方面唐帝国强大的影响力，又通过丝绸之路把唐三彩传入亚洲其他国家，并被视为珍宝。

这篇导游词重点突出了唐三彩的产生原因，在功能层面区别了唐三彩与其他出土文物的不同，导游词的创作重点立足于资源评价，在主题把握上选择了随葬品的属性。

（六）西湖龙井

一说到西湖龙井，大家可能不知道2016年杭州G20峰会上各国领导的指定用茶就是西湖龙井。作为我国的礼宾用茶，西湖龙井又是如何从众多茶叶中脱颖而出的呢？接下来我将从茶叶稀缺和标准化制作难度高两个方面进行介绍。第一是茶叶的稀缺性，为了保证作为礼宾茶用茶的质量，西湖龙井的茶叶只能选用核心一级保护区内的1%的茶树上所产的茶叶，整个杭州只有6万多平方米有这样的茶树，这6万多平方米一年的产量还不足10千克。由此可见作为礼宾茶的西湖龙井之珍贵。西湖龙井的第二个难能可贵是完成了制作中的标准化，突破了千百年的中国传统制茶工艺中的技术难题。众所周知，由于炒茶人的手法不同，茶的味道就会不一样。比如说摊放时间的长短、火候的把握等，因此制作中要实现标准化的操作难度可想而知。但西湖龙井礼宾茶的标准化制作保证了其口感的统一性，这不得不说它创造了中国茶叶界一个新的奇迹。

【评析】

好山好水出好茶。茶叶生长汲取天地精华、山水灵气。西湖龙井茶是上天赋予杭州自然造化之精灵。龙井茶生长环境得天独厚，地处著名的“中国绿茶黄金线”的最佳点。龙井茶在清朝作为贡品，中华人民共和国成立后，龙井茶被列为国家外事礼品走向世界。

这篇导游词创作把握了龙井茶是礼宾茶的属性，从茶叶的稀缺性和制作标准化的两个方面烘托创作主题，形成一篇虽然短小却结构完整的导游词。

（七）湘绣

一说起湘绣，我们首先想到是这种中国独一无二刺绣流派的多样性特点。湘绣的多样首先归功于它独特的地理位置。如果把中国的四大名绣放在地图上来看，东有苏绣，西有蜀绣，南有粤绣，而湘绣正好处于这三者的中间。居中的地理位置方便了湘绣取众家之所长，融合了粤绣、苏绣优点，利用中国国画形式，以国画的相关审美标准作为核心理念，将书、画、诗、绣、金石有机结合起来，使湘绣具有兼收并蓄的多样特征。其次，湘绣题材广泛，品种多样。既有实用大方的各类日用品，如挂屏、手帕、被面等，又有壮丽豪放的巨型作品，它们各具特色，雅俗共赏。最后，湘绣的色彩和针法都具有多样性。在掺针的基础上有立体绣、双面绣、乱针绣等 70 多种针法。又根据各种不同画稿的题材，运用各种不同的针法，选配各种不同色阶的绣线，灵活多变。因此作为中国四大名绣之一的湘绣以其多元化的特点独树一帜。

【评析】

湖南湘绣是在湖南民间刺绣的基础上，吸取了苏绣、粤绣的精华，逐步形成了以国画为蓝本，集诗、书、画、绣、金石为一体的，具有极强艺术特色的现代高雅刺绣。特别是双面全异和狮虎题材的出现，使湘绣艺术特色的发展达到极致。

整篇导游词通过对湘绣背景资料的分析，提炼出“多样性”的创作主题，在创作过程中分解出三个层面进行解读：地理位置、题材及技法。在导游词结构上采用了横式间架来构建主体内容。

（八）粤绣

一说到粤绣，或许您并不知道，相比中国其他三大名绣，粤绣的一大特色就是男工绣，不仅如此，男绣工的技艺甚至要比女绣工技高一筹。那么为什么粤绣多为男工绣呢？清代时期起粤绣就有“三千花佬”的传奇，以及“传男不传女”的传统。在广州刺绣行业内，男工俗称为“花佬”，粤绣之所以多为男工，主要有两个原因。一是广绣在当时的外贸出口十分紧俏，工人加班加点是常事，因为粤绣作品多为大幅作品，很多时候需要绣工长时间站着刺绣，十分考验绣工的体力和耐力，女工自然是落下风；二是受到“女子无才便是德”的传统观念影响。虽然在中国古代的地方刺绣中都有男绣工的身影，但像粤绣男绣工在技艺上整体高于女绣工却独此一家。在粤绣的制作中。男绣工专绣更为重要的第二道工序，也称上手工，例如人物的头部、手部，鸟雀的嘴、爪、眼和羽毛等精细部分，这足以体现粤绣男工绣的技高一筹。

【评析】

粤绣历史悠久，根植民间，长期以来形成了构图饱满、色彩浓烈的艺术风格。粤绣艺术品的大量出口，对西方美学产生了巨大影响，在一定程度上促进了洛可可艺术风格的形成。同时，西方美学也对粤绣艺术起了潜移默化的作用，使粤绣在吸收的过程中成长与发展。

这篇导游词在选材内容的创新性方面表现突出，抓住了男绣工这一极具特色的区别要点，在开篇提出问题，并从工作强度和那个时代对女性的约束两个角度进行问题的解答。在导游词结构上采用的纵式间架布设，结构完整。

（九）汾酒

说到汾酒，首先想到的是以“家国”为主体的酒品文化。

奠定汾酒在人们心中“家”的根基的原因，是唐代杜牧的那首诗：“清明时节雨纷纷，路上行人欲断魂。借问酒家何处有，牧童遥指杏花村。”汾酒之所以独特，不仅在其工艺，还在于天、地、禾。独特的区域性气候形成了汾酒特色的微生物体系，优质的高粱和甘醇的泉水，这得天独厚的酿酒三要素，造就了酒中珍品杏花村汾酒。

酒文化学者认为“中华文脉在儒家，中华酒脉在汾酒”。在中国酒文化的发展史上，山西汾酒扮演了重要的历史角色。据现有史料记载，汾酒是在北齐年间成为一种“国酒”。中华人民共和国成立后，周恩来总理曾经亲自拟定了一份国宴菜品名单，并将汾酒点为国宴用酒，可见总理对汾酒之喜爱以及对汾酒文化的认同。

汾酒形成了一种以“家”和“国”为特征的文化，既是代表国家层面的饮品，也是普通民众对“家”的认同，有着一种强劲的凝合力。

【评析】

汾酒文化，是发源于山西省吕梁市汾阳市的以“汾酒”为中心的文化场域，它具有完整的历史传承性和丰富的传播体系，千百年来一直影响并塑造着中华文化的发展脉络。汾酒所形成的是以“家国”为主体的酒品文化、以“汾阳”为根基的乡土文化、以“健康”为关注的饮食文化。

这篇导游词抓住了汾酒以“家国”为主体的酒品文化，并从“家”与“国”两个角度对汾酒文化进行解读，读来使人产生强烈的认同感。导游词采用横式间架整合内容，结构完整，逻辑顺畅。

（十）张裕葡萄酒

一提起张裕葡萄酒呢，首先我们就会想到孙中山先生为张裕葡萄酒公司题的“品重醴泉”了，“醴泉”者，乃甘美的泉水，也就是赞美张裕葡萄酒品质好，甘甜如泉水。那么今天就让我们在三品张裕葡萄酒中去寻找别样的感受。这第一品是酒品。张裕葡萄酒的唯美在很大程度上和烟台葡萄有关。烟台与世界著名葡萄产地法国波尔多和意大利西西里处于同一纬度，土壤、光照、湿度特别适宜良种葡萄生长，被称为世界第七大葡萄海岸。第二品是人品。张裕葡萄酒厂的创办者是一个有着极高爱国情怀的民族企业商人，1891 年，他在烟台开办了中国第一座带有现代工业色彩的葡萄酿酒公司，并开了民族企业的百年先河。第三品是国品。1915 年的巴拿马万国博览会上，张裕葡萄酒的四个产品和国酒茅台同获金奖，为当时的中国民族工业扬眉吐气。而今天的国际红酒市场之上张裕葡萄酒已经代表中国牢牢占据一席之地，真可谓“百年张裕，红酒典范”。

【评析】

烟台张裕集团公司已有 100 多年的历史，开了中国葡萄酒工业化生产的先河。目前张裕公司拥有与欧洲同步的葡萄发酵加工和灌装设备、葡萄酒业最早的“中国驰名商标”、国际一流的酿酒设备、经验丰富的专业酿酒师，是中国乃至亚洲最大的葡萄酒生产经营企业。

整篇导游词在主题词把握上抓住了张裕葡萄酒“品重醴泉”的特点，并具象到“品”字从三个层面解读张裕葡萄酒：酒品、人品、国品。用很少的文字讲清楚了张裕葡萄酒的酒文化内涵。

八、人文活动类旅游资源导游词案例及评析

（一）端午节

一说起端午节，想必大家都知道是为了纪念屈原，其实不然，在中国古代端午这天最早的时候被视作“恶日”，为什么被视作恶日呢？我将用两点来给大家解释，首先，在古代的数字文化中五是不吉利的，同“无”被视作恶，而五月初五可谓是恶中之恶了；其次，端午正值高温多雨的梅雨季节，河水暴涨，农田被淹，使得居住在沿河两岸靠天吃饭的先民家破人亡，农田歉收，在那个科技并不发达，生产力极其低下的年代，他们只能把这一切都归咎于神明，认为是不小心得罪了河神，于是将大自然馈赠的粮食投到河里，在河上进行龙舟表演，希望能讨得河神的欢心，减少洪涝灾害，借此保卫自己的家园；再者，由于这时季节更替，空气湿度大，气温高，霉菌滋生，人体皮肤会催生很多皮肤病，而我们现在插的菖蒲艾草正是当时不可多得的中草药。由此可见，端午习俗是中国古人在漫长的社会发展中所总结出来的生活经验和生活智慧，叫人佩服。

【评析】

端午节在性质上是一个保证人们顺利适应自然节律变化的卫生保健节日，同时也是一个被用以彰显伟大诗人屈原品格的纪念性节日。传统端午节俗可以提炼出五大节日要素，这五大节日要素是：全生避害（避瘟保健）、人神祭祀、饮食、娱乐和家庭人伦。这五大要素能够覆盖全国各地的端午节俗。

这篇导游词在主题的选择上回到节日出现的最初源头，从“恶日”出现谈到避瘟保健习俗的出现，回归了事物发生的本质，在逻辑层面上更具有说服力。

（二）古尔邦节

说起古尔邦节，我们感受至深的一点就是这是一个充满爱与分享的节日。古尔邦节又叫“宰牲节”，我们可以从爱安拉与爱众生两个角度来了解这个节日。首先是信徒们对安拉虔诚无比的爱。一般的穆斯林都在节日之前准备好到时要宰杀的牲口，牲口要求必须健康，分骆驼、牛、羊三种，在节日当天人们宰杀牲口献给安

拉。而牲口对于游牧民族而言就是他们宝贵的财产，奉献牲口其实就是在向安拉奉献自己的财产。不仅如此，伊斯兰教徒每年还会把自己固定资产的金银或货币中的2.5%、农产品中的1/10拿出来去贡献给真主安拉。这个节日中除了爱安拉，还有一个重要的主题：爱众生。宰生之后食物会被分成三份，一份分享给朋友，一份分享给穷人，最后一份才是留给自己，因为他们心中的真主告诉他们人人平等。由此可见，人类也许会有阶级，但宗教的爱却是可以超越阶级，爱及众生。这应该是这个节日的宝贵之处。

【评析】

古尔邦节由于自身所包含的文化意义与德育内容，已经不仅仅是一个节日，而是赋予了重要的社会教育意义。回族儿童在节日传统活动中，耳闻目睹、潜移默化地接受着做人的基本规范和要求，美化心灵，陶冶情操。古尔邦节为儿童学习做一个正直的人，做一个真正高尚的人，提供了良好的环境，发挥着重要的积极作用，是可以引导的社会“正能量”。

这篇导游词在对伊斯兰教传统节日古尔邦节的解读上把握了这个节日的教育意义，教育意义同时也突出了其时代意义。在爱与分享两个层面对教育意义进行解读。导游词的内涵由此而得到了提升。

（三）花山节

说起云南昭通苗族的花山节，我们首先联想到的是花儿带给我们幸福甜蜜的感觉。所以要了解花山节，我们一定要从脸上的甜蜜和心底的甜蜜两个角度来深入了解这个节日。首先，花山节的举行是在每年的5~6月份鲜花绽放的季节，这也是苗族青年一年中寻偶恋爱的最佳时机。苗族青年身着色彩艳丽的苗装，带着最灿烂的笑容来到花山场上。苗族青年男女通过在一起对歌、跳舞、得以相见到认识，最后相恋成家。我相信每一个汉族游客都会对苗族青年那幸福甜蜜的表情羡慕不已。因为中国古代的汉族青年在封建礼教的束缚下，择偶都是媒妁之言，父母之命，根本无法选择自己的爱情，就算婚后两个人的相处也是相敬如宾的。所以苗族人民这种对于爱情的最热烈的追求和最直接的表达方式是他们获得幸福婚姻最重要的保证。而他们的热情、奔放和敢于表达自己的勇气，使这个节日充满了幸福甜蜜的色彩。

【评析】

有关花山节的传说在各地不同，有纪念说、战争说、求子说、求爱说等不同的说法。节日本身就是一种文化，反映的是苗族的世界观、价值观以及这个民族认识世界、解读世界的方式和文化知识。同时，通过节日活动传递出这个民族的文化特点和群体精神信息。

这篇导游词是从求爱说的角度进行苗族花山节的解读，让游客感受到节日所带来的喜庆和欢乐的氛围色彩，并抓住关键词“甜蜜”，从脸上的甜蜜和心底的甜蜜两个角度理解了花山节。

（四）火把节

一说起彝族火把节，我们头脑中首先联想到的就是火把带给我们的光明和热烈。因此要更好地理解火把节对彝族人民的意义，我们要围绕“光明”的两个角度来展开。首先，先天的地理环境因素造就了彝族人民对火的热爱与追求。传统的彝族主要分布于云、贵、川三省的深山河谷之中，这些地区常年冬季寒冷潮湿，因此彝族同胞比生活在中国南方温暖地区的少数民族更加追求太阳以及火等带来的光明与温暖。除此以外，彝族居住的地方夏季湿热并多蚊虫，火把节的意义不仅通过火给彝族人民带来了温暖和希望，同时还可以驱赶蚊虫。每年7月左右的火把节都会历经迎火、玩火、送火三个阶段，而送火是整个火把节的高潮。夜幕降临时，人人都会手持火把，竞相奔走。最后人们将手中的火把聚在一起，形成一堆堆巨大的篝火，欢乐的人们会聚在篝火四周尽情地高声歌唱、尽情舞蹈。人们用最热烈的方式表达出对光明的热爱与追求。

【评析】

火把节有着悠久的历史，其文化内涵十分浓厚，是彝族地区特有的文化节日。一方面，它传播了彝族人们的价值取向，凝聚了彝族人的力量和智慧，改变了彝族人的生活方式；另一方面，随着民族与时代的不断发展与前进，火把节与时俱进，不断变迁，实现了与市场经济的紧密相连，在适应时代发展需要的同时，保留了彝族人民原有的民族文化与内涵，是具有多重功能的、彰显民族特色的节日。

这篇导游词对火把节的描述把握了“光明”这一核心词汇，从彝族人民对火的崇拜和由于生活环境所带来的对火的需求两个层面进行分解，让游客形成对火把节来历的初步认知，在结构上体现了纵式间架和横式间架结合的特点。

（五）内蒙古长调民歌

说起蒙古族长调，我们仿佛随着这歌声走进一幅如痴如醉的美丽画卷中，那么，您是否完整领略到了内蒙古长调的三层魅力：悠远、悲凉与柔软。初听蒙古长调的朋友，大多数人听出了悠远这第一层魅力。蒙古长调是代表蒙古歌唱艺术最高成就的艺术形式。它的悠远就体现在旋律悠长舒缓、气息绵长，字少腔长。这蒙古长调的第二层魅力在于直透人心的悲凉。有人说，蒙古人曾创造了人类历史上最大版图的帝国。但后来它衰亡了，强悍的蒙古人带着对往昔辉煌的记忆重新回到了这片草原，这种落差无疑会在整个民族的心灵上蒙上一层阴影，形成了一种无言的巨大悲哀。而只有听到长调第三重境界才会听出蒙古人那丝绸一样柔软的心肠。歌唱者唱长调时的心态比较独特，不是唱给别人的，而是唱给自己的。他的脸上甚至没有什么表情。但他的歌声让人自然而然地联想到草原，其实是歌者把听者带入了一种内心松弛、舒展、空旷、无疆界的状态，真可谓最高境界。

【评析】

蒙古族长调民歌是由北方草原游牧民族在畜牧业生产劳动过程中创造的、在野外放牧和传统节庆时演唱的几种民歌的总称，包括草原牧歌、赞歌、思乡曲、婚礼歌、情歌、宴歌等不同体裁，流传于我国内蒙古地区和蒙古国。长调民歌以草原人特有的语言讲述着蒙古民族对历史文化、文学艺术、宗教习俗、世界观、人生观、道德观、哲学和美学的感悟。它是蒙古歌唱艺术最高成就的艺术形式，被誉为“草原音乐活化石”。

这篇导游词采用横式间架结构形式，从悠远、悲凉与柔软三个角度描写了内蒙古长调民歌的特色，悠远重点描写了长调民歌的悠长舒缓，悲凉透露的是亡国的悲哀，柔软是对内心的倾诉及对所生活的地方的赞美。

（六）年画

中国年画流派众多，各有所长。但其中最能体现中国文化温婉秀丽的，当数苏州桃花坞年画。桃花坞年画因产于苏州桃花坞而得名，由宋代雕版印刷工艺的绣像图演变而来，具有350多年的历史。俗话说一方水土养一方人，可以说苏州水乡的独特气质造就了桃花坞年画的精巧与温婉细腻。桃花坞年画非常注重“美”，一方面美在风景，另一方面美在细节。首先，桃花坞年画以风景画成就最高，苏州的湖光山色、园林风景、风土人情都被画进了年画里，儒雅的题材和清秀的色彩使得桃花坞年画带有书卷气和诗情画意。其次，桃花坞年画注重对线条的流畅处理，构图细腻。如果我们细细去品味年画中的那些人物，我们会被作品中人物的形神兼备、细致入微所震撼。例如年画中美人的一顾一盼、一娇一嗔，都被细致入微地刻画出来。同样跃然纸上的还有可爱嬉戏、神采奕奕、憨态可掬的小孩。因此，桃花坞年画犹如苏州的美人一样以温婉的独特气质流传于世。

【评析】

中国木版年画是一种滋生于民间、服务于大众的民间艺术，作品内容中饱含着广大民众的纯真情感和深切的精神寄托，反映出普通民众的道德伦理观和在这一观念之下对善与恶、美与丑的认知和褒贬。它既有很强的民俗性，也有很高的艺术性，是研究中国人审美观念及民俗民风的绝好素材。

这篇导游词在年画这个主体上又侧重选择了苏州桃花坞年画，在全国四大年画基地中苏州桃花坞与天津杨柳青并称为“南桃北柳”，非常具有代表性。在对苏州桃花坞的解读中，重点从内容和技巧两个方面展开，采取的是横式间架的内容结构布局。

（七）傣族泼水节

一说起傣族泼水节，人们熟悉的是热闹欢腾的场景，不熟悉的是它在傣族人民心中特殊的“幸运”。那么这幸运究竟从何而来？今天我就从两个角度来给大家做介绍。首先傣族也被喻为“水的民族”，水是傣族人民生命的象征，水能给傣族人民带去幸运。例如当一个新生命诞生的时候，人们会用洁净的清水给这个婴儿行洗礼。所以说人们热爱水、崇拜水，水对于他们而言不仅神圣不可侵犯，还能给他们带来好运。那么，傣族人民为什么对水有这么深的感情呢？究其原因是由于傣族是以水稻为主的民族，而水稻种植的首要条件则是水。水稻生长的好坏，第一取决于天上的雨水，第二取决于地面水域，因此水关系到傣族这个农耕民族的生死存亡。正由于这种原因，傣族先民才有了对水的崇拜。因此泼水节中人们相互泼水，表示祝福，希望用圣洁幸运的水冲走疾病和灾难，换来美好幸福的生活。而泼水节中水泼得越厉害，浑身湿得越彻底，越是幸福终身！

【评析】

泼水节，德宏傣语称“摆算兰”，是德宏傣族最为盛大的民间传统节日。德宏傣族泼水节蕴含着德宏傣族丰富的宗教文化和传统文化内涵，不仅泼水节本身与傣族的宗教信仰密切相关，而且节庆中展示的传统文化艺术与宗教信仰也密不可分，宗教仪式和文化艺术活动贯穿了泼水节活动的始终，使整个节庆活动充满了浓厚的宗教文化色彩和傣家文化艺术气息。

一个节日的产生往往融合了各种因素，就像泼水节的产生既有宗教的色彩，也有傣族文化艺术特征。这篇导游词在描述泼水节的时候，重点从傣族的生活背景角度阐述这一节日的产生。主题确立为“水”，从幸运的角度介绍了水与傣族人民生活的关联程度。

（八）藏戏

说到藏戏，是产生并流传于藏族民间的传统戏剧。它是由唱、韵、白、表、舞技等多种艺术综合而成。藏戏具有两大特点：浓厚的佛教气息和浓郁的傩文化仪式。

藏戏是在古老的民间祭祀舞蹈、民间歌谣、神话传说以及后来的宗教神舞的基础上脱胎而形成的。最为流行的藏戏剧目没有一个能摆脱佛教的影子，比如《文成公主》《苏吉尼玛》等，每一剧目都是宗教劝化功能的再现，蕴含了丰富的佛教说理。脱离了神性，藏戏就不能成为藏戏。

在源远流长的人类历史中，傩文化是往往构成古老民族的重要文化元素，它是巫术活动的重要组成部分，驱鬼禳灾、祈福避祸是傩的主要目的。藏戏中遗留的傩仪式使藏戏呈现出更多的原始性。所以从表现形式来说，藏戏的人物塑造必须借助面具，藏戏早期的白面具和后期的蓝面具都是藏族吉祥文化在藏戏中直观、艺术的体现。

藏戏，是一种把各种艺术元素有机地置于信仰和审美逻辑中的完整的艺术形式。

【评析】

藏戏，藏语称“阿吉拉姆”，意为“仙女大姐”或“仙女姐妹”。藏戏是由歌舞、说唱、音乐、舞蹈、杂技等构成的综合性戏剧艺术，有着完整的表演体系和丰富的剧目积累。

这篇导游词在归纳藏戏各项资源信息之后，将创作重点落在藏戏的佛教气息和傩文化仪式上。佛家气息强调了藏戏是在宗教神舞的基础上形成，而傩文化反映了藏戏的原始和古老，以突出其形成年代的久远。在导游词的结构上使用的是横式间架结构，整篇导游词结构完整，重点表达突出。

（九）贵州侗族大歌

说到贵州侗族大歌，是一种流行于侗族地区，并由侗族人民进行世代传承的复调式合唱歌曲。多声部、无指挥、无伴奏是侗族大歌的主要特点。

大歌在演唱时每段先由领唱者唱一两句，然后众人分成高、中、低多声部合唱，和声讲究模拟高山流水等自然之音。高声部高亢洪亮，如江河奔腾；中声部婉转悠扬，如鸟鸣蝉吟；低声部深沉浑厚，如风雷呼啸。高、中、低三声部互相配合，优美的旋律使歌唱浑然天成。一直以来，世界音乐界认为中国没有多部和声艺术，侗族大歌走向世界让音乐界惊叹这是中国音乐史上的重大发现，从此扭转了国际上关于中国没有复调音乐的说法。

侗族是一个极富创造性的民族，以"饭养身、歌养心"为生活信条，唱歌是侗族人交往的媒介和特有的风俗。由于以前侗族没有自己的文字，许多优秀的文化传统都是靠着优美的歌声一代一代往下传。大歌是人与自然、人与人之间的一种和谐之声，是构建和谐社会的艺术佐证。

【评析】

侗族大歌不仅仅是一种音乐艺术形式，更传承和凝聚着深厚悠远的侗族文化，也是了解侗族的社会、文化、历史的重要途径，极具审美和研究价值。侗族是居住在贵州、湖南和广西的少数民族，侗族地区文化艺术非常丰富，有"诗的家乡，歌的海洋"之称。

导游词抓住了侗族大歌多声部、无指挥、无伴奏的艺术特点，以此为基础深入挖掘展示了艺术特点所包含的内涵，继而从"饭养身、歌养心"这一侗族生活信条引申出侗族传统艺术的来源，归结到人与自然的和谐共处关系。导游词结构完整，内容重点突出。

（十）口技

一说到口技，我们不得不惊叹表演艺术家用嘴为我们营造出一种身临其境的感觉。作为国家级非物质文化遗产，口技这门绝活要表演到位往往会遇到"两难"。这第一难，是因为传统口技是一门"不露脸"的艺术。和其他戏曲技艺相比，如相声表演，表演者除了使用语言，还可以通过表情、肢体动作来感染观众，但传统口技也被称为"隔壁戏"，表演者只能在屏风后巧妙地运用嘴、舌、喉、鼻等发音技巧来模仿各种声音，如火车声、鸟鸣声等，甚至可以单纯模拟某一声音，发展到能同时用多种声音串组成一个个故事。这口技绝活的第二难，难在要“以假乱真”。高超的口技表演，甚至能让一位盲人真切地感受到耳边真的有两只小鸟在《二鸟争食》，甚至《百鸟争鸣》，真可谓真假难辨，因此口技表演艺术不愧是中国民间传统技艺的瑰宝。

【评析】

口技是杂技的一种艺术形式。它是用口的部位模仿社会生活和大自然中的声音，让观众聆听那和谐、美妙、动听的音符，从而起到娱悦心灵、健身快乐之目的。传统口技多以模仿飞禽、走兽、家禽、昆虫等动物的声音见长。

口技，重在技巧，口技艺人仅靠自己的一张嘴，用模仿来表达自己的所闻、所识。所以口技表演很难，导游词从一个“难”字入手，描写了口技艺术的表演之难和模仿之难。基于资源评价的基础，用一个字很准确地把握了口技的关键特征，并以此为基础分层进行讲述，逻辑结构严谨，表达顺畅。

第七章

结论与建议

一、结论

通过对基于旅游资源评价的导游词创作研究，可得出以下结论：

（一）结合导游词创作对旅游资源分类与评价的研究

进行导游词创作的时候，可以根据旅游资源的性质、动态以及游客的需求，确定旅游资源的评价因子，对旅游资源进行评价，从而为确定导游词创作主题、创作方向、主要内容选择等提供有效的指导。旅游资源评价，应该将旅游资源的核心价值与外延价值评价相结合，评价因子的设置，一方面应能使地区旅游资源达到可比性目的；另一方面应该能充分体现和衡量旅游资源对游客的吸引程度，并且致力于将潜在旅游需求有效地转化为现实旅游需求。

（二）导游词创作理论研究

我国关于导游词创作的研究具有一定的基础。本研究从导游词创作的基本原则出发，分析研究了导游词游客需求和专家意见。游客对导游词的需求以趣味性内容为主；专家认为导游词的编写应以对游客的科普教育为主，向游客普及景区相关科学知识，增强游客对旅游资源的保护意识。在综合游客需求和专家意见的基础上编制了具有 38 项内容要点的导游词内容构建和评价指标体系。

（三）基于旅游资源评价的导游词创作路径

通过确立导游词表达主旨——立意，设计导游词立项蓝图——构思，挖掘导游词背景资料——选材，构建导游词主体框架——结构四个方面进行论述。导游词的立意要通过文中有大气、眼中有锐气、角度有新意、立意有深意、心灵有真意五个方面来实现。导游词的构思首先是主题词的确定，这是导游词的核心，不仅对导游词起到提纲挈领的作用，还对材料的取舍起决定性作用，支配着导游词的谋篇布局，制约着导游词的表达手法和语言运用。主题的确定要做到正确、集中和深刻三方面要求。其次需要突出重点，把最能体现景物本质特征的内容介绍出来，介绍旅游者最需要了解的内容，凸显导游词中最精彩的亮点。导游词的选材要求，首先要清晰对选材的认知，明确选材的真实性、准确性、典型性、代表性、新颖性、鲜明性、细节性和有特色等要求。导游词的结构常用的方法有三种：纵式间架、横式间架和交叉式间架，纵式间架可以按时间顺序安排导游词层次，也可以按事物发展经过安排层次，还可以按事理层次安排结构层次；横式间架可以按空间顺序、组成部分、所属类别三种方式来架构。导游词的结构美可以从整体美、序列美、均衡美三大方面进行分析。本部分的内容运用了大量案例进行佐证介绍。

（四）基于旅游资源评价的导游词创作技巧运用研究

导游词创意写作的叙事技巧从叙事结构技巧、叙事的详略技巧、叙事情感技巧三个层面进行解读。叙事结构技巧主要涉及运用形式本身的意义来凸显导游词的内涵、选择典型事件塑造人物形象、选择典型的细节描写来刻画创作主体三个层面的运用；叙事详略技巧主要涉及两个方面的运用，叙事过程中的详略使导游词疏密有致，叙事场面中的详略使导游词情节扣人心弦；叙事情感技巧也从三个方面实现：叙议结合增强导游词的韵味、重复抒情段落增强导游词语言节奏感、合理引用增强导游词的感染力。

运用思维导图提升创作力。首先要认识思维导图法，明确中心主题和 WIIFM 原则。思维导图分类的四个重点：理想的分类数为 4~6 组，彼此互斥、绝不遗漏，同一位阶、同一逻辑，高频优选。明确主干与枝干的关系，明确线、字、图的要求，关键词的选择和要求。运用思维导图进行逻辑思考，并列举案例进行佐证。思维导图的水平式自由与逻辑联想、垂直式自由与逻辑联想、双值分析、六顶思考帽四种逻辑思考方式。运用案例佐证、运用思维导图进行导游词创作。

合理运用突出重点法、虚实结合法、触景生情法、问答法、制造悬念法、类比法等导游技巧方法进行导游词创作。

二、建议

第一，导游词内容构建和评价指标体系是以《旅游资源分类、调查与评价》为依据，采用定性与定量评价相结合的方式，研究中对标准内容进行了分析，并在游客对导游词需求和专家对导游词意见的问卷调查中获得指标体系构建数据。随着对导游词内容构建研究的深入，对其进行评价的指标体系将会更全面、系统、准确，各指标也将更细致、具体，对指标的重要程度打分也会更加科学、客观。

第二，在导游词创作路径研究中综合考量了立意、构思、选材、结构四个关键因素，随着研究的深入开展，研究方法、角度和手段也应该多样化，从文章架构的科学原理、文字表现的情绪态度、冷静客观的逻辑思维等方面进行突破。

第三，导游词的创作需要运用科学的方法进行内容架构，是以对创作主体资源分析评价科学而客观为前提条件，创作中再通过科学合理的方法进行主题确定，继而通过各种创作技巧完成各内容要点架设，增强导游词的宣传功能，完成导游词本身向资源转换的目的。

参考文献

1. 曾瑜皙，钟林生 . 中国旅游资源评价研究回顾与展望［J］. 湖南师范大学自然科学学报，2017（2）：1-10.

2. 刘思敏 ."奇石画布"旅游资源评价体系研究［J］. 旅游学刊，2005（4）：37-42.

3. 邓正龙，张宁生 . 中华民族最辉煌的文明成就——都江堰水利工程及核心价值［J］. 今日中国论坛，2013（7）：17-19.

4. 熊子书 . 中国三大香型白酒的研究（二）酱香——茅台篇［J］. 酿酒科技，2005（4）：25-30.

5. 郭新生 . 中国木版年画的意、形、色［J］. 郑州轻工业学院学报（社会科学版），2005（6）：3-9.

6. 郭来喜，吴必虎，刘锋等 . 中国旅游资源分类系统与类型评价［J］. 地理学报，2000（3）：294-301.

7. 杨懿，田里，胥兴安 . 养生旅游资源分类与评价指标体系研究［J］. 生态经济，2015（8）：137-141.

8. 齐德利，李加林，葛云健等 . 沿海生态旅游资源评价的核心问题探讨——以江苏沿海为例［J］. 人文地理，2005（3）：88-93.

9. 尹玉芳 . 我国旅游资源分类的理论综述［J］. 江苏经贸职业技术学院学报，2017（4）：28-33.

10. 孙青，张捷，史春云 . 文化旅游资源市场潜力评价模型研究［J］. 特区经济，2007（2）：191-192.

11. 覃建雄 . 四川旅游资源评价内容、指标及规范初探［J］. 成都理工学院学报，2002（1）：113-118.

12. 丁蕾，吴小根 . 水体旅游资源评价指标体系的构建与应用研究［J］. 经济地理，2013（8）：183-187.

13. 陈晓梅 . 水体类旅游资源评价方法初探［J］. 北京第二外国语学院学报，2009（7）：66-71.

14. 王建军，李朝阳，田明中 . 生态旅游资源分类与评价体系构建［J］. 地理研究，2006（3）：507-516.

15. 万绪才，徐菲菲 . 山岳型旅游资源质量综合评价研究——黄山和泰山实例分析［J］. 南京经济学院学报，2002（2）：17-20.

16. 马剑英，孙学刚 . 森林旅游资源评价研究综述［J］. 甘肃农业大学学报，2001（4）：357-363.

17. 周保华 . 区域气候旅游资源评价方法初探［J］. 人文地理，1996（S2）：57-59.

18. 汪侠，顾朝林，刘晋媛等 . 旅游资源开发潜力评价的多层次灰色方法——以老子山风景区为例［J］. 地理研究，2007（3）：625-635.

19. 王建军 . 旅游资源分类与评价问题的新思考［J］. 旅游学刊，2005（6）：6-8.

20. 吴惠智，凌善金 . 旅游资源分类方法及其应用研究［J］. 云南地理环境研究，2010（6）：96-100.

21. 王莹，王铮，黎华群 . 旅游资源的 GIS 评价系统［J］. 地理信息科学，2004（1）：62-80.

22. 刘源甫 . 旅游资源——导游词翻译研究［D］. 湖南：中南林学院，2003（6）.

23. 董瑞杰，董治宝，吴晋峰等 . 罗布泊雅丹地貌旅游资源评价与开发研究［J］. 中国沙漠，2013（4）：

1235-1243.

24. 叶张煌，刘嘉麒，尹国胜等．江西三清山国家地质公园地质遗迹资源概述［J］. 资源与产业，2013（1）：82-88.

25. 华志强，张春生，陈丽莹等．基于主成分分析方法的旅游资源吸引力的综合评价［J］. 湖北民族学院学报（自然科学版），2015（4）：399-401.

26. 吴晶，马耀峰，高军．基于游客感知的古都类城市旅游资源评价研究［J］. 干旱区资源与环境，2012（2）：186-191.

27. 程乾，付俊．基于游客感知的古村落旅游资源评价研究［J］. 经济地理，2010（2）：329-333.

28. 庄颖．基于旅游规划实践的旅游资源分类与评价研究——以江西省为例［D］. 江西：南昌大学，2007.

29. 何效祖．基于地域系统结构研究的旅游资源评价与旅游地实证分析［D］. 甘肃：兰州大学，2007.

30. 冯卫英，朱世桂，黎星辉．基于层次分析法的茶文化旅游资源评价——以江苏宜兴阳羡茶文化博览园为例［J］. 南京农业大学学报（社会科学版），2013（1）：127-134.

31. 张约翰，张忠孝．基于 SWOT 分析的青东河湟旅游区旅游资源评价［J］. 科技信息（学术研究），2007（27）：639-641.

32. 杨雯．基于 GIS 的村镇民俗旅游资源评价——以延庆县为例［D］. 北京：首都师范大学，2009.

33. 王娜，钟永德，黎森．基于 AHP 的森林公园科普旅游资源评价体系构建［J］. 中南林业科技大学学报，2015（9）：139-143.

34. 闫闪闪，胡道华．基于 AHP —模糊综合评价法的武汉市旅游资源定量分析［J］. 绿色科技，2011（8）：226-230.

35. 李海燕．花卉旅游资源分类和评价研究——以重庆市为例［D］. 重庆：重庆师范大学，2017.

36. 方世敏，邓丽娟．红色旅游资源分类及其评价［J］. 旅游研究，2013（1）：36-40.

37. 岳贤锋．河南武术文化旅游资源评价［J］. 体育文化导刊，2008（7）：41-43.

38. 李悦铮，李鹏升，黄丹．海岛旅游资源评价体系构建研究［J］. 资源科学，2013（2）：304-311.

39. 梁修存，丁登山．国外旅游资源评价研究进展［J］. 自然资源学报，2002（2）：253-260.

40. 罗艳，李荣彪．国内外旅游资源评价研究综述［J］. 凯里学院学报，2015（1）：88-92.

41. 李芳洁．广州市白云山风景名胜区旅游资源评价与可持续发展研究［D］. 广州：华南理工大学，2011.

42. 干鸣丰，但强．峨眉山普贤文化资源及其旅游开发［J］. 乐山师范学院学报，2010（1）：55-59.

43. 叶红，蔡克信．对芦山地震灾区旅游资源分析与评价［N］. 中国旅游报，2013-09-09.

44. 何效祖．对国家标准《旅游资源分类、调查与评价》的若干修订意见［J］. 旅游科学，2006（5）：62-67.

45. 崔越，杨景春．地貌旅游资源特征值评价模型研究［J］. 地理学与国土研究，2002（3）：86-89.

46. 刘益．从旅游规划角度论《旅游资源分类、调查与评价》的实践意义［J］. 旅游学刊，2006（1）：8-9.

47. 钱佳，汪德根，牛玉．城市创意旅游资源分类、评价及空间分异——以苏州中心城区为例［J］. 经济地理，2014（9）：172-178.

48. 冯卫英．茶文化旅游资源研究——以环太湖地区为例［D］. 南京：南京农业大学，2011.

49. 张键，李长青 . 北京宗教文化旅游资源评价研究［J］. 首都师范大学学报（自然科学版），2005（3）：91–94.

50. 时少华，汤利华，李芳 . 北京古村落民俗旅游资源评价研究［J］. 商业研究，2014（12）：166–172.

51. 张逍一 . 北川国家森林公园药王谷景观片区的森林养生资源分析及其产品开发研究［D］. 四川：四川农业大学，2016.

52. 徐贤如，凌继尧 . 中国民俗剪纸艺术文化功能内涵变迁［J］. 西北民族大学学报（哲学社会科学版），2009（6）：78–83.

53. 王涛 . 浙江昌化鸡血石的艺术价值与视觉设计应用［J］. 美术大观，2014（4）：106.

54. 朱铁梅 . 张飞形象的历史考察［J］. 河北师范大学学报（哲学社会科学版），2008（5）：94–97.

55. 丁生 . 云南蒙自过桥米线的文化蕴涵［J］. 商业文化，2010（4）：184–185.

56. 李建生 . 云南路南石林［J］. 商业文化，2017（7）：417–418.

57. 周瑜 . 粤绣之艺术价值及保护传承研究——以广绣为例［D］. 广东：广东工业大学，2011.

58. 占陈良 . 粤剧的现状与发展［J］. 理论纵横，2009（3）：24–26.

59. 杨定海 . 岳麓山风景名胜区景观分析评价研究［D］. 湖南：中南林学院，2004.

60. 韩孝坤，郭雯飞，吕毅 . 原产地域保护绿茶洞庭碧螺春的香气成分［J］. 茶叶，2006（3）：150–154.

61. 李志向 . 游牧民族体育文化的变迁、信仰机制与仪式象征——以那达慕为例［J］. 体育与科学，2013（5）：87–90.

62. 朱琳 . 优雅的苏菜［J］. 孔子学院，2015（6）：52–59.

63. 孟琳 . 以空寓虚，借物寄实——解读沧浪亭漏窗之美［J］. 高职论丛，2011（4）：29–32.

64. 陈海 . 彝族火把节的民俗意义及文化内涵［J］. 贵州民族研究，2015（10）：100–103.

65. 陶红月 . 宜兴紫砂陶的创作探源［J］. 佛山陶瓷，2014（12）：77–78.

66. 徐燕 . 眼亮 心宽 立意高——写作立意之我见［J］. 教育科学，2014（8）：218.

67. 徐志福 . 心神相通，根源相系——海峡两岸哪吒文化探源［J］. 西南民族大学学报・哲学社会科学版，2000（12）：14–16.

68. 郝荫柏 . 小戏创作的选材与结构［J］. 中国戏曲学院学报，2007（1）：111–113.

69. 潘清江 . 文章结构论——兼议《文章学概论・结构》［J］. 衡阳师专学报，1985（1）：52–58.

70. 梁志林 . 文章结构的美学分析［J］. 河北大学学报，1987（1）：158–203.

71. 杨矗 . 文学性新释［J］. 上海师范大学学报（哲学社会科学版），2010（2）：107–118.

72. 安宁，朱竑，刘晨 . 文学旅游地的空间重构研究——以凤凰古城为例［J］. 地理科学，2014（12）：1462–1469.

73. 王丽娟 . 文人之“忠”与民间之“义”——桃园结义故事两种叙事的比较分析［J］. 明清小说研究，2007（1）：50–61.

74. 付晓东，徐涵露 . 文化遗产的深度开发——以安阳殷墟世界遗产开发为例［J］. 中国软科学，2014（7）：92–104.

75. 何关新 . 天生丽质 五彩斑斓——西湖龙井茶文化悉数［J］. 中国茶叶，2015（9）：10–12.

76. 刘向阳．唐乾陵文化景观的内涵与特性研究［J］. 文博，2014（9）：45-51.

77. 郑衡泌．宋代妈祖信仰传播的地理过程及其推力分析［J］. 地理科学，2010（2）：300-305.

78. 刘颖，周庆磊，彭培好等．四川九寨沟水体景观成因与发展演化趋势分析［J］．四川地质学报，2007（3）：191-194.

79. 陈云梦．思维导图在高中议论文写作思维教学中的应用［D］. 武汉：华中师范大学，2017.

80. 李蕾．丝路回响——唐三彩艺术风格形成的外来因素考辨［J］. 中华文化，2014（11）：86-91.

81. 朱华．蜀绣文化探讨［J］. 四川丝绸，2008（4）：44-47.

82. 乔熠，乔洪，张序贵．蜀绣传统技艺的特性研究［J］. 丝绸，2015（1）：47-53.

83. 刘龙泉．蜀南竹海发展竹文化旅游初探［J］. 重庆师范学院学报（自然科学版），1995（3）：67-75.

84. 温卓涛．试论粤菜的特点与养生文化的关系［J］. 神州民俗，2011（3）：6-10.

85. 徐洋．试论青城山道教文化旅游的开发［J］. 消费导刊，2010（9）：8-9.

86. 吴敏．涉外导游词中文化意象的互文性分析及创作对策［J］. 太原师范学院学报（社会科学版），2012（5）：103-105.

87. 王洪滨．导游词创作论［J］. 桂林旅专学报，1998（4）：66-69.

88. 蒋芸．GIS 技术在导游词创作中的科学应用初探［J］. 区域经济，2017（11）：166.

89. 吴祖鲲．传统年画及其民间信仰价值［J］. 中国人民大学学报，2007（6）：115-122.

90. 刘谦功．从唐三彩看大唐盛世气象［J］. 中国文化研究，2009（7）：139-143.

91. 麻名佳．导游词创新浅说［J］. 桂林旅游高等专科学校学报，2006（4）：470-472.

92. 石定芳．喀斯特洞穴导游解说词内容构建研究［D］. 重庆：西南大学，2013.

93. 唐明凤．论史记的叙事技巧对中学作文教学的意义［D］. 武汉：华中师范大学，2009.

94. 莫砺锋．论杜甫的文化意义［J］. 杜甫研究学刊，2000（4）：11-18.

95. 马国华．论文章逻辑结构的分析［J］. 贵阳师范高等专科学校学报（社会科学版），2003（3）：78-80.

责任编辑：李冉冉
责任印制：冯冬青
封面设计：中文天地

图书在版编目（CIP）数据

基于旅游资源评价的导游词创作研究 / 江舸著. --北京 : 中国旅游出版社, 2018.9

ISBN 978-7-5032-6100-8

Ⅰ. ①基… Ⅱ. ①江… Ⅲ. ①旅游资源评价－研究－中国②导游－解说词－写作－中国 Ⅳ. ①F592.3 ②K928.9

中国版本图书馆CIP数据核字(2018)第205326号

书　　名：基于旅游资源评价的导游词创作研究

作　　者：江舸著
出版发行：中国旅游出版社
（北京建国门内大街甲 9 号　邮编：100005）
http://www.cttp.net.cn　E-mail:cttp@mct.gov.cn
营销中心电话：010-85166503
排　　版：北京旅教文化传播有限公司
经　　销：全国各地新华书店
印　　刷：河北省三河市灵山芝兰印刷有限公司
版　　次：2018 年 9 月第 1 版　2018 年 9 月第 1 次印刷
开　　本：787 毫米 × 1092 毫米　1/16
印　　张：20
字　　数：326 千字
定　　价：42.00 元
ISBN　978-7-5032-6100-8
